Deutschland mit vielfältigsten Gesichtern
Landeskunde Deutschland für Anfänger

桂乾元 主编

德国国情面面观
德国概况入门

同济大学 出版社
TONGJI UNIVERSITY PRESS

内 容 简 介

本书通过80篇德语短文,由点到面地介绍了德国国情概况,适合有一定德语基础,并希望了解德国国情文化的读者阅读,也适用于课堂教学和自学。

本书分为国情纵览、山水风光、名城特色、名人剪影、科技世界、教育天地、文体拾零、经济点滴、生活撷趣和社会万象等10个专题,每个专题包含8篇难度适中的德语短文,每篇短文后都有生词释义、难点解析、智慧选择和要点问答,以帮助学习者更好地理解文章,在提高德语知识水平的基础上,掌握德国国情概况。

本书的德语短文选编自德国新近出版的报刊和网站等媒体,趣味性和可读性较强,相信能提高读者的阅读兴趣,收到较好的阅读效果。

本书最后辑有7个附录,其中主要是80篇德语短文的参考译文和全书的生词总表,另外还有多项知识性内容。

图书在版编目(CIP)数据

德国国情面面观:德国概况入门/桂乾元主编;
王磊等编著. --上海:同济大学出版社,2022.1
 ISBN 978 - 7 - 5765 - 0092 - 9

Ⅰ.①德… Ⅱ.①桂… ②王… Ⅲ.①德语—语言读物 ②德国—概况 Ⅳ.①H339.4:K

中国版本图书馆 CIP 数据核字(2022)第 005046 号

德国国情面面观:德国概况入门
桂乾元 主编

| 责任编辑 | 吴凤萍 | 助理编辑 | 夏涵容 | 责任校对 | 徐春莲 | 封面设计 | 陈益平 |

出版发行	同济大学出版社　　www.tongjipress.com.cn
	(地址:上海市四平路1239号　邮编:200092　电话:021-65985622)
经　　销	全国各地新华书店、网络书店
排版制作	南京月叶图文制作有限公司
印　　刷	启东市人民印刷有限公司
开　　本	710 mm×960 mm　　1/16
印　　张	25.75
字　　数	515 000
版　　次	2022年1月第1版　　2022年1月第1次印刷
书　　号	ISBN 978 - 7 - 5765 - 0092 - 9
定　　价	85.00元

本书若有印装质量问题,请向本社发行部调换　　版权所有　侵权必究

本书编委会成员

（以姓氏笔画为序）

王　磊　　严　岩　　吴声白
陈　莹　　胡　莹　　聂　华
高瑞霞　　郭　歌　　桂乾元
彭　彧　　薛　琳

前　　言

改革开放40多年带来了我国各行各业的繁荣、社会的发展和祖国的富强，也促进了中国同世界各国的交流，更加大了中国人走向世界、了解世界的需求。这本《德国国情面面观：德国概况入门》就是为了满足我国广大德语学习者了解德国和学好德语，进而促进中德交流的需求而编写的。

说到德语，世界上以德语为母语的人口有1亿多，另外还有近亿人在说德语和学德语，所以德语是个"不大不小"的语种。由于德国在政治、经济、科技、文化、历史等方面的特殊地位，世人对德语往往"情有独钟"。更因德国与中国的关系迅速发展，中德两国各方面的交往不断增加，致使对德语的需求有增无减。然而，迄今国内出版的介绍德国国情的教材比较少见，具有既介绍概况又能提升阅读和翻译能力三重功能的德国国情教材更是缺乏。因此，本教材或许是这方面的一个大胆尝试：通过80篇难度适中的德语短文及其可以对照阅读的参考译文，由点到面地介绍了德国的国情概况。诚然，我们很清楚，这本篇幅仅30多万字的教材，只能是德国国情概况的"冰山一角"。即便像由德国官方机构出版或网上发布的《德国实况》，恐怕也只能介绍德国国情之万一。所以，我们给了本书一个定位：德国概况入门。我们希望有志于更多地了解德国国情的读者，以此为基础深入地学习甚至研究德国国情，成为这方面的行家。

本教材的内容和体例大致是这样安排的：我们从德国新近出版的报刊和网站等媒体上选编了80篇德语短文（其中也例外地有几篇知识性较强又少有时间性的短文），归纳为"国情纵览""山水风光""名城特色""名人剪影""科技世界""教育天地""文体拾零""经济点滴""生活撷趣"和"社会万象"这10个专题。每篇短文简单介绍了德国国情的某个侧面。为改变一般国情教材（包括德国原版国情教材）的文字比较"严肃""刻板"和"一本正经"的形象，我们有意选编了部分趣味性、可读性较强的短文，旨在提高学习者的阅读兴趣和提升本教材的阅读效果。对每篇短文我们配写了"生词释义""难点解析""智慧选择""要点问答"和可供德汉对照的"参考译文"(见附录6)5个配套项目，意在帮助学习者阅读、理解和掌握短文内容，更快地进入德国概况之门。本书最后是附录，除"生词总表"和"参考译文"外，还有几个知识性的项目。因为它们是根据谷歌百科、维基百科和德国有关网站等媒体提供的资料编写而成的，有些数据"各有各说"，所以只能作为参考。

参加本书编写工作的有桂乾元和上海7所高校德语专业的10位教师。他们是(以教材10个专题的先后为序)：上海电机学院彭彧、上外贤达学院高瑞霞、上海师范大学严岩、上海应用技术大学吴声白、上外贤达学院郭歌、上海师范大学陈莹、上海电机学院薛琳、上海工商外语学院胡莹、上海电子信息学院王磊和华东政法大学聂华。我们大致分工如下：桂乾元负责全书体例设计和内容安排，其他老师主要负责寻找德语资料和选编短文，以及为这些短文配写有关文字和译成中文，由桂乾元负责全书文字审读和统稿。

编写这样一本德国国情概况教材并非易事，主要是因为国内没有可供参考的同类教材，德国的原版概况教材虽有诸多长处优点，比如图文并茂、较有概括性和系统性等，但在可读性方面似乎还不尽如人意，且没有参考译文，给不少学习者的学习、理解和掌握带来了一定的困难。因此，我们编写这样一本国情概况教材的初心是"五个一点"：涉及的面广一点，文章浅显一点，趣味性强一点，教材功能多一点(兼具阅读和翻译功能)，教学效果好一点。但是，由于我们的水平有限，缺少经验和借鉴，谬误和疏漏在所难免，再者参编者众多，也可能出现体例不够统一和配写文字的风格等出现差异等问题。我们期待使用本教材的德语同行和学习者不吝赐教，多多批评指正和提出宝贵意见。最后，我们衷心感谢同济大学出版社及其有关编辑对本书出版的大力支持和付出的诸多辛劳。

桂乾元

2021年7月于上海

本书使用的语法缩略语

A	= Akkusativ	第四格
Adj.	= Adjektiv	形容词
Adv.	= Adverb	副词
D	= Dativ	第三格
etw.	= etwas	某物，某事
f.	= Femininum	阴性（名词）
G	= Genitiv	第二格
jmd.	=jemand	某人的第一格
jmds.	=jemandes	某人的第二格
jmdm.	=jemandem	某人的第三格
jmdn.	=jemanden	某人的第四格
Konj.	= Konjunktion	连词
m.	= Maskulinum	阳性（名词）
n.	= Neutrum	中性（名词）
N	= Nominativ	第一格
P.Ⅰ	= Partizip Ⅰ	第一分词
P.Ⅱ	= Partizip Ⅱ	第二分词
Präp.	= Präposition	介词
Pron.	= Pronomen	代词
Pl.	= Plural	复数
Vi.	= intransitives Verb	不及物动词
Vr.	= reflexives Verb	反身动词
Vt.	= transitives Verb	及物动词
unz.	= unzählig	不可数（无复数）

Inhaltsverzeichnis
目 录

前言
本书使用的语法缩略语

第 1 章　Überblick über das Land　国情纵览 ·································· **001**
  1.1　"德国"从何而来？（Woher kommt das Wort „Deutschland"?）/ 001
  1.2　德国历史多沧桑（Das Auf und Ab in der deutschen Geschichte）/ 004
  1.3　德国的地形气候（Die Landschaften und das Klima Deutschlands）/ 008
  1.4　德国的人口民族（Die Bevölkerung und nationale Minderheiten Deutschlands）/ 011
  1.5　德国的政体政党（Das politische System und die Parteien Deutschlands）/ 015
  1.6　便利的交通网络（Deutschland — ein verkehrsgünstiges Land）/ 018
  1.7　"柏林倒墙"的回忆（Erinnerungen an den Mauerfall）/ 022
  1.8　德国的典型特征（Der typische Charakter Deutschlands）/ 025

第 2 章　Schöne Landschaften　山水风光 ·································· **029**
  2.1　德国的最高山峰（Der höchste Berg Deutschlands）/ 029
  2.2　神秘的森林地区（Die geheimnisvollen Waldgebiete）/ 032
  2.3　浪漫的莱茵之旅（Die romantische Rheinfahrt）/ 035
  2.4　迷人的德国海滨（Die reizvolle Küste）/ 039
  2.5　天鹅古堡好神秘（Das Schloss Neuschwanstein）/ 042
  2.6　旅游胜地博登湖（Das Reiseziel — Der Bodensee）/ 046
  2.7　北方小岛亦迷人（Die nördlichen Inseln）/ 049
  2.8　"浪漫之路"有特色（Die Romantische Straße）/ 053

第 3 章　Etwas von den acht berühmten Städten　名城特色 ················ 057

3.1　多姿多彩的柏林（Die schöne Hauptstadt Berlin）／ 057

3.2　"超级村庄"慕尼黑（Das „Millionen-Dorf" München）／ 061

3.3　法兰克福金融城（Finanzplatz Frankfurt am Main）／ 064

3.4　特色鲜明汉堡港（Hansestadt Hamburg）／ 068

3.5　科隆不止大教堂（Die viertgrößte Stadt Köln）／ 071

3.6　德累斯顿文化城（Kulturstadt Dresden）／ 075

3.7　斯图加特像花园（Gartenstadt Stuttgart）／ 078

3.8　迷人小城海德堡（Das reizvolle Städtchen Heidelberg）／ 082

第 4 章　Die acht bekanntesten Deutschen　名人剪影 ················ 086

4.1　马克思博览群书（Wie Karl Marx studiert）／ 086

4.2　伟大的物理学家（Der große Physiker Einstein）／ 090

4.3　首任总理阿登纳（Konrad Adenauer：Architect der BRD）／ 093

4.4　联邦总理默克尔（Bundeskanzlerin Angela Merkel）／ 097

4.5　世界大文豪歌德（Johann Wolfgang von Goethe）／ 100

4.6　"超人"哲学家尼采（Friedrich Wilhelm Nietzsche）／ 104

4.7　童话兄弟举世名（Die weltbekannten Märchen-Brüder）／ 107

4.8　德国的足球皇帝（Der deutsche Fußballkaiser Beckenbauer）／ 111

第 5 章　Aus der wissenschaftlichen und technischen Welt　科技世界 ······ 115

5.1　德国的科研名院（Die Wiege der Nobelpreise）／ 115

5.2　环保的太阳能屋（Was ist ein Sonnenhaus?）／ 118

5.3　有趣的基因技术（Die Allgegenwart von Genen）／ 122

5.4　测谎器有点神奇（Die wirksame Wahrheitsmaschine?）／ 125

5.5　德国科研向世界（Weltoffene Forschung Deutschlands）／ 129

5.6　先进的医疗技术（Medizintechnik voller Innovationsdynamik）／ 133

5.7　环保技术居前列（Vorreiter beim Umweltschutz）／ 136

5.8　魔术般的3D打印（3D-Druck — Neue Technologie voller Magie）／ 140

第 6 章　Allgemeines über das Erziehungswesen　教育天地 ················ 144

6.1　德国中小学体制（Überblick über das Schulsystem）／ 144

6.2 高校改革在德国（Drei Hauptaufgaben der Hochschulreform）/ 148
6.3 职业教育是典范（Die duale Berufsbildung）/ 151
6.4 双元大学受青睐（Das gefragte Dual-Studium）/ 155
6.5 德国的大学学习（Das Studium in Deutschland）/ 159
6.6 丰富的大学生活（Das Leben an Hochschulen）/ 162
6.7 德国教育也出口（Deutsche Bildung — ein Exportschlager）/ 166
6.8 论文抄袭要严办（Plagiatsaffäre in Deutschland）/ 169

第7章 Aus der Welt von Kultur und Sport　文体拾零 ·················· 173
7.1 钟情书海显品味（Große Lust zum Lesen）/ 173
7.2 音乐天地怡养人（Die musikalische Vorliebe der Deutschen）/ 176
7.3 德国足坛多传奇（Deutscher Fußball-Bund）/ 180
7.4 多姿多彩博物馆（Vielfältige Museen in Deutschland）/ 184
7.5 柏林影节享盛名（Die Berlinale：Festival in Bewegung）/ 187
7.6 德国是徒步乐园（Deutschland — ein Wanderparadies）/ 191
7.7 德国首部肥皂剧（Die erste deutsche Seifenoper）/ 195
7.8 街头画师亦风采（Das große Straßenmalerfest）/ 198

第8章 Etwas über die Wirtschaft　经济点滴 ·················· 202
8.1 世界第四经济体（Überblick über die Wirtschaft Deutschlands）/ 202
8.2 德国的市场经济（Die soziale Marktwirtschaft）/ 206
8.3 经济腾飞的奥秘（Die zwei Wirtschafswunder Deutschlands）/ 209
8.4 德国的经济核心（Kernstück der deutschen Wirtschaft）/ 213
8.5 贫富差距在德国（Reiches Deutschland，armes Deutschland）/ 217
8.6 繁荣的房产市场（Immobilien 2014 — Boom oder Blase?）/ 220
8.7 新潮的文创经济（Die Kultur- und Kreativwirtschaft in Deutschland）/ 224
8.8 别样的移民经济（Zuwanderung nach Deutschland）/ 227

第9章 Aus dem interessanten Alltagsleben　生活撷趣 ·················· 231
9.1 阖家团圆圣诞节（Es weihnachtet überall）/ 231
9.2 名不虚传狂欢节（Der „tolle" Karneval）/ 234
9.3 海底婚礼真有趣（Hochzeit unter Wasser）/ 238

9.4 太空飞行梦成真(Letztes Abenteuer Weltraum) / 241
9.5 野外露营有情趣(Schlafen unterm Sternenhimmel) / 245
9.6 国内度假多好处(Urlaub im eigenen Land) / 248
9.7 集体养老成潮流(Wohnformen der Senioren) / 252
9.8 共享生活吸引人(Sharing-Geschäftsmodelle: Chancen und Probleme) / 255

第 10 章　Facetten der Gesellschaft　社会万象 ········ 259
10.1 讲究吃相很重要(Die Tischsitte der Deutschen) / 259
10.2 送礼习俗要知晓(Richtiges Geschenkmachen) / 262
10.3 双重国籍终解决(Die doppelte Staatsangehörigkeit) / 266
10.4 单亲家庭有苦恼(Die „Ein-Elternteil-Familien" in Deutschland) / 269
10.5 小学紧缺男教师(Mangel an männlichen Grundschullehrern) / 273
10.6 肥胖超重竟过半(Übergewicht: Ein weit verbreitetes Problem) / 276
10.7 街头涂鸦是什么(Graffitis als Kulturgut?) / 280
10.8 医疗事故代价高(Ärztliche Behandlungsfehler in Deutschland) / 283

附录 1　德国各联邦州的位置 ········ 287
附录 2　德国各联邦州的简况 ········ 288
附录 3　德国著名高校(部分) ········ 290
附录 4　获诺奖德国人(部分) ········ 292
附录 5　本书生词总表 ········ 296
附录 6　80 篇短文的参考译文 ········ 326
附录 7　主要参考书目和德语短文来源 ········ 399

第 1 章 Überblick über das Land
国情纵览

1.1 "德国"从何而来？

> **篇首导学**
>
> Deutschland（德国）这个词从何而来？还有 deutsch 和 Deutsche，它们到底是什么意思？相信初学德语的人都很想知道这几个词的含义和来历。本文对此作了简单明了的回答。这篇短文语言上不难，而且有一定的知识性、趣味性，所以阅读起来比较轻松。阅读本文时请抓住三点：①"德意志""德语"和"德国"三个词的本意、现义及其"发展历程"。②上述三个词之间的关系如何？它们有哪些关联？③了解和掌握其他国家对德国人的不同称呼及其成因。

Woher kommt das Wort „Deutschland"?

Wer die deutsche Sprache lernt bzw. studiert, stellt sich vielleicht oft die Frage: Woher kommt das Wort „Deutschland"? Es ist nicht leicht, diese Frage zu beantworten. Hier hat man vorerst drei Begriffe, nämlich „deutsch", „Deutsche" und „Deutschland", sowie ihre Verbundenheit zu klären.

Die Entstehung des deutschen Volks war ein schwieriger Prozess, der Jahrhunderte dauerte. Das zeigt sich auch in der Bedeutung und Geschichte des Wortes „deutsch". Im Gegensatz zu anderen Volks- und Sprachbezeichnungen ist „deutsch" nicht von einem Stammes- oder Landesnamen abgeleitet, sondern entwickelte sich entgegengesetzt: deutsch → Deutsche → Deutschland.

Dass die Sprachen der germanischen Stämme etwas Gemeinsames hatten, bemerkten zuerst die Bewohner der deutsch-französischen Sprachgrenze. Das

Reich unter Karl dem Großen umfasste damals Völkerschaften, die teils germanische, teils romanische Dialekte sprachen. Im Gegensatz zu den „welsch" sprechenden Menschen bezeichneten die Menschen, die im östlichen Teil des Frankenreiches lebten, ihre Sprache als „deutsch". Das Wort allein hieß eigentlich „zum Volk oder Stamm gehörig". In dieser Bedeutung ist wohl „deutsch" erst im 8. Jahrhundert aufgekommen.

Im Jahre 814, nach Karls Tod, brach das Reich bald auseinander. Im Laufe verschiedener Erbteilungen entstanden ein West- und ein Ostreich, wobei die politische Grenze annähernd mit der Sprachgrenze zwischen Deutsch und Französisch zusammenfiel. Erst nach und nach entwickelte sich bei den Bewohnern des Ostreichs ein Gefühl der Zusammengehörigkeit.

Das Wort „deutsch" bezeichnete nun nicht nur die Sprache sondern auch die Sprecher, die germanisch sprechenden Stämme im Reich. Als diese Stämme dann ihr eigenes Reich, nämlich Deutschland, bildeten, begannen sie, nicht nur Sprache und Volk mit diesem Wort zu bezeichnen, sondern auch das Land, in dem sie lebten.

Von seiner Entstehung blieb das Wort „deutsch" in hohem Mass ein sprachlicher und kultureller Begriff, der sich auf alle deutsch sprechenden Völker beziehen konnte. So ist es auch verständlich, dass andere Völker die Deutschen oft nur nach einem einzelnen Stamm benennen. Die Franzosen nennen sie „Alemannen", die Finnen „Sachsen". Die Bezeichnung „Deutsche" haben nur die Italiener und die Niederländer übernommen. Die Engländer nennen die Deutschen „Germanen". Das Russisch zieht für den Ländernamen „Germanien" heran, für das Volk aber wie die anderen slawischen Sprachen ein ganz anderes Wort, das eigentlich „Ausländer" bedeutet.

(1) 生词释义

Begriff *m*. -e 概念

Entstehung *f*. -en 诞生，形成

Gegensatz *m*. ⸚e 对立(面)，不同之处

ableiten *Vt*. 〖语〗来源于，从……派生出

entgegengesetzt *Adj*. 相反的，对立的，完全不同的

bemerken   *Vt*.   发觉,注意到
umfassen   *Vt*.   包含,包括
aufkommen   *Vi*.   出现
welsch   *Adj*.   罗曼国家的
annähernd   *P.I*   几乎,大约,差不多
zusammenfallen   *Vi*（s.）   倒塌；恰好相合；〖数〗叠合
Finne   *m*.-n   芬兰人

(2) 难点解析

- In dieser Bedeutung ist wohl „deutsch" erst im 8. Jahrhundert aufgekommen. (具有上述意义的"德意志"一词可能最早出现于 8 世纪。) in dieser Bedeutung 是个习惯用法,意思是"在这个意义上"。句中副词 wohl 有缓和语气的作用,表示"可能""大概"之意。

- Im Laufe verschiedener Erbteilungen entstanden ein West- und ein Ostreich，…(在瓜分种种遗产的过程中,产生了西部和东部两个王国,……) im Laufe 是固定短语,意为"在……过程中,在……期间",后面名词用第二格；Erbteilung 指"遗产分派""遗产分配"。

- Als diese Stämme dann ihr eigenes Reich … bildeten，begannen sie，nicht nur Sprache und Volk mit diesem Wort zu bezeichnen，sondern auch das Land，in dem sie lebten. (当这些部族后来建立自己的王国……他们不但开始用这个词命名自己的国家和人民,而且还用它来称呼自己生活的国家。) 主句中 (begannen) sie 指前面时间从句的主语 diese Stämme。etw.（A）mit etw.（D）bezeichnen 意为"用什么命名/称呼什么"。最后的定语从句 in dem sie lebten 限定说明 das Land。

(3) 智慧选择 （请根据短文,从 4 个选项中选择正确的 1 项填空）

① Hier hat man vorerst drei Begriffe … sowie ihre Verbundenheit _____ klären.

　　a) an　　　b) von　　　c) zu　　　d) für

② Die Entstehung des deutschen Volks war ein schwieriger _____, der Jahrhunderte dauerte.

　　a) Sache　　b) Ereignis　　c) Angelegenheit　　d) Prozess

③ Das Wort „deutsch" allein _____ eigentlich „zum Volk oder Stamm gehörig".

a) heißt　　　　b) hieß　　　　c) bedeutet　　　　d) sagte

④ Von seiner Entstehung blieb das Wort „deutsch" in _____ Mass ein sprachlicher und kultureller Begriff.

　　a) hohem　　　b) hohen　　　c) besten　　　　d) großen

(4) 要点问答　（请根据短文内容回答问题）

1.2　德国历史多沧桑

> **篇首导学**
>
> 　　学习德语当然要了解德国，首先应该了解一点德国的历史。德国的历史多沧桑，也可谓多灾多难。本文简明扼要地介绍了德国历史上的五个重大事件。这对我们初学德语者粗线条地了解德国的历史是很有帮助的。阅读本文的重点是要了解和掌握：①1949年前德国历史上发生了哪五大事件？②这些历史事件何时发生，即其时间顺序如何？③德国历史上的这几大事件有什么相互关联和影响？④这些重大历史事件在德语中是如何表达的？

Das Auf und Ab in der deutschen Geschichte

Der Frankenkönig Karl der Große fasste die deutschen Völkerschaften in einem riesigen Reich bzw. im Frankenreich zusammen. Dieses Reich wurde unter seinen Nachfolgern geteilt: in ein westfränkisches und ein ostfränkisches. Aus dem ostfränkischen Reich ging unter Otto dem Großen ein Gebilde hervor, das man später das Heilige Römische Reich Deutscher Nation nannte. Es gab den Völkern Mitteleuropas ein einheitliches Gefüge.

Martin Luther leitete im Jahre 1517 die Reformation ein. Diese fand damals nicht nur großes Echo in ganz Europa, sondern sie führte auch zur Religionsspaltung Deutschlands. Die Anhänger der Reformation wurden als Protestanten oder Evangelische bezeichnet. Die Glaubensspaltung führte zusammen mit sozialen und wirtschaftlichen Spannungen zum Großen Bauernkrieg (1525) und dann zum Dreißigjährigen Krieg (1618-1648). Dieser Krieg weitete sich im Laufe der Jahre zu einer europäischen Auseinandersetzung. Der Krieg verwüstete und entvölkerte weite Teile Deutschlands.

Im Jahre 1862 wurde Otto von Bismarck zum preussischen Ministerpräsidenten ernannt. Er regierte von 1862 bis 1867 Deutschland nicht nur durch „Eisen und Blut", sondern auch durch diplomatische Intrigen und dynastische Kriege gegen die Nachbarländer. Das 1871 von ihm errichtete Kaiserreich wurde zum zweiten Deutschen Kaiserreich, dessen Kanzler er selber war. Merkwürdigerweise erfolgte die Gründung dieses Reichs nicht in Deutschland, sondern in Frankreich. Bismarcks Sturz im Jahre 1890 lag viel mehr in dem Fehlschlag seiner Innenpolitik.

Nach der Entlassung Bismarks schlug Wilhelm II. einen Expansionskurs ein. Die Bündnispolitik von Bismarck wurde vom Kaiser verworfen. Infolgedessen geriet Deutschland in Isolation und Konflikte mit seinen Nachbarländern. Der Erste Weltkrieg begann mit der Kriegserklärung der Regierung Deutschlands an Russland am 1. August 1914. Er dauerte vier Jahre. Im November 1918 endete der Krieg mit der Niederlage Deutschlands und seiner Verbündeten und mit der Novemberrevolution Deutschlands. Das Deutsche Reich wurde die Weimarer Republik, die durch Inflationen, innere Konflikte, Unruhen u. a. belastet war.

Deutschlands Wirtschaftschaos im Jahre 1932 mit sechs Millionen Arbeitslosen begünstigte den Radikalismus und brachte schließlich Hitler und den

Nationalsozialismus an die Macht. Hitler machte aus der demokratischen Republik eine Diktatur. Sie schaltete alle politischen Gegner aus und schuf einen totalitären Polizeistaat, der die jüdischen Bevölkerungsteile in Deutschland und in den besetzten Ländern physisch vernichtete. Rechtlosigkeit und nationaler Größenwahn regierten Deutschland so straff wie nie zuvor. <mark>Dieser gewaltig gerüstete Staat wurde zur Unterwerfung Europas eingesetzt und brach 1939 den Zweiten Weltkrieg vom Zaun.</mark> Der Krieg endete im Mai 1945 mit Deutschlands totalem Zusammenbruch.

(1) 生词释义

Gebilde   n.-   形体，产物，形成物
Gefüge   n.-   构造，结构，组织
Reformation   f.（无复数）〖史〗（欧洲16世纪的）宗教改革
verwüsten   Vt.   使成沙漠，使荒芜
entvölkern   Vt.   使人口减少，使无人烟
dynastisch   Adj.   王朝的，朝代的
Konflikt   n.-e   冲突，纠纷，争斗
Entlassung   f.-en   释放，免职，辞职
Expansionskurs   m.-e   扩张政策
verwerfen   Vt.   拒绝，摒弃
ausschalten   Vt.   排挤，排斥
Größenwahn   m.   〖医〗自大狂，夸大狂；〈口，贬〉过分自信

(2) 难点解析

- **Es gab den Völkern Mitteleuropas ein einheitliches Gefüge.**（该帝国当时给了中欧地区的各个民族一个统一的国家。）es 指前一句中的 das Heilige Römische Reich Deutscher Nation。句中 den Völkern 是第三格宾语，ein einheitliches Gefüge 是第四格宾语，意为"统一的国家"。

- **Dieser Krieg weitete sich im Laufe der Jahre zu einer europäischen Auseinandersetzung.**（这场战争在多年的发展过程中升级为全欧的纷争。）sich zu etw.(D) weiten 意为"扩大成""升级为"；im Laufe der Jahre 意为"在多年的进程中"，im Laufe ...(G) 是习惯用法，表达"在什么过程中""在什么期间"；Auseinandersetzung 指"争论""纷争"。

- **Dieser gewaltig gerüstete Staat wurde zur Unterwerfung Europas eingesetzt und brach 1939 den Zweiten Weltkrieg vom Zaun.**（这个大规模扩军备战的国家,目的是想征服欧洲。1939 年,纳粹德国挑起了第二次世界大战。）gerüstet 是动词 rüsten（扩军备战）的第二分词,这里作为形容词使用;etw.（A）（如 einen Krieg/Streit）vom Zaun(e) brechen 是固定句型,意思是"（借故）挑起一场战争/争执"。Zaun 指"篱笆""栅栏"。

(3) 智慧选择 （请根据短文,从 4 个选项中选择正确的 1 项填空）

① Martin Luther _____ im Jahre 1517 die Reformation _____ .
   a) leiteten ein   b) führteten ein
   c) führte ein   d) leitete ein

② Bismarck regierte von 1862 bis 1867 Deutschland nicht nur _____ „Eisen und Blut", ...
   a) über   b) durch   c) auf   d) nach

③ Infolgedessen geriet Deutschland in _____ und Konflikte mit seinen Nachbarländern.
   a) Krieg   b) Isolieren
   c) Isolation   d) Auseinandersetzung

④ Der Zweite Weltkrieg endete im Mai 1945 mit Deutschlands _____ Zusammenbruch.
   a) totalen   b) totales   c) totaler   d) totalem

(4) 要点问答 （请根据短文内容回答问题）

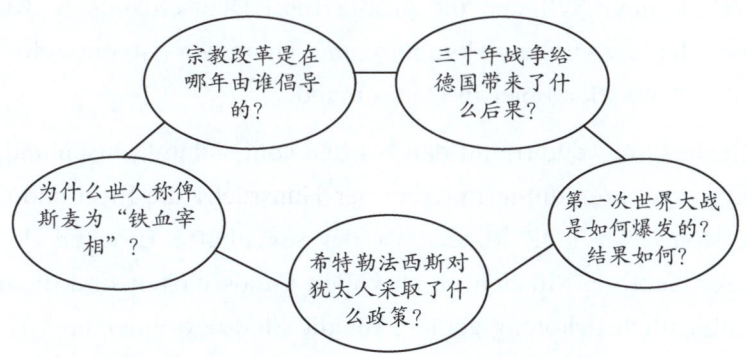

1.3 德国的地形气候

篇首导学

德国地形多样，由南向北呈阶梯形倾斜，地势逐渐降低。本文介绍了德国各种地形的位置和特征，并穿插有德国第一大岛、最大的湖泊和最高峰等地理常识。整体看来，德国是一个风景秀丽、适合旅游休闲的国度。德国地处欧洲中部，气候温和，一年中四季分明，雨水充足。但近年来随着全球性气候变化的日益加剧，德国的气候也有了相应的改变。德国政府在保护气候环境和能源使用等方面一直走在世界前列。通过学习本文，可以对德国的地形和气候等情况有个初步而概括性的了解。

Die Landschaften und das Klima Deutschlands

Die deutschen Landschaften sind vielfältig und stufig. Von Norden nach Süden ist Deutschland in vier große Landschaften geteilt, nämlich das Norddeutsche Tiefland, die Deutsche Mittelgebirgsschwelle, das Südwestdeutsche Stufen- und Bergland sowie das Süddeutsche Alpenvorland und die Bayerischen Alpen. Von Süden nach Norden fallen die deutschen Landschaften wie ein Dach ab.

Das Norddeutsche Tiefland wird im Norden von den Küsten der Nord- und Ostsee und im Süden von der mitteleuropäischen Mittelgebirgsschwelle begrenzt. Vor der Nord- und Ostseeküste liegen viele bekannte Inseln, darunter Norderney, Sylt und die größte Insel Deutschlands — Rügen. Die Lüneburger Heide zwischen Hamburg und Hannover ist ein sehr beliebtes Erholungs- und Wandergebiet in Deutschland.

Die Mittelgebirgsschwelle trennt den Norden vom Süden Deutschlands. Zu den Mittelgebirgen gehören unter anderem der Hunsrück, die Eifel und der Harz. Mit einer Höhe von 1142 Metern ist der sagenhafte Brocken der höchste Gipfel dieser Gebirge. Mit den prachtvollen Landschaften sind diese Gebirge heute hauptsächlich Erholungsgebiete für die Stadtbewohner im Urlaub. Hier sind auch viele schöne deutsche Volkssagen und Märchen wie „Lorelei" entstanden.

Viele große Wälder gehören zu dem Südwestdeutschen Stufen- und Bergland, darunter ist der Schwarzwald besonders nennenswert. Er ist vor allen Dingen mit Nadelwald bedeckt und ist heute hauptsächlich ein Erholungs- und Sportgebiet. Wegen seiner schönen Landschaften ist er auch eines der am meisten besuchten Urlaubsziele Deutschlands für in- und ausländische Touristen.

Südlich der Donau erstreckt sich das Süddeutsche Alpenvorland. Typisch für dieses Gebiet sind Moorgebiete, Hügelketten mit Seen und kleine Dörfer. Der Bodensee hier ist mit 538,5 qkm der größte See in Deutschland. Der deutsche Teil der Alpen umfasst nur einen schmalen Anteil dieses höchsten Gebirges in Europa. Mit 2964 Metern ist die Zugspitze in dieser Gegend der höchste Gipfel Deutschlands. Mit den malerischen Seen wie dem Königssee und den romantischen Schlössern wie Neuschwanstein ist die Bergwelt der Alpen auch ein beliebter Ferienort in Deutschland.

Deutschland befindet sich im Übergangsbereich zwischen dem maritimen Klima Westeuropas und dem kontinentalen Klima Osteuropas. Hier herrscht ein gemäßigtes Klima. Der mittlere jährliche Niederschlag beträgt 789 Millimeter. Die durchschnittliche Temperatur liegt im Juli bei 16,9 Grad Celsius, im Januar bei －0,5 Grad. Als Folge der globalen Erwärmung fielen die jüngsten Winter in Deutschland besonders mild, die Sommer besonders heiß aus.

Deutschland ist international ein Vorreiter beim Klimaschutz und ein Pionier beim Ausbau der erneuerbaren Energien. Auf dem Weg in eine nachhaltige Energiezukunft ist Deutschland schon weit vorangekommen. Dazu gehören der sich sukzessiv vollziehende Ausstieg aus der Atomkraft bis zum Jahr 2022 und das Ende der Kohleverstromung bis 2038.

(1) 生词释义

  stufig *Adj.* 阶梯形的

  Tiefland *n.* ⁻er 低地，平原

  Heide *f.* -n 草原，灌木林

  prachtvoll *Adj.* 壮丽的，宏伟的，出色的

Nadelwald　*m.* ¨er　针叶林
maritim　*Adj.*　海洋的，海上的
kontinental　*Adj.*　大陆的
Niederschlag　*m.* ¨e　降水量
Pionier　*m.* -e　先驱，开路先锋
nachhaltig　*Adj.*　可持续的，持久的
sukzessiv　*Adj.*　逐渐的，逐步的
Kohleverstromung　*f.* -en　用煤发电

(2) 难点解析

- Zu den Mittelgebirgen gehören unter anderem der Hunsrück, die Eifel und der Harz.（洪斯吕克山脉、艾弗尔山脉及哈尔茨山脉等都属于中德山地。）词组 unter anderem 的意思是"其中有""此外"，指除了后面提到的山脉以外，还有其他山脉属于中德山地，只是这里省略了没有提及，在翻译时可酌情处理。

- Als ... fielen die jüngsten Winter in Deutschland besonders mild, die Sommer besonders heiß aus.（作为……最近几年德国的冬天特别暖和，夏天则极其炎热）这个句子的变位动词是可分动词 ausfallen，意思是"结果……"，常和形容词搭配使用，在翻译时动词的意义可以不必译出。

- Dazu gehören der sich sukzessiv vollziehende Ausstieg aus der Atomkraft bis zum Jahr 2022 ...（其中就包括到2022年为止逐步退出使用核能……）动词 vollziehen 的反身用法 sich (A) vollziehen 以某事为主语，意思是某事"进行""发生"。这里用第一分词形式表示主动态，反身代词仍要保留。这个扩展分词的意思是"逐步进行的"。Ausstieg aus ... (D)是名词和介词的固定搭配，意思是"从……下来""退出……"。

(3) 智慧选择　（请根据短文，从4个选项中选择正确的1项填空）

① Hier sind auch viele schöne deutsche Volkssagen und Märchen wie „Lorelei" _____ .

　a) entgangen　　b) entstanden　　c) entkommen　　d) entnommen

② Er ist vor allen _____ mit Nadelwald bedeckt.

　a) Sachen　　b) Waren　　c) Dingen　　d) Pflanzen

③ Typisch _____ dieses Gebiet sind Moorgebiete, Hügelketten mit Seen und kleine Dörfer.

　a) bei　　b) gegen　　c) an　　d) für

④ In Deutschland herrscht ein _____ Klima.
   a) feuchtes   b) heißes   c) gemäßigtes   d) trockenes

(4) 要点问答 （请根据短文内容回答问题）

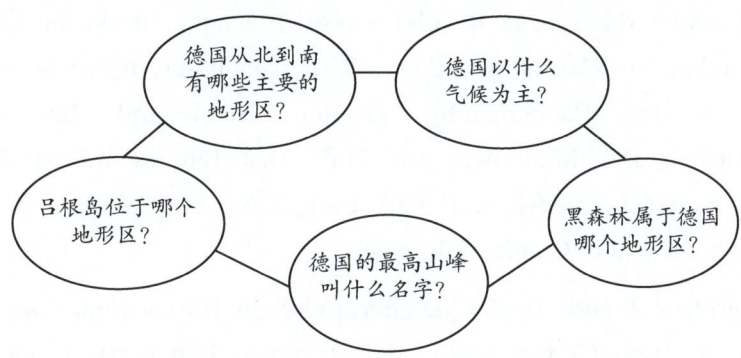

1.4 德国的人口民族

篇首导学

2019 年底德国约有人口 8320 万。本文首先给出了德国整个国家的人口密度、大城市的人口密度及联邦州层面的人口密度等基本信息，并介绍了德国人口发展的三大趋势：低出生率、不断攀升的期望寿命及社会的老龄化。在此基础上，本文还聚焦于德国的 4 个少数民族（索布人、丹麦人、弗里斯人、辛提和罗姆人）及大约 26% 的有移民背景的人。学习本文，除了达到学习相关词汇和表达的目的，还可对德国人口的基本情况及人口中的少数民族有多一点的了解。

Die Bevölkerung und nationale Minderheiten Deutschlands

Zum Jahresende 2019 lebten etwa 83,2 Millionen Menschen in Deutschland. Die Bevölkerungsdichte in ganz Deutschland betrug 232 Einwohner je Quadratkilometer. Innerhalb von diesem Land ist München die statistisch am dichtesten besiedelte Großstadt mit 4736 Einwohnern je km² vor Berlin und

Stuttgart. Hamburg als flächenmäßig zweitgrößte Stadt Deutschlands beherbergt dagegen nur 2438 Einwohner je km^2.

Auf der Ebene der Bundesländer ist Nordrhein-Westfalen mit 17,93 Millionen Einwohnern das bevölkerungsreichste Bundesland. Nach wie vor weisen die drei Stadtstaaten die größte Bevölkerungsdichte auf: In Berlin leben 4090 Personen je km^2, in Hamburg sind es 2438 Personen und in Bremen immerhin noch 1629. Im flächenmäßig größten Bundesland Bayern leben durchschnittlich 185 Menschen pro km^2. Das Bundesland Mecklenburg-Vorpommern hat die niedrigste Bevölkerungsdicht, hier leben im Schnitt nur 69 Personen auf einem Quadratkilometer.

Die drei großen Trends in der demographischen Entwicklung Deutschlands sind: eine niedrige Geburtenrate, die steigende Lebenserwartung und die Alterung der Gesellschaft. 2019 lag die Zahl der Geburten bei etwa 1,54 Kindern pro Frau, gleichzeitig stieg die Lebenserwartung — für einen neugeborenen Jungen lag sie in Deutschland bei 78,5 und für ein gerade zur Welt gekommenes Mädchen bei 83,3 Jahren. 28,5 Prozent der Bevölkerung waren über 60 Jahren. Deutschland ist schon längst eine veralterte Gesellschaft.

Zur Zeit gibt es in Deutschland vier nationale Minderheiten, die gesetzlich geschützt und wirtschaftlich sowie kulturell begünstigt werden: Sorben (60000), Dänen (50000), Friesen und die deutschen Sinti und Roma (70000).

Als Nachfahren slawischer Stämme sind Sorben ab etwa dem Jahr 600 n. Chr. in das von Germanen weitgehend verlassene Gebiet östlich von Elbe und Saale zugewandert. Heute leben sie vor allem in Brandenburg und Sachsen. Ungefähr 50000 Dänen deutscher Staatsangehörigkeit leben im Bundesland Schleswig-Holstein und bilden dort seit 1864 eine Minderheit. Die Friesen sind eine Volksgruppe, die an der Nordseeküste in den Niederlanden und Deutschland lebt. Als Nachfahren eines germanischen Stammes haben sich die Friesen neben ihrer Sprache zahlreiche Traditionen bewahrt. Die etwa 70000 Sinti und Roma deutscher Staatsangehörigkeit wohnen heutzutage vor allem in den großstädtischen Ballungszentren.

Deutschland gilt seit Jahren als Einwanderungsland. Im Jahr 2019 hatten 21,2 Millionen Menschen und somit 26,0% der Bevölkerung in Deutschland einen Migrationshintergrund. Die drei größten Herkunftsländer der in Deutschland lebenden Ausländer sind die Türkei, Polen und Syrien. Seit der Flüchtlingskrise im Jahr 2015 sind zahlreiche ausländische Flüchtlinge nach Deutschland eingeströmt. Wie man ihnen helfen kann, so schnell wie möglich in die deutsche Gesellschaft zu integrieren, ist ein wichtiges Thema für die deutsche Regierung.

(1) 生词释义

Bevölkerungsdichte　*f.* -n　人口密度
flächenmäßig　*Adj.*　按照面积的，根据面积的
bevölkerungsreich　*Adj.*　人口众多的，人口稠密的
demographisch　*Adj.*　人口统计学的；人口学的
Geburtenrate　*f.* -n　出生率
Lebenserwartung　*f.* -en　期望寿命
begünstigen　*Vt.*　促进，优待
Nachfahr　*m.* -en　后裔
Staatsangehörigkeit　*f.* -en　国籍
Ballungszentrum　*n.* ...tren　人口中心，人口稠密地区
Migrationshintergrund　*m.* ⸚e　移民背景
integrieren　*Vi.*　融入

(2) 难点解析

- **Innerhalb von diesem Land ist München die statistisch am dichtesten besiedelte Großstadt mit 4736 Einwohnern je km²...**（在这个国家内部，慕尼黑是统计上所显示的人口最稠密的大城市，每平方公里有 4736 位居民……）注意 innerhalb 在句中是副词，与介词 von 搭配，表示"在……之内"。besiedeln 本是及物动词，这里是第二分词做定语，前面再加上副词 statistisch 和副词最高级形式 am dichtesten，构成了复杂的扩展分词定语。

- **Als ... sind Sorben ... in das von Germanen weitgehend verlassene Gebiet östlich von Elbe und Saale zugewandert.**（作为……索布人……移居到易北河和萨勒河以东的大批日耳曼人远离的地区。）句中用 verlassen 的第二分词 verlassen 做定语，表示被动，和前面的介词结构及副词一起构成扩展分词定

语。östlich von Elbe und Saale 是介词结构做后置定语，修饰前面的 Gebiet。
- Als Nachfahren eines germanischen Stammes haben sich die Friesen neben ihrer Sprache zahlreiche Traditionen bewahrt. （作为一个日耳曼部族的后裔，弗里斯人除了自己的语言之外，还保留了很多传统。）动词 bewahren 在这里的用法是 sich（D）etw.（A）bewahren，意为"为自己保留……""为自己保存……"。注意介词 neben 的用法，支配第三格，意为"除了……之外"，可用介词 außer 替代。

(3) 智慧选择 （请根据短文，从 4 个选项中选择正确的 1 项填空）

① Hamburg als flächenmäßig zweitgrößte Stadt Deutschlands _____ dagegen nur 2438 Einwohner je km².
  a) bekommt   b) benimmt   c) beherbergt   d) bemerkt

② Die drei großen Trends in der demographischen Entwicklung Deutschlands sind: eine niedrige Geburtenrate, die _____ Lebenserwartung und die Alterung der Gesellschaft.
  a) sinkende   b) veränderte   c) gebliebene   d) steigende

③ Heute leben sie vor _____ in Brandenburg und Sachsen.
  a) alles   b) allem   c) aller   d) allen

④ Deutschland gilt seit Jahren als _____.
  a) Entwicklungsland   b) Auswanderungsland
  c) Einwanderungsland   d) Herkunftsland

(4) 要点问答 （请根据短文内容回答问题）

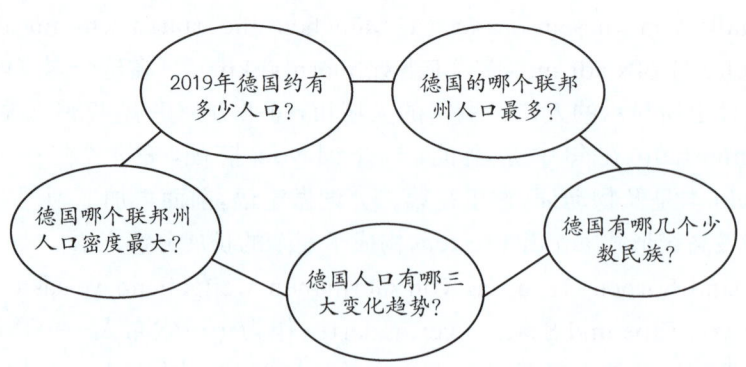

1.5 德国的政体政党

篇首导学

一个国家的政治体制是该国的立国之本和执政之基。中德两国在政体方面差别较大，因此德语学习者有必要了解德国这方面的国情知识。本文先介绍了德国国家元首——联邦总统及立法（联邦议院和联邦参议院）、行政（由联邦总理和联邦各部部长构成的联邦政府）等方面的联邦机构，尔后谈到德国国内党派众多，在组建政府、制定政策等方面发挥着不同的作用。学习本文，旨在对德国的政治体制及德国的主要政党有比较立体而具象的了解。当然，有些重要词汇最好也要掌握。

Das politische System und die Parteien Deutschlands

Das politische System Deutschlands ist bundesstaatlich und als parlamentarische Demokratie organisiert. Bedeutung besitzen die stark miteinander konkurrierenden Parteien, weshalb Deutschland auch als Parteiendemokratie bezeichnet wird. Der Bundespräsident wird durch die Bundesversammlung auf fünf Jahre gewählt und kann für eine zweite Amtszeit wieder gewählt werden. Er repräsentiert die Bundesrepublik Deutschland als Staatsoberhaupt und vertritt das Land nach außen. Mit seiner Unterschrift setzt er die Gesetze in Kraft. Er kann die Regierung entlassen und darf das Parlament in Ausnahmefällen vorzeitig auflösen.

Zur Legislative im Bund gehören der Bundestag und der Bundesrat. Der Bundestag beschließt Bundesgesetze, wählt den Bundeskanzler sowie als Teil der Bundesversammlung den Bundespräsidenten, wacht über den Bundeshaushalt und kontrolliert die Regierung. Er wird vom Volk auf vier Jahre gewählt. Der Bundesrat besteht aus Mitgliedern der Landesregierungen und vertritt die 16 Bundesländer. Jedes Bundesland hat entsprechend seiner Einwohnerzahl zwischen 3 und 6 Stimmen. Durch den Bundesrat wirken die Bundesländer bei Gesetzgebung und Verwaltung des Bundes mit.

Die Bundesregierung übt die Exekutivgewalt auf Bundesebene aus. Gemäß dem

Grundgesetz besteht sie aus dem Bundeskanzler und den Bundesministern. Der Bundeskanzler ist der Regierungschef der Bundesregierung. Er wird durch die Abgeordneten des Bundestages gewählt und besitzt nach dem Grundgesetz die Richtlinienkompetenz, bestimmt also die Grundzüge der Politik und ist dafür auch verantwortlich. Die Bundesminister werden auf Vorschlag des Bundeskanzlers vom Bundespräsidenten ernannt und entlassen.

Nach der Bundestagswahl 2017 sind sechs Parteien im Bundestag vertreten. **Die Konzentration auf nur wenige Parteien ist in erster Linie auf die Fünf-Prozent-Hürde zurückzuführen, wonach** nur diejenigen Parteien ins Parlament kommen, die mindestens fünf Prozent der abgegebenen gültigen Zweitstimmen oder drei Direktmandate erreichen. Ziel dieser Regelung ist, eine Zersplitterung der politischen Landschaft zu vermeiden und regierungsfähige Mehrheiten zu ermöglichen. Die Unionsparteien kommen überall in Deutschland — mit Ausnahme Bayerns — als Christlich Demokratische Union (**CDU**) vor. Im Bundesland Bayern regiert nur die mit ihr eng verbundene Christlich Soziale Union (**CSU**). Im Bundestag haben sich die Abgeordneten beider Parteien dauerhaft zu einer Fraktionsgemeinschaft zusammengeschlossen. Die Sozialdemokratische Partei Deutschlands (**SPD**) ist die zweite große Kraft im deutschen Parteiensystem. Die Freie Demokratische Partei (**FDP**) ist eine liberale Partei in Deutschland. Das programmatische Merkmal von **Bündnis 90/Die Grünen** ist die Kombination der Marktwirtschaft mit den Geboten des Natur- und Umweltschutzes. Die Partei **Die Linke** ist besonders stark in den fünf neuen Ländern vertreten. Die Alternative für Deutschland (**AfD**) ist eine im Jahr 2013 gegründete rechtspopulistische politische Partei und zog nach der Bundestagswahl 2017 mit 12,6% der Stimmen in den Bundestag ein.

(1) 生词释义

bundesstaatlich　*Adj*.　联邦制国家的

Staatsoberhaupt　*n*. ⸚er　国家元首

Ausnahmefall　*m*. ⸚e　例外情况，特殊情况

auflösen　*Vt*.　解散，废除

Legislative　*f*. -n　立法权；立法机关

Exekutivgewalt *f.* -en 行政权
Richtlinienkompetenz *f.* -en 制定方针的权限
Ressortprinzip *n.* -ien 职能部门的原则
Direktmandat *n.* -e 直接席位
Fraktionsgemeinschaft *f.* -en 议会党团联盟
Gebot *n.* -e 信条，戒律
rechtspopulistisch *Adj.* 右翼民粹主义的

(2) 难点解析

- Bedeutung besitzen die stark miteinander konkurrierenden Parteien, weshalb Deutschland auch als Parteiendemokratie bezeichnet wird.（相互之间激烈竞争的各个政党具有重要意义，因此德国也被称为政党民主制国家。）主句中第一分词形式 konkurrierend 是扩展分词结构做定语，用第一分词表示主动，指"（相互之间）激烈竞争的（政党）"。后面是作连词用的 weshalb 引导的从句，表示结果，译为"因此……"。

- Jedes Bundesland hat entsprechend seiner Einwohnerzahl zwischen 3 und 6 Stimmen.（根据人口数，每个联邦州有3~6票。）注意这里的 entsprechend 是介词，支配第三格宾语，意思是"根据""按照"，要与形容词 entsprechend（相应的，有关的）区分开来。

- Die Konzentration auf ... ist in erster Linie auf die Fünf-Prozent-Hürde zurückzuführen, wonach ...（集中到……首先可归因于百分之五限制条款，根据这一条款……）动词 zurückführen 的用法是 etw.（A）auf ...（A）zurückführen（把……归因于……）。这里用了 sein + zu 结构，是含有情态动词的被动态的一种替代形式，可改写为 kann auf ... zurückgeführt werden。wonach 是关系代副词，引导关系从句。

(3) 智慧选择 （请根据短文，从4个选项中选择正确的1项填空）

① Mit seiner Unterschrift _____ er die Gesetze in Kraft.
   a) bringt   b) nimmt   c) setzt   d) stellt

② Durch _____ _____ wirken die Bundesländer bei Gesetzgebung und Verwaltung des Bundes mit.
   a) den Bundestag   b) die Bundesregierung
   c) den Bundesrat   d) die Bundesversammlung

③ Der Bundeskanzler bestimmt die Grundzüge der Politik und ist _____ auch verantwortlich.

 a) dazu   b) dafür   c) daran   d) darauf

④ Die Partei **Die Linke** ist besonders _____ in den fünf neuen Ländern vertreten.

 a) stark   b) schwach   c) schwierig   d) gut

(4) 要点问答 （请根据短文内容回答问题）

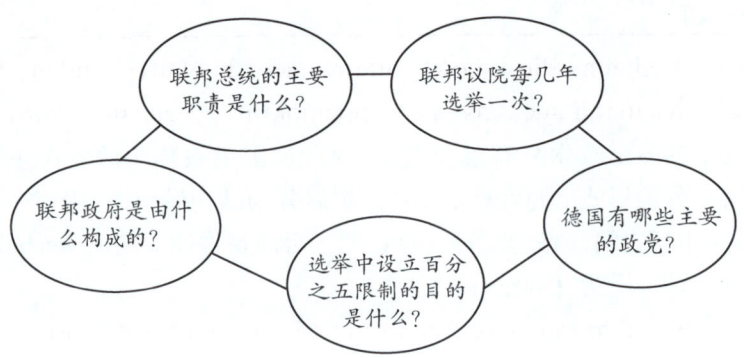

1.6　便利的交通网络

篇首导学

  德国地处欧洲中心，优越的地理位置和较大的人口密度是德国成为欧洲交通枢纽的有利条件。德国各种公路、道路的网络极其发达，作为一个工业和制造业高度发达的国家，德国的各种新型、高效而便捷的公共交通工具可以满足国民和来自世界各地的游客的各种出行需求。学习本文的目的主要在于，对德国的各种交通形式有一个概括性的了解，注意区分有轨交通中的各种列车类型，还要了解德国最大的机场、最大的航空公司、运输量较大的海港等最基本的国情知识。

Deutschland — ein verkehrsgünstiges Land

Deutschland besitzt die zentrale Lage in Europa und ist dicht besiedelt, deshalb besteht in Deutschland ein sehr hohes Verkehrsaufkommen. Jeder einzelne hat viele Möglichkeiten, an dem öffentlichen Verkehr teilzunehmen. Dank des reifen und ausgebauten Verkehrsnetzes und der hochentwickelten Verkehrsmöglichkeiten ist Deutschland ein verkehrsgünstiges Land.

In der zweiten Hälfte des 20. Jahrhunderts hat der Straßenverkehr die Eisenbahn als wichtigsten Verkehrsträger abgelöst. Deutschland besitzt eines der dichtesten Straßennetze der Welt. Im Jahr 2019 umfasst das Bundesfernstraßennetz 13141 Kilometer Autobahnen und 37879 Kilometer Bundesstraßen.

Nach dem Zweiten Weltkrieg wurden die Straßenbahnen allmählich durch Omnibus-Verkehre ersetzt. In den größten Städten wurden im 20. Jahrhundert U-Bahnen angelegt und mit S-Bahnen zu einem Schnellbahnnetz für Stadt und Umland kombiniert. Jetzt werden in fast allen deutschen Städten Fußgängerzonen und Tempolimitzonen eingerichtet, um die Gefahren und Belastungen durch den Straßenverkehr zu verringern. Immer mehr Deutsche fahren mit dem Fahrrad zur Arbeit, deshalb spielt der Radverkehr in Deutschland eine immer größere Rolle.

Deutschlands Eisenbahnnetz ist etwa 38500 Kilometer lang und wird täglich von bis zu etwa 50000 Personen- und Güterzügen befahren. Nachdem die Deutsche Bahn AG im Jahr 1994 gegründet wurde, organisiert sie zur Zeit den Großteil des Eisenbahnverkehrs in Deutschland. Außerdem befahren noch ungefähr 350 weitere Eisenbahnverkehrsunternehmen das deutsche Eisenbahnnetz. Regional- [wie z. B. Regionalbahn (RB), Regional-Express (RE) und S-Bahnen (S)] und Fernverkehr [wie z. B. Intercity (IC), Eurocity (EC) und Intercity-Express (ICE)] fahren weitgehend nach Fahrplan. Für Fernzüge stehen Schnellfahrstrecken in einer Gesamtlänge von etwa 2000 Kilometern zur Verfügung.

Mit rund 700 Flugplätzen verfügt Deutschland über eine der größten Dichten an Start- und Landebahnen weltweit. Der Flughafen Frankfurt am Main ist nach der Anzahl abgefertigter Passagiere der größte Deutschlands, der viertgrößte Europas und gemessen am Frachtaufkommen der größte Flughafen Europas. Er ist auch eines der weltweit bedeutendsten Luftfahrtdrehkreuze. Die im Jahr 1953 neu gegründete Fluggesellschaft Lufthansa mit Sitz in Köln ist die größte deutsche Fluggesellschaft.

Aufgrund des hohen Außenhandelsanteils ist Deutschland besonders auf den Seehandel angewiesen. Es verfügt über eine Anzahl moderner Seehäfen. Die drei umschlagstärksten Seehäfen in dem Land sind Hamburg, Wilhelmshaven und die Bremer Häfen. Die wichtigsten Ostseehäfen sind Rostock, Lübeck und Kiel. Es gibt in Deutschland ein gut ausgebautes Netz von Wasserstraßen für die Binnenschifffahrt. Die wichtigsten schiffbaren Flüsse sind der Rhein, der Main, die Mosel, die Weser und die Elbe.

(1) 生词释义

besiedeln　　*Vt.*　向……移民，定居在……
Verkehrsaufkommen　　*n.*-　交通流量
verkehrsgünstig　　*Adj.*　交通便利的
Straßenbahn　　*f.*-n　有轨电车
Fußgängerzone　　*f.*-n　步行区
Tempolimitzone　　*f.*-n　限速区
Güterzug　　*m.*̈e　货运列车
Frachtaufkommen　　*n.*-　货运量
Luftfahrtdrehkreuz　　*n.*-e　航空枢纽
umschlagstark　　*Adj.*　货运量大的
Binnenschifffahrt　　*f.* unz.　内河航运
schiffbar　　*Adj.*　可通航的，可行船的

(2) 难点解析

● Regional-［wie z. B. Regionalbahn（RB），Regional-Express（RE）und S-Bahnen（S）］und Fernverkehr［wie z. B. Intercity（IC），Eurocity（EC）und Intercity-Express（ICE）］fahren …（地区性交通［如地区性列车（RB）、区间快车（RE）和大城市内和市郊的市内高速铁路（S）］以及长途交通［如城际快车（IC）、欧洲大站快车（EC）和城际特快列车（ICE）］的列车……行驶。）该句子虽然有点长，但是个简单句，句意不难理解，关键是要搞清楚并记住德国各列车类型的名称及其简写形式。

● Für Fernzüge stehen Schnellfahrstrecken in einer Gesamtlänge von etwa 2000 Kilometern zur Verfügung.（总长约为2000公里的快速行车路段供长途

快速列车使用。）该句子的句型是 Etw.（N）steht zur Verfügung（某物供使用）。句中"供谁使用"的对象则由介词 für 引出。也可用 Etw.（N）steht jmdm.（D）zur Verfügung（某物供某人使用）这一句式替代。

- Der Flughafen Frankfurt am Main ist nach der Anzahl abgefertigter Passagiere der größte Deutschlands, der viertgrößte Europas und gemessen am Frachtaufkommen der größte Flughafen Europas.（以运送的乘客数计算，法兰克福机场是德国最大的机场，是欧洲第四大机场；而以运载的货物量计算的话，它是欧洲最大的机场。）句中介词 nach 的意思是"根据""按照"，支配第三格。gemessen am Frachtaufkommen（以运载的货物量计算）是动词第二分词短语，在句中做状语。用第二分词短语可使句子紧凑和简洁。

(3) 智慧选择 （请根据短文，从4个选项中选择正确的1项填空）

① In ... hat der Straßenverkehr die Eisenbahn als wichtigsten Verkehrsträger _____.
    a) erlöst   b) abgelöst   c) ausgelöst   d) eingelöst

② Der Radverkehr spielt in Deutschland eine immer größere _____.
    a) Stelle   b) Zelle   c) Rolle   d) Welle

③ Deutschland verfügt _____ eine der größten Dichten an Start- und Landebahnen weltweit.
    a) über   b) auf   c) an   d) um

④ Aufgrund des hohen Außenhandelsanteils ist Deutschland besonders auf den Seehandel _____.
    a) zufrieden   b) freudig   c) angewiesen   d) abhängig

(4) 要点问答 （请根据短文内容回答问题）

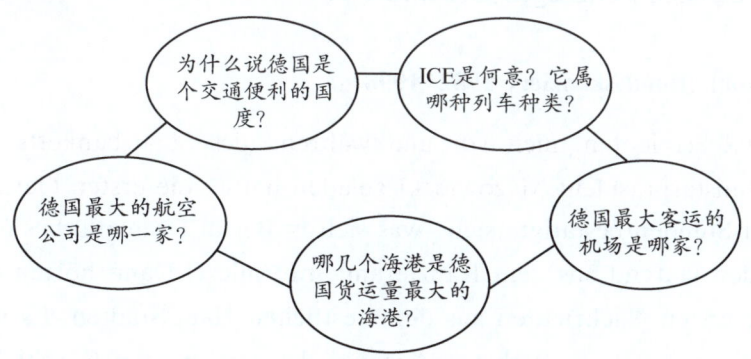

1.7 "柏林倒墙"的回忆

篇首导学

说到德国国情,"柏林墙"是绕不开的重要历史话题。从外表看,"柏林墙"很普通。只是因为它在近30年的历史进程中,成了德国分裂和重新统一的象征,所以才"非同寻常"和举世闻名。本文摘选了三个有代表性的时代见证人对"柏林倒墙"的部分回忆,记述了当时的一些客观情况和他们的反应。阅读本文的重点是了解:①"柏林墙"何时建造和"倒塌"? ②当时的联邦总理科尔在哪里?有何感想? ③当时柏林市长在做些什么? ④东柏林的普通市民又作何反应?

Erinnerungen an den Mauerfall

Kurz nach dem Zweiten Weltkrieg wurde Berlin in vier Besatzungszonen geteilt. Es führte so zur Bildung von West-Berlin und Ost-Berlin. Am 13. August 1961 baute die DDR-Regierung eine Mauer, also die Berliner Mauer, um die Flucht mancher DDR-Bürger nach Westen einzudämmen. Inzwischen ist die Mauer weltbekannt geworden, weil sie zum Symbol der Spaltung und der Wiedervereinigung Deutschlands wurde. Am 9. November 1989 wurden in Berlin die Grenzen zwischen Ost und West geöffnet, und die Berliner Mauer fiel. Wie erlebten die Deutschen diesen Tag? Hier sind die Erinnerungen von drei vertretenden Zeitzeugen im Jahre 1999.

Helmut Kohl (Bundeskanzler, 1982—1998):

Am Abend erreichten mich vor und während des Staatsbanketts, zu dem Polens Ministerpräsident Mazowiecki geladen hatte, die ersten Gerüchte. Im Laufe der Stunden bestätigte sich, was sich in Berlin Dramatisches ereignete. Wir wurden laufend aus dem Kanzleramt informiert. Dann hörten wir auch schon die ersten Nachrichten aus den westlichen Hauptstädten. Es war ohne Zweifel einer der dramatischsten Augenblicke der jüngsten Geschichte. Und wir standen in diesem Moment außerhalb dieser Ereignisse, wir fühlten uns quasi wie auf einem anderen Stern.

Walter Momper (regierender Bürgermeister von Berlin, 1989-1991):

Man merkte schon im Vorfeld der Grenzübergangsstelle ganz deutlich, dass der Strom in Richtung Invalidenstraße ging. Es war schwierig, überhaupt durchzukommen. Am Grenzübergang war alles schwarz vor Menschen. Ich hatte Sorge, es würde zu einem Blutbad, zu Schießereien kommen. Als ich über die weiße Linie ging, sagte der Polizist, der mich begleitete: „Oh, Gott, das wird wieder Ärger geben." Deshalb bin ich auf diesen Tisch geklettert, auf dem die Rentner immer ihre Sachen auspacken mussten, und habe eine Ansprache gehalten. Diese ging jedoch in den Freudenlärm unter. Viele Leute hatten schon eine ganze Menge getrunken. Und was auch immer ich sagte, sie haben die ganze Zeit gejubelt, gelacht, geklatscht, sich gefreut und sich in den Armen gelegen.

Regine Hildebrandt (DDR-Bürgerrechtlerin, heute SPD-Politikerin):

Um halb elf klingelte das Telefon. Bekannte von uns wollten unsere Tochter Elske mitnehmen „in den Westen", weil sie gehört hatten, dass die Grenzübergänge im Zentrum Berlins offen seien. Mein Mann lehnte ungläubig ab. Ich höre das in der Küche nebenbei mit — und bekomme ganz große Ohren: Wenn irgendwo die Mauer aufgeht, will ich dabei sein. Kurz entschlossen werden die Jungs aus dem Bett geholt, die Tochter wachgerüttelt, die Verwandtschaft im Haus informiert. Und los geht's mit Schwager, Mann und drei Kindern in Wartburg, polizeiwidrig überladen ... Und die Menschen und die Autos drängten und schoben sich Schritt für Schritt, krochen Meter um Meter voran — aus dem Osten in den Westen, ohne jede Kontrolle.

(1) 生词释义

  eindämmen *Vt.* 遏制，阻止
  Zeitzeuge *m.* -n 时代证人，时代见证人
  Staatsbankett *n.* -e 国宴

Deutschland mit vielfältigsten Gesichtern — Landeskunde Deutschland für Anfänger
德国国情面面观：德国概况入门

Gerücht　　*n.* -e　谣言，传闻
quasi　　*Adv.* 在一定程度上，好像
Invalidenstraße　　*f.* （柏林街名）因瓦利登大街
Grenzübergang　　*m.* ...gänge　边境通道，过境通道
jubeln　　*Vi.* 欢呼，欢跃
aufgehen　　*Vi.* 破，开裂
entschließen　　*Vr.* 决定，作出决定
wachrütteln　　*Vt.* 摇醒
kriechen　　*Vi.* 极慢地移动，爬动

（2）难点解析

- Am Abend erreichten mich vor und während des Staatsbanketts, zu dem ... geladen hatte, die ersten Gerüchte. （晚间，在……邀请的国宴前和期间我收到了最早的传闻。）句中 die ersten Gerüchte 是主语，erreichten 是谓语，mich 是宾语。zu dem ... geladen hatte 是 Staatsbankett 的定语。jmdn.（A）zu etw.（D）laden 是较旧和较雅的用法，意思同 jmdn.（A）zu etw.（D）einladen（邀请某人做什么）。

- „Oh, Gott, das wird wieder Ärger geben."（"天哪，又要出事了。"）das gibt Ärger 是德语中常用的口语表达，相当于 das macht Ärger。这里的 Ärger 作"麻烦""不愉快的事"解。参考译文作了意译。

- Und was auch immer ich sagte, sie haben die ganze Zeit gejubelt, gelacht, geklatscht, sich gefreut und sich in die Armen gelegen.（无论我说什么，他们都一个劲儿地欢呼、大笑和鼓掌，兴高采烈地拥抱在一起。）sich in den Armen gelegen 前面 Was auch ... sagte 是由 was auch 引导的让步从句，意为"不管我说什么"。sich (A) in die Arme legen（或 nehmen）是固定词组，意为"互相拥抱"。可把让步从句放到主句之后：Sie haben die ganze Zeit gejubelt, gelacht, geklatscht, sich gefreut und sich in die Arme gelegen, was ich auch immer sagte.

（3）智慧选择　（请根据短文，从 4 个选项中选择正确的 1 项填空）

① Kurz nach dem Zweiten Weltkrieg wurde Berlin ＿＿＿＿ vier Besatzungszonen geteilt.

　　a) an　　　　b) von　　　　c) in　　　　d) für

② Deshalb bin ich auf diesen Tisch geklettert ... und habe eine Ansprache ＿＿＿＿.

a) gegeben　　　b) gesagt　　　c) geklärt　　　d) gehalten
③ Mein Mann lehnte _____ ab.
　　a) sofort　　　b) unhöflich　　c) ohne weiteres　d) ungläubig
④ Ich höre das in der Küche nebenbei mit — und _____ ganz große Ohren.
　　a) bekam　　　b) bekomme　　c) bekommt　　　d) bekommen

(4) 要点问答　（请根据短文内容回答问题）

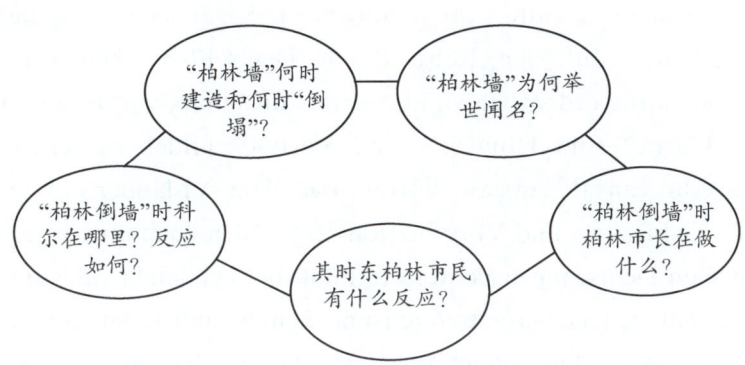

1.8　德国的典型特征

篇首导学

　　不管是什么民族，不管是哪个国家的人，他们都有自己的独特风格，即区别于其他民族和国家的性格特点和言行举止。中国有句俗话说"一方水土养一方人"。这是说一个民族的独特风格是在特定的环境中形成的，是在长期的历史中沉积而来的。本文所讲的"德国特征"的来龙去脉，也许可以证明这一点。本文阅读重点在于：①了解和掌握"德国特征"的主要内容和德语表达方式。②在不少人的眼中，"德国特征"也有不足，到底有些什么不足？我们或可引以为戒。

Der typische Charakter Deutschlands

Viele ausländische Reisenden, die Deutschland besuchen, werden oft gefragt:

Deutschland mit vielfältigsten Gesichtern — Landeskunde Deutschland für Anfänger
德国国情面面观：德国概况入门

Was ist der typische Charakter Deutschlands? Das Urteil daüber wird immer von der Kultur gefärbt und hängt deswegen davon ab, wo und wie der Beobachter aufgewachsen ist bzw. lebt. Eine bestimmte Nation hat freilich gewisse bestimmte Grundzüge, die anderen Nationen stets auffallen. Was ist nun der typische Charakter, der alle Deutschen von Generation zu Generation verbindet?

Vor allem lieben die Deutschen ohne zweifel die Ordnung. Sie meinen, dass jeder Mensch dort sein sollte, wo er hingehört. Sogar jedes Ding habe seinen „richtigen" Platz. Auf der Reise durch Deutschland bemerkt man als Ausländer zuerst die ordentliche und präzise Aufteilung von Raum, Land und Gebäuden. Überall sind Hinweise- und Verbotsschilder zu sehen, die die Ordnung regeln. Eins der ersten Wörter, das viele Ausländer dort lernen, ist „verboten". Die Regeln und Vorschriften zeigen sich auch im Umgang mit der Zeit. Bei vielen Deutschen bedeutet die Pünktlichkeit mehr als pünktlich. Sie haben nicht nur genaue Arbeitszeiten und Schulstunden, sondern auch ganz bestimmte Zeiten für den Ladenschluß. Zu Hause haben die Hausfrauen auch ihre Tagesordnung. Darauf sieht man klar, wann und was sie machen sollen.

Das Ziel der Deutschen in ihrem Auftreten und ihren Umgangsformen ist, „korrekt" zu sein und zu handeln. Sie tun ihre Pflicht und geben jedem Menschen, was ihm gebührt. Sie halten die Regeln und Vorschriften fest ein. Obwohl der konventionelle Umgang der Deutschen sehr formell scheint, betrachten sie solche Höflichkeit nicht als einen großen Wert. Im Gegensatz sind ihnen Ehrlichkeit, Wahrhaftigkeit viel wichtiger als alles andere.

Die Deutschen möchten in ihrem privaten Kreis ungezwungen sein. Da fühlen sie sich nicht mehr als „Beamter", sondern als „Mensch". Sie wollen gern mit Freunden zusammensein, denn Freunde sind für sie ganz anders als Bekannte. Sie nennen Freunde beim Vornamen und duzen sie. Mit ihnen besprechen sie auch offen ihre Sorgen. Bekannten gegenüber verhalten sie sich mit einer gewissen Distanz.

Die deutsche Gründlichkeit zeigt sich besonders im Berufsleben. Traditionell unterscheidet sich der „Beruf" von einem blossen „Job". Ein Job ist nur zum Geldverdienen, einen Beruf hat man gelernt. Er ist so wie ein Fach. Jeder

Deutsche wird stolz darauf, dass er sein Fach beherrscht und gute Arbeit leisten kann. Das Gefühl, gut gearbeitet zu haben, ist für die Selbstachtung der Deutschen sehr wichtig. Wegen der modernen Arbeitsteilung und der Automatisierung kann man heute das Ergebnis seiner Arbeit nicht mehr sehen. Daher ist auch das Interesse der Deutschen an der Arbeit gesunken. Damit stellen sich viele deutsche Arbeiter überhaupt nicht zufrieden.

Allgemein gesagt wirken die Deutschen tüchtig, gründlich, zuverlässig, ernst, aber auch schwerfällig, pedantisch, rechthaberisch. Viele Ausländer verlangen von ihnen mehr Heiterkeit und Leichtigkeit.

(1) 生词释义

Grundzug   *m*. ¨e   基本特点,基本特征
hingehören   *Vi*.   属于(此处);适合
präzis   *Adj*.   精确的,准确的
Vorschrift   *f*. -en   规定,准则
korrekt   *Adj*.   正确的;(行为)符合标准的,合适的
gebühren   *Vi*.   应得,应有
ungezwungen   *Adj*.   不拘束的,自然的
Gründlichkeit   *f*. unz.   细致,缜密
schwerfällig   *Adj*.   慢性子的,慢慢腾腾的
pedantisch   *Adj*.   死板的,过分认真的
rechthaberisch   *Adj*.   自以为是的,固执己见的
Heiterkeit   *f*. unz.   轻松愉快,活泼

(2) 难点解析

- Was ist nun der typische Charakter, der alle Deutschen von Generation zu Generation verbindet?（那么,什么是维系一代又一代所有德国人的典型特征呢?）der ... verbindet 是定语从句,说明前面主句中的 Charakter。词组 von Generation zu Generation 意为"从一代到一代""代代相传"。动词 verbinden 原意为"连接",这里根据上下文意译为"维系"。

- Sie meinen, dass jeder Mensch dort sein sollte, wo er hingehört.（他们认为,每个人都有自己的"归属",即应守的岗位。）理解这一句的关键是理解动词 hingehört。hingehören 是不及物动词,意思是"属于(某处)"。如进行"解剖翻

译",译文则可为:每个人应该呆在他应该属于的地方。这句话表明了德国人"循规蹈矩"和"遵守秩序"的特性。

- **Sie tun ihre Pflicht und geben jedem Menschen, was ihm gebührt. Sie halten die Regeln und Vorschriften fest ein.**(他们尽其责任,对人敬重适度,事事循规蹈矩。)was ihm gebührt 是宾语从句,做动词 geben 的第四格宾语。动词 gebühren 是不及物的,要求第三格宾语,意为"应给予""应得"。Regeln und Vorschriften einhalten 是常用动宾搭配,意为"遵守规则和规定"。

(3) 智慧选择 (请根据短文,从4个选项中选择正确的1项填空)

① Eine ... Nation hat freilich gewisse _____ Grundzüge, die anderen Nationen stets auffallen.
  a) einige   b) viele   c) manche   d) bestimmte

② Obwohl der konventionelle Umgang der Deutschen sehr formell scheint, _____ sie solche Höflichkeit nicht als einen großen Wert.
  a) besichtigen   b) benehmen   c) betrachten   d) beobachten

③ Überall sind Hinweise- und Verbotsschilder aufgestellt, die _____ _____ regeln.
  a) die Situation   b) die Ordnung   c) die Sache   d) den Zustand

④ Viele Ausländer verlangen von ihnen mehr _____ und Leichtigkeit.
  a) Interesse   b) Lustigkeit
  c) Heiterkeit   d) Leidenschaft

(4) 要点问答 (请根据短文内容回答问题)

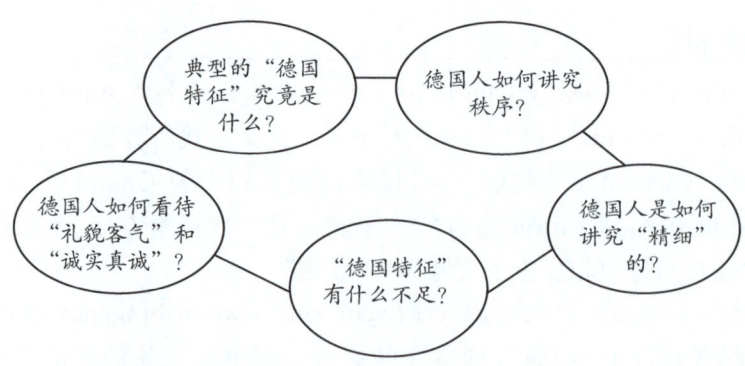

第2章 Schöne Landschaften
山水风光

2.1 德国的最高山峰

篇首导学

德国不是个山国,但南巴伐利亚却是连绵不断的一片山脉。这就是德国境内的阿尔卑斯山。它平均高度约500米,从博登湖畔一直伸展到贝希特斯加登。阿尔卑斯山的山麓地区主要适用于农业,山中可以滑雪、旅游,是德国不可多得的旅游资源。阅读本文的目的主要在于了解和掌握:从高空鸟瞰,德国的景色如何多姿多彩?德国山地的情况如何?德国山地的价值何在?德国的最高山峰在哪里?至于有些地理专名,不必花时间去死记硬背,毕竟重要的是了解和欣赏德国的山水景色。

Der höchste Berg Deutschlands

Aus der Luft betrachtet, ist Deutschland ein kleines und sehr buntes Land. Da wechseln Wälder mit Seen und Wiesen, dazwischen immer wieder Ackerland. Da ist im Norden das Meer, dann ein Tiefland, die Mittelgebirge, schließlich die Alpen im Süden — immer wieder wechselt das Bild der Landschaft. Eine Flugstunde nur braucht man von der Küste im Norden bis zum Schnee auf den Gipfeln der Alpen im Süden.

Die deutschen Landschaften sind außerordentlich vielfältig und reizvoll. Niedrige und hohe Gebirgszüge wechseln mit Hochflächen, Stufenländern, Hügel- und Seenlandschaften sowie weiten, offenen Ebenen. Von Norden nach Süden unterteilt sich Deutschland in fünf großen Landschaftsräumen: das Norddeutsche Tiefland, die Mittelgebirgsschwelle, das Südwestdeutsche

Mittelgebirgesstufenland, das Süddeutsche Alpenvorland und die Bayerischen Alpen.

Vor kaum zweihundert Jahren touristisch entdeckt, zieht das südliche Bayern immer die Reisenden magisch an. Und es ist schwer zu sagen, was sie mehr lockt: die zauberhafte Landschaft mit Hügeln und Tälern, Wäldern und Seen; die schmucken Dörfer, die Kirchen mit Zwiebeltürmen, die barocken Klöster und Traumschlösser. All das kann man nur im Alpenvorland bewundern.

Der deutsche Anteil am mächtigen Gebirgszug der Alpen ist nicht allzu groß: Die ganze Alpenkette zwischen Salzburg und dem Bodensee rückt in greifbare Nähe. In dieser Kette liegen die Allgäuer Alpen, Karwendel und Wetterstein, Chiemgauer und die Berchtesgadener Alpen. Im bayerischen Allgäu türmen sich gleich 225 meist schneebedeckte Gipfel auf. In Berchtesgadener Alpen, dem Ski- und Wanderparadies, überragen die Felswände des Watzmann den berühmten Königssee. Viele Orte dort sind bereits zu Zentren internationaler Touristik geworden und haben sich als Sommerfrischen-oder Wintersportplätze einen berühmten Namen gemacht: Garmisch-Partenkirchen sind sowohl beliebte Ferienorte als auch Austragungsort der Olympischen Winterspiele 1936. Obwohl diese Alpenkette ziemlich kurz läuft, wird Südbayern immer die Touristenattraktion.

Die Zugspitze mit 2964 Metern, die der Hauptgipfel des Wettersteingebirges ist, ist der höchste Berg Deutschlands. Wenn man bei schönem Wetter auf die Zugspitze klettert, kann man von dort aus bis zu 200 Kilometer weit ins Land sehen. Das Zugspitzplatt ist ein Karrenfeld, das sich in 2300-2600 m ausdehnt. An seinem Westrand liegen die beiden Schneeferner mit dem Schneefernerhaus. Der Westgipfel (2963 m) trägt das Münchener Haus des Alpenvereins und das Observatorium. Es gibt drei Bergbahnen, die leichten Zugang zum Platt und zur Gipfelregion vermitteln. Die bayerische Zugspitze-Bahn, die 1931 vollendete, ist eine elektrische Zahnradbahn. Sie verbindet Garmisch-Partenkirchen mit dem Schneefernerhaus.

(1) 生词释义

Hochfläche   *f.* -n   高原
Stufenland   *n.* -er   梯地

Gebirgeszug　*m*. ⸚e　山脉,山链

Alpenvorland　*n*.　阿尔卑斯山北麓地区

magisch　*Adj*.　魔术的;有魔力的,有魅力的

Kloster　*n*. ⸚　寺,庵;修道院

Touristenattraktion　*f*.　对旅游者有吸引力的(景点),旅游胜地

auftürmen　*Vt*./*Vr*.　堆积,摞起

Felswand　*f*. ⸚e　悬崖峭壁

Sommerfrische　*f*. -n　避暑,消夏;避暑地

Bergbahn　*f*.　登山铁道,缆车道

ausdehnen　*Vr*.　延伸,扩展

(2) 难点解析

- **Vor kaum zweihundert Jahren touristisch entdeckt, zieht das südliche Bayern immer die Reisenden magisch an.**(德国南部巴伐利亚被发现是旅游胜地,迄今还不到 200 年,可它一直是旅游者心驰神往的地方。)touristisch entdeckt 是分词结构,做 Bayern 的定语,意为"被发现是旅游胜地"。动词 anziehen 意思较多(如"吸引""穿衣"等)。

- **Und es ist schwer zu sagen, was sie mehr lockt: …**(很难说的是,有什么能更吸引他们。)was sie mehr lockt 是主语从句,sie 指前面的 Reisenden,mehr lockt 意为"更吸引人"。

- **Viele Orte dort sind bereits zu Zentren internationaler Touristik geworden und haben sich als Sommerfrischen- oder Wintersportplätze einen berühmten Namen gemacht: …**(那儿的许多地方早已成了国际旅游中心。它们或作为夏天的避暑胜地,或作为冬季的运动场所,久负盛名:……)Etw. (N) ist zu etw. (D) geworden 和 sich als etw. (N) einen Namen machen 是常用句式,意为"什么变成了什么"和"有一个什么样的名声"。

(3) 智慧选择　(请根据短文,从 4 个选项中选择正确的 1 项填空)

① Da ＿＿＿＿ Wälder mit Seen und Wiesen, dazwischen immer wieder Ackerland.

　　a) wechselten　　b) wechselt　　c) wechseln　　d) wechseltet

② Die Zugspitze ＿＿＿＿ 2964 Metern, die der Hauptgipfel des Wettersteingebirges ist, ist der höchste Berg Deutschlands.

　　a) für　　b) von　　c) mit　　d) nach

③ Der deutsche Anteil am mächtigen Gebirgszug der Alpen ist nicht _____ groß.
　　a) allzu　　　b) sehr　　　c) viel　　　d) mehr

④ Es gibt drei Bergbahnen, die _____ Zugang zum Platt und zur Gipfelregion vermitteln.
　　a) einfachen　　b) wichtigen　　c) schwierigen　　d) leichten

(4) 要点问答 （请根据短文内容回答问题）

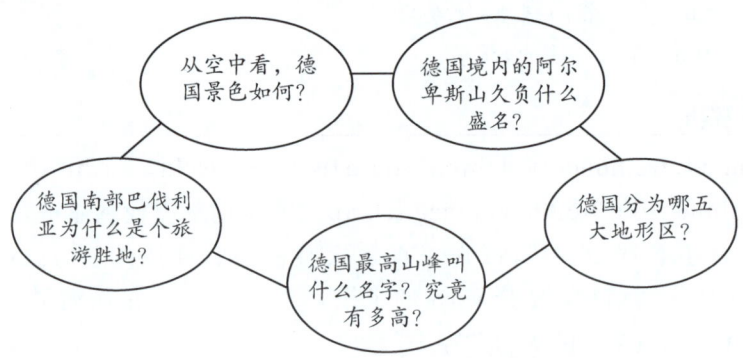

2.2　神秘的森林地区

篇首导学

　　德国森林资源相当丰富，这也是德国国情不可或缺的重要内容。德国森林的覆盖面积达到全部国土的近三分之一。这在讲究保护和回归大自然的今天无疑是令人非常羡慕的。本文简要介绍了德国的三大森林，亦即德国的主要森林资源。本文阅读重点是了解和掌握以下情况：本文介绍了哪三大森林？巴伐利亚大森林有何特色？为什么说赖恩哈茨森林是"童话森林"？黑森林以什么闻名？另外，如有兴趣，还可以根据参考译文学习、研究短文中某些长句、难句的翻译方法和技巧。

Die geheimnisvollen Waldgebiete

Es gibt kaum eine deutsche Sage oder Legende, kaum ein Volksmärchen, die

第 2 章 Schöne Landschaften
山水风光

nicht in einem großen und geheimnisvollen Wald spielen. Diese gebirgigen Wälder oder waldigen Gebirge sind heute durchaus nicht verschwunden. Von ganz oben betrachtet, ist Deutschland ein kleines Land, aber hat sehr schöne Landschaft. Da sind Wälder mit Seen und grünen Wiesen, dazwischen immer wieder Ackerland. Die Hälfte des Bodens ist landwirtschaftlich genutzt, ein knappes Drittel ist von Wald bedeckt.

Die Kette beginnt im Bayerischen Wald, den man am besten auf einer Fahrt von Passau nach Bayreuth kennenlernt. Dies ist in jedem Sinn der größte deutsche Wald, und er ist auch höher als die anderen deutschen Waldgebirge — sein größter Gipfel, der Arber, ist 1457 m hoch, und an manchen Stellen steht noch richtiger Urwald. Dieses große Waldgebirge setzt sich nach Nordwesten in den kleineren Höhenzügen des Oberpfalzer Waldes, des Fichtelgebirges, des Frankenwaldes und der Fränkischen Schweiz fort. Das Fichtelgebirge nannte man früher das „deutsche Paradies". Die Frankische Schweiz hingegen ist ein Paradies der Angelsportler und Kletterer.

Die andere Waldgebirgskette gegen Nordwesten läuft über die Rhön, den Vogelsberg, Taunus und Westerwald zum Sauerland. Besonders attraktiv ist der Taunus, den man den „Feriengarten" des Rhein-Main-Gebietes nennt: Von ihm heißt es, dass er „alles" hat — dichtbewaldete Berge, weite Wiesentäler, Rebhänge, reiche Städte, schmucke Dörfer und ein halbes Dutzend weltberühmter internationaler Kurorte. Im Weserbergland liegt der Reinhardswald westlich der Weser. Die Brüder Grimm schrieben dort die schönsten deutschen Märchen auf, während der berühmte Lügenbaron Münchhausen in Bodewerder beiderseits der Weser saß und zu Hameln der Rattenfänger sein Unwesen trieb — wahrhaftig ein deutscher Märchenwald.

Schwarzwald ist, was sein Name besagt: Er ist wirklich ein Wald, und er ist wirklich schwarz. Seine dichten Tannenforsten, seine engen Schluchten, reißende Bächer und tosende Wasserfälle kombinieren sich zu einem ganzen Landschaftsbild. Die heilkräftigen Quellen des heutigen Baden-Baden, die die Kurgäste aus anderen Ländern aufsuchen, verdankt man dem Schwarzwald. Als führende Segelschiffbauer entdeckten die Holländer die unermesslichen Schätze des Schwarzwaldes, nämlich seine riesenhohen, kerzengerade gewachsenen Tannen. **Vorzeiten begannen die Bauern an den Winterabenden Holzfiguren und Holzgeräte zu schnitzen**, und ihr berühmtestes Erzeugnis wurde die geschnitzte Kuckucksuhr. Aus dieser einstigen Schwarzwälder Heimindustrie sind inzwischen kleine und große Industriebetriebe geworden. Schwarzwälder Kuckucksuhren kann man heute in der ganzen Welt sehen.

(1) 生词释义

Legende *f.* -n 传说,传奇
Kletterer *m.* - 会爬山的人,善于爬高的动物
Kurort *m.* -e 疗养地
Rattenfänger *m.* - 捕鼠人
Unwesen *n.* unz. 破坏,捣乱,胡作非为
Tanne *f.* -n 冷杉(属)
Schlucht *f.* -en 山谷,峡谷
reißend *Adj.* 湍急的
tosen *Vi.* 怒号,咆哮
aufsuchen *Vt.* 探访,寻找,进入
kerzengerade *Adj.* 笔直的
vorzeiten *Adv.* 昔日,往时

(2) 难点解析

- **Die Kette beginnt im Bayerischen Wald ...** (连绵起伏的的森林带始于巴伐利亚大森林……)Kette 原意为"链(条)""项链"等,句中表达的是"连绵起伏的森林带"之意。

- **Die Brüder Grimm schrieben ... auf, während der ... in Bodewerder beiderseits der Weser saß ...** (当格林兄弟写出……而在威悉河两岸的博登韦尔德这个……)请注意:während 在句中不是介词,而是从句连词,带起一个表示对比的从句。beiderseits 是支配第二格的介词,意为"在什么两侧""在什么两边"。der Weser 系威悉河的第二格。

- **Vorzeiten begannen die Bauern an den Winterabenden Holzfiguren und Holzgeräte zu schnitzen ...** (从前,在冬天的夜晚,农民们开始雕刻木制人物及器具……)句中 begannen ... zu schnitzen 是两个动词连用("开始做什么"),中间要加 zu。zu schnitzen 做动词 beginnen 的宾语成分;Holzfiguren und Holzgeräte 是动词 schnitzen 的宾语。考虑上下文,句中"开始"之意可不用译出。

(3) 智慧选择（请根据短文，从4个选项中选择正确的1项填空）

① Es gibt kaum eine deutsche Sage oder Legende, kaum ein Volksmärchen, die nicht in einem großen und geheimnisvollen Wald _____.
　a) vorführen　　b) machen　　c) durchführen　　d) spielen

② Das Fichtelgebirge _____ man früher das „deutsche Paradies".
　a) nennt　　b) nannte　　c) nannten　　d) nennen

③ Besonders _____ ist der Taunus, den man den „Feriengarten" ... nennt.
　a) schön　　b) besser　　c) reißend　　d) attraktiv

④ Schwarzwald ist, _____ sein Name besagt: Er ist wirklich ein Wald, und ... schwarz.
　a) wie　　b) was　　c) wo　　d) warum

(4) 要点问答（请根据短文内容回答问题）

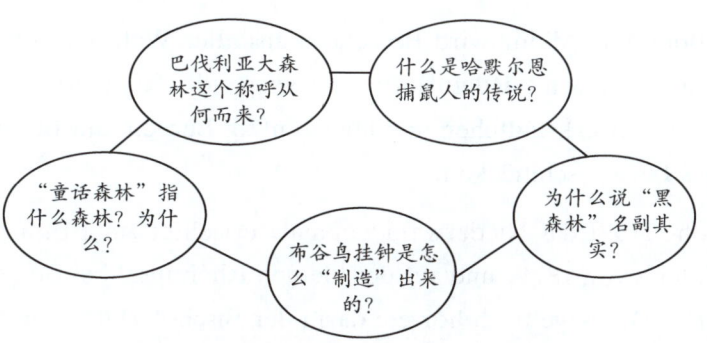

2.3　浪漫的莱茵之旅

篇首导学

　　德国人爱旅游，不少人喜欢在国内度假。莱茵河之旅是德国人和许多外国人热衷的旅游项目。莱茵河是欧洲最繁忙的一条内河航道。在德国莱茵河段两岸，风景怡人，气象万千，有许多著名的旅游胜地，到处充满故事与传说。阅读本文请主要抓住四点：一是德国人喜欢旅游的情况；二是德国莱茵河段的地理位置及两岸景色；三是掌握有关风景的常用词汇和表达；四是了解有关"罗蕾莱"的传说，增加一些知识。对一些具体的山岩名字，就不必花时间去记了。

Die romantische Rheinfahrt

Seit Jahren gewinnt Deutschland als Tourismusdestination an Beliebtheit. Reisen gehört zu den beliebtesten Freizeitbeschäftigungen der Deutschen. Rund 60 % der Deutschen haben 2017 eine Urlaubsreise von mindestens fünf Tagen unternommen. Viele Deutschen (34,2%) verbringen die Ferien im eigenen Land. Immerhin stehen Alpen, Küste, Seenplatte, Naturparks, Flusstäler schon seit Jahren auf Platz eins der Reiseziele. Die meisten Urlauber zieht es aber in die wärmeren südlichen Länder Europas. Laut Umfragen gibt ein normaler deutscher Haushalt heute rund ein Fünftel seines Einkommens für die Freizeitgestaltung aus, für Reisen durchschnittlich etwa 1200 Euro. Die Rheinfaht ist seit langem eines der Reiseziele, die von den in- und ausländischen Reisenden am meisten besucht werden.

Zwischen Bonn und Mainz wird Besuchern aus aller Welt auf den schmucken Schiffen der weißen Rheinflotte vorwiegend Romantik vorgeführt: Weinberge, Fachwerkstädtchen und über fünfzig Burgen und Burgruinen, die die Ufer des Flusses schmücken.

Aus der Höhe grüßt das Niederwalddenkmal, errichtet zur Erinnerung an die Reichsgründung von 1871, und auf der kleinen Rheininsel bei Bingen steht der „Mäuseturm". Der Sage nach hortete darin der Bischof Hatto von Mainz trotz Hungersnot weit um riesige Getreidemengen. Aber viel hatte er nicht davon, weil ihn die Mäusescharen dort auffraßen. Diese Sage hat ihren Ursprung in einer Sprachklitterung: Der Zollturm hieß früher „Mautturm". Und lange diente er später den Schiffern als weitsichtbare Signalstation. Jedesmal, wenn das Reiseschiff daran vorbeifährt, wird diese Sage durch Reiseführer nacherzählt, so dass man dabei in Erinnerung daran geraten ist.

Von harten Zeiten kann auch die festungsähnliche, aus dem 14. Jahrhundert stammende „Pfalz" bei Kaub erzählen. Auf einer felsigen Insel beherrschte sie den Schiffsverkehr. Und heute kann man sich kaum mehr vorstellen, dass an ihr vorbei das Napoleons geschlagene Truppen verfolgende Heer des Marschalls Blücher in der Neujahrsnacht von 1813 auf 1814 den Rhein überschritt: Übers Eis. So kalt war es damals, dass der Fluß zugefroren war.

Die Burgen auf beiden Seiten tragen Namen, die der Vorstellung von einer „wilden und stolzen Ritterschaft" alle Ehre machen. „Ehrenstein" und „Gutenfels" heißen sie, „Rheistein" oder „Stahleck", „Falkenburg" oder „Rheinfels". Aber auch „Katz" und „Maus" sind da.

Als besonders gefährliche Stelle galt die Enge rheinabwärts vor St. Goar und St. Goarshausen. Auf der rechten Seite steilt jäh der Fels drohend, fast senkrecht in die Höhe, der zum Symbol aller Rheinromantik geworden ist: Lorelei. Dieser markante Fels befindet sich in einer Rheinbiegung zwischen Koblenz und Köln. Wegen seiner in den Fluß hineinragenden Klippen und Strudel ist er schon seit alters her vielen Schiffern zum Verhängnis geworden. „Ich weiß nicht, was soll es bedeuten, dass ich so traurig bin." Diese Melodie hallt immer in der Luft vom Rhein.

(1) 生词释义

Destination *f*. -en 目标，最终目标
schmuck *Adj*. 漂亮的，秀丽的
Flotte *f*. -n 船队，舰队
Romantik *f*. 浪漫主义；浪漫色彩，诗情画意
horten *Vt*. 储藏，积聚
auffressen *Vt*. 吃光，吃掉
Klitterung *f*. -en 〈贬〉胡乱汇集，拼凑
festungsähnlich *Adj*. 与堡垒相似的
markant *Adj*. 引人注目的，别具特色的
Klippe *f*. -n 礁石，危岩
Strudel *m*. - 旋涡，涡流
Verhängnis *n*. -se 厄运，灾难

(2) 难点解析

● Laut Umfragen gibt ein normaler deutscher Haushalt … für … aus.（据民意调查，一个普通德国家庭为……支出……。）介词 laut 支配第二格，意同 nach。Umfragen 是 Umfrage 的复数，意为"民意调查"。动词 ausgeben 意为"支出""花（钱）"。Haushalt 释义较多，如"家政""家务""家庭""财政"等。

● Aus der Höhe grüßt das Niederwalddenkmal, errichtet zur Erinnerung an die Reichsgründung von 1871, ...（为纪念1871年帝国诞生而建造的尼德瓦尔德纪念碑,正从高处向游客招手致意。）errichtet zu ... 是分词短语,做 Niederwalddenkmal 的定语。它可改写为定语从句: ... Niederwalddenkmal, das zur Erinnerung an ... errichtet wurde.

- **Als besonders gefährliche Stelle galt die Enge rheinabwärts vor St. Goar und St. Goarshausen.**（顺莱茵河而下,地处圣哥阿和圣哥阿斯豪森之间有个地势特别险恶的狭窄地段。）动词 gelten 较常用,意为"有效""有价值"等。als ... gelten 是固定搭配,意为"（主语）被视为/被当作……",als 后可为人或物。die Enge 意为"狭窄地段"。rheinabwärts 意为"顺/沿莱茵河而下"。

(3) 智慧选择 （请根据短文,从4个选项中选择正确的1项填空）

① Die meisten Urlauber zieht es aber _____ die wärmeren südlichen Länder Europas.

   a) an   b) in   c) zu   d) für

② Diese Sage hat ihren _____ in einer Sprachklitterung: Der Zollturm hieß früher „Mautturm".

   a) Ursache   b) Gründe   c) Motive   d) Ursprung

③ Von _____ Zeiten kann auch die festungsähnliche ... „Pfalz" bei Kaub erzählen.

   a) harter   b) harten   c) schwerer   d) schweren

④ „Ich weiß nicht, was soll es bedeuten, dass ich so traurig bin." Diese _____ hallt immer in der Luft vom Rhein.

   a) Stimme   b) Melodie   c) Gedichte   d) Lieder

(4) 要点问答 （请根据短文内容回答问题）

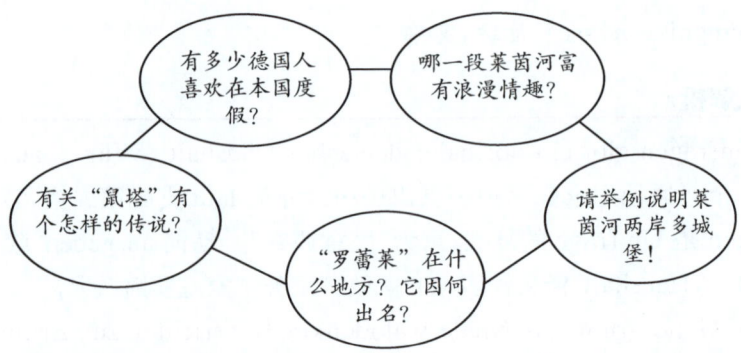

2.4　迷人的德国海滨

篇首导学

　　德国北部海岸线总长 500 多公里,是德国全部边界线(长 3758 公里)的七分之一左右。波罗的海海岸在德国最北部。那里岛屿众多,风景独特,非常迷人。本文着重介绍了四个波罗的海海滨小城:①紧靠天然屏障普尔岛的城市维斯马;②拥有最大国际海港的工业城市罗斯托克;③具有瑞士风格的诱人的疗养度假胜地——梅克伦堡;④曾是许多梅克伦堡大公寝宫所在地的什未林。阅读本文不难,主要抓住两点:这三个城市的简单历史和现在的特色——景观特色和特殊地位。

Die reizvolle Küste

Die Ostseeküste in Deutschland hat mit ihren Inseln, Haffs und Bodden einmalige Reize. Ihre Küstenlinie stellt sich mit den vorgelagerten Inseln Poel, Hiddensee, Rügen und Usedom dar. Steil- und Flachküsten, mit Dünen besetzte Strandwälle und Nehrungen wechseln einander ab; einmalig in Europa sind die oft mit riesigen Schilfbeständen gesäumten Bodden und Haffe. Mit rund 340 Kilometer Außenküste und über 1000 Kilometer Bodden-, beziehungsweise Haffküsten hat sich die Landschaft zum bevorzugten Ferienziel entwickelt.

Wismar, an der gleichnamigen, durch die Insel Poel geschützten Bucht gelegen, gilt neben Rostock als wichtigste Hafenstadt des Landes. Die seinerzeit einflußreiche Hansestadt hat Stadtrecht seit 1229. Schon 1259 schloß man sich mit Lübeck und Rostock gegen die Piraterie zusammen, später ging aus dem Pakt der mächtige Hansebund hervor. Der Alte Markt erinnert an die Blütezeit: Mit rund 10000 Quadratmetern ist er einer der größten Plätze in Norddeutschland. Neben sehenswerten Giebelhäusern aus dem 15. bis 18. Jahrhundert steht am Markt auch Wismars schönster Bau, der „Alte Schwede", ein gotisches Bürgerhaus von 1380. Dieses Haus erinnert daran, dass die

Hafenstadt von 1648 bis 1803 der schwedischen Krone gehörte.

Rostock, erste Universitätsstadt Nordeuropas (1419) und mächtige Hansestadt dereinst, liegt dort, wo das mecklenburgische Flüsschen Warnow in die Ostsee mündet. Die Stadt mit dem größten Überseehafen gilt als die Metropole der Ostseeregion. Man sieht das Meer noch gar nicht, ahnt aber angesichts der hohen Kräne und Schiffsmasten am Horizont das kraftvolle, industrielle Zentrum und die Verbindung in alle Welt.

Vom Kröpelinger Tor führt die Kröpelinger Straße als Fußgängerzone fast durch die ganze Altstadt Rostocks bis zum Rathaus. Es sind das Steintor und die wiederaufgebauten Bürgerhäuser am Neuen Markt oft fotografierte Motive. Und doch ist das gewaltige Bauwerk der gotischen Marienkirche, an der 400 Jahre gebaut wurde, glanzvoller Mittelpunkt im Zentrum. Man braucht nur wenige Minuten, mit der Stadtbahn bis ans Meer, nach Warnemünde, zu kommen.

Die Mecklenburger Schweiz ist mit ihren sanften Hügeln und den malerischen Dorfflecken gewiss zu den reizvollsten Erholungsgebieten zu rechnen. Das Paradies für Wassersportler, Wanderer und vor allem Angler ist die Seenplatte: Neben den Großseen des Tieflandes wie der Müritz — mit 115 Quadratkilometern größter Binnensee — werden dem Gebiet mehr als tausend kleinere Seen und Kleinstgewässer zugerechnet.

Schwerin, die einstige Residenzstadt der mecklenburgischen Großherzöge, liegt reizvoll am Westufer des Schweriner Sees. Auf der Burginsel liegt das Schweriner Schloß, das in seiner heutigen Form von 1843 bis 1857 nach dem Vorbild des Schloßes Chambord bei Orleans errichtet wurde. In den verschwenderisch ausgestatteten Innenräumen sind heute Museen untergebracht.

(1) 生词释义

Haff *n*. -e/-s 〖地〗潟湖

Bodden *f*. - 浅海湾

Düne *f*. -n （风吹积成的）沙丘

Strand *m*. -e 海滩，海滨

Nehrung　f. -en　岬,岬角,滨外沙洲
Bucht　f. -en　海湾,湖湾
Piraterie　f. -n　海盗行为,海上劫掠
Giebel　m. -　山墙,三角墙
Kran　m. -e/¨e　起重机,吊车
Schiffsmast　m. -en　船桅,桅杆
malerisch　Adj. 绘画的,美丽如画的
Großherzog　m. ¨e　大公爵,大公

(2) 难点解析

- ... einmalig in Europa sind die oft mit riesigen Schilfbeständen gesäumten ... （往往围有巨大芦苇丛的……在欧洲独一无二。）gesäumt 是动词 säumen（围绕）的第二分词,它与介词 mit 构成的分词词组,在句中做定语,表示"四周围着什么的"。einmalig 既可为"一次性的",又有"独一无二"的含义。这里句中意思为后者。

- Neben sehenswerten Giebelhäusern aus dem 15. bis 18. Jahrhundert steht am Markt auch Wismars schönster Bau, der „Alte Schwede", ein gotisches Bürgerhaus von 1380. （除了 15~18 世纪的三角墙住宅建筑值得一看外,市场旁边那座建于 1380 年的哥特式的民房,有"老瑞典人"之称,是维斯马最漂亮的建筑物。）注意介词 neben 的不同含义：它有表示地点、方向、在什么之外和对比等意义。如在这句句子中意为"除什么之外"；它所支配名词的变格原则是"静三动四"。

- Vom ... führt die Kröpelinger Straße als Fußgängerzone fast durch ... bis zum Rathaus. （从……开始,作为步行区的克吕帕林大街一直往前,几乎穿过……直到市政大厅。）作者通过三个介词（von, durch, bis）,把一组复杂的动作有机地组合在一个句子中,全句显得简洁、连贯、流畅。由此可见德语介词功能之大。

(3) 智慧选择 （请根据短文,从 4 个选项中选择正确的 1 项填空）

① Die Ostseeküste in Deutschland hat mit ihren Inseln, Haffs und Bodden _____ Reize.
　　a) einmaliger　　b) einmalige　　c) einmaligen　　d) einmalig

② Schon 1259 _____ man sich mit Lübeck und Rostock gegen die Piraterie zusammen ...

a) schloß　　　b) schloßen　　　c) schließt　　　d) schließen

③ Rostock ... liegt dort, _____ das mecklenburgische Flüsschen Warnow in die Ostsee mündet.

a) was　　　b) wie　　　c) wo　　　d) wer

④ Die Mecklenburger Schweiz ist ... gewiss zu den ... Erholungsgebieten _____ rechnen.

a) an　　　b) bei　　　c) von　　　d) zu

(4) 要点问答 （请根据短文内容回答问题）

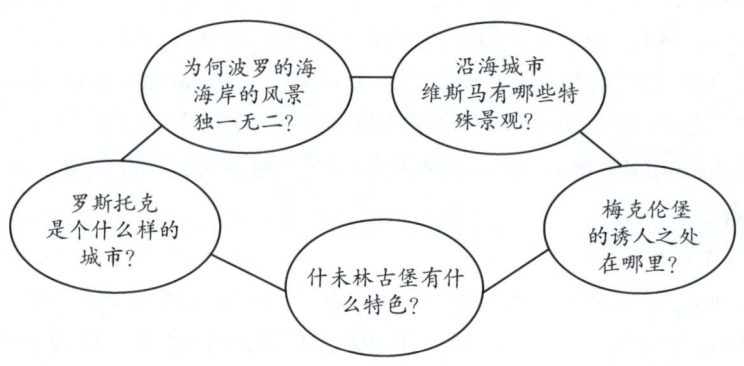

2.5　天鹅古堡好神秘

篇首导学

　　新天鹅堡是德国的标志性建筑，也是德国最著名的名胜古迹之一。它由巴伐利亚州国王路德维希二世建造，耗时多年，花费巨大。这座城堡也被称为"童话国王的城堡"。阅读这篇短文，我们不仅可以了解和掌握有关新天鹅古堡的历史、建造动机、建造时间、外观和内部结构及装修等情况，而且还可以学到很多与新天鹅堡有关的德语表达。通过阅读本文，我们或许有如置身于新天鹅堡中的感觉，仿佛亲身游览了一下这个闻名世界而又非常神秘的"童话古堡"。

Das Schloss Neuschwanstein

Das Schloss Neuschwanstein ist das berühmteste der Schlösser Ludwigs Ⅱ. und eine der bekanntesten Sehenswürdigkeiten Deutschlands. Es steht oberhalb von Hohenschwangau bei Füssen im südlichen Bayern. „Die Burg des Märchenkönigs" ist idyllisch gelegen. Beeindruckend ist die Lage Neuschwansteins auf einem zerklüfteten Felsen 200 Meter über dem Tal thronend.

Der Bau wurde ab 1869 für den bayerischen König Ludwig Ⅱ. als idealisierte Vorstellung einer Ritterburg aus der Zeit des Mittelalters errichtet. Der menschenscheue König hatte die Burg nur für sich erbaut, um sich aus der Öffentlichkeit zurückzuziehen. Das Schloss sollte nach dem Wunsch des Königs eine mittelalterliche Burg werden, in der die musikalischen Sagenwelten Richard Wagners als eine Art bewohnbare Theaterkulisse nachempfunden sein sollten.

Neuschwanstein wurde ursprünglich von König Ludwig Ⅱ. als Neue Burg Hohenschwangau bezeichnet, um den gewünschten Burgcharakter hervorzuheben. Seit 1886 heißt das bekannteste Schloss Deutschlands „Neuschwanstein". Der Schwan ist ein fortlaufendes Symbol, das sich in der Schlossausstattung wiederspiegelt. Er repräsentiert das Wappentier der Grafen von Schwangau, das für Ludwig Ⅱ. ein christliches Ideal der Reinheit darstellte. Ludwig Ⅱ. legte auch im Inneren seines Schlosses viel Wert auf eine prunkvolle Ausstattung und schuf sich hier einen Ort des Rückzugs mit Komfort. Fließendes Wasser in allen Stockwerken, eine Heißluft-Zentralheizung, elektrische Rufanlagen, Aufzüge und ein Telefonanschluss zeugen von seinem fortgeschrittenen, technischen Komfort zur damaligen Zeit und spiegelten die Sehnsüchte des Königs in jedem kleinsten Detail wider. Die herrlichen Wandbilder erzählen Geschichten und Sagen aus dem Mittelalter und immer wieder kann man den Schwan als Leitbild darauf erkennen.

Der König, der im Alter von 18 Jahren ohne jegliche Politikerfahrung den Thron bestieg, lebte nur wenige Monate im Schloss, er starb noch vor der Fertigstellung der Anlage. Kurz nach seinem mysteriösen Tod, wurde Schloss

Neuschwanstein bereits für Besucher geöffnet und hat sich im Laufe der Jahre für viele zum „Wahrzeichen Deutschlands" oder zum „achten Weltwunder" entwickelt.

Das prunkvolle Schloss Neuschwanstein zählt zu den meistbesuchten Schlössern Europas. Die königlich ausgestatteten Gemächer und die idyllische Lage locken jährlich rund 1,3 Millionen Besucher auf das Märchenschloss von König Ludwig Ⅱ. Im Sommer drängen sich täglich Tausende Besucher aus aller Welt durch die Räume Neuschwansteins, die einst für nur einen Bewohner gedacht waren. Touristen aus ganz Europa, Asien und Amerika kommen ins bayerische Hohenschwangau bei Füssen, um das Schloss des Märchenkönigs Ludwig Ⅱ. zu besichtigen. Das Schloss Neuschwanstein hat Züge der Wartburg und verschiedener Burgdarstellungen.

(1) 生词释义

zerklüften *Vt.* 劈开,使分裂,裂开

thronen *Vi.* 端坐,庄严地坐,正襟危坐

errichten *Vt.* 建起,造起;设立,建立

hervorheben *Vt.* 突出,强调

Wappentier *n.* 绘制在纹章上的动物

Sehnsucht *f.* ⁻e 渴望,向往;思念

Leitbild *n.* -er 榜样,模范

Fertigstellung *f.* 完成

Gemach *n.* ⁻er （高雅的）房间,居室

drängen *Vr.* 挤向;渴望,力求

Zug *m.* ⁻e 特征,特色

Burgdarstellung *f.* -en 有关城堡的描述

(2) 难点解析

- „Die Burg des Märchenkönigs" ist idyllisch gelegen.（这个"童话国王的城堡"坐落在幽静之处）此句直译是：这个"童话国王的城堡"坐落幽静。为了表达通顺，我们在句末加了"之处"。gelegen 是形容词，意为"坐落在……的"。

- Aufzüge und ein Telefonanschluss zeugen von seinem fortgeschrittenen, technischen Komfort zur damaligen Zeit（电梯和电话连线证明,他采用了当

时技术上先进的舒适的设施。)理解这一句的关键是理解谓语成分 von ...(D) zeugen。该"动介搭配"的意思是"证明什么"。Komfort 意为"舒适""安逸",这里指"舒适的设施"。

- Das prunkvolle Schloss Neuschwanstein zählt zu den meistbesuchten Schlössern Europas.(豪华的新天鹅堡是欧洲参观者最多的城堡之一。)zu etw. (D) zählen 意为"属于什么""算得上是什么"等,可以用 zu ... (D) gehören(意为"是……中的一个")替换。meistbesucht 由 viel 的最高级和动词 besuchen 的第二分词构成,意为"参观/造访最多的"。也可用 viel 和 wenig 等构成复合形容词 vielbesucht 和 wenigbesucht。

(3) 智慧选择 (请根据短文,从 4 个选项中选择正确的 1 项填空)

① Neuschwanstein wurde ursprünglich von König Ludwig Ⅱ. _____ Neue Burg Hohenschwangau bezeichnet.
    a) als   b) mit   c) durch   d) von

② Ludwig Ⅱ. _____ auch im Inneren seines Schlosses viel Wert auf eine prunkvolle Ausstattung und ...
    a) gehört   b) hat   c) legte   d) liefert

③ König Ludwig Ⅱ. schuf sich hier einen Ort _____ mit Komfort.
    a) des Rückzugs   b) des Entzugs   c) des Abzugs   d) des Anzugs

④ „Die Burg des Märchenkönigs" spiegelt die Sehnsüchte des Königs in jedem kleinsten Detail _____ .
    a) wider   b) wieder   c) zuwider   d) weder

(4) 要点问答 (请根据短文内容回答问题)

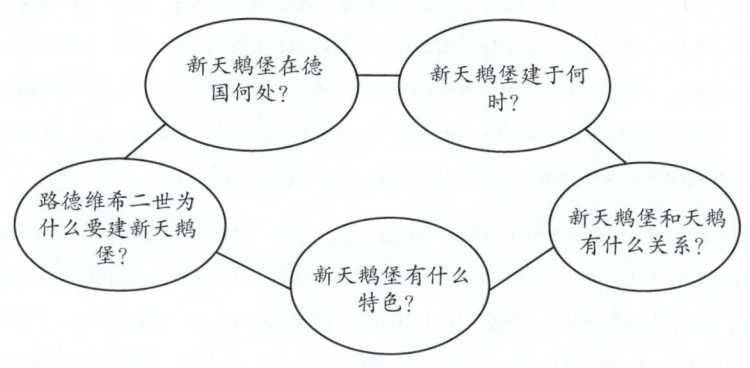

2.6　旅游胜地博登湖

> **篇首导学**
>
> 　　博登湖位于瑞士、奥地利和德国三国交界处，它以其独特的风景、多样的设施吸引着世界各地的游客，是德国著名的游览和疗养胜地。博登湖上，玛瑙岛的玫瑰花层、赖兴瑙岛的本笃会修道院以及林道岛的历史建筑都让人流连忘返。本文既全面又简洁地介绍了湖与岛优美的自然风景和丰富的人文历史。文中涉及不少有关自然景色和历史文化遗产的词汇。我们学习本文的目的，首先是了解博登湖的自然景色和深厚的人文历史，其次是学习和掌握有关词汇，扩大我们的词汇量。

Das Reiseziel — Der Bodensee

Im nördlichen Alpenvorland liegt der größte See Deutschlands, der Bodensee. Der Bodensee, welcher auch als Schwäbisches Meer mehr bezeichnet wird, ist mit 536 km² das drittgrößte Binnengewässer Mitteleuropas und besteht aus dem Obersee, dem Untersee und dem Überlinger See.

Der Bodensee verbindet drei Länder, nämlich Deutschland, Österreich und die Schweiz. Die Kantone Thurgau und St. Gallen, das österreichische Bundesland Vorarlberg und die deutschen Bundesländer Baden-Württemberg und Bayern grenzen an den Bodensee. Südlich des Bodensees liegt das Fürstentum Liechtenstein. Auf dem Bodensee-Radweg durchfährt man auf knapp 270 Kilometern Deutschland, Österreich und die Schweiz. Dabei umrundet man ufernah den gesamten See mit dem Alpen-Panorama als ständigem Begleiter. Auf der deutschen Seite erlebt man von Konstanz aus bekannte Städte und herausragende Sehenswürdigkeiten.

Von den drei Hauptinseln des Sees ist die Insel Mainau vielleicht die faszinierendste. Die 45 Hektar große Blumeninsel Mainau ist die drittgrößte der Inseln im Bodensee. Es gibt hier Hunderttausende von Pflanzen in gepflegten Gärten, davon fast 10000 Rosenbüsche, die mit den wechselnden

Jahreszeiten blühen. Die Insel Reichenau liegt im westlichen Teil des Bodensees. Sie ist die größte Insel im Bodensee. Auf der Insel befinden sich die erhaltenen Überreste eines Benediktinerklosters aus dem Jahr 724 v. Chr., weshalb die Insel seit 2000 auf der UNESCO-Liste des Welterbes verzeichnet ist. Im östlichen Teil des Bodensees liegt die Insel Lindau. Die Altstadt von Lindau steht unter Denkmalschutz. Straßenzüge mit sowohl mittelalterlichen Fachwerkhäusern als auch Überreste der historischen Stadtmauer verbreiten ein mittelalterliches Flair.

Blaues Wasser, mildes Klima, frische Seeluft, besondere Orte und himmlischer Genuss. Durch das milde Klima erwärmt sich der Bodensee bis zu 25℃ in den Hochsommermonaten Juli und August. Egal ob Schwimmen, Segeln, Wakeboarden, Kanufahren, Kitesurfen oder Tauchen, er bedient außerordentlich viele Wünsche. In jedem Ort rund um den Bodensee sind die Augen der Besucher gespannt auf interessante Kirchen, alte Burgen und Schlösser gerichtet.

Nach einem aufregenden Tag schreit der Körper nur so nach Entspannung. Hier warten schon viele Thermen, Saunen, Wellnesshotels und viele typische schmackhafte Gerichte darauf, einen zu verwöhnen. Am See geht sprichwörtlich alles ein wenig langsamer zu, als in der stressigen Großstadt. Das ist gut so, denn was man am Bodensee braucht, ist nur die Zeit! Die Zeit fernab von der Unruhe und die Zeit für die Entspannung. Nämlich die Zeit für sich selbst.

(1) 生词释义

Alpenvorland　*n*. 阿尔卑斯山北侧山麓地区
Binnengewässer　*n*. 内陆水域
Kanton　*m*. -e （瑞士的）州
Fürstentum　*n*. ¨er 侯国，侯爵领地
Panorama　*n*. ...men 全景
Kloster　*n*. ¨ 寺院，修道院
Welterbe　*n*. unz. 世界遗产
Denkmalschutz　*m*. 建筑文物保护

verzeichnen　*Vt.*　记录,记载,记下
Therme　*f. -n*　温泉
Wellnesshotel　*n.*　疗养酒店
verwöhnen　*Vt.*　溺爱,宠爱;使满足

(2) 难点解析

- Der Bodensee, welcher auch als Schwäbisches Meer mehr bezeichnet wird, ist mit 536 km² das drittgrößte Binnengewässer Mitteleuropas ...（博登湖,更多地被称为施瓦本海,以其536平方公里的面积而成为中欧第三大内陆水域……）句中 welcher 引导的是一个关系从句,在此可以把 welcher 替换成为 der,这样更容易理解。drittgrößt 意为"第三个最大的"。

- Auf der Insel befinden sich ..., weshalb die Insel seit 2000 auf der UNESCO-Liste des Welterbes verzeichnet ist.（在这座岛上有……,因此这座岛屿从2000年起被列入联合国教科文组织世界遗产名录。）动词 sich befinden 意为"位于""在""有"。句中 weshalb 是引导词,引导一个原因状语从句,意为"因此"。它与 deshalb 的区别是,deshalb 是连词,后面要紧跟动词。

- In jedem Ort rund um den Bodensee sind die Augen der Besucher gespannt auf interessante Kirchen, alte Burgen und Schlösser gerichtet.（在博登湖周围的任何一个地方,游客的眼睛都会好奇地看到有趣的教堂、古老的城堡和宫殿。）词组 rund um ...（A）意为"在什么周围"。auf etwas（A）gerichtet sein 是状态被动态,表示"对准什么"之意。根据这里的语境,可释义为"看向""看到"。

(3) 智慧选择　（请根据短文,从4个选项中选择正确的1项填空）

① ... davon fast 10000 Rosenbüsche, die _____ den wechselnden Jahreszeiten blühen.

　　a) mit　　　b) zur　　　c) an　　　d) als

② Straßenzüge mit _____ mittelalterlichen Fachwerkhäusern _____ Überreste der historischen Stadtmauer verbreiten ein mittelalterliches Flair.

　　a) nicht nur / sondern auch　　b) weder / noch
　　c) sowohl / als auch　　　　　d) nicht / sondern

③ Die Altstadt von Lindau _____ unter Denkmalschutz.

　　a) steht　　b) liegt　　c) bringt　　d) geht

④ Südlich _____ _____ liegt das Fürstentum Liechtenstein.
   a) der Bodensee
   b) den Bodensee
   c) dem Bodensee
   d) des Bodensees

(4) 要点问答 （请根据短文内容回答问题）

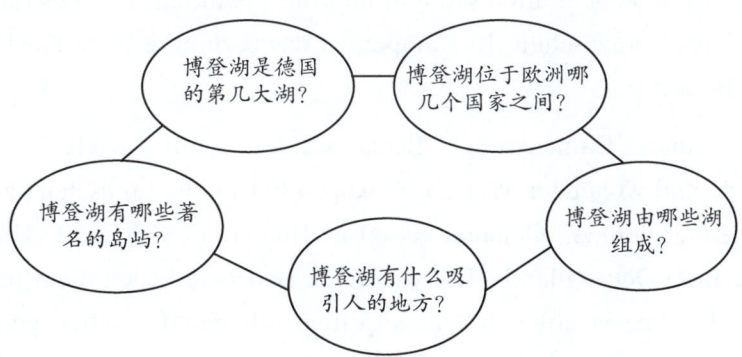

2.7　北方小岛亦迷人

> **篇首导学**
> 　　本文简单介绍了德国北部诸多岛屿的情况，德国濒临北海和波罗的海，拥有很多岛屿、沙滩、湖水、岩石、乡村教堂、红色悬崖等。每个岛屿都各具特色，不仅拥有美丽的自然景色，还有许多迷人的人文景观，每年吸引着众多德国及外国游客至此度假休养。本文包含一些与岛屿及其景观相关联的词汇和句式，句子结构比较简洁，字里行间含有意味，读来很有感染力。学习本文，不仅能了解德国北方诸岛的特色所在，而且给人仿佛置身于德国北部极具魅力的湖光山色之中的感觉。

Die nördlichen Inseln

Wenn man Entspannung fernab von Lärm und Chaos sucht, kann man die bekanntesten Inseln Deutschlands kennen, wie z. B. Sylt, Rügen, Usedom, Fehmarn und Helgoland.

Vor allem die Kurorte Westerland, Kampen und Wenningstedt machen die Insel Sylt weltbekannt. Ein über 200 Kilometer langes Radwegenetz durchzieht die Insel. Bekannt ist die Insel für ihre Dünen und Sandstrände. Jede kleine, feine Ortschaft hat ihren eigenen Charakter und ein Abstecher zum Shoppen, Schlemmen oder Spazieren gehen lohnt sich. Westerland kann zum Beispiel mit seinem alten Ortsteil im Osten punkten. Die Dorfkirche „St. Niels" ist hübsch anzusehen. In Kampen ist das berühmte Rote Kliff ein Muss für jeden Besucher.

Halbinseln und Binnenseen, Buchenwälder, mit Kiefern gesäumte Sandstrände und wogender Weizen — Rügen hat mehr Landschaft zu bieten, als Nichtkenner denken. Genauer gesagt ist Rügen mit 926 Quadratkilometern die größte Insel Deutschlands. Die wichtigen Badeorte liegen dicht beisammen im Süden. In Binz strahlen herrliche Villen mit den typischen geschnitzten Holzveranden wie neu. Zu sehen gibt es auf Rügen viel: wie z. B., Putbus, die melancholische Residenz des Fürsten Malte. Vorbei an den weißen Kreidefelsen und der beeindruckenden Steilküste erlebt man hier magische Stunden.

Nirgendwo liegen Seebad und Bauerndorf so nah beieinander wie auf Usedom. Die von Hügeln, Wäldern und Binnenseen geprägte Insel misst 445 Quadratkilometer — der deutsche Anteil liegt bei 373, während die restlichen 72 Quadratkilometer zu Polen gehören. Ein Hauch vom alten Glanz ist in den Kaiserbädern Heringsdorf und Ahlbeck wieder zu spüren. Hauptanziehungspunkt der vielen Ausflügler ist die Ahlbecker Seebrücke: ein hölzernes Schlösschen auf dem Wasser. Den bis zu 80 Meter breiten Strand teilen sich die Wasserratten mit bunten Fischerbooten.

Vor der Ostseeküste Schleswig-Holsteins liegt Deutschlands drittgrößte Insel Fehmarn. Natur pur an Strand, Steilküste oder Naturschutzgebiet. Feldwege laden zum Spazieren und Radeln ein und Bauernhöfe bieten Übernachtungsmöglichkeiten für Groß und Klein. Zudem bietet die Insel Quartiermöglichkeiten für jedermann, vom Luxushotel mit Wellness-Bereich bis zum Campingplatz mit Gemeinschaftsdusche. Kite-Surfen, Tauchen und Jet-Ski zählen zu den beliebtesten Aktivitäten unter den Urlaubern auf der

Ostseeinsel.

Helgoland liegt rund 70 Kilometer vom Festland entfernt und ist nur einen Quadratkilometer groß. Ob per Schiff, Katamaran oder Flugzeug, der erste Blick von Neuankömmlingen fällt auf die farbenfrohen Häuschen, die einst den Fischern als Geräteschuppen dienten. Mittlerweile haben sich die bunten Häuschen zu kleinen Galerien, Geschäften und Kneipen gemausert. Autofahren ist tabu. An der äußersten Inselspitze befindet sich der schmale, rote Felsen „Lange Anna", der signifikant in den Himmel ragt. Dieses Helgoländer Wahrzeichen wurde 1860 bei einer Sturmflut abgetrennt.

(1) 生词释义

Düne　*f.* -n　沙丘
Abstecher　*m.* -　(原计划外的)顺路/绕道游览
schlemmen　*Vt./Vi.*　大吃大喝
punkten　*Vt.* 在……上加点；*Vi.*〖体〗积累得分
Kliff　*n.* -e　悬崖峭壁
Kiefern　Pl.　松树
säumen　*Vt.*　给……镶边
Veranda　*f.* ...den　阳台,走廊
Quatiermöglichkeit　*f.* -en　报价方案
Katamaran　*m./n.* -e　双体船
Geräteschuppen　*m.* -　工具室
mausern　*Vr.*　进步,成长,面貌一新

(2) 难点解析

- **Rügen hat mehr Landschaft zu bieten, als Nichtkenner denken.**（吕根岛所呈现的风景比不了解这儿的人所想象的要多。）此句需要注意的是两个部分，即 haben ... zu ...和 als 引起的比较级。haben ... zu ... 意为"有……要(做)"，mehr ... als ...意为"比……多"。

- **Ein Hauch vom alten Glanz ist in den Kaiserbädern Heringsdorf und Ahlbeck wieder zu spüren.**（古代辉煌的气息可以在黑灵斯多夫和阿尔贝克的皇帝温泉宫中感觉到。）理解这一句的关键是理解 zu spüren sein。这种句式是被动态的替代形式，具有情态含义，在此可以理解为"可以感觉到……"，相当

于 etw. (A) spüren können。

- **Den bis zu 80 Meter breiten Strand teilen sich die Wasserratten mit bunten Fischerbooten.**（水手们用花花绿绿的渔船分占了80米宽的海滩。）sich teilen 意为"分担""分占"，后面支配第四格补足语。句中第四格补足语是句首的 Den ... Strand。Wasserratten 本意是"一种水鼠"，转义为"很会游泳的人""海员""水手"。

(3) 智慧选择 （请根据短文，从4个选项中选择正确的1项填空）

① Wenn man Entspannung fernab _____ Lärm und Chaos sucht, kann man diese folgenden Inseln Deutschlands kennen.
    a) von   b) mit   c) aus   d) an

② Ein Abstecher zum Shoppen, Schlemmen oder Spazieren gehen _____ _____.
    a) genügt   b) passt sich   c) gilt   d) lohnt sich

③ Hauptanziehungspunkt der vielen Ausflügler ist die Ahlbecker Seebrücke: ein _____ Schlösschen auf dem Wasser.
    a) holz   b) hölzernes   c) holzenes   d) hölzenes

④ Feldwege laden zum Spazieren und Radeln ein und Bauernhöfe bieten Übernachtungsmöglichkeiten für _____ _____ _____.
    a) groß und klein   b) Große und Kleine
    c) Groß und Klein   d) Großes und Kleines

(4) 要点问答 （请根据短文内容回答问题）

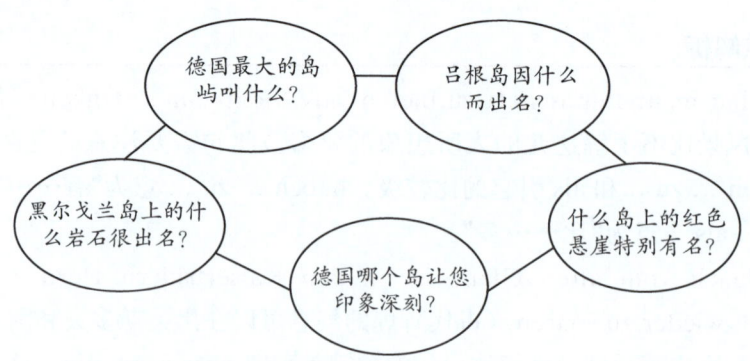

2.8 "浪漫之路"有特色

篇首导学

"浪漫之路"是德国旅游公司在1950年设计的一条旅游路线。它从美因河一直延伸到阿尔卑斯山的富森。本文介绍了该旅游线路的概况：开设年代、长度、路上花费时间，以及途中的自然风光和有文化底蕴的特色景点。如有桁架结构建筑的乡村、历史景观、中世纪建筑、贵族府邸、教堂等。学习本文的目的，主要在于了解德国的这条闻名遐迩的热门旅游路线的情况，掌握大量有关自然风景和旅游景点的德语表达和常用动词，在了解和熟悉德国国情的同时，扩大德语词汇量。

Die Romantische Straße

Landschaft und Kultur haben die Romantische Straße, schon 1950 begründet, zu einer der beliebtesten Ferienstraßen Deutschlands werden lassen. Vom Main zu den Alpen führt ein besonderer Weitwanderweg: die Romantische Straße, die eine ungebrochene Folge romantischer Orte und Landschaften auf dem Weg von Würzburg nach Füssen miteinander verbindet. Man folgt einem Weg, der einen einmal in Nord-Süd-Richtung durch Bayern geleiten wird. Bekannt ist der schon seit einiger Zeit bestehende Radwanderweg auf der Romantischen Straße, genauso schön ist der Wanderweg durch die Romantik Bayerns, der einen auf einigen der schönsten Strecken bekannter Wanderwege ebenso führt wie auf sorgfältig ausgewählten Streckenabschnitten. Die Fachleute schätzen, dass es derzeit in Deutschland etwa 150 Ferienstraßen wie die Romantische Straße gibt.

Knapp drei Wochen, mit Leichtigkeit aber auch vier und mehr Wochen, kann man in einem Wanderurlaub auf diesen gut 480 Kilometern und bis zu 25 Tagesetappen verbringen und die zwei grundsätzlichen Attraktionen des Weges in verschiedensten Ausprägungen erleben: erstens die Kultur der Alt- und Reichsstädte, die diesen Weg mit unzähligen Kunst- und Baudenkmälern bestücken und zweitens die Naturschönheiten, die abwechslungsreich das große Ganze des Weges charakterisieren. Kultur wie Natur ergänzen sich dabei auf diesem Weg in besonderer Weise, da sie beide mithilfe ihrer jeweiligen Charakterisitka den Geist der Romantik atmen und erfahrbar machen.

Die Städte wie Würzburg, Rothenburg oberhalb der Tauber, Augsburg, Füssen aber auch kleinere Städte und Ortschaften wie Schillingsfürst, Dinkelsbühl oder Creglingen verwöhnen nicht nur mit ihrer Gastfreundschaft, sondern auch mit ihrer reichen Geschichte, die man durch den Besuch von Museen und Ausstellungen vor allem aber durch den Anblick der Städte selbst erfassen wird: gotische und barocke Sakralbauten, altes Fachwerk, stille Plätze mit Brunnen und alten Linden, wie aus Volksliedern entsprungen, sowie eine Reihe von Burgen und Festen und schließlich das Traumschloss Ludwigs Ⅱ., Neuschwanstein, sind der eine Eckpfeiler der Romantischen Straße.

Der andere Eckpfeiler wird von der Natur gebildet, zuerst von den Tälern, von denen man eine ganze Reihe durchstreifen wird. Beginnend mit dem Maintal und seinen weinbestandenen Hängen, führt der Fernwanderweg einen in das Tal der Tauber, und später in das Lechtal, das die Vorfreude auf die Alpen beflügeln wird. Zuletzt gelangt man in das Alpenvorland und blicken für viele Wanderkilometer nach Süden auf die imposante Kette der Alpen, während am Weg selbst Viehweiden und Wiesen dominieren und einen über Forggensee, Schongau und entlang der einmaligen von Neuschwanstein und dem Alpsee gebildeten Kulisse nach Füssen geleiten.

(1) 生词释义

ungebrochen　Adj.　不气馁的,坚强的,不动摇的
geleiten　Vt.　陪同,护送,伴送
ausweisen　Vt.　驱逐(出境);表明,证明;规定,安排
Tagesetappe　f. -n　一日行驶路段
Ausprägung　f. -en　铸造;〈转〉鲜明的特征
bestücken　Vt.　装备,装配
Charakteristika　f.　特征
Sakralbau　m. ...bauten　教堂建筑
Eckpfeiler　m. -　支柱;原则

durchstreifen *Vt*. 漫游，游逛
beflügeln *Vt*. 使能够飞；刺激；赋予灵感
imposant *Adj*. 庄严的，雄伟的

(2) 难点解析

- Landschaft und Kultur haben die Romantische Straße，schon 1950 begründet，zu einer der beliebtesten Ferienstraßen Deutschlands werden lassen.（建于1950年的浪漫之路因其风景和文化成为德国最受欢迎的度假路线之一。）此句用了 lassen（意为"让""使"）的现在完成时形式。lassen 后加实义动词 werden，werden 后加介词 zu ...(D)，意为"变成""成为"。schon 1950 begründet 是插入语，做 die Romantische Straße 的定语。

- Die Städte ... verwöhnen nicht nur mit ihrer Gastfreundschaft ...（这些城市不仅以其热情好客满足着游客的一切愿望……）理解这一句的关键是理解及物动词 verwöhnen。它有"溺爱""宠溺"以及"满足一切愿望"之意，后面省略了四格宾语。根据上下文，我们可以加进一个四格宾语 Besucher 或者 Reisende，这样句子的语法就容易理解了。

- Der andere Eckpfeiler wird von der Natur gebildet，zuerst von den Tälern，von denen man eine ganze Reihe durchstreifen wird.（另一个最佳景点是天然形成的，最初是由一系列人们会游览经过的河谷形成的。）该句是一个被动句，句中出现 von der Natur，以及后面的 von den Tälern 都是对"形成 Eckpfeiler"做进一步解释的。名词 Eckpfeiler 原意是"（承受力最大的）房屋的角柱"或"支撑点"。这里根据上下文意译为"最佳景点"。

(3) 智慧选择 （请根据短文，从4个选项中选择正确的1项填空）

① Bekannt ist der schon seit einiger Zeit _____ Radwanderweg auf der Romantischen Straße.

  a) bestehen   b) bestehende   c) bestandene   d) bestanden

② Knapp drei Wochen，mit _____ aber auch vier und mehr Wochen，kann man in einem Wanderurlaub 25 Tagesetappen verbringen.

  a) Schwierigkeit   b) Sinn

  c) Leichtigkeit   d) Leichtsinn

③ Kultur wie Natur ergänzen sich dabei auf diesem Weg _____ besonderer Weise.

  a) auf   b) in   c) mit   d) mithilfe

④ Man wird die Geschichte ... durch den _____ der Städte selbst erfassen.
   a) Anblick   b) Ausblick   c) Überblick   d) Rückblick

(4) 要点问答 （请根据短文内容回答问题）

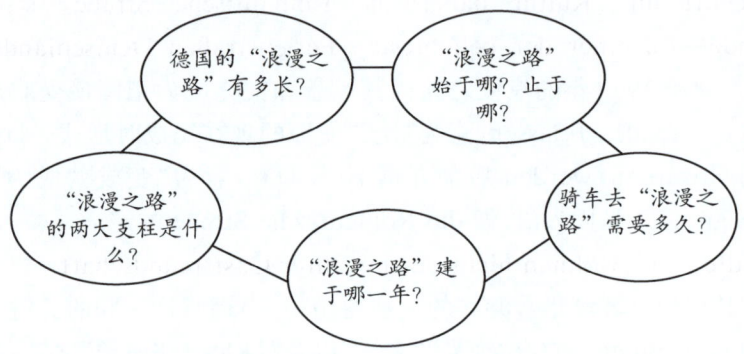

第3章 Etwas von den acht berühmten Städten
名城特色

3.1 多姿多彩的柏林

篇首导学

柏林作为德国的新老首都，很有特色：有许多独特的人文景观和秀丽的自然景色，历史上发挥过重大作用和影响，也是一个迷人的度假胜地。特别是柏林在其近800年的历史中，对德国和欧洲曾经产生过重大的政治影响。1990年，两德重新统一后再次定都柏林。通过阅读这篇短文，我们知道柏林是一个富有魅力的国际大都市。学习本文的目的在于：了解柏林作为一个世界大都市有哪些特色？柏林曾经在其历史上发挥过什么样的作用？当然，也要掌握有关常用词汇。

Die schöne Hauptstadt Berlin

Berlin war die alte Hauptstadt Deutschlands und ist die neue Hauptstadt der Bundesrepublik seit der Wiedervereinigung Deutschlands im Jahr 1990. Da sie an einem geographischen und politischen Schnittpunkt Europas steht, ist sie heute wie einst Schauplatz der deutschen und europäischen Geschichte, voll schriller Kontraste und Eingentümlichkeiten. Aber Berlin, diese über 3-Millionen-Großstadt, ist auch eine schöne und zutiefst menschliche Metropole mit Flair und Pfiff, die vieles erst bei dem zweiten Blick offenbart.

Wenn man eine neue Metropole Europas entdecken und kennenlernen möchte, kann man an einer Stadtführung Berlins teilnehmen, wobei die Reiseführer die Berliner wichtigen Sehenswürdigkeiten zeigen und erklären. Die Gästen aus aller Welt werden sowohl zu alten als auch zu neuen sehenswerten Orten oder Örtchen Berlins geführt. Vor allem kommen sie vielleicht zu den Resten der Mauer, weil die Berliner Mauer zum wichtigen Zeugen einer deutschen Geschichte geworden ist, weil man zu diesem Thema viel zu sagen hat. Dann fahren sie durch Berlins Regierungsviertel — man sieht die wichtigsten Einrichtungen von Regierung, Parlament und Minsterien. Der Reichstag in der Nähe des Viertels gehört zu den beliebtesten Besuchszielen Berlins.

Für jeden Besucher ist das Brandenburger Tor, 65 m lang und 26 m hoch, eine besondere Attraktion, denn es ist inzwischen eines der berühmtesten Kennzeichen Deutschlands geworden. Das Tor wurde 1788 bis 1791 gebaut und war eigentlich ein Zolltor. Das über 6 Meter hohe Viergespann mit der Siegesgöttin auf dem Tor ist wertvoll und von großer historischer Bedeutung. Die jetzige Quadriga wurde 1956 nach den alten Formen neu gegossen.

Und noch die Kaiser-Wilhelm-Gedächtniskirche zieht viele Gäste an sie zu besichtigen. Die Kirche wurde um 1891–1895 zur Erinnerung an die Gründung des Deutschen Reiches durch Bismarck und seinen Kaiser erbaut. Im Zweiten Weltkrieg wurde sie schwer beschädigt und blieb nur noch die Ruine des Westturms. Der Neubau der Kirche, ein flaches Oktogon aus blauen Glasziegeln, wurde 1959–1961 gebaut und gilt seitdem als Mahnmal für die Deutschen.

Nicht zu vergessen ist das Festival of Lights, das Berlin wieder verzaubert. Fast 90 Orte werden in diesem Jahr zu Lichtkunstwerken. Illuminiert sind viele Wahrzeichen, historische Orte, Straßen, Plätze, Szeneviertel und interessante Orte jüngsten Berliner Geschichte. Jeder Gast des Festivals ist dazu eingeladen, sich vor eines der am Festival teilnehmenden Gebäude zu platzieren und den Start des Festivals of Lights live mitzuerleben.

Für manche Berlin-Kenner ist die Stadt nicht nur eine Reise wert, sondern gleich einen ganzen Urlaub. Auf siebzig Kilometer Wanderwegen kann man hier stundenlang spazieren gehen. Berlin, umgegeben von Wald und Wiesen, durchgezogen von Seen, von Flüssen wie der Havel und der Spree, ist eine grüne Stadt, wo man besser und gesund leben kann.

第 3 章　Etwas von den acht berühmten Städten
名城特色

(1) 生词释义

  schrill *Adj*. 尖锐的，刺耳的；引人注目的
  Flair *n*. unz. 〈法〉气氛，氛围；魅力，特色
  Pfiff *m*. unz. 〈口〉妙处，吸引力
  Zeuge *m*. -n 证人，见证人
  Reichstag *m*. 德意志帝国议会，(帝国)国会大厦
  Viergespann *n*. 四驾马车
  Quadriga *f*. ...gen 四驾马车
  Oktogon *n*. -e 八边形；八角形建筑物
  Mahnmal *m*. -e 纪念碑
  illuminiert P.Ⅱ 用灯光照亮的
  platzieren *Vr*. 〈口〉坐到，坐等
  miterleben *Vt*. 共同经历，共同度过

(2) 难点解析

- Aber Berlin ... ist auch eine schöne und zutiefst menschliche Metropole mit Flair und Pfiff，die vieles erst bei dem zweiten Blick offenbart.（然而，柏林……也是一个漂亮的、极富人情味的、具有特殊魅力的大都会。她的许多东西要看第二遍才显示出来。）句中 zutiefst menschlich 意为"极富人情味的"，mit Flair und Pfiff 意为"带有特色和魅力"。后面定语从句的主语是 die (Metropole)，句中 vieles 指"许多东西"，bei dem zweiten Blick 原意是"看第二眼"，这里应理解为"多看看"。erst 起强调语气的作用。

- Der Neubau der Kirche，ein flaches Oktogon aus blauen Glasziegeln，wurde 1959-1961 gebaut und gilt seitdem als Mahnmal für die Deutschen.（1959年至1961年该教堂得以重建：这是一个由蓝色玻璃砖构成的平顶八角形建筑物。从此以后，它就成了德国人的纪念碑。）ein flaches Oktogon 是前面 Der Neubau der Kirche 的同位语。Etw. (N) gilt als etw. (N) 是常用句型，意为"什么被视为/看作什么"。注意不及物动词 gelten 的用法和含义。

- Für manche Berlin-Kenner ist die Stadt nicht nur eine Reise wert，sondern gleich einen ganzen Urlaub.（对某些熟悉柏林的人来说，它不仅值得一游，而且也值得度过整个假期。）Etw. (N) ist etw. (A) wert 是固定句型，意为"什么值得什么"。但在否定句式中，如 Etw. (N) ist nicht der Rede/Reise (G) wert（什么不值一提/一游），注意句子中间的名词要用第二格。

(3) 智慧选择 （请根据短文，从4个选项中选择正确的1项填空）

① Da sie an einem geographischen und politischen Schnittpunkt Europas steht, ist sie heute wie _____ Schauplatz der deutschen und europäischen Geschichte …

  a) morgen   b) einst   c) gestern   d) früh

② Wenn man eine neue Metropole Europas entdecken und kennenlernen möchte, kann man an einer _____ Berlins teilnehmen.

  a) Rundfahrt   b) Stadtrundgang
  c) Stadtführung   d) Stadtfahrt

③ Die jetzige Quadriga wurde 1956 _____ den alten Formen neu gegossen.

  a) durch   b) nach   c) für   d) mit

④ Fast 90 Orte _____ in diesem Jahr zu Lichtkunstwerken.

  a) werde   b) wurde   c) werden   d) wurden

(4) 要点问答 （请根据短文内容回答问题）

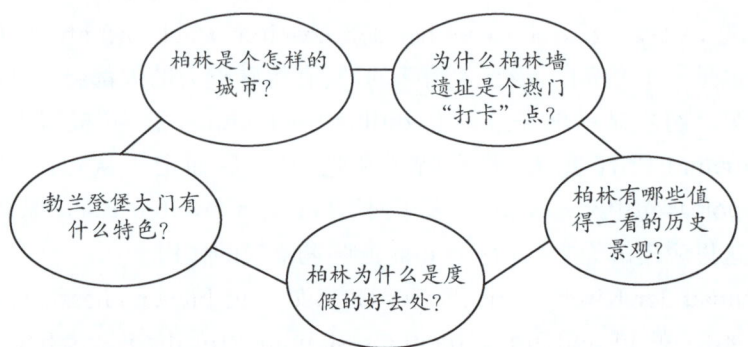

第3章 Etwas von den acht berühmten Städten
名城特色

3.2 "超级村庄"慕尼黑

篇首导学

很多中国人对慕尼黑并不陌生，因为这是一个具有鲜明特色的城市。他们都知道它有三"宝"：啤酒节、拜仁慕尼黑足球队和"宝马"汽车。而去过慕尼黑的人，则又增添了许多见闻，比如迷宫般的德意志博物馆、有趣的钟楼组舞、收藏着世界古今名画的新老两个绘画展馆、别具特色的奥林匹克公园等。本文有点有面、先点后面地介绍了慕尼黑的主要特色景点。阅读本文的重点是：了解慕尼黑啤酒节的盛况和那里的特色展馆。另外，学习和掌握那些重要景点的德语表达。

Das „Millionen-Dorf" München

Wie heißt die Stadt? Sie hat etwa 1,5 Millionen Einwohner und ist die drittgrößte Stadt Deutschlands. Manche Stadtkenner nennen sie ein „Millionen-Dorf", denn diese Stadt sieht sich nicht aus wie andere „Weltstädte": Man sieht hier keine Bürotürme aus Glas und Stahl. Es darf im Stadtzentrum kein Haus höher als 36 Meter gebaut werden, damit die Silhouette der Stadt, die von verschiedenen Kirchtürmen gebildet ist, erhalten bleibt. Das ist München, die Hauptstadt des Bundeslandes Bayern.

München trägt auch den Namen die „Stadt der Kultur", die für ein reiches Angebot an Bildung und Entspannung sorgt. Sie hat insgesamt 43 Theater, eine riesige Staatsbibliothek, 30 berühmte Museen und Kunstsammlungen und eine Universität mit mehr als 80000 Studenten. Die Museumslandschaft hier ist überwältigend: Zuerst sind die Alte und Neue Pinakothek zu nennen, die allein vier voneinander unabhängige Museen vereinigt. Sie führen in einer weltweit einzigartigen Konstellation verschiedene Bereiche der Kunst grenzüberschreitend vor Augen. Und zur Entspannung gehört auch das größte Volksfest der Erde, das hier in jedem Jahr stattfindet: das Oktoberfest oder Bierfest mit rund 5 Millionen Besuchern. Außerdem machen auch Motoren München weltberühmt. Man sieht von weitem schon das Hochhaus der Bayerischen Motorenwerke (BMW), das die Form eines Vierzylinder-Motors hat.

Das Deutsche Museum in München ist das beliebteste Reiseziel der Jugendlichen. Das besondere Museum ist im Jahr 1925 fertig gestellt worden und wesentlich ein Museum für Naturwissenschaft und Technik. Dieses Museum hat das Ziel, komplexe Naturphänomene auf ihre einfachen Naturgesetze zurückzuführen und die Vielfalt technischer Systeme in ihre ursprünglichen Elementen zu gliedern sowie durchschaubar zu machen. Die Sammlungen, wie die ersten Autos und der modernste Wankelmotor, werden in 33 Abteilungen ausgestellt. Hier sind ebenfalls die ältesten Flugzeuge und das erste Düsentriebwerk zu sehen, und werden aber auch alte Musikinstrumente und die ersten Telefone ausgestellt. Man braucht einige Tage, um die wichtigsten Ausstellungsstücke in allen Abteilungen genau zu schauen. Deshalb nennt man das Deutsche Museum ein „wissenschaftlicher und technischer Irrgarten".

Das Oktoberfest wird heute traditonsgemäß mit dem Anstich des ersten Bierfasses durch den Oberbürgermeister der Stadt München eröffnet. Sieben riesige Festhallen der sechs Münchener Großbrauereien bilden zusammen das Herz des Oktoberfestes. Das größte Bierzelt kann 10000 Menschen aufnehmen. Daneben finden die Besucher zahlreiche gastronomische Mittel- und Kleinbetriebe, darunter ein Weinzelt, einen Sektpavillon und Hühnerbratereien. Bei diesem Fest gibt es viele Spezialitäten; vor allem natürlich das Bier, das nur in großen Krügen ausgeschenkt wird. Und zum Oktoberfest brauen die Brauereien ein Spezialbier, das besonders stark ist, damit die Leute schnell lustig werden. Dann wird sehr viel gegessen. Es werden noch prächtige Trachtenumzüge abgehalten, um das Volksfest noch festlicher zu feiern. Man geht zum Oktoberfest und amüsiert sich dort, indem die meisten viel Bier trinken.

(1) 生词释义

  Silhouette *f.* -n 侧面影像,剪影;轮廓
  Konstellation *f.* -n 形势,局势,状况
  Vierzylinder *m.* - 〚机〛四个汽缸
  Düsentriebwerk *n.* - 喷气推进器
  Irrgarten *m.* ¨ 迷宫
  traditonsgemäß *Adj.* 按照传统的,根据习惯的

第3章 Etwas von den acht berühmten Städten
名城特色

Bierzelt　　*n*. -e　售啤酒的棚子或亭子
Anstich　　*m*. -e　（啤酒桶）开孔，开桶
gastronomisch　　*Adj*.　烹调艺术的，饮食行业的
Krug　　*m*. ⸚e　（有柄的）罐子，大（啤酒）杯
Trachtenumzug　　*m*. ⸚e　着民族盛装的游行
amüsieren　　*Vr*.　消遣，取乐

(2) 难点解析

- Es darf ... kein ... gebaut werden，damit die Silhouette der Stadt，die von verschiedenen Kirchtürmen gebildet ist，erhalten bleibt.（它禁止建造……，以便保持由众多教堂塔楼组成的城市轮廓。）Silhouette 意为"轮廓"，有时可把它意译为"剪影""风姿"等。注意：damit 带起的目的从句，其主语与主句不同。如主从句主语相同，则用 um ... zu。erhalten bleiben 是两个动词连用。按照德语语法中间本应加 zu，但 bleiben 等是少数几个例外的动词。

- München trägt auch den Namen die „Stadt der Kultur"，die für ein reiches Angebot an Bildung und Entspannung sorgt.（慕尼黑也是个文化名城，给人们提供丰富的教育和娱乐的场所。）für etw./jmdn.（A）sorgen 是固定搭配，意为"关心/照顾……"。Angebot an etw.（D）是名词和介词的固定搭配，意为"在什么方面的提供/供应"。Entspannung 原意为"放松""缓和"，这里转义为"娱乐""休闲"。

- Dieses Museum hat das Ziel，komplexe Naturphänomene auf ihre einfachen Naturgesetze zurückzuführen und die Vielfalt ... in ... zu gliedern sowie durchschaubar zu machen.（该博物馆的目的在于：将大千世界的自然现象引回到朴素的自然规律之中，并且将多姿多彩的……按其本来的面目进行分类和展示。）该句看似复杂，其实结构比较简单：一个主句 + 三个修饰 Ziel 的"不定式 + zu"结构：①etw（A）auf etw.（A）zurückführen 意为"把什么引回到什么"；②etw.（A）in etw.（A）gliedern 意为"把什么分类成什么"；③etw.（A）durchschaubar machen 意为"展示什么""使什么能被看清"。

(3) 智慧选择　（请根据短文，从 4 个选项中选择正确的 1 项填空）

① Manche Stadtkenner _____ sie ein „Millionen-Dorf"，denn diese Stadt sieht sich nicht aus wie andere „Weltstädte"：...

　　a) heißen　　　b) nennen　　　c) meinen　　　d) behaupten

② Die Museumslandschaft hier ist _____：...

a) überwältigend b) ausgezeichnet
c) hervorragend d) erwähnenswert

③ Deshalb nennt man das Deutsche Museum ein „wissenschaftlicher und technischer _____".

a) Garten b) Irrgarten c) Irrenhaus d) Irrtum

④ Es werden noch prächtige Trachtenumzüge abgehalten, um das Volksfest noch festlicher zu _____.

a) veranstalten b) machen c) feiern d) verbringen

(4) 要点问答 （请根据短文内容回答问题）

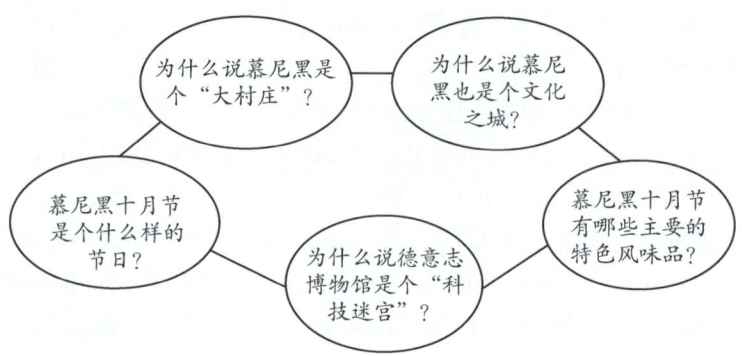

3.3 法兰克福金融城

篇首导学

　　稍有国际知识的人都知道法兰克福。因为它是德国与世界交往的门户——这里有欧洲第三大机场，因为它是欧洲的金融重地——欧洲央行就设在这里。此外，法兰克福还是一个具有800多年历史传统的博览名城，还是德国刑事犯罪的高发城市和臭名远扬的毒品中心。所以有人称它为一个"震撼世界的地方"。它既是德国经济蓬勃发展的缩影，又是德国社会问题的汇聚之地。这也许就是历史的辩证法。学习此文，既要了解该城市的三大特色，又要学习掌握有关词汇和表达。

Finanzplatz Frankfurt am Main

Seit dem Mittelalter hat sich Frankfurt, die am Main gelegene ehemalige freie Reichsstadt, zu einem der bedeutendsten europäischen Handels- und Finanzplätze entwickelt. Frankfurt war viele Jahrhunderte lang die Stadt, in der Kaiser und Könige gewählt und gekrönt wurden. Sie ist aber auch die Stadt Goethes und der Deutschen Nationalversammlung, wo am 28. März 1849 die Frankfurter Reichsverfassung verabschiedet wurde. Nicht zuletzt ist Frankfurt noch die Stadt der Messen (seit 1240) und der Börse.

Es war Montag, der 4. Januar 1999. Das Euro-Zeitalter begann. Nicht nur die Finanzwelt blickte nach Frankfurt. Erstmals veröffentlichte die Europäische Zentralbank einen Euro-Wechselkurs. Frankfurt ist damit zur Hauptstadt des europäischen Geldes geworden. Im Euro-Tower, mitten im Zentrum der Stadt, wird der Zins für den gesamten Euro-Raum gemacht. Regelmäßig, immer wenn der Rat der Europäischen Zentralbank tagt, steht die Stadt im Mittelpunkt des Geschehens an den internationalen Finanzmärkten.

In Frankfurt sitzen die großen deutschen Banken und die Vertretungen der meisten Auslandsbanken. Heute gibt es hier insgesamt über 300 Banken und mehr als 200 Institute für Finanzforschung. In Frankfurts Geschäftsbanken arbeiten etwa 56000 Menschen, in der Bundesbank sowie der Landeszentralbank Hessen-Türingen rund 3500 und in der Europäischen Zentralbank, die damals Europäisches Währungsinstitut hieß, etwa 300. So ist es nicht schwer zu verstehen, warum man behauptet, dass Frankfurt den Finanzplatz Deutschland verkörpert.

Mit Rhein-Main-Airport ist Frankfurt eine der wichtigsten offenen Städte Deutschlands. Damals, als der Flughafen am 8. Juli 1936 eröffnet wurde, hieß er noch bescheiden „Luftschiffhafen Rhein-Main". Heute ist der Frankfurter Flughafen mit jährlich über 60 Millionen Fluggästen hinter London-Heathrow und Paris-Charles der drittgrößte Flughafen Europas.

Frankfurt ist auch eine Messestadt mit einer Tradition von 800 Jahren. Hier werden jedes Jahr viele unterschiedliche Fachmessen veranstaltet, wie die Internationale Frankfurter Messe jährlich im Frühjahr und Herbst, die Automobilausstellung und die Buchmesse. Zu solchen Zeiten herrscht

Hochbetrieb in Frankfurt, denn jährlich kommen rund 1,2 Millionen Besucher.

Wenn die Besucher einen Panoramablick auf Frankfurt und seine berühmte Hochhaus-Skyline werfen möchten, machen sie dann besser eine Stadtrundfahrt. Dabei kann man die besten Örtlichkeiten in Frankfurt besuchen, die eine besonders gute Aussicht bieten: Vom MAIN TOWER, über die Aussichtsplattform des Domturms und den Goetheturm, das im Herbst 2020 nach einem Brand wieder aufgebaute Ausflugsziel, bis zu den etwa 20 zählenden Main-Brücken. Zuletzt kommt man zur Aussichtsplattform Skyline Plaza: Vom Dach des Einkaufszentrums hat man einen beeindruckenden Blick auf die Hochhäuser und das neue Europa-Viertel.

(1) 生词释义

krönen *Vt.* 为……加冕

Reichsverfassung *f.* 帝国宪法

Euro-Zeitalter *n.* 欧元时代

Wechselkurs *m.*-e 汇率

Euro-Tower *m.* 欧元指挥部

Zins *m.*-en 利息

eröffnen *Vt.* 开张,使开幕

veranstalten *Vt.* 举行,举办

Hochbetrieb *m.*-e 熙熙攘攘,热闹

Panoramablick *m.*-e 全景

Hochhaus-Skyline *f.* 高楼轮廓

Aussicht *f.*-en 眺望,远眺

(2) 难点解析

● Sie ist aber auch die Stadt Goethes und der Deutschen Nationalversammlung, wo ... die Frankfurter Reichsverfassung verabschiedet wurde.(她也是歌德之城,是召开德国国民议会……通过"帝国宪法"的地方。) die Deutsche Nationalversammlung 指于 1848 年 5 月 18 日至 1849 年 3 月 28 日召开的"德国国民议会",其目的是通过 die Frankfurter Reichsverfassung(德国第一部宪法"法兰克福帝国宪法")。句中动词 verabschieden 意为"(在法律上)通过",因被通过的宪法做主语,所以用被动态。

- Regelmäßig, immer wenn ... tagt, steht die Stadt im Mittelpunkt des Geschehens an den internationalen Finanzmärkten.（如果……定期开会的话，法兰克福也就定期地处于国际金融市场风风雨雨的中心。）immer wenn ... tagt 是条件从句，用 immer 表示强调和对 regelmäßig 的呼应。动词 tagen 意为"开会"。im Mittelpunkt ...（G）stehen 意为"处于什么的中心"。das Geschehen 原意是"发生的事情"，参考译文意译为"风风雨雨"。

- Wenn die Besucher einen Panoramablick auf ... werfen möchten, machen sie dann besser eine Stadtrundfahrt.（如果客人想看看……全景，那最好来一次环城周游。）Wenn die Besucher ... möchten 是假设条件句。einen Panoramablick auf ...（A）werfen 意为"看什么的全景"，注意要用介词 auf 与 Blick 搭配。eine Stadtrundfahrt machen 意为"环城游"（指"乘车游"），也可用 einen Stadtrundgang machen（指"步行游"）。

(3) 智慧选择 （请根据短文，从4个选项中选择正确的1项填空）

① Frankfurt ist _____ zur Hauptstadt des europäischen Geldes geworden.

  a) daran   b) damit   c) darauf   d) dabei

② In Frankfurt _____ die großen deutschen Banken und die Vertretungen der meisten Auslandsbanken.

  a) sitzen   b) sitzten   c) besitzen   d) besitzten

③ Zu solchen Zeiten _____ Hochbetrieb in Frankfurt, denn jährlich kommen ... Besucher.

  a) beherrscht   b) herrscht   c) herrschte   d) beherrschte

④ Dabei kann man die besten Örtlichkeiten in Frankfurt besuchen, die eine besonders gute _____ bieten.

  a) Aussicht   b) Ausblick   c) Einblick   d) Einsicht

(4) 要点问答 （请根据短文内容回答问题）

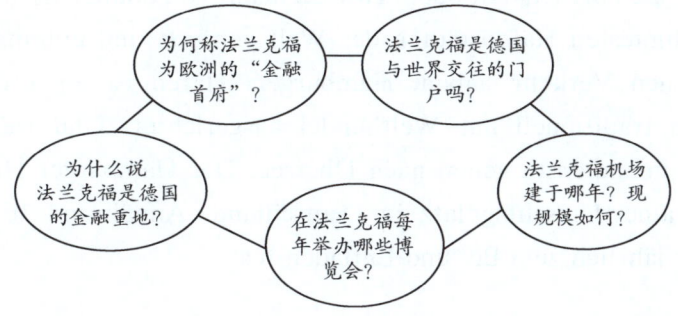

3.4 特色鲜明汉堡港

篇首导学

汉堡是德国北部的大城市,也是德国最重要的港口和对外贸易城市。它在德国的地位类似上海之于中国,也因此成为上海的姐妹城市。本文主要从三个方面介绍汉堡的特色:一是有着海外贸易的历史传统和如今依然承担巨大货物吞吐量的港口,这无疑是汉堡最闪亮的城市名片。二是汉堡新的城市标志——易北交响音乐厅。它以完美的演出音效和独特的建筑设计吸引了大批游客。三是汉堡政府对于自行车出行的鼓励,方便快速的车道和200多个借还站,体现德国人对环保和自然的热爱。

Hansestadt Hamburg

Hamburg, die Hafenstadt mit rund 1,7 Millionen Einwohnern, ist nach Berlin die zweitgrößte Stadt Deutschlands. Sie ist auch eine weltoffene und vielfältige Stadt mit unglaublich zahlreichen Sehenswürdigkeiten, Veranstaltungen und Freizeitmöglichkeiten. Vom Hafen über die Reeperbahn und die Alster bis zum Stadtpark gibt es allerhand zu besichtigen. Hamburg ist maritim, Hamburg ist grün, Hamburg ist historisch — entdecken Sie die schönsten Ecken der Hansestadt.

Hamburg ist der wichtigste Seehafen der Bundesrepublik und zugleich ihr größter Außenhandels- und Transitplatz. *Der Aufstieg Hamburgs zur Handelsstadt begann 1198 mit Zoll- und Wirtschaftsprivilegien.*

Hamburg ist die Partnerstadt oder Schwesterstadt von Shanghai, weil sie beide zu den berühmtesten Hafenstädten der Welt gehören und miteinander regen wirtschaftlichen Verkehr haben. Hamburgers Hafen ist einer der größten Europas und traditionell auf Welthandel ausgerichtet. Und weit über die Hälfte der Liniendienste gehen nach Übersee. Der Hamburger Hafen ist der größte Container-Umschlagplatz in Deutschland. Annährend 16000 Schiffe machen hier jährlich zum Be- und Entladen fest.

第 3 章　Etwas von den acht berühmten Städten
名城特色

Hamburgs neues Konzerthaus ist die Top-Attraktion der Hansestadt, aber die Elbphilharmonie ist mehr als nur ein Konzerthaus. Der Große Saal der Elbphilharmonie mit seinen 2150 Plätzen ist nach dem Weinberg-Prinzip gebaut, mit einem beinahe zentralen Podium und von terrassenförmig aufsteigenden Zuschauerrängen umgeben.

Für die Akustik in der Elbphilharmonie wurde ein enormer Aufwand betrieben. Grundsätzlich ist jeder Winkel und jede Kante den Akustikern ein Graus, weil sich der Klang dort bricht und im Raum dann unkalkulierbar ankommt. Deshalb wurde die einzigartige „Weiße Haut" entwickelt, um den Schall an jeder Stelle des Saals bestmöglich zu brechen. Sie besteht aus über 10000 Gipsfaserplatten, jede individuell gefräst und mit Wellen und Kerben versehen.

Hamburg fährt Fahrrad! Die Stadt will das Fahrradfahren in Hamburg angenehmer und sicherer gestalten und das Hamburger Radwegenetz wird kontinuierlich ausgebaut. Um mit dem Rad zur Arbeit zu kommen, bieten sich zum Beispiel die sogenannten Velorouten und die Bezirksrouten an. Um die Städte und Gemeinden der Metropolregion besser mit Hamburg zu verbinden, entsteht außerdem ein Radschnellnetz. Und für eine ausgiebige Radtour muss man sich sein Fahrrad nicht einmal aus der Heimat mitbringen, sondern kann sich an über 200 StadtRAD-Stationen im Hamburger Stadtgebiet eines ausleihen. Nach einer kurzen Online-Anmeldung werden die 5 Euro Anmeldegebühr als Guthaben verbucht. Und das beste: Die ersten 30 Minuten einer jeden Fahrt bekommt man kostenfrei!

(1) 生词释义

maritim　　*Adj.*　海洋的

Hansestadt　　*f.* ¨e　汉萨同盟城市

Umschlagplatz　　*m.* ¨e　转运地

annährend　　*Adj*　大约的，差不多的

Philharmonie　　*f.* -n　音乐厅；交响乐团

Podium　　*n.* ...ien　指挥台，讲台

Akustik　　*f.* unz.　音响效果；声学

Aufwand　　*m.* unz.　费用，开支

Deutschland mit vielfältigsten Gesichtern — Landeskunde Deutschland für Anfänger
德国国情面面观：德国概况入门

Graus　　*m*. unz.　　害怕，恐惧
Klang　　*m*. ⸚e　　声音，音色
Metropole　*f*. -n　　大都会，中心
Guthaben　*n*. unz.　　结余，存款

(2) 难点解析

● **Der Aufstieg Hamburgs zur Handelsstadt begann 1198 mit Zoll- und Wirtschaftsprivilegien.**（凭借着海关和经济方面的特权，早在 1189 年汉堡就晋升为重要的贸易城市了。）Aufstieg 的原意是"提升""晋级"。翻译时最好把它译为动词，这样就符合中文的表达习惯了。Privilegien 的本意是"特权"，这里也可转义为"优势"。

● **Der Große Saal ... ist nach dem Weinberg-Prinzip gebaut，mit einem beinahe zentralen Podium und von terrassenförmig aufsteigenden Zuschauerrängen umgeben.**（其大厅……是根据葡萄园结构的原理建造的，指挥台和乐队几乎位于大厅中央，周围环绕着逐渐升高的、梯田状的观众席。）理解这一句的关键在于弄懂三个词组：nach ... (D) bauen（根据……建造），mit ... umgeben（带有……）和 von ... umgeben（被…… 环绕）。句中 terrassenförmig（梯田状）修饰 aufsteigend（升高的），aufsteigend 修饰 Zuschauerrängen。注意遇到复合词不要急着查字典，要试着先拆分理解，因为一般词典中不一定能查到。

● **... jede individuell gefräst und mit Wellen und Kerben versehen.**（……每块纤维板都经过单独的铣切，并带有波纹和凹槽。）gefräst 是 fräsen（铣切）的第二分词，表示被动状态。mit ... versehen 意思是"配有……""装上……"，在这里也是被动的。

(3) 智慧选择　（请根据短文，从 4 个选项中选择正确的 1 项填空）

① Vom Hafen über die Reeperbahn bis zum Stadtpark gibt es allerhand zu _____.

　　a) benehmen　　b) besichtigen　　c) betrachten　　d) beobachten

② Hamburgers Hafen ist traditionell auf Welthandel _____.

　　a) eingerichtet　　b) errichtet　　c) ausgerichtet　　d) angerichtet

③ _____ 16000 Schiffe machen hier jährlich zum Be- und Entladen fest.

　　a) Bald　　b) Fast　　c) Oft　　d) Annährend

④ Und das _____: Die ersten 30 Minuten einer jeden Fahrt bekommt man

kostenfrei!
a) größte　　　　　b) liebste　　　　c) beste　　　　　　d) billigste

(4) 要点问答（请根据短文内容回答问题）

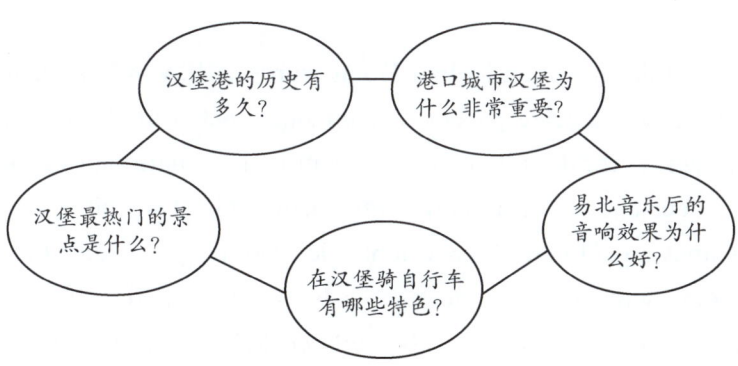

3.5　科隆不止大教堂

> **篇首导学**
>
> 　　位于莱茵河畔的科隆是个人口超过百万的大城市。它以其哥特式的大教堂闻名于世，并成为科隆乃至德国的一个象征。科隆不只有每个到访游客必定要参观的著名景点大教堂，还有霍亨索伦桥上别有情趣的成千上万把爱情小挂锁。它们象征着热恋中情侣们永恒的爱情。科隆还有声势浩大、热闹非凡的狂欢节，科隆人称之为一年的"第五季"。学习本文不仅可以了解科隆的主要名胜景点，而且还能感受科隆狂欢节的热闹和欢欣。学习了解德国国情，科隆是绕不开的话题。

Die viertgrößte Stadt Köln

Köln ist die größte Stadt des bevölkerungsreichsten Bundeslandes Nordrhein-Westfalen und die viertgrößte Stadt Deutschlands. Mit etwas mehr als einer Million Einwohnern ist Köln die größte Stadt am Rhein.

Der Kölner Dom ist immer die begehrte Sehenswürdigkeit der Touristen. Wenn man nach Köln fährt, will man unbedingt den Dom besichtigen. Mit seinen beiden gotischen Türmen in der Höhe von 157 m ist der Kölner Dom nicht nur das Wahrzeichen der Stadt Köln, sondern in gewissem Sinne auch das des ganzen Deutschlands.

Der Grundstein des heutigen Kölner Doms wurde 1248 von Erzbischof Konrad von Hochstaden untergelegt. Aber erst im Jahr 1880 war die Kathedrale mit Hilfe moderner Technik vollendet. Der Dom galt als nationales Denkmal und sollte die deutschen Katholiken mit dem staatstragenden preußischen Protestantismus aussöhnen. 1943 erlebte der Dom, getroffen von britischen Bomben, seine schwersten Stunden. Das Bauwerk hielt den Erschütterungen stand, nach dem Krieg mussten aber etliche Schäden repariert werden. Im Jahr 1996 erklärte die UNESCO die Kathedrale zu einem der größten europäischen Meisterwerke gotischer Architektur und zum Weltkulturerbe.

Wer mit dem Zug oder zu Fuß die Hohenzollernbrücke passiert, dem springt nicht nur der Kölner Dom, sondern vor allem tausende kleine und bunte Vorhängeschlösser ins Auge: Verliebte Pärchen haben diese mit Name und Datum beschriftet und an dem Geländer der Brücke angebracht, um sich ewige Liebe und Treue zu schwören. Der Schlüssel wird traditionsgemäß gemeinsam in den Rhein geworfen.

Anfangs hatte die Deutsche Bahn entschieden, die zahlreichen Liebesbeweise zu entfernen, weil sie die Brückenkonstruktion angeblich unnötig belasten. Letztendlich hat sich das Unternehmen von den vielen Fans des Brauchs aber dazu bewegen lassen, die Schlösser hängen zu lassen. Heute gehören die Schlösser zum Stadtbild Kölns dazu und werden als beliebte Sehenswürdigkeit von tausenden Touristen besucht.

Köln ist nicht umsonst die Hauptstadt des Karnevals in Deutschland. In der „5. Jahreszeit" kann der Kölner sich ausleben, Unterschiede werden bedeutungslos, man feiert und trinkt zusammen. Der größte Rosenmontagszug in ganz Deutschland zieht zum Höhepunkt des Karnevals auf einer Länge von etwa sieben Kilometern durch die Kölner Innenstadt.

第3章 Etwas von den acht berühmten Städten
名城特色

Pünktlich um 10 Uhr setzte sich der Kölner Rosenmontagszug in Bewegung. Rund 12000 Teilnehmer ziehen über 5 Stunden lang und verteilen auf dem Weg 300 Tonnen Süßigkeiten, 300000 Blumensträuße und viele andere Präsente. Auf den vielen phantasievoll gestalteten Persiflagewagen werden aktuelle Geschehnisse aus Politik und Gesellschaft aufgegriffen.

(1) 生词释义

begehrt　P.Ⅱ　追求的，渴望的
gotisch　Adj. 哥特式的
Grundstein　m. -e　奠基石，开端
Erzbischof　m. ⸚e　大主教
Denkmal　n. ⸚er　纪念碑，文物
Kathedrale　f. -n　大教堂，总教堂
Katholik　m. -en　天主教徒
Protestantismus　m. unz.　（基督教）新教
Weltkulturerbe　n. unz.　世界文化遗产
ausleben　Vr. 尽情享受
Persiflage　f. -n　嘲讽，戏弄
Geschehnis　n. -se　事件

(2) 难点解析

- ... nicht nur das Wahrzeichen der Stadt Köln, sondern in gewissem Sinne auch das des ganzen Deutschlands. （……不仅是科隆市的象征，而且从某种意义上说也是整个德国的象征。）双连词 nicht nur ... sondern auch ... 意为"不仅……而且……"，可以连接两个词或词组（如本句），也可连接两个句子。in gewissem Sinne 是固定词组，意为"在某种意义上"。

- Das Bauwerk hielt den Erschütterungen stand, nach dem Krieg mussten aber etliche Schäden repariert werden. （这座建筑经受住了轰炸，但在战争结束后，许多损坏的地方必须被修复。）standhalten 是不及物的可分动词，常用句型为 jmdm./etw. (D) standhalten 意为"经受住某人/什么"等。den Erschütterungen 是其第三格宾语，即"经受"的对象。句中 repariert werden müssen 是带有情态动词的被动态，意在强调、突出作为"修复"的宾语的 Bauwerk。

- Verliebte Pärchen haben diese mit Name und Datum beschriftet und an dem Geländer der Brücke angebracht, um sich ewige Liebe und Treue zu schwören.（热恋中的情侣将他们的名字和日期写在挂锁上，然后把锁固定在桥栏上，以誓永远忠贞相爱。）此句首先要理解 mit etw. (D) beschriften（意为"写什么"）和 an etw. (D) anbringen（意为"安装/固定什么"）。句子最后是一个 um ... zu 结构的目的状语。

(3) 智慧选择 （请根据短文，从4个选项中选择正确的1项填空）

① Der Kölner Dom ist immer die begehrte Sehenswürdigkeit der _____.
    a) Ausländer   b) Touristen   c) Urlauber   d) Architekten

② 1943 erlebte der Dom, getroffen von britischen Bomben, seine schwersten _____.
    a) Stunden   b) Jahren   c) Zeit   d) Minuten

③ Im Jahr 1996 _____ die UNESCO die Kathedrale zu einem der größten europäischen Meisterwerke gotischer Architektur.
    a) erzählte   b) erwartete   c) erinnerte   d) erklärte

④ _____ hat sich das Unternehmen von den vielen Fans des Brauchs bewegen lassen ...
    a) Danach   b) Anfangs   c) Letztendlich   d) Allerdings

(4) 要点问答 （请根据短文内容回答问题）

第3章　Etwas von den acht berühmten Städten
名城特色

3.6　德累斯顿文化城

篇首导学

德累斯顿被称作"易北河畔的佛罗伦萨",因为它像佛罗伦萨那样拥有丰富多彩的名胜古迹和艺术杰作。位于老城区中心的圣母大教堂在第二次世界大战末期的轰炸中损毁严重,曾被誉为"最美丽的废墟"。东西德重新统一后,圣母大教堂得以成功重建,如今成为世界宽容与和平的象征。具有意大利文艺复兴特点的塞姆帕尔歌剧院是欧洲最重要的歌剧舞台之一,每年都吸引着一流的音乐家演出。德累斯顿还是一座有着发明传统的创新城市,这里的理工大学是德国获得专利最多的高校。

Kulturstadt Dresden

Dresden, die etwas mehr als 500000 Einwohner hat, lockt mit wundersamen Attraktionen pro Jahr vier Millionen Touristen. Die Besucher erleben freilich nicht nur schöne Ausblicke, manche Ruine erinnert sie sondern auch an Dresdens schlimmste Zeiten im Krieg.

Gegründet am Ort eines slawischen Fischerdorfs als Kaufmannssiedlung und landesherrliche Burg, war Dresden seit dem 15. Jahrhundert Residenz der sächsischen Herzöge, Kurfürsten und später Könige.

Herzstück und touristischer Magnet Dresdens ist die wiedererbaute Frauenkirche im Zentrum der Altstadt. Das Sakralbauwerk wurde von George Bähr zwischen 1726 und 1743 erbaut. Die als „Steinerne Glocke" bekannt gewordene Kuppel war dabei nicht nur die Krönung der Stadtsilhouette, sondern auch eine architektonische Herausforderung. Nach dem Luftangriff auf Dresden am 13. Februar 1945 stand die Frauenkirche noch genau einen Tag — und stürzte dann in sich zusammen, weil der Sandstein den hohen Temperaturen nicht gewachsen war. Nach der Wende bot sich die Gelegenheit für den Wiederaufbau, der 2005 mit der Weihe vollendet wurde. Seitdem beschert die Frauenkirche der Stadt als offene Kirche spektakuläre

Besucherzahlen. Durch das Schicksal der Zerstörung und den erfolgreichen Wiederaufbau ist die Dresdner Frauenkirche weltweit zu einem Wahrzeichen für Toleranz und Frieden geworden.

Dresdens Musikkultur besitzt weltweit einen exzellenten Ruf. Mit der Sächsischen Staatskapelle und der Dresdner Philharmonie sind zwei Orchester von internationalem Rang in der Landeshauptstadt ansässig. Nahe beim Zwinger ist die Semperoper das Besichtigungsziel in Dresden. Der Architekt Gottfried Semper baute ein großes Opernhaus im Stil italienischer Hochrenaissance. Ganze Scharen italienischer Steinmetze wurden dazu nach Dresden gebeten. Richard Wagner war hier Kapellmeister, von Richard Strauß wurden an diesem Haus die großen Werke. Die Semperoper zählt heute auch zu den bedeutendsten europäischen Opernbühnen. Internationale Spitzenkünstler konzertieren bei den jährlich stattfindenden Dresdner Musikfestspielen.

Wussten Sie, dass die Filtertüte und die Zahncreme in Dresden erfunden wurden? So wie viele andere Ideen, die das Leben der Menschen rund um den Globus verbessern. Denn Erfindergeist ist tief in der Stadt verankert. Richtungsweisend für gesellschaftliche und globale Herausforderungen ist dabei die Forschung der Technischen Universität, die nationale und internationale Spitzenwissenschaftler vorantreiben. Als einzige Hochschule Mitteldeutschlands trägt sie den Titel der Exzellenz-Universität. **Der Pioniergeist ist für Unternehmen, die sich am Standort ansiedeln, spürbar und sichtbar:** Die TU Dresden ist mit über 200 angemeldeten Schutzrechten jährlich eine der patentstärksten Universitäten Deutschlands.

(1) 生词释义

Ausblick *m.* -e 景色,风光
Ruine *f.* -n 遗址,废墟
Kuppel *f.* -n 半圆形屋顶
Herausforderung *f.* -en 挑战
gewachsen *Adj.* 胜任的,相匹配的
Wende *f.* -n 转折时期(此处指德国重新统一)

exzellent *Adj.* 卓越的，优异的
Schicksal *n.* -e 命运
ansässig *Adj.* 定居的，长住的
Schar *f.* -en 一群，一队
Filtertüte *f.* -n （圆锥形）过滤纸袋
verankern *Vt.* 使停泊，使固定

(2) 难点解析

- Gegründet am Ort eines slawischen Fischerdorfs als Kaufmannssiedlung und landesherrliche Burg，war Dresden ....（德累斯顿最初建立在斯拉夫渔村的土地上，作为商人定居点和领主城堡……）本句主要结构是 Dresden war am Ort ... gegründet。gegründet 是 gründen 的第二分词，意为"被成立/建立"。Fischerdorf 和 Kaufmannssiedlung 都是复合名词，可按照其单个组词的意义进行分析合成理解，如同理解汉语中的很多复合词那样。

- Seitdem beschert die Frauenkirche der Stadt als offene Kirche spektakuläre Besucherzahlen.（从那时起，圣母教堂作为开放式教堂，为这座城市带来了众多游客。）动词 bescheren 意为"赠送""给予"，是动词 schenken（赠送）和 bringen（带来）的近义词。spektakulär 是外来词，意为"壮观的"，这里意译为"众多的"。

- Der Pioniergeist ist für Unternehmen，die sich am Standort ansiedeln，spürbar und sichtbar：...（对于在德累斯顿扎根的企业而言，开拓精神是感觉得到的，也是看得见的）Pioniergeist 原意为"先锋/先驱精神"，这里释义为"开拓精神"似更贴切达意。die ... ansiedeln 是一个定语从句，修饰前面的 Unternehmen。-bar 是形容词后缀，表示"可以被……"。

(3) 智慧选择 （请根据短文，从 4 个选项中选择正确的 1 项填空）

① Dresden _____ mit wundersamen Attraktionen pro Jahr vier Millionen Touristen.

    a) lockt   b) besichtigt   c) zeigt   d) interessiert

② Manche Ruine erinnert sie sondern auch an Dresdens _____ Zeiten im Krieg.

    a) meiste   b) längste   c) schönste   d) schlimmste

③ Die Frauenkirche stürzte in sich zusammen，_____ der Sandstein den hohen Temperaturen nicht gewachsen war.

a) als b) weil c) obwohl d) nachdem

④ Die Semperoper _____ heute auch zu den bedeutendsten europäischen Opernbühnen.

a) zählt b) zahlt c) hört d) spielt

(4) 要点问答（请根据短文内容回答问题）

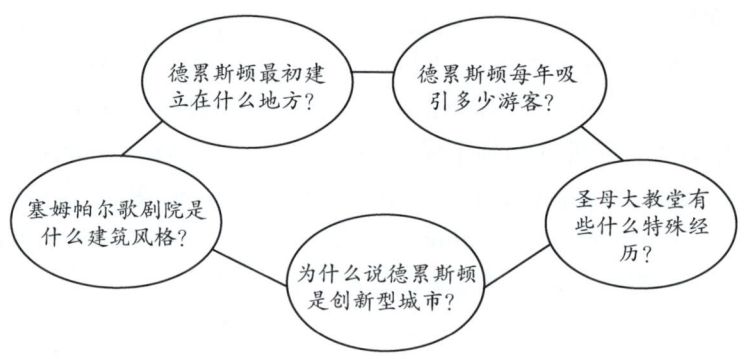

3.7　斯图加特像花园

篇首导学

斯图加特是德国巴符州的首府，是一个以汽车工业为主要支柱的富裕的花园城市。这里还汇聚了热闹的民间节日，以及众多的博物馆和展览会。本文介绍了市中心巴洛克式的新王宫，现在成为一个藏品丰富的艺术博物馆。217米高的斯图加特电视塔曾经作为建筑典范被世界各地的电视塔模仿，也是一个吸引众多游客的"打卡"之地。还有值得一游的卡尔·蔡司天文馆。在那里可以仰望星空，扩大自己的知识视野。学习本文，旨在了解巴符州首府的大致情况及其特色所在。

Gartenstadt Stuttgart

Stuttgart ist die begeisterte Hauptstadt des Landes Baden-Württemberg. Sie hat etwa 600000 Einwohner und ist 207,3 km² groß. Hier gibt es zahlreiche

第 3 章　Etwas von den acht berühmten Städten
名城特色

Volksfeste, phantastische Automobilmuseen, schöne Weinberge und viele Ausstellungen. Außerdem ist sie durch ihre herrliche Lage, die schönen Plätze, die prächtigen Schlösser und Bauten unterschiedlichster Architekturstile bekannt.

In wohl keiner anderen Stadt Deutschlands beherrscht eine Schlossanlage so sehr das innerstädtische Bild wie in Stuttgart das Neue Schloss. Der Herzog von Württemberg ließ hier Ende des 18. Jahrhunderts die letzte große barocke Residenzschlossanlage in Deutschland erbauen, und er hatte dabei nicht weniger als ein zweites Versailles im Sinn. Dann steht ein Versailles der modernen Kunst auf dem Schlossplatz in Stuttgart: Das Kunstmuseum Stuttgart mit einem Bestand von 15000 Werken der Klassischen Moderne und der zeitgenössischen Kunst.

Der 217 Meter hohe Fernsehturm in Stuttgart wurde weltweit zum Vorbild. Nach einer Bauzeit von 20 Monaten wurde er am 5. Februar 1956 eingeweiht. Der Turm wurde zu einem Prototyp, den man auf der ganzen Welt nachbaute und weiterentwickelte — von Frankfurt über Dortmund bis Johannesburg und Wuhan in China. Das anfänglich umstrittene Bauwerk aus Stahlbeton ist heute ein Wahrzeichen der Landeshauptstadt. Der markante Korb hat die Form einen Kreiszylinders und bietet somit am wenigsten Angriffsfläche für den Wind. Besucher können auf zwei Aussichtsplattformen den Blick in die Ferne genießen.

In Stuttgart ist immer was los. Ein Event, ein Fest jagt das andere. Rund 80 nationale und internationale Festivals und Highlights bereichern das reguläre Angebot der Stuttgarter Kultureinrichtungen. Zu den herausragenden Jahresereignissen gehören sicher das Stuttgarter Frühlingsfest und Cannstatter Volksfest, das jeweils rund 4 Millionen Besucher aus dem In- und Ausland anlockt. Auch das Stuttgarter Weindorf, der Stuttgarter Weihnachtsmarkt oder das Sommerfestival der Kulturen sind beliebte und gut besuchte Ereignisse.

Beim Sternegucken den eigenen Erkenntnishorizont erweitern? Das Carl-Zeiss-Planetarium macht es möglich. Die Kuppel des Planetariums hat einen Durchmesser von 20 Metern. Mehr als 9000 Sterne können auf der Fläche mit der modernen Projektionsanlage dargestellt werden. In bequemen Sesseln liegend, können große und kleine Besucher wie in einer Raumkapsel auf Zeitreise gehen und die Mysterien des Kosmos entdecken. Die aufwändige Bild- und Videotechnik sowie das Soundsystem sorgen für eine einzigartige Atmosphäre. Aber nicht nur als Bildungsstätte ist das Planetarium beliebt. Auch für Vorträge, Musik-Events und Lesungen ist die Sternenkuppel des Carl-Zeiss-Planetariums der perfekte Ort.

(1) 生词释义

prächtig　　*Adj*.　豪华的，华丽的
zeitgenössisch　　*Adj*.　同时代的
einweihen　　*Vt*.　开幕，落成
Prototyp　　*m*. -en　原型，典范
umstritten　　*Adj*.　有争议的
Kreiszylinder　　*n*. -　圆柱体，圆筒
Angriffsfläche　　*f*. -e　攻击面，受力面积
jagen　　*Vt*.　狩猎，追赶
herausragend　　*Adj*.　突出的，卓越的
Planetarium　　*n*. …ien　天文馆
Mysterium　　*n*. …ien　神秘，奥秘
Kosmos　　*m*. unz.　宇宙

(2) 难点解析

- **In wohl keiner anderen Stadt Deutschlands beherrscht eine Schlossanlage so sehr das innerstädtische Bild wie in Stuttgart das Neue Schloss.**（可能没有哪个德国城市的宫殿建筑能像斯图加特的新宫殿一样主宰城市中心的形象。）理解此句的关键是要抓住句子的核心部分：Eine Schlossanlage beherrscht das innerstädtische Bild 意为"宫殿建筑主宰市中心形象"，即"整个宫殿建筑决定了市中心的形象"。副词 wohl 在句中表示"可能""也许"的不确定性。beherrschen 意为"统治""主宰"。

- **… er hatte dabei nicht weniger als ein zweites Versailles im Sinn.**（……而他的脑海中只有第二个凡尔赛宫。）nicht weniger als … 原意是"不少于……"，这里可意译为"只有"。Versailles 指法国巴黎的"凡尔赛宫"。etw.（A）im Sinn haben 意为"打算做某事""怀有某种意向"。

- Die aufwändige Bild- und Videotechnik sowie das Soundsystem sorgen für eine einzigartige Atmosphäre.（花费不菲的图像和视频技术以及音响系统共同营造出一种独一无二的氛围。）aufwändig 从名词 Aufwand 转换而来，意思是"昂贵的"。für etw./jmdn. (A) sorgen 是常见"动介搭配"。若人做主语，意为"关心……""照料……"等。若物做主语，则意为"引起……""导致……"。参考译文中"营造出……"，是一种转义意译。

(3) 智慧选择 （请根据短文，从 4 个选项中选择正确的 1 项填空）

① Der Herzog von Württemberg _____ hier Ende des 18. Jahrhunderts die letzte große barocke Residenzschlossanlage in Deutschland erbauen.

    a) konnte   b) ließ   c) hatte   d) wollte

② Das Bauwerk _____ Stahlbeton ist heute ein Wahrzeichen der Landeshauptstadt.

    a) aus   b) mit   c) von   d) in

③ Besucher können auf zwei Aussichtsplattformen den _____ in die Ferne genießen.

    a) Sicht   b) Bild   c) Landschaft   d) Blick

④ Mehr als 9000 Sterne können auf der Fläche mit der Projektionsanlage _____ werden.

    a) dargestellt   b) angestellt   c) vorgestellt   d) aufgestellt

(4) 要点问答 （请根据短文内容回答问题）

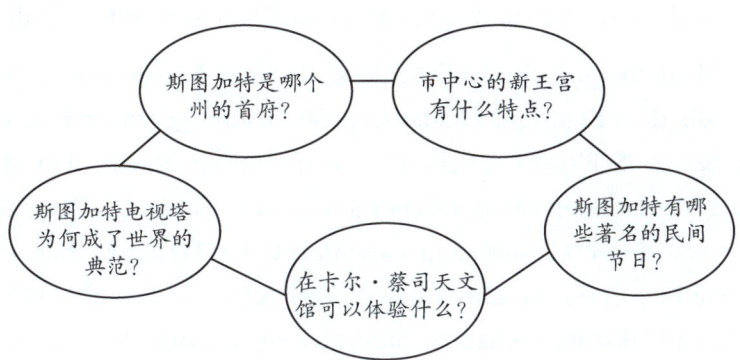

3.8 迷人小城海德堡

篇首导学

我国有很多人知道海德堡,也有些"旅游侠"到访过海德堡,其中大部分是不学德语的。海德堡是个只有十几万人口的小城。它之所以能那么吸引人,主要是因为它有三"宝":古老王宫、秀丽风景和老牌大学。本文简单介绍了王宫(俗称古堡)和许多世界名人迷恋海德堡的的情况。全文内容有趣,行文活泼,用词组句有一定的文学性,所以值得慢慢细读。注意分析理解文中几个比较长的句子。在"难点解析"中,我们简单分析了其中三句,仅供大家参考。

Das reizvolle Städtchen Heidelberg

Die eigentliche Geschichte Heidelbergs begann schon 1226. Heidelberg hat heute etwa 160000 Einwohner und zieht aber Jahr zu Jahr rund Millionen Touristen aus aller Welt durch diese alte Stadt. Heidelberg ist eine Stadt der kurzen Wege, in der es viele Sehenswürdigkeiten und Kulturdenkmale zu entdecken gibt. Historische Gebäude sowie Kirchen und Klöster laden zu einer Reise in die Vergangenheit ein. Lieblingsorte und Besuchermagnete sind das Heidelberger Schloss, die Alte Brücke, die windschiefen Häuschen der Altstadt und nicht zuletzt die Universität, die 1386 gegründet wurde.

Das rote Heidelberger Sandsteinschloss ist die Krone dieses Städtchens geworden, die dem Stadtbild Heidelbergs Weltruhm gebracht hat. Die Ruine des Heidelberger Schlosses erhebt sich majestätisch, hoch über den engen Gassen und dem malerischen Dächergewirr der Altstadt. Dort haben die Kurfürsten von der Pfalz aus dem Geschlecht der Wittelsbacher schon fünf Jahrhunderte lang residiert. Das Heidelberger Schloss, das seit 1400 entsteht, wurde 1622 und 1693 nacheinander durch Krieg zerstört. Wenn man an einem festlichen Abend das Schloss besucht, von dem Zwerg Perkeo, Hofnarr und Hüter des Grossen Fasses humorvoll begrüßt, muss man sich so fühlen, als ob man in die Zeit des höfischen Lebens zurückversetzt würde. Hier kann man ja die abwechselungsreiche Geschichte des Schlosses auf Schritt und Tritt erleben.

Die Alte Brücke steht in sanftem Bogenschwung über dem Neckar. Sie wurde 1945 gesprengt, jedoch bald danach wiederaufgebaut. Das Brückentor mit den beiden Rundtürmen wurde 1786-1788 unter Kurfürst Karl Theodor errichtet, dessen Namen die Brücke deshalb auch trägt.

Einer der beliebtesten Aussichtspunkte der Stadt befindet sich auf dem Heiligenberg, gegenüber dem Heidelberger Schloss. Dort sieht man die Thingstätte, eine riesige Freilichtbühne aus der Zeit des Nationalsozialismus, Kennzeichnen die Gipfelregion. Vom Philosophenweg am Südhang des Heiligenbergs genießt man eine atemberaubende Aussicht auf Stadt, Fluss und Berge. Beim Spaziergang durch die Stadt laden öffentliche Plätze und Parkanlagen zum Verweilen ein und überall ist das universitäre Leben spürbar. Uni-Gebäude finden sich in der Altstadt, in Bergheim und auf dem Campus Im Neuenheimer Feld. Dort ist auch das beliebte Ausflugsziel, der Heidelberger Zoo beheimatet. Ebenfalls einen Abstecher wert ist Heidelbergs jüngster Stadtteil: die Bahnstadt — eines der größten Stadtentwicklungsprojekte in Deutschland.

Es ist kein Wunder, dass kaum eine andere deutsche Stadt wie Heidelberg von den Dichtern der Romantik so geliebt wurde: Matthissons „Elegie" von 1786 und Hölderlins „Ode an Heidelberg" von 1799 sind Heidelberg gewidmet. Hier fand Eichendorff zu seiner Poesie. Goethe besuchte achtmal diese kleine, aber schöne Stadt, und verlor hier sein Herz an Marianne von Willemer, die „Suleika" des „Westöstlichen Divan". Viele weltberühmte Schriftsteller wie Jean Paul, Victor Hugo und Mark Twain haben Heidelbergs Zauber gerühmt.

(1) 生词释义

Krone   *f.* -n   （帝王等的）冠,冠冕
Kurfürst   *m.* -en   〖史〗选侯,选帝侯
residieren   *Vi.*   （帝王、国家首脑等）居住,下榻
Hofnarr   *m.* -en   宫廷小丑,宫廷丑角
zurückversetzen   *Vt.*   使恢复到,使重新回到

Bogenschwung　*m*. ⸚e　拱形曲线，拱形弧线
Thingstätte　*f*. -n　露天大会会场
Freilichtbühne　*f*. -n　露天剧场
atemberaubend　*Adj*.　令人窒息的，极为紧张的
Abstecher　*m*. -　（旅行计划外）顺路/绕道游览
Poesie　*f*. unz.　诗，诗歌，诗作
Zauber　*m*.　魔术；魅力

(2) 难点解析

- Heidelberg ist eine Stadt der kurzen Wege, in der es viele Sehenswürdigkeiten und Kulturdenkmale zu entdecken gibt.（海德堡是一座小城，但她有很多名胜和文化古迹。）Stadt der kurzen Wege 意为"（走路不多的）小城"。后面 in der ... gibt 是定语从句，修饰 eine Stadt。句中 es gibt etw.（A）zu entdecken 意为"可以发现什么"。

- Wenn man an einem festlichen Abend das Schloss besucht, ..., muss man sich so fühlen, als ob man in die Zeit des höfischen Lebens zurückversetzt würde.（每当节日夜晚，游客造访王宫，……，不禁让人感到仿佛回到了昔日宫廷生活的时光。）注意反身动词 fühlen 的用法：sich + 第二分词 + fühlen 意为"感到怎么样"，强调自己的感受。als ob 是连词，意为"好像""似乎"，句中动词一般要用虚拟式，表示"非现实"等。

- Beim Spaziergang durch die Stadt laden öffentliche Plätze und Parkanlagen zum Verweilen ein und überall ist das universitäre Leben spürbar.（当您漫步在海德堡城中，开放的广场和公园绿地会邀您稍作停留，感受一下到处都有的大学生活气息。）句中动词 einladen 是拟人化用法，用以活泼行文。动名词 Verweilen 意同动词 verweilen，意为"停留""逗留"。Etw.（N）ist spürbar 相当于 Etw.（N）ist zu spüren，意为"可以感受到什么"。这里强调"海德堡是个大学城，到处都能感受到大学生活的气息"。

(3) 智慧选择 （请根据短文，从4个选项中选择正确的1项填空）

① Heidelberg hat heute etwa 160000 Einwohner und zieht aber Jahr _____ Jahr rund Millionen Touristen aus aller Welt durch diese alte Stadt.
　　a) an　　　　b) für　　　　c) zu　　　　d) von

② Das Heidelberger Schloss, ..., wurde 1622 und 1693 _____ durch Krieg zerstört.

a) später b) nachher
c) hinterher d) nacheinander

③ Hier kann man ja die abwechselungsreiche Geschichte des Schlosses auf Schritt und Tritt _____.

a) erlebten b) erleben c) lebten d) leben

④ Es ist kein Wunder, dass _____ _____ andere deutsche Stadt wie Heidelberg von den Dichtern der Romantik so geliebt wurde.

a) Kaum eine b) kaum eine c) Kaum einer d) kaum einer

(4) 要点问答 （请根据短文内容回答问题）

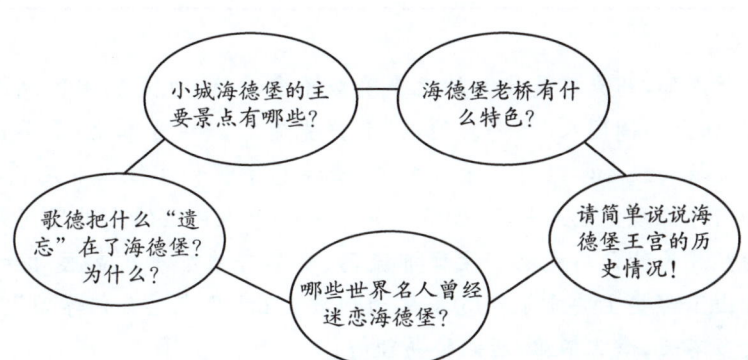

第4章 Die acht bekanntesten Deutschen
名人剪影

4.1 马克思博览群书

篇首导学

众所周知，马克思是伟大的无产阶级革命导师，也是德国民调选出的"十位最伟大的德国人"之一。他的《共产党宣言》和《资本论》是举世闻名的革命文献和经济学经典。学习本文，请注意了解和掌握以下几点：①德国人如何评价马克思或给了他哪三个身份？②马克思的先进思想是怎么产生的？③为什么马克思一生颠沛流离、受尽苦难？④马克思对世界、对人类作出了哪些主要贡献？⑤本文为何要突出"马克思如何学习"？本文句子大多不长，语言不难，所以较易理解。

Wie Karl Marx studiert

Karl Marx, deutscher Philosoph, großer Ökonom und Begründer des wissenschaftlichen Sozialismus, wurde am 5. Mai 1818 in Trier geboren. Sein Vater war Rechtsanwalt. Um die Mitte des 19. Jahrhunderts begannen die Industrialisierung und der Frühkapitalismus in Deutschland und England, was den Hintergrund für das Leben und Wirken des Karl Marx bildete. Als „Philosoph der Praxis" und Begründer des wissenschaftlichen Sozialismus prägte er entscheidend die internationale politische und gesellschaftliche Entwicklung der letzten anderthalb Jahrhunderte. Wie bei allen zeitgenössischen Theoretikern stand sein Denken im Zeichen der Auseinandersetzung mit der idealistischen Dialektik von Hegel, die er materialistisch „vom Kopf auf die Füße stellen" wollte. Beeinflußt wurde er durch die französischen Frühsozialisten, die Philosophie des Materialismus und die Theorien der britischen Nationalökonomen.

Nachdem Karl Marx das Gymnasium zu Trier absolviert hatte, studierte er in Bonn und später in Berlin Rechtswissenschaft. Ganz besonderes Interesse zeigte er aber für Geschichte und Philosophie. In Berlin vetiefte er sich in die Werke des berühmten deutschen Philosophen Georg Wilhelm Friedrich Hegel. Durch dieses Studium erkannte er, wie die in der Gesellschaft bestehenden Widersprüche eine Veränderung und Entwicklung der Welt bewirkt haben. Aber er erkannte auch immer mehr, dass eine richtige Philosophie die Welt nicht nur erklären, sondern auch ändern muss.

Die Zeitgenossen von Marx berichteten, wie er Bücher aus allen Wissensgebieten verschlang und ihren Inhalt in Aufsätzen und Niederschriften verarbeitete. Er fertigte Übersetzungen der Klassiker an, forschte geschichtlichen Entwicklungen nach, machte Tag und Nacht, sogar unterwegs Notizen und bereitete sich auf alle Vorlesungen sorgfältig vor.

Bereits mit dreiundzwanzig Jahren beendete er sein Universitätsstudium. Als er 1842 seine ersten Artikel über aktuelle politische Probleme in der Rheinischen Zeitung veröffentlichte, übertrug man ihm die Leitung des Blattes. Einer dieser Artikel handelte vom ersten Opiumkrieg (1840–1842) und bedeutete eine Anklage gegen den britischen Imperialismus. Marx bewies, wie dieser Imperialismus in seiner Profitgier das chinesische Volk vergiften und zugrunde richten wollte. Viele seiner Artikel wurden verboten.

Im Jahr 1843 ging er mit seiner Frau nach Paris, um weiter frei arbeiten zu können. Da die preußische Regierung später die Ausweisung Marx's aus Paris verlangte, siedelte er 1845 nach Brüssel über. 1848 gab er zusammen mit Friedrich Engels das „Kommunistische Manifest" heraus. Seit 1849 wohnte Marx in Londen, bis zu seinem Tod im Jahr 1883. *Im Londoner Exil veröffentlichte er von 1867 an mit dem ersten Band seines Hauptwerkes Das Kapital eine Analyse und Kritik des Kapitalismus.* In seinem Geburtsort Trier erinnert heute ein Museum an den großen Begründer des wissenschaftlichen Sozialismus.

(1) 生词释义

Ökonom　*m.* -en　经济学家

prägen　*Vt.*　打下烙印

zeitgenössisch　*Adj.*　同时代的

idealistisch　*Adj.*　理想主义的，唯心主义的

Materialismus　*m.*　唯物主义

Gymnasium　*n.* ...ien　高级中学（毕业后有上大学资格）

absolvieren　*Vi.*　毕业，结业

vertiefen　*Vr.* (sich in etwas ~)　埋头/专心于

Klassiker　*m.* -　古典作家，经典作家

Profitgier　*f.* unz.　贪求利润

übersiedeln　*Vi.*　迁居，迁移

Exil　*n.* -e　流亡，流放

(2) 难点解析

- **Um die Mitte ... begannen die Industrialisierung und der Frühkapitalismus in Deutschland und England，was den Hintergrund für das Leben und Wirken des Karl Marx bildete.**（……中叶，德国和英国开始工业化和早期资本主义，这正是马克思生活和工作的时代背景。）介词结构 um die Mitte ... 指"什么时间的中期"，was ... bildeten 是定语从句，was 既是句子主语（指前面的"开始工业化和早期资本主义"），又是从句连词。参考译文是意译。

- **... die er materialistisch „vom Kopf auf die Füße stellen" wollte.**（……他要唯物主义地将颠倒的它再"颠倒过来"）etw.(A) auf den Kopf(A) stellen（颠倒某事，歪曲某事）系德语俗语。etw.(A) auf die Füße(A) stellen 是动介搭配，表示"把什么扶正"的意思。

- **Im Londoner Exil veröffentlichte er von 1867 an mit dem ersten Band seines Hauptwerkes *Das Kapital* eine Analyse und Kritik des Kapitalismus.**（在伦敦流亡期间，他从1867年起发表他的力作《资本论》的第一卷，剖析和批判了资本主义。）注意句中几个介词词组的用法和意义：im Exil 意为"在流亡期间"，von ... an 意为"从何时开始"，mit ... 意为"用什么"，做状语。eine Analyse und Kritik ... 是动词 veröffentlichen 的第四格宾语。

(3) 智慧选择 （请根据短文，从4个选项中选择正确的1项填空）

① Wie bei ... Theoretikern stand sein Denken im _____ der Auseinandersetzung mit der idealistischen Dialektik von Hegel ...

    a) Abzeichen   b) Abzeichnen   c) Zeichnen   d) Zeichen

② Er fertigte Übersetzungen der Klassiker an ... und machte _____ _____ _____, sogar unterwegs Notizen.

    a) Tag und Nacht   b) Nacht und Tag

    c) Nächte und Tage   d) Tage und Nächte

③ Die Zeitgenossen ... berichteten, wie er Bücher aus allen Wissensgebieten _____ ...

    a) verschlinge   b) verschlang

    c) verschlangen   d) verschlungen

④ Da die preußische Regierung später die Ausweisung Marx's aus Paris verlangte, siedelte er 1845 _____ Brüssel über.

    a) bei   b) von   c) nach   d) für

(4) 要点问答 （请根据短文内容回答问题）

4.2 伟大的物理学家

篇首导学

20世纪伟大的德国理论物理学家阿尔伯特·爱因斯坦创立了现代物理学的两大支柱：量子力学和相对论，并因为他"对理论物理的贡献，特别是发现了光电效应"而获得1921年诺贝尔物理学奖。爱因斯坦也是伟大的思想家和哲学家，而且还是一位与反犹势力作斗争的勇士。爱因斯坦成就卓著，其名字已成为"天才"的代名词。本文总体不难，词汇丰富，有些物理学的专名，因与爱因斯坦的成就密切相关，所以我们也应该学习和掌握。文中三个长句的分析请参见"难点解析"。

Der große Physiker Einstein

Wer veränderte durch seine Forschungen zur Struktur von Materie, Raum und Zeit sowie dem Wesen der Gravitation maßgeblich das physikalische Weltbild? Wer gilt daher als einer der größten Physiker aller Zeiten? Wer hat unser Wissen über den Aufbau unserer Welt sehr vermehrt? — Albert Einstein. Er war auch ein großer Denker. Nur durch Grübeln und Nachdenken hat er ohne praktische Experimente alle seine Entdeckungen gemacht. Einstein war auch ein entscheidender Demokrat.

Albert Einstein wurde am 14. März 1879 in Ulm geboren und starb am 18. April 1955 in Princeton, USA. Als Kind schien er sich nur sehr langsam zu entwickeln. 1896 begann er sein Studium. Er schloss es vier Jahre später ab. Nach einigen arbeitslosen Monaten wurde er kleiner Beamter im Schweizer Patentamt. Jedoch beschäftigte er sich abends und am Wochenende mit Physik.

Es war sein größtes Verdienst, dass er im Jahr 1905 zwei Meilensteine in der Geschichte der Physik setzte: die auf der Quantentheorie Max Plancks basierende Lehre von den Lichtquanten, für die er 1921 den Nobelpreis erhielt und die Spezielle Relativitätstheorie. Mit ihr begründete er ein neues Weltbild, das das Newtonsche ablöste. Einige Jahre später entwickelte der

Physiker die Allgemeine Relativitätstheorie, die der menschlischen Vorstellung vom Aufbau des Universums eine völlig neue Perspektive gab.

Der Nobelpreis für Physik des Jahres 1921 wurde erst am 9. November 1922 an Albert Einstein vergeben, weil er am 7. Oktober 1921 zu einer Vortragsreise nach Japan eingeschifft. Die Relativitätstheorie war dem Komitee in Stockholm damals noch zu revolutionär. Diese Theorie war nicht nur neu, sondern sie revolutionierte auch die Physik. Sie war einfach genial. Einmal hat Einstein seine Relativitätstheorie auf sich selbst angewendet: „Werde ich mit meiner Theorie Recht behalten, dann werden die Deutschen sagen, ich sei Deutscher, und die Franzosen, ich sei Weltbürger. Werde ich Unrecht behalten, dann werden die Franzosen behaupten, ich sei Deutscher, und die Deutschen, ich sei Jude."

Seine wechselnden Berufungen an führenden Forschungsstätten in Zürich, Prag und Berlin waren charakteristisch für Einstein als europäischen Intellektuellen. Anfang des zwanzigsten Jahrhunderts arbeitete Einstein in Berlin weiter an seinen Theorien, wie immer. 1933 musste Einstein wegen seiner jüdischen Abkunft Deutschland verlassen und fand in Princeton, USA, eine neue Wirkungsstätte. Seine Erkenntnisse über die Struktur von Raum und Zeit und über die Beziehung zwischen Energie und Masse fanden ihre entsetzlichste Auswirkung in der Erfindung der Atombombe, gegen deren Einsatz der überzeugte Pazifist und Weltbürger Einstein lebenslang vergeblich ankämpfte. Er tat nicht nur das. Als der Antisemitismus in ganz Europa an Einfluss gewann, kämpfte er auch aktiv darum, einen jüdischen Staat zu errichten.

(1) 生词释义

Gravitation　*f.* unz.　万有引力,重力

maßgeblich　*Adj.*　决定性的,权威性的

Grübeln　*n.*　思索,冥思苦想

Patentamt　*m.* ⸚er　专利局

Meilenstein　*m.* -e　里程碑

Quantentheorie　*f.*　〖物〗量子论

Lichtquant　*n.* -en　〖物〗光子,光量子

die Spezielle Relativitätstheorie　〖物〗狭义相对论

die Allgemeine Relativitätstheorie　〔物〕广义相对论
Antisemitismus　*m*.　反犹太主义
vergeben　*Vt*.　给予，授予
entsetzlich　*Adj*.　可怕的，惊人的

(2) 难点解析

- Es war sein größtes Verdienst, dass er im Jahr 1905 zwei Meilensteine in der Geschichte der Pysik setzte: die auf ... Lehre von den Lichtquanten, für die er ... erhielt und die Spezielle Relativitätstheorie. 这个句子较长，但其结构并不复杂：主句＋主语从句＋Meilensteine 的同位语(1)＋同位语(1)的定语从句＋同位语(2)。句意请见参考译文。

- Einige Jahre später entwickelte der Physiker die Allgemeine Relativitätstheorie, die der menschlichen Vorstellung vom Aufbau des Universums eine völlig neue Perspektive gab. （几年后这位物理学家发明了给人们带来认识宇宙构造全新视角的广义相对论。）die ... gab 是"广义相对论"的定语从句，der ... Vorstellung 是动词 geben 的第三格宾语，eine ... Perspektive 是其第四格宾语。vom Aufbau des Universums 是修饰 Vorstellung 的定语。

- Seine Erkenntnisse über ... fanden ihre entsetzlichste Auswirkung in der Erfindung der Atombombe, gegen deren Einsatz der überzeugte Pazifist und Weltbürger Einstein lebenslang vergeblich ankämpfte. （他有关……的认识对发明原子弹起到了可怕的作用。而作为坚定的和平主义者和世界公民，他毕生都在为反对使用原子弹而斗争，可是毫无结果。）此句较长，但结构并不复杂：主句＋定语从句（说明 Atombombe）。从句中 gegen etw.(A) ankämpfen 是固定"动介搭配"，意为"为反对什么而斗争"。deren Einsatz 中的 deren 是（前面关联词为阴性名词的）关系词，与介词 gegen 一起带起这个定语从句。

(3) 智慧选择　（请根据短文，从4个选项中选择正确的1项填空）

① Wer gilt daher als _____ der größten Physiker aller Zeiten?
　　a) eine　　b) einen　　c) eines　　d) einer

② Es war sein größtes Verdienst, dass er im Jahr 1905 zwei _____ in der Geschichte der Physik setzte: ...
　　a) Meilenstein　b) Meilensteine　c) Grundstein　d) Grundsteine

③ Diese Theorie war nicht nur neu, sondern sie _____ auch die Physik.
　　a) revolutionierte　　　　b) revolutioniert

c) veränderte d) verändert

④ Als der Antisemitismus in ganz Europa _____ Einfluss gewann, kämpfte er auch aktiv darum, einen jüdischen Staat zu errichten.

a) für b) an c) in d) von

(4) 要点问答（请根据短文内容回答问题）

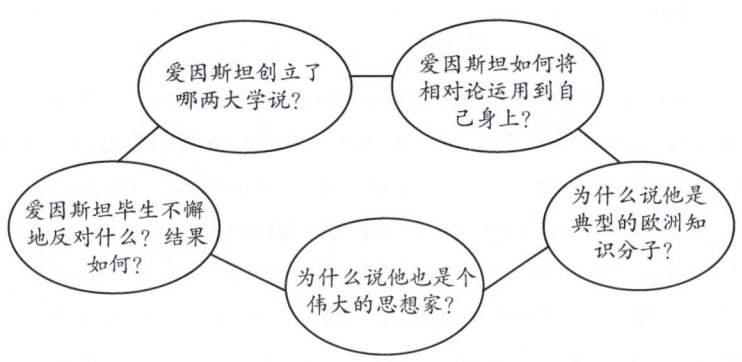

4.3　首任总理阿登纳

篇首导学

康拉德·阿登纳(1876—1967)是联邦德国的首任总理，并连任三届。2005年德国电视二台投票评选的"最伟大的德国人"中，阿登纳排名第一。为纪念他，波恩主街街头铸有巨大的阿登纳头像。在他的领导之下，德国在政治上从一个战败国发展为一个重新获得主权，并进入西方强国之列的国家；经济上医治了战争的创伤，创造了"经济奇迹"。本文阅读重点在于：一是了解阿登纳的简单生平；二是了解阿登纳的历史功绩，以及他取得这些成就的主要原因；三是德国人纪念他们的首任联邦总理的情况。

Konrad Adenauer: Architekt der BRD

Konrad Adenauer gilt als Architekt der Bundesrepublik Deutschland. Er stammte aus Köln, wo er Bürgermeister wurde. Als erster Bundeskanzler nahm er die entscheidenden Weichenstellungen für die künftige politische und wirtschaftliche Ausrichtung der neuen Republik vor.

Im Jahr 1876 wurde Adenauer als drittes von vier Kindern in Köln geboren. Er wuchs in bescheidenen Verhältnissen auf, besuchte das humanistische Gymnasium und studierte Rechtswissenschaften. Nach einem mäßigen Abschluss arbeitete er ab 1902 in einer Kölner Anwaltskanzlei. 1904 heiratete er Emma Weyer. Emma stammte aus einem reichen und vor allen Dingen einflussreichen Elternhaus, was ihm zu einer Blitzkarriere verhalf. 1909 stieg Adenauer zum Stellvertreter des Kölner Oberbürgermeisters Max Wallraf auf, einem Onkel seiner Frau. Mit 42 Jahren wurde er 1917 jüngster deutscher Oberbürgermeister in Köln. Als jüngster Bürgermeister Preußens machte er sich durch den Ausbau Kölns zu einer modernen Großstadt einen Namen. Diese Zeit endete für ihn im Jahr 1933: Damals übernahmen die Nazis die Macht in Deutschland. Demokratische Politiker wie Adenauer verloren ihr Amt. Adenauer musste sich für einige Zeit verstecken und kam sogar ins Gefängnis.

Im Jahr 1945 war der Zweite Weltkrieg zu Ende. Nach der Aufhebung des Parteienverbots widmete Adenauer seine ganze Energie dem Aufbau der neu gegründeten Christlich-Demokratischen Union (CDU). Er wurde zum CDU-Parteivorsitzenden der britischen Besatzungszone gewählt und zog als Fraktionsvorsitzender in den Landtag von Nordrhein-Westfalen ein.

Im Jahr 1949 wurde ein Staat für den Westen Deutschlands errichtet, die Bundesrepublik Deutschland. Adenauer wollte nun Politik für ganz Deutschland machen. Adenauer war damals schon 73 Jahre alt. Andere Politiker aus seiner Partei haben ihn zum Bundeskanzler, zum Regierungschef gewählt, weil sie dachten, dass er das nicht lange bleiben würde. Aber die Erfolge seiner Regierungspolitik bescherten Adenauer drei Wiederwahlen (1953, 1957 und 1961). 1957 errangen CDU und CSU unter seiner Führung bei den Bundestagswahlen sogar die absolute Mehrheit (50,2 Prozent).

Adenauer galt als sehr geschickter Politiker. Für ihn war es wichtig, dass die anderen Länder im Westen von Europa wieder Vertrauen zu Deutschland bekamen. Um sein wichtigstes Ziel, die Bundesrepublik Deutschland in den

Westen einzubinden zu erreichen, stellte Adenauer die Außenpolitik in den Vordergrund seiner Politik. Er versuchte mit Nachdruck die Eigenständigkeit der Bundesrepublik zu erlangen und so Teil eines starken Westen zu werden.

Nachdem er 1963 seinen Amtsaustritt verkündet hatte, wurde er von Ludwig Erhard als Bundeskanzler abgelöst. Im Jahr 1967 starb Konrad Adenauer in Rhöndorf bei Bonn. Zu seiner Ehre trägt die Konrad-Adenauer-Stiftung seinen Namen, die sich für die Förderung der christlich-demokratischen Politik und europäischer Einigung einsetzt.

(1) 生词释义

Ausrichtung *f.* -en 安排；举办
bescheiden *Adj.* 简朴的；微薄的
mäßig *Adj.* 一般的，平凡的
Anwaltskanzlei *f.* -en 律师事务所
Aufhebung *f.* -en 废除，取消
bescheren *Vt.* 赐予，带来；赠送
erringen *Vt.* 得到，获得，赢得
einbinden *Vt.* 使融入
Nachdruck *m.* 强调，重点
Eigenständigkeit *f.* unz. 独立自主
erlangen *Vt.* 获得，得到
einsetzen *Vr.* 致力于，付出全力

(2) 难点解析

- Konrad Adenauer gilt als Architekt der Bundesrepublik Deutschland. (康拉德·阿登纳被视作德意志联邦共和国的总设计师) als etw./jmd. (N) / für etw./jmdn. (A) gelten 是常用句型，意为"被视为/看作……"，主语是"被视为/看作"的原体。可以改写为被动式：Jmd. wird als etw./jmd 或 für etw./jmdn. betrachtet。Architekt 在一般德汉词典中均被释义为"建筑师"，并无"总设计师"。然而，"翻译也需要创造"，创造出一个贴切、到位的措辞。根据阿登纳的具体情况，他不愧为联邦德国的开国"建筑师"或"总设计师"。

- Emma stammte aus einem ... Elternhaus, was ihm zu einer Blitzkarriere verhalf. (埃玛出身于一个……家庭，这就帮助他进入了仕途升迁快车道。) 理解

本句的关键是知道 was 在此引导后面的定语从句,并指代前面的整句话,即埃玛的显赫家族背景。名词 Karriere 意为"发迹""飞黄腾达",Blitzkarriere 指"快速发迹"。动词 verhelfen 义同 helfen,但要用介词 zu etw.(D)表示目的。

- **Um sein wichtigstes Ziel, ... zu erreichen, stellte Adenauer die Außenpolitik in den Vordergrund seiner Politik.**(为了实现他最重要的目标……,阿登纳将外交政策放在了所有政策的首位。)句中使用了词组短语 etw. in den Vordergrund stellen(也可用 rücken/schieben 替代 stellen),意为"把某事置于显著地位/首位"。

(3) 智慧选择 (请根据短文,从4个选项中选择正确的1项填空)

① Im Jahr 1933 _____ die Nazis die Macht in Deutschland.
   a) nahmen   b) unternahmen   c) übernahmen   d) vernahmen

② Adenauer widmete seine ganze Energie dem Aufbau der _____ _____ CDU.
   a) neu gründenden   b) neuen gründenden
   c) neu gegründeten   d) neuen gegründeten

③ CDU und CSU errangen _____ bei den Bundestagswahlen sogar die absolute Mehrheit.
   a) 1953   b) 1957   c) 1961   d) 1963

④ Nachdem er ... verkündet hatte, wurde er von _____ _____ als Bundeskanzler abgelöst.
   a) Willy Brandt   b) Helmut Kohl
   c) Helmut Schmidt   d) Ludwig Erhard

(4) 要点问答 (请根据短文内容回答问题)

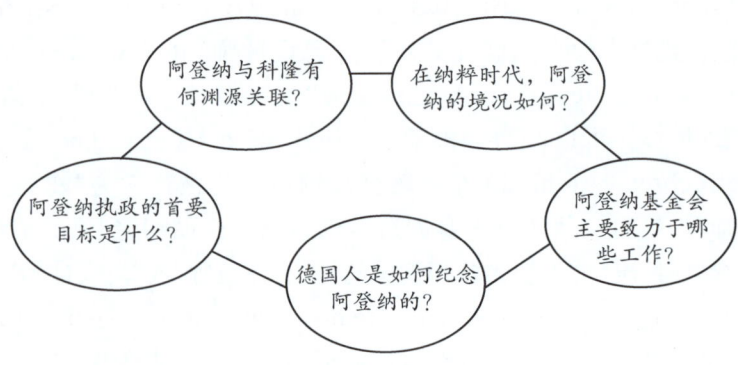

4.4　联邦总理默克尔

篇首导学

　　安格拉·默克尔，1954年出生，德国女政治家，前任德国总理。默克尔给人的印象是矜持和不苟言笑，有时甚至显得有些拘谨和腼腆。她提出的口号是"我愿为德国效力"。听起来显得真诚而响亮，博得了许多人的好感。默克尔以她简约、坚定和实干的作风逐渐赢得了党内的多数支持。她工作认真勤奋，沉稳务实，成绩骄人，在德国政坛有"铁娘子"之称。本文重点介绍了默克尔的"背景"和她的业余生活，比如她的出生地、家庭和初入仕途的情况，还有她工作之余的日常安排等。

Bundeskanzlerin Angela Merkel

Seit 2005 ist Angela Merkel Bundeskanzlerin von Deutschland. Dezember 2013 erhielt sie bei ihrer Wiederwahl als Bundeskanzlerin im Bundestag so viele Stimmen wie noch kein Kanzler zuvor. Sie spielt die erste Geige in der Bundesregierung. Und noch mehr:„Angela Merkel ist jetzt die Chefin Europas", schrieb die französische Zeitung *Le Monde* nach dem deutlichen Sieg der CDU bei der Bundestagswahl. Doch ist sie einer der mächtigsten Politiker auf der Welt geworden. Aber für Angela Merkel war es bis zur international anerkannten Spitzenpolitikerin ein weiter Weg.

In Hamburg wurde Angela Merkel am 17 Juli 1954 geboren. Sie wuchs aber in der Deutschen Demokratischen Republik auf，genauer gesagt in Templin im heutigen Brandenburg，wo ihr Vater als Pfarrer in einer Kirche arbeitete. Nach der Schulzeit studierte Angela Merkel Physik und arbeitete dann als Forscherin in Ost-Berlin.

Angela Merkel lernte im Studium ihren ersten Ehemann Ulrich Merkel kennen. Die beiden heirateten 1977 in Templin kirchlich. Nur vier Jahre später trennten sich die beiden wieder und sie ließen sich 1982 in dem damaligen Ost-Berlin scheiden. Diese Ehe blieb kinderlos. Nur zwei Jahre später lernte Angela ihren künftigen Ehemann Joachim Sauer kennen. Sie war damals noch an der Akademie der Wissenschaften der DDR in Berlin-Adlershof und Joachim Sauer war dort als Quantenchemiker beschäftigt.

Am 30. Dezember 1998 heirateten Angela Merkel und Joachim Sauer und sie wohnten einst gemeinsam in der Luisenstraße. Sie hatten einen direkten Blick auf den Reichstag. Auch dieser Ehe entstammen keine Kinder, aber Joachim brachte zwei Söhne aus seiner ersten Ehe mit in die Beziehung. Bevor sie überhaupt Kanzlerin wurde, zog das Ehepaar in den Kupfergraben in die Nähe der Humboldt Universität. In der Wohnung leben die beiden noch heute.

Ihre Urlaube verbringt das Paar gerne gemeinsam an den gleichen Orten seit vielen Jahren. Zu Ostern fährt das Ehepaar immer auf die Insel Ischia im Golf von Nepal, im Sommer zieht es die beiden zum Wandern in Sulden im Vinschgau (Südtirol) und im Winter geht es zum Skilanglauf nach Pontresina, was in dem Schweizer Engadin liegt. Zudem liebt das Ehepaar Opern und besuchen auch regelmäßig die Premierenvorstellungen der Bayreuther Wagner-Festspiele.

Im Jahr 1990 trat Angela Merkel in die CDU ein. Überraschend wurde sie von dem damaligen Wahlsieger Helmut Kohl für ein Ministeramt in seinem Kabinett nominiert, vorab lud er sie aber zu einem Gespräch nach Bonn ins Kanzleramt ein. Sie war zuerst Ministerin für Frauen und Jugend, später Umweltministerin. Im Jahr 2000 wurde sie die Vorsitzende ihrer Partei CDU. Das war sie dann bis Ende 2018.

Angela Merkel wurde erstmals am 22. November 2005 zur Bundeskanzlerin gewählt. In den darauffolgenden Jahren 2009 und 2013 wurde sie immer wieder gewählt, letztmalig am 14. März 2018. Sie hat angekündigt, dass sie nach ihrer aktuellen Amtszeit keine Politik in einem hohen Amt mehr machen möchte. 2021 wird also wohl jemand anders deutscher Bundeskanzler.

(1) 生词释义

mächtig　　*Adj.*　强大的，有影响的

Pfarrer　　*m.-*　牧师，教士

trennen　　*Vi.*　分居

Quantenchemiker　　*m.-*　量子化学家

einst　*Adv*.　从前；当时
entstammen　*Vi*.　出生于；来源于
Golf　*m*. -e　海湾
Premierenvorstellung　*f*. -en　首演，首映
Kabinett　*n*. -e　内阁
nominieren　*Vt*. 提名
vorab　*Adv*.　提前，事先
ankündigen　*Vt*. 预告，事先通知

(2) 难点解析

- … sie ließen sich 1982 in dem damaligen Ost-Berlin scheiden.（……1982年，他们在当时的东柏林离婚了。）句中的 sich scheiden lassen 为固定短语，意为"（申请）离婚"。sich lassen 一般也可以转换为带有情态动词的被动句，由于离婚往往需要法院的法官宣判，因此 sich scheiden lassen 原本的含义就是 eine Ehe durch ein Gerichtsurteil für aufgelöst erklären。

- … Joachim Sauer war dort als Quantenchemiker beschäftigt.（……约阿希姆·绍尔被聘为那里的量子化学家。）许多同学能够较为熟练地掌握过程被动句，但对于本句中 … war … beschäftigt 的状态被动句可能较为陌生。其实，过程被动句强调的是事件的发生、动作或者过程，描述的是一种变化。而状态被动句强调的是已经达到的某种状态，动作已经完成并达到了一种新的状态。需要注意的是：①只有及物动词才能构成状态被动句；②状态被动态主要应用于现在时和过去时这两类时态。

- …, zog das Ehepaar in den Kupfergraben …；… im Sommer zieht es die beiden zum Wandern …（……夫妻俩就搬到了……库普费格拉本；……夏天他们去……徒步旅行。）这两个句子中都用了动词 ziehen，但具体用法及释义不尽相同，需要仔细辨析。第一句中的 ziehen 作为不及物动词，意为"搬家""搬迁"；第二句中的 ziehen 用了固定句型 Es zieht jmdn.（A）irgendwohin，其含义是 Jmd.（N）geht gerne an einen bestimmten Ort（某人喜欢去某一特定地点）。这里的 ziehen 必须与主语 es 联合使用。

(3) 智慧选择　（请根据短文，从4个选项中选择正确的1项填空）

① Sie spielt die _____ Geige in der Bundesregierung.
　　a) erst　　　　b) zweit　　　　c) erste　　　　d) zweite

② Angela Merkel und Joachim Sauer wohnen heute in _____.

Deutschland mit vielfältigsten Gesichtern — Landeskunde Deutschland für Anfänger
德国国情面面观：德国概况入门

  a) Berlin   b) Bonn   c) Hamburg   d) Templin

③ Im Sommer geht das Ehepaar gern _____ _____ .

  a) in den Kupfergraben   b) zum Wandern

  c) zu Opern   d) in den Reichstag

④ In den darauffolgenden Jahren 2009 und 2013 wurde sie immer wieder _____ , letztmalig am 14. März 2018.

  a) gesucht   b) gefunden   c) gewählt   d) gerühmt

(4) 要点问答（请根据短文内容回答问题）

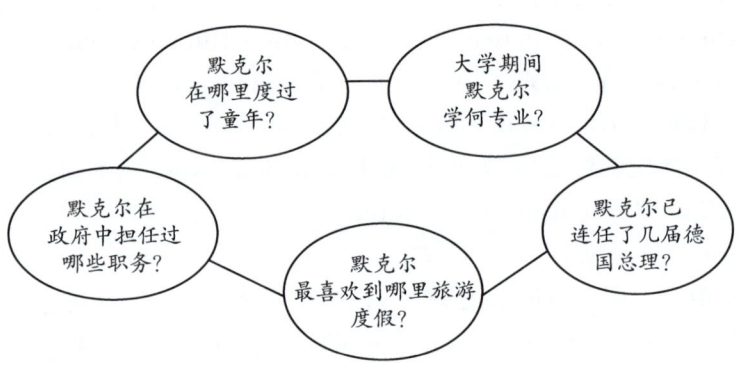

4.5　世界大文豪歌德

篇首导学

  歌德出生于美因河畔法兰克福，是德国著名的诗人、作家、思想家和科学家，也是世界文坛巨匠。1774 年发表《少年维特之烦恼》，从此蜚声欧洲文坛。其一生力作《浮士德》更是影响深远。恩格斯曾高度评价说："歌德和黑格尔在各自的领域中都是奥林匹斯山上的宙斯。"阅读本文的目的主要在于：一要了解歌德的简单生平与主要作品，二为了解为何有人称歌德为"全才"，三是了解与歌德相关的几位历史人物：他的良师益友是谁？与他齐名的魏玛古典主义代表作家是谁？

Johann Wolfgang von Goethe

Johann Wolfgang von Goethe (1749-1832), der größte deutsche Dichter und Denker, war ein Universalgenie. Als Naturforscher kam er zu bedeutenden Erkenntnissen. Der „Dichterfürst" war überdies Staatsmann und hatte Einfluss auf die Kunst seiner Zeit.

Am 28. August 1749 kam Goethe in Frankfurt am Main in einer angesehenen bürgerlichen Familie zur Welt. Johann Wolfgang war das erste von sechs Kindern seiner Eltern. Von seinen Geschwistern erreichte nur die fünfzehn Monate jüngere Cornelia (1750-1777) das Erwachsenenalter. Die Eltern Johann Caspar Goethe (1710-1782) und Catharina Elisabeth Goethe (1731-1808) waren wohlhabend und sehr gebildet. Goethes Vater war zwar Jurist, übte den Beruf aber nicht aus.

In Goethes früher Kindheit spielte Literatur schon eine prägende Rolle. Im Elternhaus gab es eine umfangreiche Bibliothek und es wurde viel gelesen. Für die Kinder gab es Gutenachtgeschichten, und schon bald fing der kleine Goethe an, selbst zu fabulieren und Geschichten zu erfinden. Im Alter von vier Jahren studierte er kleine Theaterstücke ein, die er als Puppenspiel aufführte.

In Leipzig begann Goethe im Herbst 1765 sein Jurastudium. Der junge Mann aus der damaligen Provinz traf hier auf eine weltoffene und moderne Gesellschaft. Neben seinem Studium nahm Goethe in Leipzig Zeichenunterricht und erlernte verschiedene Techniken der Kunst, darunter Holzschnitzen und Radieren. Er besuchte Theateraufführungen und schrieb Gedichte. In Straßburg begegnete er zufällig dem wenig älteren Johann Gottfried Herder (1744-1803). In seinem autobiografischen Werk *Dichtung und Wahrheit* beschrieb Goethe diese Bekanntschaft rückblickend als das wichtigste Ereignis jener Zeit. Herder wurde zu Goethes Förderer und Mentor.

Anfang 1774 verfasste Goethe nach einer enttäuschten Liebe *Die Leiden des jungen Werthers*. Europaweit machte ihn dieser Roman binnen Kurzem bekannt. Daneben befasste er sich mit dem Fauststoff und schuf eine große Zahl weitere Werke.

Goethe und Schiller prägten die Epoche der Weimarer Klassik. Sie dauerte bis zum Tod von Goethe im Jahr 1832. Gemeinsam schufen die beiden Dichter 1795 die *Xenien*, Spottverse auf den zeitgenössischen Literaturbetrieb; im sogenannten Balladenjahr 1797 entstanden so bekannte Werke wie Goethes *Der Gott und die Bajadere* oder Schillers *Der Handschuh*. Der Tod des Freundes im Jahr 1805 war ein schmerzlicher Verlust für Goethe.

Im Jahr 1823 trat Johann Peter Eckermann (1792–1854) ins Leben des von ihm verehrten Dichters und wurde dessen Vertrauter. Später setzte Goethe in seinem Testament Eckermann zum Herausgeber seines literarischen Nachlasses ein. Am 22. März 1832 verstarb Johann Wolfgang von Goethe in Weimar. Er wurde in der Weimarer Fürstengruft bestattet.

(1) 生词释义

  Universalgenie *n.* 全才，多学科巨匠
  Staatsmann *m.* ¨-er 政治家
  angesehen *Adj.* 德高望重的
  fabulieren *Vi.* 讲述
  aufführen *Vt.* 上演
  Provinz *f.* -en 偏僻地区；省份
  Radieren *n.* 刻画，刻划
  autobiografisch *Adj.* 自传的，自传体的
  rückblickend *P.I* 回顾的，回想的
  binnen *Präp.* 在……之内
  Spottvers *m.* -e 嘲讽诗
  zeitgenössisch *Adj.* 同时代的

(2) 难点解析

- Der „Dichterfürst" war überdies Staatsmann und hatte Einfluss auf die Kunst seiner Zeit. 名词 Dichterfürst 的原意是 Fürst unter den Dichtern（诗人中居于首位者，出类拔萃的诗人）。这里根据原文上下文把 Dichterfürst 转义，意译为"诗圣文豪"。

- Im Alter von vier Jahren studierte er kleine Theaterstücke ein, die er als Puppenspiel aufführte.（四岁时，他开始排练小话剧，并以木偶戏的形式表

演。)理解这一句的关键是理解可分离及物动词 einstudieren（意为"排练"）。die er ... aufführte 是定语从句,修饰主句中的 Theaterstücke。im Alter von vier Jahren 也可用 mit vier Jahren 表达。
- Europaweit machte ihn dieser Roman binnen Kurzem bekannt.（这部小说使他在短时间内蜚声全欧洲。）europaweit 是地点副词,可解释为 in ganz Europa；binnen 是介词,支配第三格宾语,释义为"在……之内",如 binnen einem Jahr（一年以内）。binnen Kurzem（注意 K 要大写）可以用德语解释为 bald 或 innerhalb kurzer Zeit。

(3) 智慧选择 （请根据短文,从 4 个选项中选择正确的 1 项填空）

① Der „Dichterfürst" war _____ Staatsmann und beeinflusste die Kunst seiner Zeit.

　　a) überhaupt　　b) überdies　　c) überwiegend　　d) zudem

② Goethes Vater war zwar Jurist, übte den Beruf _____ nicht aus.

　　a) aber　　b) denn　　c) oder　　d) sondern

③ Daneben _____ er sich mit dem Fauststoff und _____ eine große Zahl weitere Werke.

　　a) fasste ... schaffte　　　　b) beschäftigte ... schaffte
　　c) befasste ... schuf　　　　d) beschäftigte ... schuf

④ Im sogenannten Balladenjahr _____ entstanden so bekannte Werke wie *Der Gott und die Bajadere* oder Schillers *Der Handschuh*.

　　a) 1774　　b) 1797　　c) 1805　　d) 1832

(4) 要点问答 （请根据短文内容回答问题）

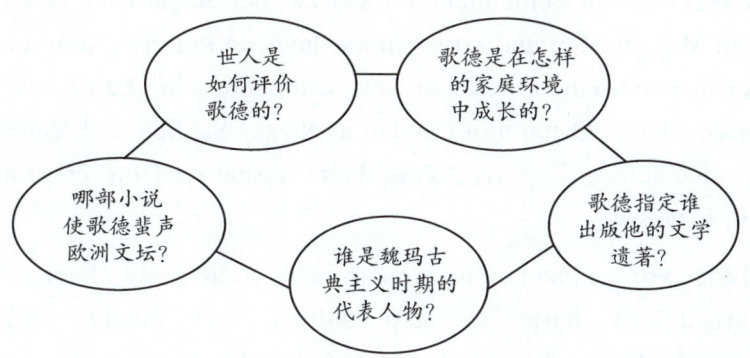

4.6 "超人"哲学家尼采

篇首导学

说起尼采(1844—1900),众所周知他是世界著名的德国哲学家,他的代表性哲学理论在世界哲学界独树一帜、影响深远、意义重大。他不仅是个贡献卓越的伟大哲学家,还是个执着于奇思异想的思想家:既想大事(如宇宙、世界)与小事(如"千足虫要协调自己的脚,否则要倒翻"),也想虚事(如意志、欲望)与实事(如"苍蝇不能穿过玻璃")等。本文阅读重点在于:初步了解尼采提出的几个具有代表性的哲学术语,并请思考为什么说尼采是一位具有争议的哲学家。

Friedrich Wilhelm Nietzsche

Friedrich Nietzsche zählt bis dato zu den berühmtesten Philosophen. In Röcken, einer preußischen Provinz in Sachsen, wurde er im Jahr 1844 als Sohn eines evangelischen Pfarrers geboren. Sein Vater verstarb im Jahr 1850, weshalb die Familie umzog. Als Student war Nietzsche so beeindruckend, dass er im Alter von 24 Jahren Professor wurde. Er unterrichtete an der Universität Basel Latein und Griechisch. Doch bereits zehn Jahre darauf wurde er so krank, dass er gepflegt werden musste. Bis zu seinem Tod im Jahr 1900 wurde er von seiner Mutter betreut.

Nietzsche bereiste unterschiedliche Länder auf der Suche nach einem Ort, an dem er sein Magenleiden und seine Kopfschmerzen kurieren konnte. Auffällig isolierte er sich von seinen Freunden und verbrachte seine Zeit lieber alleine in vielen verschiedenen Orten unter anderem Nizza, Sizilien und Venedig. Dazu kam noch eine schwere geistige Krankheit. Deshalb erlebte er seinen Ruhm nicht mehr bewusst.

Einige Tage vor seinem Zusammenbruch verursachte Nietzsche einen Straßenauflauf. Er hatte so sehr Mitleid mit einem müden alten Kutschenpferd, dass er ihm um den Hals fiel und heftig weinte.

Nietzsche gilt als der Philosoph mit dem Hammer. Er zertrümmerte alte Werte und errichtete neue Ideale. Er unterschied Moral zwischen Herrenmoral und Sklavenmoral: Die Herrenmoral ist durch das Gegensatzpaar gut und schlecht bestimmt. Im Gegensatz dazu kennt die Sklavenmoral das Gegensatzpaar gut und böse.

Für Nietzsche war Musik sehr wichtig. Er sagte: „Ohne Musik wäre mir das Leben ein Irrtum." Er war ein begeisterter Anhänger des Komponisten Richard Wagner. Er traf ihn sogar persönlich. Nietzsche beschrieb ihn als Erzieher zu einer neuen veredelten Kultur. Doch bald darauf zerstritt er sich mit Wagner. Ein Buch des Philosophen Arthur Schopenhauer fand Nietzsche in einer Buchhandlung und er war begeistert.

Darüber hinaus legte Nietzsche ein Menschenbild zugrunde, welches einen Übermenschen konzipiert. Er sieht diesen Übermenschen als einen Überwinder des in seinen eigenen Interessen gefangenen Menschen. Seiner Meinung nach kann alleinig der Übermensch die konsequenteste Form des Nihilismus erleben. Diese Begriffe enthalten allerdings bereits erste Spuren seiner sich immer weiter ausbreitenden psychischen Krankheit.

Nietzsche war ein hervorragender Schriftsteller. So ist sein Werk *Also sprach Zarathustra* gut zu lesen. Es erzählt vom persischen Religionsstifter Zarathustra, der beschließt, nach zehnjährigem Einsiedlertum seine Weisheit mit den Menschen zu teilen. Also zieht Zarathustra los, um vom „Übermenschen" zu predigen. Doch die Leute lachen ihn aus. Später missbrauchten die Nationalsozialisten seine Begriffe wie „Herrenmoral", „Übermensch" oder „Wille zur Macht". Das ist auch ein Grund, warum Nietzsches Lehre heute so umstritten ist.

(1) 生词释义

evangelisch　*Adj.*　新教的
bereisen　*Vt.*　周游, 参观; 考察
kurieren　*Vt.*　治愈, 治好
Ruhm　*m. unz.*　荣誉, 声誉
Straßenauflauf　*m.*　马路上人群扎堆(凑热闹)

zertrümmern *Vt.* 捣毁；毁灭

veredelt *Adj.* 改良的；纯化的

zerstreiten *Vr.* 关系破裂；闹翻

zugrundelegen *Vt.* 用……作基础

Nihilismus *m. unz.* 虚无主义

losziehen *Vi.* 出发，动身

predigen *Vi.* 传教，布道

(2) 难点解析

- In Röcken, einer preußischen Provinz in Sachsen, wurde er ... geboren. (……尼采在洛肯出生,洛肯是普鲁士萨克森的一个偏僻乡镇,……)一个名词对另一个名词或代词进行修饰、限定或说明时,这个名词就是同位语。同位语与被它限定的词的格要一致,并常常紧挨在一起。句中的 Provinz 是 Röcken 的同位语,由于地名 Röcken 已经处于介词 in 的第三格配价之下,因此 Provinz 也应使用第三格,而且通过不定冠词 einer 以及 preußischen 一词的词尾体现出来。

- Sein Vater verstarb im Jahr 1850, weshalb die Familie umzog. (他父亲于 1850 年去世,这也是全家搬家的原因。)许多同学已了解 weshalb 是疑问副词,解释为"为什么",但也需要掌握该词的连词功能。句中 weshalb 的意思是"因此"(表示结果)。可以将原句改写为 Sein Vater verstarb im Jahr 1850, und deshalb zog die Familie um.

- Doch bereits zehn Jahre darauf wurde er so krank, dass er gepflegt werden musste. (但十年后他罹患重病,不得不被照料。)so ... dass 表示"以至于……""因而"之意,引导结果从句,表示主句行为或状态所导出的结果。so ... dass 也可以合并使用,例: Er hat sich vor Kurzem einen teuren Wagen gekauft, so dass er jetzt kein Geld mehr hat.

(3) 智慧选择 (请根据短文,从 4 个选项中选择正确的 1 项填空)

① An der Universität _____ unterrichtete Nietzsche Latein und Griechisch.
   a) Bonn   b) Berlin   c) Bochum   d) Basel

② Nietzsche erlebte seinen Ruhm nicht mehr bewusst, weil er an einer schweren Krankheit von _____ litt.
   a) dem Geist   b) dem Magenleiden
   c) dem Kopfweh   d) den Kopfverletzungen

③ In einer Buchhandlung fand Nietzsche ein Buch des Philosophen _____ und er war begeistert.

    a) Marx   b) Schopenhauer

    c) Kant   d) Hegel

④ Manche Begriffe in Nietzsches Lehre wurden später von den Nazis _____.

    a) missachtet   b) missbilligt

    c) missdeutet   d) missbraucht

(4) 要点问答 （请根据短文内容回答问题）

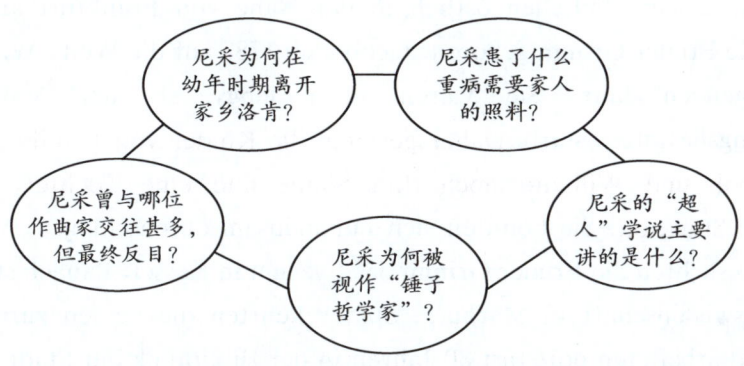

4.7　童话兄弟举世名

篇首导学

    本文简单介绍了格林兄弟的生平事迹，以及他们对德国文化所作出的贡献。格林兄弟是一对伟人，尽管他们处在一个动荡不安的时代，但他们潜心钻研童话和德语语言，并且取得了巨大的成就。更难能可贵的是，格林兄弟也是热情地支持德国统一的爱国主义者。这篇短文语言上通俗易懂，内容上很有思想性。阅读本文的目的主要在于：①了解格林兄弟与命运抗争的一生；②了解他们对国家的贡献，体会伟人及其成就的来之不易；③当然也要学习有关的德语词汇和表达。

Die weltbekannten Märchen-Brüder

Die Märchen der Brüder Grimm fangen öfters so oder ähnlich an: „Vor einem großen Wald wohnte ein armer Holzhacker mit seiner Frau und seinen zwei Kindern", und immer haben sie ein gutes Ende. Jacob Grimm und sein Bruder Wilhelm sammelten lebenslang Anekdoten, Schwänke und Sagen, vor allem Märchen. 1812-1815 veröffentlichten sie ihr populärstes Werk der deutschen Literatur, die *Kinder- und Hausmärchen*. Das Buch wurde in 140 Sprachen übersetzt und wird in mehr als 70 Ländern heute wie früher mit großem Interesse und der gleichen Faszination gelesen.

In Hanau, einem Städtchen östlich in der Nähe von Frankfurt am Main, wurden die Brüder Grimm geboren. Jacob kam 1785 auf die Welt, Wilhelm im darauffolgenden Jahr. Sie waren noch jung, als der Vater, ein Verwaltungsbeamter, starb. Daher gerieten die Kinder von Familie Grimm, außer Jacob und Wilhelm noch drei Söhne und eine Tochter, in eine schwierige Situation. Sie konnten sich nur mühsam durchschlagen. Von 1798 bis 1802 besuchten die Brüder Grimm das Lyzeum in Kassel, danach studierten sie Rechtswissenschaft in Marburg. Später kehrten die beiden zurück nach Kassel und arbeiteten dort fast 30 Jahren in der Bibliothek der Stadt.

Schon 1806 haben sie begonnen, Märchen von ihrer Heimat zu sammeln. Dabei ging es ihnen nicht um eine bloße Zusammenstellung, sondern sie hatten noch großes Interesse, die historischen Wurzeln jener Geschichten zu finden und zu studieren. Märchen wurden schon immer in Deutschland erzählt, von Generation zu Generation. Aber man hatte noch nie versucht, sie auf Papier festzuhalten. Daher hatten es die Brüder Grimm schwer. Glücklicherweise lernten sie eine Kasseler Schneidersfrau kennen. Die Frau war hugenottischer Abstammung und verfügte über einen so reichhaltigen Märchenschatz, dass den Brüder Grimm die Feder glühte. Es wurde später aber auch erkannt, dass sie wohl eine ganz Menge französischen Märchenguts mit in die Geschichte hineingesponnen hat. Ihre Erzählungen legen eben die Grundlage der *Kinder- und Hausmärchen* von Brüder Grimm.

Neben den weltberühmten Märchen hatten sich Jacob und Wilhelm noch andere große Verdienste erworben, wie z. B. arbeiteten sie viele Jahre an dem *Deutschen Wörterbuch*. 1829 verließen sie Kassel und gingen nach Göttingen, wo zuerst Jacob und später auch Wilhelm als Professor an der Universität arbeiteten. Die Märchen-Brüder erarbeiteten hier als Sprachforscher die Grundlagen der Germanistik. Sie waren auch patriotische Bürger eines politisch bewegten Zeitalters. Besonders Jakob Grimm befasste sich mehr mit Politik. 1840 berief jedoch Preußenkönig Friedrich Welhelm Ⅳ. die Brüder Grimm an die „Akademie der Wissenschaften" nach Berlin. Wilhelm starb am 16. Dezember 1859, Jacob vier Jahre später. Die Brüder Grimm sind weltbekannt vor allem durch ihre Märchen. Aber für die deutschsprachige Forschung ist ihr *Deutsches Wörterbuch* von großer Bedeutung, das erst 1961 publiziert wurde.

(1) 生词释义

populär *Adj*. 普及的,喜闻乐见的
Holzhacker *m*. - 伐木工人
Anekdote *f*. -n 名人轶事
Schwank *m*. ⸚e 滑稽故事
durchschlagen *Vr*. 〈口〉艰难度日
Lyzeum *n*. ...zeen 〈旧〉女子中学;高中
glühen *Vi*. 灼热,发光
hugenottisch *Adj*. 胡格诺教派的
Abstammung *f*. -en 出身;家庭
patriotisch *Adj*. 爱国的
befassen *Vr*. (sich mit etw. ~) 从事于,忙于
berufen *Vt*. 任命

(2) 难点解析

- Daher gerieten die Kinder von Familie Grimm, außer ... noch ... in eine schwierige Situation.(因此格林家的孩子,除了……还有……,都陷入了困境。) in etwas（A）geraten 是固定"动介搭配",意为"处于……""陷入……"。(außer)...(noch)...是 Kinder 的同位语。

- Die Frau ... verfügte über einen so reichhaltigen Märchenschatz, dass den Brüder Grimm die Feder glühte.(这位太太……拥有如此丰富的童话宝藏,以至于使格林兄弟写作热情高涨。) über etwas（A）verfügen 是固定"动介搭

配",表示"拥有什么""可支配什么"。(so ...), dass ...是结果从句,主语是 Feder,den Brüder Grimm 是第三格补语,说明"谁的 Feder"。不及物动词 glühen 在这里意为"激励""使……热情高涨"。

- Sie waren auch patriotische Bürger eines politisch bewegten Zeitalters. (他们也是政治动荡年代的爱国者。)句中 patriotisch 是形容词,意为"爱国的"。注意"爱国者"的表达是 Patriot,复数是 Patrioten。句中 bewegt 是动词 bewegen 的第二分词,用作形容词。politisch bewegt 意为"政治动荡的"。这句话表明,格林兄弟不仅专心于童话和语言研究,而且也关心国家大事。

(3) 智慧选择 (请根据短文,从4个选项中选择正确的1项填空)

① Das Buch ... wird ... _____ großem Interesse und der gleichen Faszination gelesen.

   a) von   b) mit   c) neben   d) an

② Sie (Die Kinder der Familie Grimm) konnten sich nur mühsam _____.

   a) durchleben   b) durchführen

   c) durchschlagen   d) durchmachen

③ Aber man hatte noch nie versucht, sie auf Papier festzuhalten. Daher hatten es die Brüder Grimm _____.

   a) leicht   b) schwer   c) schwierig   d) einfach

④ Neben den weltberühmten Märchen hatten sich Jacob und Wilhelm noch andere große _____ erworben, wie z. B. arbeiteten sie viele Jahre an dem *Deutschen Wörterbuch*.

   a) Verdienste   b) Verdienst   c) Leistung   d) Leistungen

(4) 要点问答 (请根据短文内容回答问题)

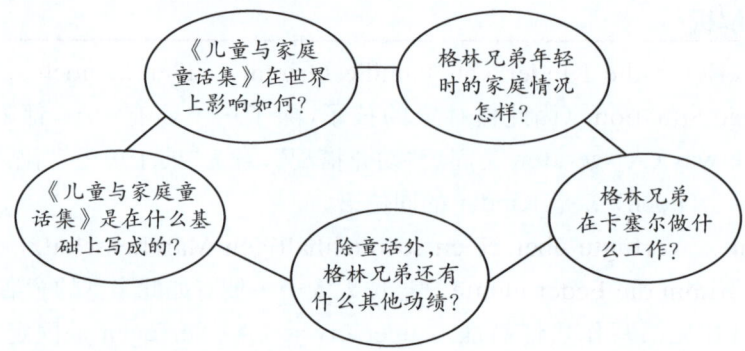

4.8　德国的足球皇帝

篇首导学

弗朗茨·贝肯鲍尔是世界足坛迄今为止罕见的被称为"足球皇帝"的人。本文摘自贝肯鲍尔本人所著自传性回忆录 *Ich，wie ich wirklich war*（《我是个怎样的人》）。该书通过他本人对往事的回忆，简单介绍了贝氏究竟是一个怎么样的人：除了足球，还有生活和情感；除了进球、夺冠和喜悦，还有伤病、悲情和痛楚。可见足球皇帝的桂冠，既华丽又沉重。这样就有了一个立体的"足球皇帝"。本文只是该书或贝氏的"冰山一角"，但能帮助读者了解贝氏的简单身世、伤痛、成就和他对足球的深刻认识。

Der deutsche Fußballkaiser Beckenbauer

Franz Beckenbauer war Mannschaftskapitän der deutschen Weltmeisterelt 1974 und fraglos einer der besten Fußballspieler aller Zeiten. Auch als Trainer gewann er 1990 den größten Erfolg, der im Fußball zu erreichen ist. Der 103-fache Nationalspieler führte als Teamchef die DFB-Auswahl in Italien zum dritten Titelgewinn in der Geschichte des Deutschen Fußball-Bundes. Schon als Aktiver war „Kaiser Franz" der weitaus erfolgreichste deutsche Fußballspieler. Er befreite den Fußball als Spieler ebenso wie später als Trainer von seinem biederen Image und verschaffte ihm sogar Geltung neben Nobelsportarten wie Tennis und Golf. Aus seinem Buch *Ich，wie ich wirklich war* haben wir folgends zitiert:

„Fußballer? Ist das ein Beruf? Kann man davon leben? Wenn ja, wie gut, wie lange? Ich war gerade 18, damals, 1964, durfte man in seinem Alter weder wählen noch Verträge abschließen. Mein Vater hatte also meine Zukunft in seiner Hand. Er war Beamter, Posthauptsekretär, und für seinen jüngsten Sohn hätte er sich auch etwas Sicheres gewünscht."

„Heute frage ich mich, wie schwer es ihm gefallen sein muss, den Vertrag mit dem FC Bayern München zu unterzeichnen. Arbeit, das war für ihn eine

Sache, für die man sich einmal entscheidet, fürs ganze Leben. Wofür man am Ersten bezahlt wird, immer mit der gleichen Summe, damit man sich das Leben einteilen kann. Aber Fußball? Was sollte das für eine Arbeit sein? "

…

„Es war in der Nacht zum 1. April 1981, ich ahnte nicht, wie schwer es mich getroffen hatte. Ich bekam Medikamente, am Morgen fühlte ich mich schon wieder ganz wohl, stand auf und wollte einen Spaziergang machen. Weit bin ich nicht gekommen. Ich lief einer älteren Schwester in die Arme, sie wurde vor Schreck ganz bleich. ‚Sind Sie denn wahnsinnig? Sie dürfen sich kaum bewegen, geschweige denn aufstehen.' Kaum lag ich im Bett, kam auch schon der Professor, und er machte mir klar, wie es wirklich um mich stand. ‚Wenn Sie vierzehn Tage ganz ruhig liegenbleiben und alles tun, was wir Ihnen sagen, dann, aber auch nur dann, haben Sie eine Chance, Ihre Niere zu behalten.' … Ich hatte den Verschleiß der letzten Jahre einfach unterschätzt."

…

„Ich bin als 13-jährige Schüler zu den Bayern gekommen. Seit 37 Jahren bin ich in diesem Club. Der FC Bayern ist meine Heimat, er ist mein Herzblut. Ich kann mich diesem Verein in Kriesensituation nicht entziehen, auch wenn die Vernunft dagegen sprechen mag. Als ich nach diesem schweren Samstag nach Hause kam und meiner Frau sagte, dass ich die nächsten drei Wochen wieder Trainer sein würde, ist sie zuerst blaß geworden. Aber sie hat sich schnell gefasst, sie weiß ja wie viel mir der Fußball und der FC Bayern bedeuten. Und schließlich hat sie einmal gesagt: ‚Der Franz liebt den Ball vor allem deshalb, weil er ihn nicht gehorcht.' Da ist schon was dran … Aber mich fasziniert auch die Unwägbarkeit des Sports. Du spielst 90 Minuten auf ein Tor, hast Unmengen von Chancen — und dann kommt der Gegner einmal durch, und du verlierst. Das ist doch faszinierend. Fußball ist eine der wenigen Beschäftigungen, in denen du nichts berechnen kannst. Deshalb zieht er die Menschen an wie kaum eine andere Sportart."

(1) 生词释义

DFB （Deutscher Fußball-Bund 的缩写）德国足联

Aktiver　*m*. -　体育团体的正式成员
bieder　*Adj*.　正直的，单纯的
Posthauptsekretär　*m*. -　邮局总管
einteilen　*Vt*.　（合理）安排，分配
geschweige　*Konj*.（与 denn 连用）更谈不上，更别提
Niere　*f*. -n　肾脏
Verschleiß　*m*. -e　损耗，磨损
Herzblut　*n*.〈转〉生命，心血
entziehen　*Vr*.　避开，逃避
Vernunft　*f*. unz.　理智，理性
Unwägbarkeit　*f*. 无法衡量；难以领会

(2) 难点解析

- **Der 103-fache Nationalspieler führte als Teamchef die DFB-Auswahl in Italien zum dritten Titelgewinn in der Geschichte …** 句中 der 103-fache Nationalspieler 意为"参加 103 场国家队比赛的球员"。zum dritten Titelgewinn 意为"第三次获得（冠军）头衔"。句意从略。

- **Heute frage ich mich, wie schwer es ihm gefallen sein muss, den Vertrag mit dem FC Bayern München zu unterzeichnen.**（时至今日，我扪心自问：当时我父亲做出必须与慕尼黑拜仁足球俱乐部签约的决定是何等地艰难！）sich fragen 一般释义为"扪心自问"。wie schwer es ihm gefallen sein muss 句中连用 3 个动词，gefallen sein 表示已经发生，muss 是作者现在的发问，所以用现在时。最后的"扩展不定式 + zu 结构"指代前面的 es。

- **Kaum lag ich im Bett, kam auch schon der Professor, und er machte mir klar, wie es wirklich um mich stand.**（我刚躺到床上，就来了主管我的教授，他把我的真实病情告诉了我。）注意副词 kaum 的用法和意义，强调"快"和"前后句子动作几乎同时发生"。der Professor 显然指"主管贝肯鲍尔的教授医生"。词组 jmdm. (D) etw. (A) klar machen 意为"使某人明确/清楚什么"。um mich 意为"有关我的事情"，根据上文当指"我的病情"。

(3) 智慧选择　（请根据短文，从 4 个选项中选择正确的 1 项填空）

① Schon als ＿＿＿＿ war „Kaiser Franz" der weitaus erfolgreichste deutsche Fußballspieler.

　　a) aktiver　　b) Aktiver　　c) aktiv　　d) Aktivist

② Ich lief einer älteren Schwester in die Arme, sie wurde _____ Schreck ganz bleich.
   a) für   b) mit   c) vor   d) von
③ Der FC Bayern ist meine Heimat, er ist mein _____.
   a) herzblut   b) Blute   c) Herzblute   d) Herzblut
④ „Der Franz liebt den Ball vor allem deshalb, weil er ihn nicht _____."
   a) gehorchen   b) gehorcht   c) gehorchte   d) gehorchten

(4) 要点问答 （请根据短文内容回答问题）

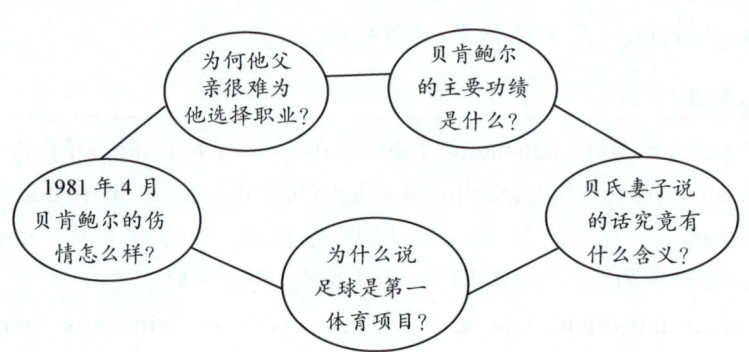

第5章 Aus der wissenschaftlichen und technischen Welt
科技世界

5.1 德国的科研名院

篇首导学

本文概括性地介绍了德国科研机构的总体情况和德国最为有名的马克斯-普朗克研究院的一些情况。该研究院是一个从事基础理论研究的机构,研究重点在医药生物、物理和化学等领域。几十年来,该研究院几十位科学家的研究成果获得了诺贝尔奖,所以有人称它为"诺贝尔奖的摇篮"。学习本文的主要目的是:首先要大致了解该院的历史、成就及研究重点;其次是了解该院的几个特别杰出的科学家,如普朗克、爱因斯坦等人的简单情况。当然,别忘了学习并掌握一些常用的科技词汇。

Die Wiege der Nobelpreise

In Deutschland gibt es insgesamt mehr als 800 öffentlich finanzierte Forschungseinrichtungen sowie verschiedene Forschungs- und Entwicklungszentren, die von Industriekonzernen betrieben werden. Darunter finden sich zahlreiche vielfältige Forschungsstandorte, wie z. B. Universitäten, Fachhochschulen, außeruniversitäre Einrichtungen, Unternehmen sowie Bundes- und Länderinstituten. Die Max-Planck-Gesellschaft (MPG) gehört zu den herausragendesten außeruniversitären Forschungseinrichtungen Deutschlands.

Anfang des 20. Jahrhunderts, während der Zeit des Kaisers Wilhelm II., wurde ein Verein „zur Förderung der Wissenschaft" ins Leben gerufen, um die Position des Deutschen Reichs in den Naturwissenschaften international zu festigen. Unter der Schirmherrschaft vom Wilhelm Ⅱ. ist dieser Verein zu den „Anstalten, die über den Rahmen der Hochschule hinausgehen und unbeeinträchtigter durch Unterrichtszwecke, aber in enger Fühlung mit der Akademie und Universität, lediglich der Forschung dienen", entwickelt geworden. Das ist der Vorläufer der Max-Planck-Gesellschaft.

Seit dem 11. September 1946 heißt die Gesellschaft „die Max-Planck-Gesellschaft". Heute konstituiert sie sich aus nicht weniger als 1000 fördernden Mitgliedern und beschäftigt in 83 eigenen Instituten und mehr als 10000 Mitarbeiter. Sie verfügt über ein Jahresbudgt von einigen Milliarden Euro und über ein ansehnliches Inventar an Großforschungsgeräten und -anlagen. Ihre Arbeitsschwerpunkte liegen im medizinisch-biologischen Bereich, bei verschiedenen physikalischen und chemischen Arbeitsrichtungen — von der Metallforschung bis zur Astrophysik — sowie in einer ganzen Reihe von sozialwissenschaftlichen Disziplinen. Sie hat ihre Aufgabe trotz zweier Weltkriege, trotz nationaler und internationaler Wirtschaftskrisen, trotz tiefgreifender Regimewechsel in Deutschland seit ihrer Gründung kontinuierlich erfüllt.

In der Max-Planck-Gesellschaft werden alle Fragen erforscht, wie z. B: Wo ist unser Platz im Universum? Wie werden Sterne geboren? Was hält die Welt im Innersten zusammen? Sie ist weder die älteste noch die größte Wissenschaftsorganisation in Deutschland, aber sie ist dadurch die bekannteste, dass sie „das Zentrum" der Grundlagenforschung für Natur-, Bio-, Geistes- und Sozialwissenschaften außerhalb der Universitäten Deutschlands ist. Und die MPG stehen für vielfältige Forschung auf Topniveau — vom MPI für Plasmaphysik im ostdeutschen Greifswald bis zum Max Planck Florida Institute for Neuroscience. Ihre Experten für wissenschaftliche Forschung wie Max Planck (1858–1947) und Albert Einstein (1879–1955) gehören zu den international renommiertesten Wissenschaftlern. Ohne die Pflicht, Vorlesungen zu halten, können sich etwa 5500 Forscher an 78 Max-Planck-Instituten in Deutschland und fünf weiteren in den Niederlanden, Luxemburg, Italien und den USA ganz ihrem Thema widmen. Seit ihrer Gründung wurden mehr als 30 Nobelpreise an Forscher der MPG vergeben, deshalb nennt man sie die „Wiege" der Nobelpreise.

第 5 章　Aus der wissenschaftlichen und technischen Welt
科技世界

(1) 生词释义

　　Förderung　　*f.* -en　　促进,资助
　　Schirmherrschaft　　*f.* -en　　保护,支持
　　unbeeinträchtigt　　*Adj.*　　不受(不利)影响的
　　Vorläufer　　*m.* -　　先驱,前身
　　konstituieren　　*Vr.*　　构成,组建
　　Jahresbudget　　*n.* -s　　年预算
　　Inventar　　*n.* -e　　财产
　　Astrophysik　　*f.* unz.　　天体物理学
　　Disziplin　　*f.* -en　　学科,科目
　　kontinuierlich　　*Adj.*　　持续不断的
　　renommiert　　*Adj.*　　著名的,有声望的
　　vergeben　　*Vt.*　　给予,(文中)颁发

(2) 难点解析

- **Anfang des 20. Jahrhunderts … wurde ein Verein „zur Förderung der Wissenschaft" ins Leben gerufen, …**（20 世纪初……一个"促进科学"的协会成立了……）句中介词词组 zur Förderung der Wissenschaft 中的介词 zu 支配第三格,表示目的。etw.（A）ins Leben rufen 是固定词组,意为"成立""产生""使出现"。它在句中是被动态。

- **Ihre Arbeitsschwerpunkte liegen im medizinisch-biologischen Bereich, …**（它的工作重点在医学生物领域……）in etw.（D）liegen 是固定"动介搭配",意为"在什么""在于什么"。主语可为具体名词,表示方位;也可以是抽象名词。形容词 medizinisch-biologisch 由两个形容词构成。注意:与这两个形容词有关的名词必须有所关联,否则不能合成。

- **Ohne die Pflicht … können sich etwa 5500 Forscher an 78 Max-Planck-Instituten in … ganz ihrem Thema widmen.**（78 个马克斯-朗克研究所……的约 5500 名科研人员没有……义务,能够完全专注地研究他们的课题。）句首 ohne 是介词,支配第四格,意为"无""没有"等。它在句中强调"不用(上课)"。sich etw.（D）widmen 意为"致力/献身于某事"。

(3) 智慧选择　（请根据短文,从 4 个选项中选择正确的 1 项填空）

① Die Max-Planck-Gesellschaft（MPG）＿＿＿＿＿＿ zu den herausragendesten

außeruniversitären Forschungseinrichtungen Deutschlands.
   a) gehören   b) gehörte   c) gehört   d) gehörten
② Sie （MPG）_____ ... über ein ansehnliches Inventar an Großforschungsgeräten und -anlagen.
   a) verfügen   b) verfügten   c) verfügte   d) verfügt
③ Und die MPG stehen für vielfältige Forschung _____ Topniveau.
   a) mit   b) bei   c) in   d) auf
④ Seit ihrer Gründung wurden mehr als 30 Nobelpreise an Forscher der MPG vergeben，deshalb nennt man sie die „_____" der Nobelpreise.
   a) Wiegen   b) Wiege   c) Betten   d) Bette

(4) 要点问答 （请根据短文内容回答问题）

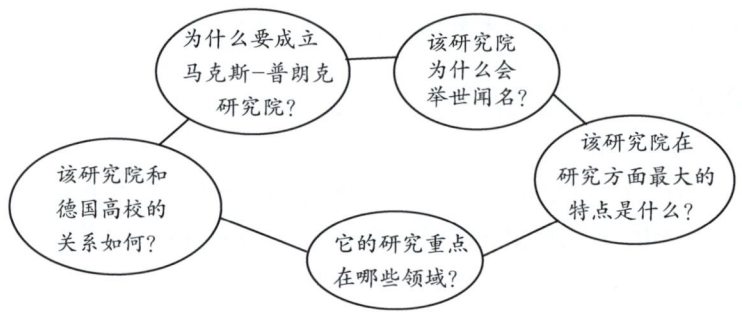

5.2　环保的太阳能屋

篇首导学

　　环保和能源是未来世界需要解决的两个最大的问题和难题。太阳能屋的出现，正是人类解决这两个问题的具体努力之一。这篇短文主要介绍了太阳能屋的原理和大致结构，也提到了太阳能电池的作用和研制开发情况。学习本文的重点是：了解太阳能屋的用途及优点，既增加知识，又扩大德语词汇量。本文虽是科普读物，但有些句子还是较长较复杂，也有不少缩略语和专业知识，所以给理解增加了难度。请仔细分析长句、难句的语法关系，这样就可能比较容易理解文章了。

Was ist ein Sonnenhaus?

Zu den globalen Herausforderungen des 21. Jahrhunderts zählt der Schutz von Umwelt und Klima. Und in Deutschland genießt es einen hohen Stellenwert. Beim Klimaschutz ist die Bundesrepublik eine der Vorreiternationen der Welt und gilt noch als Pionier beim Ausbau erneuerbarer Energien. Bei uns ist die Branche der Energie- und Umwelttechnologie stark vom politischen Ziel geprägt und von der Bundesregierung und der EU kräftig unterstützt. Die Experten auf dem Gebiet planen, die Stromerzeugung bis 2050 zu 80 Prozent auf erneuerbare Energien umzustellen. Schon 1986 hat man Sonnenhäuser im bayerischen Städtchen Ebersberg gebaut, die im Rahmen des von der damaligen EG geförderten Demonstrationsprogrammes „Nutzung der Sonnenenergie und Energieeinsparung" entworfen wurden.

Was ist ein Sonnenhaus? Darüber gab es früher nur die abenteuerlichen Vorstellungen, kaum aber konkrete Anschauungen. Die Sonnenhäuser in Ebersberg sind die ersten Mehrfamilienhäuser Deutschlands, die ihren Energiebedarf fast vollständig aus Sonnenenergie gewinnen. Selbst bei klirrender Kälte soll es im Innern des Sonnenhauses angenehm warm sein. Wieso denn?

Vor allem sind auf dem Dach des Sonnenhauses die Wasser- und Luftkollektoren sowie die aus Sizilium hergestellten Solarzellen untergebracht. Außerdem sind auf der Sonnenseite des Dachs der Sonnenhäuser große „Fenster" angebaut, durch die die Sonne durchstrahlen kann. Die sechs mehrgeschossigen Sonnenhäuser mit drei Wohnungen und vier Büros gruppieren sich vertikal und horizontal um eine gemeinsame Halle. Durch das Vorziehen der mittleren Gebäude und ein zusätzlich eingezogenes Zwischenstockwerk entstand eine aufgelockerte Dachlandschaft. Zur optischen Verschönerung gedacht und überdies noch sinnvoll ist das um 45 Grad geneigte Dach, worauf die für das Sonnenhaus entscheidenden Solarzellen installiert sind. Die Wohnräume des Sonnenhauses gehen alle nach Süden und haben Wintergärten und Loggien als vorgelagerte „Pufferzone". Das Mauerwerk hinter dieser Fassade aus Holz und Glas fungierte dabei als Wärmespeicher.

Gesteigerten Wert legte man auf die Atmungsaktivität der Außenwände, weswegen sie aus 36,5 Zentimeter starken Wärmeschutz-Ziegeln gemacht und zusätzlich mit magnesitgebundenen Holzfaser-Leichtbauplatten nach außen gedämmt wurden. Völlig neuartig am Sonnenhaus Ebersberg sind die Rolläden: Fünf Zentimeter sind sie dick, mit Polystyrol-Schaum sind sie gefüllt, und sie schließen außergewöhnlich dicht. In eisigen Winternächten sorgen sie dafür, dass die gesamte Fensterfront extrem wärmegedämmt ist und das Haus über Nacht nicht auskühlt. Das Sonnenhaus in Ebersberg bei München ist seit der Fertigstellung im Jahre 1986 zu einem wahren Anziehungspunkt für Sonnenpioniere und Journalisten geworden. Man bezeichnet die Ebersberger als Sonnenpioniere. Der damals amtierende Bundesforschungsminister betonte einmal: „Strom aus Sonnenlicht zu gewinnen versetzt den Menschen in die Lage, Energie einer unerschöpflichen Quelle zu entnehmen."

(1) 生词释义

geprägt   P.Ⅱ   〈转〉产生影响的
Demonstrationsprogramm   *n.* -e   示范性计划
klirrend   P.I   叮咚作响的；〈转〉非常厉害的
Wasserkollektor   *m.* -en   水集流器
Silizium   *n.* unz.   〖化〗硅
durchstrahlen   *Vi.*   （光）照射进来
mehrgeschossig   *Adj.*   多层的
vertikal   *Adj.*   垂直的
aufgelockert   P.Ⅱ   轻松的，活泼的
Loggia   *f.* ... ien   走廊
Atmungsaktivität   *f.* -en   透气性
magnesitgebunden   *Adj.*   含有镁石的

(2) 难点解析

● Schon 1986 hat man Sonnenhäuser ... gebaut, die im Rahmen des von der damaligen EG geförderten Demonstrationsprogrammes ... entworfen wurden.（早在1986年就有人……建造了太阳能屋，它们是在由那时的欧共体资助的示范性计划……的框架下设计的。）im Rahmen + (G)意为"在……框架下"。EG = Europäische Gemeinschaft（欧洲共同体）是欧盟的前身，所以前面加了个形容词damalig（那时的，当时的）。

第 5 章　Aus der wissenschaftlichen und technischen Welt
科技世界

- Die sechs mehrgeschossigen Sonnenhäuser mit drei Wohnungen und vier Büros gruppieren sich vertikal und horizontal um eine gemeinsame Halle. 句中 sich um etw./jmdn. (A) gruppieren 是固定"动介搭配",表示"围绕着某物或某人",介词 um 要求第四格。理解该句子时,试试用"直觉想象法",在脑子里"画出"一个"图案"来：6 幢多层太阳能屋(每幢有 3 套住房和 4 间办公室)或竖或横地围绕着一个公用的厅堂。句意请见书后参考译文。
- In eisigen Winternächten sorgen sie dafür, dass die gesamte Fensterfront extrem wärmegedämmt ist und das Haus über Nacht nicht auskühlt.(在寒冬腊月的夜晚,寒气也透不过这种百叶窗,房子里彻夜是暖融融的。)句中主语 sie 指前句中的 Rolläden(百叶窗)。固定"动介搭配"für etw./jmdn. (A) sorgen 意为"关心/照顾什么/谁",wärmegedämmt 意为"保暖的",über Nacht 意为"隔一夜""经过一个晚上",auskühlen 意为"变冷"。

(3) 智慧选择 （请根据短文,从 4 个选项中选择正确的 1 项填空）

① Beim Klimaschutz ist die Bundesrepublik eine der Vorreiternationen der Welt und _____ noch als Pionier beim Ausbau erneuerbarer Energien.
　　a) gelten　　　b) gilt　　　c) galten　　　d) galt

② Die Sonnenhäuser in Ebersberg sind die ersten Mehrfamilienhäuser Deutschlands, die ihren Energiebedarf fast vollständig _____ Sonnenenergie gewinnen.
　　a) aus　　　b) auf　　　c) von　　　d) durch

③ Die Wohnräume des Sonnenhauses gehen alle nach _____ ...
　　a) Norden　　b) Westen　　c) Osten　　d) Süden

④ _____ Wert legte man auf die Atmungsaktivität der Außenwände ...
　　a) Gesteigerte　b) gesteigerten　c) Gesteigerten　d) gesteigerte

(4) 要点问答 （请根据短文内容回答问题）

- 德国首批太阳能屋建于何时何地？
- 这种太阳能屋的大致结构是怎样的？
- 太阳能屋用什么方法增强外墙的保暖性？
- 对于太阳能屋至关重要的是什么？
- 建造太阳能屋意义何在？

5.3 有趣的基因技术

篇首导学

"基因技术"是当今世界科技界的热门话题,恐怕也是未来世界的发展方向和希望之一。但新事物的成长发展是不会一帆风顺的。"基因技术"的发展也是如此。这篇短文是一篇科普文章的摘选,比较适合我们阅读,因为它的文字不是很"深",词汇不是很"专",内容上又跟我们的日常生活很有关联,而且还有一定的趣味性。只要有一本专业词典,这种科普文章读起来就不难。阅读的目的或重点是"三个了解":①什么是基因技术;②基因与日常生活的关系;③有关基因技术的争论。

Die Allgegenwart von Genen

Gentechnik, was ist dran? Wer das Wort hört oder liest, denkt häufig an neue Medikamente oder Diagnoseverfahren. Dabei ist die Tatsache, dass sich mit Hilfe der Gentechnik Krankheiten erkennen oder heilen lassen. Vor allem in der Pflanzenzüchtung wird seit etwa 20 Jahren auch mit Gentechnik an der Optimierung und Verbesserung unserer Nahrungsmittel gearbeitet. Begleitet wird diese Entwicklung von einer erregten Diskussion, in der sich die Fronten verhärtet haben. Was es zu sagen gibt über das Für und Wider grüner Gentechnik?

Biotechnologie, gentechnisch veränderte Pflanzen, „Gensmog" — Begriffe, die hochaktuell sind und inflationär zugleich — gehört hat davon fast jeder. Auch, dass sie etwas mit Ernährung zu tun haben. Da aber hört es auch auf. Was bleibt, sind gegensätzliche Ansichten und jede Menge Verunsicherung. Wer sich zumindest etwas mit Biologie beschäftigt hat, weiß um die Allgegenwart von Genen. Sie sind nicht nur in Lebensmitteln enthalten, die mit Gentechnik hergestellt wurden. Jedes Lebewesen enthält von der Natur aus Gene, sie beinhalten die Erbinformationen. Eine einzige Zelle, etwa einer Tomate, enthält die vollständige Erbinformation für den ganzen

第 5 章　Aus der wissenschaftlichen und technischen Welt
　　　　　科技世界

Tomatenstrauch. Und dieses Erbmaterial — bestehend aus der sogennanten „Desoxyribonukleinsäure" (DNS) — essen wir bei jedem Happen mit, ob zu Hause, in der Mensa oder im Restaurant. Eine Portion Sauerbraten etwa enthält rund ein Gramm DNS, das ist ungefähr ein Teelöffel voll.

Es gibt so viele Gemüse- und Obstsorten auf der Welt. Brauchen wir angesichts dieser Fülle überhaupt noch neue? Ja, so antworten viele Gentechniker.

Wichtig ist, die Auswirkung der Gentätigkeit zu erkennen und das codierte Merkmal ausfindig zu machen. Bei den rund 25000 Genen, die eine Pflanze enthält, kein leichtes Unterfangen, klingt zwar interessant, ist aber allenfalls in Science-fiction-Streifen machbar. Somit liegt auch die viereckige Tomaten noch in weiter Ferne. Denn auch die Tomate enthält ihre Form nicht allein durch ein Gen, das gegen ein anderes mit der Eigenschaft „eckig" auszutauschen wäre. Genau das ist aber alles, was beim bisherigen Stand der Gentechnik möglich ist: Einzelne Gene und damit die durch sie definierte Eigenschaft zu verändern.

Als fortgeschrittene Technologie, die scheinbar in das Innerste des Lebens eingreift, macht Gentechnik misstrauisch. Die Folge sind zahlreiche Ängste und vorschnell gefasste Urteile. Stark in die Diskussion geraten sind vor allem die Freilandversuche mit transgenen Pflanzen. Die Freisetzung führe zu unvorhersehbaren Überraschungen, da sich durch Pollenflug die gentechnisch veränderten Pflanzenarten mit Wildpflanzen kreuzen. Gegner der Gentechnik behaupten im Zusammenhang mit herbizidresistentem Raps, dass Wildpflanzen sich dann zu „Superunkräutern" entwickeln. Eine weitere Sorge: Menschen könnten beim Verzehr gentechnisch veränderter Nahrungsmittel verstärkt allergisch reagieren. Schließlich wird mit Blick auf die Dritte Welt der Vorwurf erhoben, dass dortige Länder von den Saatgut- und Pflanzenschutzmittelproduzenten der „Gentech-Nationen" abhängig gemacht werden.

(1) 生词释义

　　Gentechnik　　*f*.　基因技术
　　Optimierung　　*f*.　优先，优化

Allgegenwart *f*. 普遍存在,无处不在
Tomatenstrauch *m*. "番茄家族"
Desoxyribonukleinsäure *f*.-n （缩写 DNS）〖生〗脱氧核糖核酸
Unterfangen *n*.unz. 大胆行为,冒险
Freiland *n*.unz. 露天园圃,露天牧场
transgen *Adj*. 基因转移的,基因迁移的
Pollenflug *m*. 花粉传授
kreuzen *Vr*. 杂交；相交叉,交叉而过
herbizidresistent *Adj*. 对除草剂有抵抗力的
allergisch *Adj*. 变态反应的,过敏反应的

(2) 难点解析

- **Begleitet wird diese Entwicklung von …, in der sich die Fronten verhärtet haben.**（伴随这一发展过程的是……,双方争论得越来越激烈。）begleitet wird 是被动态,把 begleitet 放到句首是为了强调和突出相关行为。die Fronten 原指"前线""阵线""党派"等,这里指讨论、争论的双方。sich verhärten 意为"硬化""变硬"。这里引申为"激化"。

- **Was bleibt, sind gegensätzliche Ansichten und jede Menge Verunsicherung.** 其实,这是两句句子。Was bleibt 是一句问句,意为"除了上面说到的还有什么呢？"后面一句是答句：Es sind …。文章作者把它们巧妙地连在了一起,读起来言简意赅。句意请见书后译文。

- **Bei den rund 25000 Genen, die eine Pflanze enthält, kein leichtes Unterfangen, klingt zwar interessant, ist aber allenfalls in Science-fiction-Streifen machbar.**（尽管这听起来很有趣,但要做到这一点既须大胆冒险,又不是轻而易举,因为一种植物内含有约 25000 种基因。不过,这在科幻电影中或许是可以做到的。）该句有点复杂：主句是 Bei … ist … machbar,而 die … enthält 是 Genen 的定语从句, kein leichtes Unterfangen 和 klingt zwar interessant 是两个插入语,前者意为"（这）不是轻松的冒险",后者意为"虽然（这）听起来很有趣"。句中"这"指的是上一句"重要的是……"。in Science-fiction-Streifen 中的 Streifen 是口语表达,意为"电影"。

(3) 智慧选择 （请根据短文,从 4 个选项中选择正确的 1 项填空）

① Begleitet wird diese Entwicklung von einer _____ Diskussion, in der sich die Fronten verhärtet haben.

a) erregte　　b) erregten　　c) erregend　　d) erregenden

② Jedes Lebewesen enthält ＿＿＿＿ ＿＿＿＿ Natur aus Gene，sie beinhalten die Erbinformationen.

　　a) von dem　　b) aus dem　　c) von der　　d) aus der

③ ＿＿＿＿ sich zumindest etwas mit Biologie beschäftigt hat，weiß um die Allgegenwart von Genen.

　　a) Wie　　b) Wer　　c) Wen　　d) Was

④ Die Freisetzung führe zu unvorhersehbaren Überraschungen，da sich durch Pollenflug die gentechnisch veränderten Pflanzenarten mit Wildpflanzen ＿＿＿＿ .

　　a) kreuzt　　b) kreuzen　　c) kreuzten　　d) kreuzte

(4) 要点问答（请根据短文内容回答问题）

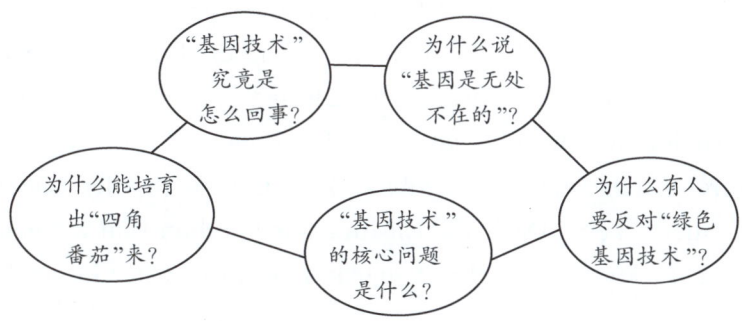

5.4　测谎器有点神奇

篇首导学

　　很多人知道"测谎器"有何用处。据我国媒体报道，我国公安部门也越来越多地用它作为一种侦查手段。但它的工作原理是什么？它真能测谎吗？它的可靠性如何？知道这些情况的人恐怕就很少了。这篇短文简单回答了这些问题。此文有点知识性和趣味性，并且行文活泼、组句简练、措辞贴切。我们阅读它，除了了解和掌握有关知识和词汇外，还可以学学作

> 者的写作笔法，提高自己的书面表达能力。对文中几个长句，阅读时注意分析解剖，要抓主句和动词，要抓全句"骨架"。

Die wirksame Wahrheitsmaschine?

Wahrheitsmaschine, auch Lügendetektor, das klingt nach erbarmungsloser Ausforschung der Wahrheit, nach unfehlbarer Ausmelzung von Lüge. Kurz, das ist ein Apparat aus der Folterkammer des Rechts. Er soll die Mission tragen, um ein begangenes Verbrechen abzupressen. Irgendwie ist einem dieses Ding unheimlich. Wie es schon heißt.

Man schlösse besagtes finsteres Gegenüber einfach an einen solchen Polygraphen an, stellte ihm ein paar genau ausgedachte, verfängliche bis unverfängliche Fragen, und schon fingen ihm die Nerven an zu flattern, ginge ihm die Pumpe schneller, schösse ihm das Blut in die Fingerkuppen, weiteten sich unter dem Eindruck baldiger Überführung die Pupillen. Und erst der Schweiß! An ihrem Schweiße sollst du sie erkennen, die Täter, an ihrem Puls, an ihrer Atemfrequenz, da gibt es kein Entrinnen, der Lügendetektor registriert alles, kein Das-habe-ich-Ihnen-doch-schon-fünfmal-gesagt-Herr-Kommissar-Zurückweichen mehr, Leugnen zwecklos, Täter in der Falle.

Sie hat schon eine große Faszination, diese Idee. Aber sie ist auch dumm und gefährlich. Daher ist es notwendig, über diese Maschine noch ein wenig Entmystifizierungs-Arbeit zu leisten. Denn es ist natürlich keineswegs so, dass der Lügendetektor Lügen aufdeckt. Der Lügendetektor misst Erregungen, Affekte, Nervositäten des Probanden, während ihm bestimmte Fragen gestellt werden im Zusammenhang mit einer Tat, die er womöglich begangen hat oder vielleicht auch nicht. Diese Körperzustände und nichts weiter misst der Lügendetektor. Alles andere ist Verherrlichung der Maschine. Wir neigen dazu, dem Lügendetektor auch gleich die Kompetenz zuzumessen, die erfassten Daten mit quasi wissenschaftlicher Autorität in ein handliches Ergebnis zu überführen. In Wahrheit ist der Lügendetektor höchstens der Seismograph innerer Erschütterungen, aber nicht ihr Interpret. Er wird deshalb maßlos überschätzt.

Und was Psychologen aus seinen Ergebnissen herauslesen wollen, ist pure Spekulation über den Zusammenhang zwischen Körper und Geist. Die gedrungene Gestalt, der stechende Blick, das Zucken um die Mundwinkel: Einer primitiven Logik reichten solche körperlichen Merkmale immer schon hin, den Kriminellen zuverlässig vom anständigen Bürger zu scheiden. Nun aber, mit dem Lügendetektor, wären es die Wallung im Blut, der Sturzbach des Schweißes oder der schwere Atem, die über die Wahrheit einer Aussage und damit Täterschaft oder Nichttäterschaft entscheiden sollen. Dies ist eine neue Form von Biologismus bei der Verbrechersuche. Und überhaupt: Lügen haben zwar vielleicht kurze Beine, neigen aber nicht per sie zu Schweißausbrüchen oder Kurzatmigkeit. Dass eine bestimmte körperliche Reaktion auf eine „bedrohliche" Frage gerade den Flunkerer kenntlich machen soll, ist wissenschaftlicher Mumpitz. Der Serienkiller, der eine Schuld womöglich tief verdrängt hat oder gar nicht erst einsieht, würde einen Lügendetektor cool aussitzen, während der unschuldig Verhaftete sich bei einem solchen Verhör in die Hosen machen kann.

(1) 生词释义

Wahrheitsmaschine *f*. -n 说真话的机器，测谎器
Lügendetektor *m*.(= Polygraph *m*.) 测谎器
Ausmerzung *f*. 淘汰，消除
Folterkammer *f*. -n 〖史〗刑讯室
flattern *Vi*. 舞动，飘动
Pupille *f*. -n 瞳孔
Entmystifizierung *f*. 非神秘化，去神秘化
Proband *m*. -en 受检者，被试者
quasi *Adv*. 在一定程度上，好像
Seismograph *m*. -en 地震仪，震动仪
Flunkerer *m*. - 说谎者，吹牛的人
Mumpitz *m*. unz. 胡说，胡扯，胡闹

Deutschland mit vielfältigsten Gesichtern — Landeskunde Deutschland für Anfänger
德国国情面面观：德国概况入门

(2) 难点解析

- Man schlösse besagtes finsteres Gegenüber einfach an ... an, stellte ihm ein paar ... Fragen, und schon fingen ihm die Nerven an zu flattern, ginge ihm die Pumpe schneller, schösse ihm das Blut ..., weiteten sich ... die Pupillen. 这个句子看似很长，其实语法关系并不复杂，前面 Man schlösse ... an 和 stellte ... Fragen 是两个句子，主语是 man（操纵测谎器的人），说的是他怎么去测试"疑犯"。后面 und schon fingen ..., ginge ..., schösse ..., weiteten sich ... die Pupillen 是另外四句，实际主语是"疑犯"，即 besagtes finsteres Gegenüber（在对面被讯问的可疑者）。它们说的是"疑犯"在测试时的四种反应。全句意思请见参考译文。

- In Wahrheit ist der Lügendetektor höchstens der Seismograph innerer Erschütterungen，aber nicht ihr Interpret. （实际上，测谎器充其量只是记录人内心震动情况的"震动仪"，而不是这种情况的"解释仪"。）介词词组 in Wahrheit（事实上，实际上），意同 in Wirklichkeit 或 in der Tat。höchstens 意为"最多""充其量"。innere Erschütterungen 指"被测试者的内心震动"，修饰 Seismograph。ihr Interpret 指"这些内心震动的解释者"。

- Und überhaupt：Lügen haben zwar vielleicht kurze Beine，neigen aber nicht per sie zu Schweißausbrüchen oder Kurzatmigkeit. （况且，尽管谎言可能"腿短"，但说谎者不会因此而大汗淋漓和呼吸急促。）副词 überhaupt 起强调语气的作用，有"到底""究竟"等意思。Lügen haben kurze Beine 是德语俗语，意为"谎言腿短"。这里是一种活用。zu etw. (D) neigen 是固定"动介搭配"，意为"易于……""倾向于……"。介词 per 支配第四格，意同 mit。

(3) 智慧选择 （请根据短文，从4个选项中选择正确的1项填空）

① _____, das ist ein Apparat aus der Folterkammer des Rechts.
　　a) kurz　　　b) Kurz　　　c) kürzer　　　d) Kürzer

② Daher ist es notwendig, über diese Maschine noch _____ _____ Entmystifizierungs-Arbeit zu leisten.
　　a) eine wenige　b) ein weniges　c) ein wenig　　d) ein weniger

③ Diese Körperzustände und nichts weiter _____ der Lügendetektor.
　　a) misste　　　b) messt　　　c) missten　　　d) misst

④ Dies ist eine neue Form von Biologismus _____ _____ Verbrechersuche.
　　a) bei dem　　b) bei der　　c) von dem　　d) von der

(4) 要点问答 （请根据短文内容回答问题）

5.5　德国科研向世界

篇首导学

在世界全球化的进程中，各国的科研也在国际化。德国历来重视科研的国际性，不仅向世界各国的科研精英开放，而且政府还推出各种战略计划促进世界联网与科研发展。这就是科研的国际化：今天德国科研界已经联网全球了。对德国而言，科研国际化在未来将越来越重要。德国科研界立志深化与其他国家的合作，而且信心十足地放言"要成为创新世界的冠军"。本文涉及德国科研的总体情况和未来战略，值得一读和认真研学，以帮助我们拓展知识和开阔视野。

Weltoffene Forschung Deutschlands

Als allgemein anerkannter Wissenschafts- und Wissensstandort gehört Deutschland weltweit zu den ersten Adressen in Forschung und akademischer Ausbildung. Die deutsche Forschung setzt auf Internationalität und ist offen für kluge Köpfe aus allen Ländern. Die deutsche Regierung fördert Vernetzung und Exzellenz mit verschiedenen Strategien.

In der heutigen globalisierten Welt, wo das Wissen als wichtigster „Rohstoff" gilt, ist Deutschland mit seiner Tradition in Forschung und Entwicklung im internationalen Wettbewerb um die besten Köpfe gut aufgestellt, und sogar in vielen Bereichen offensichtlich überlegen. Seine vielfältige Forschungslandschaft wird von drei großen Akteuren geprägt: dem dichten Netz von rund 400 Hochschulen, den vier international renommierten außeruniversitären Forschungseinrichtungen und der starken Industrieforschung. Dass Deutschland sich mit einem Anteil von zwölf Prozent am Welthandelsvolumen Exportweltmeister von Hightech-Gütern nennen darf und innerhalb der Europäischen Union (EU) seinen Stammplatz in der Gruppe der „Innovationsführer" besitzt, steht auch im engen Zusammenhang mit der starken deutschen Forschungsleistung. International zählt Deutschland zu den wenigen Ländern, die mehr als 2,5 Prozent ihres Bruttoinlandsprodukts für Forschung und Entwicklung investieren. In den vergangenen Jahren haben sowohl die Wirtschaft, die zwei Drittel der Forschungsausgaben deckt, als auch die Politik die Investitionen in Forschungsarbeit kontinuierlich erhöht.

Internationalisierung ist ein gutes Schlüsselwort: Schon heute ist die deutsche Forschung weltweit gut vernetzt. Fast die Hälfte ihrer wissenschaftlichen Publikationen wurden in internationalen Kooperationen verfasst. Gleichzeitig ist die Zahl der für einen Aufenthalt in Deutschland geförderten ausländischen Forscher rasant gestiegen. Für internationale Studierende ist Deutschland bereits das beliebteste Studienland nach den USA und Großbritannien. Die Mobilität der Studierenden aus Deutschland ins Ausland liegt mit 30 Prozent ebenfalls ziemlich hoch. Außerdem werden zahlreiche Spitzenwissenschaftler von der hervorragenden deutschen Forschungsinfrastruktur aus dem Ausland hierhergezogen. Dazu gehört zum Beispiel die Möglichkeit, an einmaligen Großgeräten zu arbeiten wie mit Teilchenbeschleunigern, in Observatorien für die Astroteilchenphysik, mit einzigartigen Lichtquellen oder Neutronen- und Ionenquellen für die Materialforschung.

In den kommenden Jahren wird Internationalisierung für Deutschland immer mehr an Bedeutung gewinnen. Als Grundlage für die Neuausrichtung der Internationalisierungsstrategie für Wissenschaft und Forschung hat Bundesforschungsministerin Johanna Wanka 2014 einen „Aktionsplan

Internationaler Zusammenarbeit" vorgestellt. „Deutschland soll in der Zukunft noch besser aufgestellt sein für den internationalen Wettbewerb", sagte sie, „wir wollen Innovationsweltmeister sein. Dazu müssen wir nicht nur die Zusammenarbeit mit anderen Staaten vertiefen, sondern sie auch auf eine andere Qualitätsebene heben."

(1) 生词释义

Internationalität *f.* unz. 国际性
Vernetzung *f.* -en 联网
Akteur *m.* -e 活动家，行为体
renommiert *Adj.* 有名望的，知名的
außeruniversitär *Adj.* 大学外的
Welthandelsvolumen *n.* - 世界贸易额
Stammplatz *m.* ⸚e 固定位置
Internationalisierung *f.* 国际化
fördern *Vt.* 促进，资助
Forschungsinfrastruktur *f.* unz. 研究用基础设施
Großgerät *n.* -e 大型仪器，大型设备
Teilchenbeschleuniger *m.* - 粒子加速器

(2) 难点解析

- … ist Deutschland … im internationalen Wettbewerb um die besten Köpfe gut aufgestellt, …（……德国……在争取最强精英的国际竞争中做好了充分准备。）动词 aufstellen 原意为"竖立"，句中第二分词 aufgestellt 表示状态，在 für etw. (A) gut aufgestellt sein 词组中引申为"（为某事）准备好（状态）"之意。在新闻报道中经常会见到类似表达。die besten Köpfe 字面意思是"最好的脑袋"，这里措辞为"最强精英"较为贴切。

- Dass Deutschland sich mit einem Anteil von zwölf Prozent am Welthandelsvolumen Exportweltmeister von Hightech-Gütern nennen darf …（德国以占全球贸易12%的份额而无愧为高科技产品全球出口冠军……）句中 mit … Welthandelsvolumen 是一个整体，作为对前面主语 Deutschland 的补充说明，而 sich … nennen darf 直译为"可以用……的名字"，参考译文做了意译处理。

- Gleichzeitig ist die Zahl der für einen Aufenthalt in Deutschland geförderten ausländischen Forscher rasant gestiegen.（同时，获得资助来德国居留的外国科研人员的数量急剧上升。）句中 die Zahl 的后置定语有些长，包含了一个第二分词结构做 Forscher 的定语，可拆成定语句：... die Zahl der ausländischen Forscher, die für einen Aufenthalt in Deutschland gefördert werden. 出于组织行文的需要，译文将被动态处理为主动态"获得资助"。

(3) 智慧选择 （请根据短文，从4个选项中选择正确的1项填空）

① Mit verschiedenen Strategien werden Vernetzung und Exzellenz von der Regierung _____ .

    a) gefordert   b) gefördert   c) aufgefordert   d) befördert

② In der heutigen globalisierten Welt gilt das Wissen als _____ „Rohstoff".

    a) wichtigsten   b) wichtigster   c) wichtigen   d) wichtiger

③ Deutschland ist mit seiner Tradition in Forschung und Entwicklung im internationalen Wettbewerb _____ die besten Köpfe gut aufgestellt.

    a) für   b) gegen

    c) um   d) über

④ In den _____ Jahren wird Internationalisierung für Deutschland immer mehr an Bedeutung gewinnen.

    a) vergangenen   b) letzten

    c) gekommenen   d) kommenden

(4) 要点问答 （请根据短文内容回答问题）

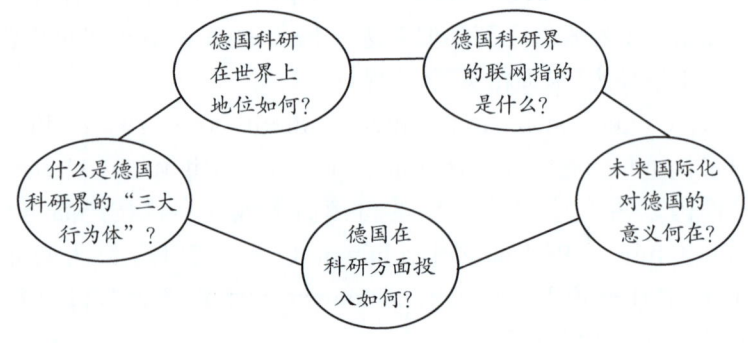

第 5 章　Aus der wissenschaftlichen und technischen Welt
科技世界

5.6　先进的医疗技术

> **篇首导学**
>
> 　　德国的医疗技术名列世界前茅。特别是在癌症研究及抗癌领域，德国取得了令人印象深刻的成绩。德国医疗技术研究的特点是范围广、多样化，而且跨学科。为了在未来全球竞争中立于不败之地，德国鼓励医疗技术创新，并为之提供了优越的条件。德国医疗技术的最新发展方向是计算机、人工智能和新材料。本文语法不难，但要注意专业词汇和专业医疗机构名称较多。学习本文的目的主要在于了解德国医疗技术方面的情况，并掌握一些常用的医疗技术方面的词汇。

Medizintechnik voller Innovationsdynamik

Der demografische Wandel Deutschlands und das hohe Niveau des Gesundheitswesens tragen entscheidend zur großen Nachfrage hochwertiger Medizintechnik bei, die zu den größten und zukunftsstarken Branchen der deutschen Gesundheitswirtschaft zählt. Einerseits genießen die bisherigen medizinischen Leistungen Deutschlands international einen hohen Stellenwert, andererseits wird hier intensiv zur Medzin der Zukunft geforscht.

Mit großem Potenzial gehört die Medizintechnik zu den großen Kompetenzfeldern der deutschen Wirtschaft. Die Branche ist nicht nur für den medizinischen Fortschritt von Bedeutung, ihr Erfolg kann auch etwas über die technologische Leistungsfähigkeit Deutschlands aussagen. Dies lässt sich allein an den vielen weltberühmten Institutionen erkennen. Auf dem Gebiet der Krebsforschung und -bekämpfung bringt Deutschland beeindruckende Leistungen, die vor allem zwei Forschungseinrichtungen zu verdanken sind: das deutsche Krebsforschungszentrum (DKFZ), das in den vergangenen 50 Jahren einen wesentlichen Beitrag geleistet hat, um Krebserkrankungen besser zu verstehen und neue Therapien zu entwickeln, sowie das Nationale Zentrum für Tumorerkrankungen (NCT), dessen individualisierte Krebsforschung in Europa und auch weltweit führend ist.

Hier werden klinische Forschung und Patientenversorgung unter einem Dach gebracht. Darüber hinaus ist das Deutsche Diabetes-Zentrum ein Spitzen-Institut in der deutschen Forschungslandschaft, das als ein „Leuchtturm" in der internationalen Diabetes-Forschung gilt. Bei der Forschung über HIV und Hepatitis befindet sich Deutschland auch weltweit im Kreis der Länder mit Spitzentechnologien.

Um sich in Zukunft im globalen Wettbewerb behaupten zu können, bietet Deutschland hervorragende Bedingungen für Innovationen. Denn die Branche der Medizintechnik ist stark innovationsgetrieben und verlangt immer mehr Präzision und Qualität. Die medizintechnische Forschung in Deutschland ist umfangreich, vielfältig und interdisziplinär. Ihre neuesten Entwicklungen lassen sich mit drei Begriffen zusammenfassen: Robotik, Künstliche Intelligenz und neue Materialien. **Zur Zeit verläuft z.B. an der Uni Stuttgart ein Projekt namens „Biomedical Microsystems", an dem über Sensorik und Steuerung von Mikrorobotern geforscht wird, die in Zukunft Medikamente genau dort im Körper platzieren sollen, wo sie gebraucht werden.** Im Fachbereich „Digital Health — Personalized Medicine" des Hasso Plattner Instituts (HPI) in Potsdam wird zu neuen Möglichkeiten der Digitalisierung für die Medizin der Zukunft geforscht. Und unter „neuen Materialien" versteht man vor allem medizinische Implantate. Hierzu forschen Experten am Fraunhofer-Institut für Toxikologie und Experimentelle Medizin (ITEM) in Hannover. Sie haben ein Verfahren entwickelt, das erstmals ermöglicht, medizinisches Silikon in einem 3D-Druckverfahren herzustellen. Die deutsche Medizintechnik schreitet mit Schwung in die Zukunft voran.

(1) 生词释义

demografisch *Adj.* 人口的

Krebs *m.* 癌,肿瘤

Therapie *f.* -n 治疗,疗法

klinisch *Adj.* 临床的

Patientenversorgung *f.* 病人护理

Diabetes *m.* unz. 糖尿病

HIV *n.* unz. 艾滋病(病毒)

第 5 章　Aus der wissenschaftlichen und technischen Welt
科技世界

Hepatitis　*f*. unz.　肝炎
Robotik　*f*. unz.　机器人（技术）
Digitalisierung　*f*.　数字化
Implantat　*n*.　〖医〗植入物，移植（组织）片
Toxikologie　*f*. unz.　病毒学

(2) 难点解析

- Dies lässt sich allein an den vielen weltberühmten Institutionen erkennen. （这一点仅从众多世界著名的机构上就可以看出。）这个句子虽短，一不留神却易理解出错。其中 dies 指的是上句所述内容，sich lassen 为被动替换结构，意为"这一点可以被看出"。而副词 allein 的理解也很重要，在此修饰的是动词，而不是后面的介词结构，故译为"仅从……就"。

- Hier werden klinische Forschung und Patientenversorgung unter einem Dach gebracht. （在这里，临床研究和病人护理已融为一体。）句中 unter einem Dach 原意为"同一屋顶下"，常与动词 wohnen 搭配，意为"住在同一屋檐下"。此处则引申理解为"把……结合或融合在一起"。根据汉语表达习惯，这里又将原文被动句译为中文主动句，读起来较为顺畅，效果也可能较好。

- ... ein Projekt ..., an dem über ... von Mikrorobotern geforscht wird, die in Zukunft Medikamente genau dort im Körper platzieren sollen, wo ... （……一个项目，研究的是微型机器人……；未来这种机器人可以把药物精准地送到体内所需的部位……）此句包含三个从句，均为做定语的关系从句，对应的相关词分别为 Projekt, Mikrorobotern 和 dort，理解时一一分析清楚，即可准确理解和掌握句意。

(3) 智慧选择 （请根据短文，从 4 个选项中选择正确的 1 项填空）

① Der demografische Wandel Deutschlands und das hohe Niveau des Gesundheitswesens tragen entscheidend _____ _____ großen Nachfrage hochwertiger Medizintechnik bei.
　　a) an der　　b) in der　　c) zu der　　d) mit der

② Auf dem Gebiet der Krebsforschung und -bekämpfung bringt Deutschland beeindruckende Leistungen, die vor allem zwei Forschungseinrichtungen zu _____ sind.
　　a) bedanken　　b) verzeichnen　　c) auszeichnen　　d) verdanken

③ Um sich in Zukunft im globalen Wettbewerb _____ zu können, bietet

Deutschland hervorragende Bedingungen für Innovationen.
   a) behaupten   b) gewinnen   c) bestehen   d) erhalten
④ Die deutsche Medizintechnik _____ mit Schwung in die Zukunft voran.
   a) schreiten   b) schritten   c) schreitet   d) schritt

(4) 要点问答 （请根据短文内容回答问题）

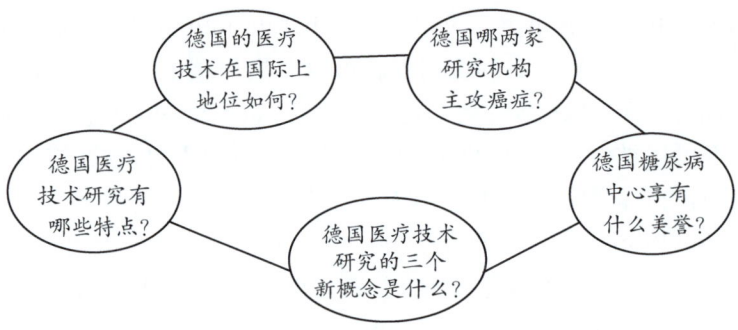

5.7　环保技术居前列

篇首导学

　　在环保方面，德国在众多领域凭借其先进技术作出了卓越的贡献，是当之无愧的欧洲乃至世界环保先锋。通过低能耗创造高效益是其环保的特点。如今德国环保领域出现了两个新词：预循环和升级循环。前者指的是"不产生垃圾"，后者就是"垃圾的再利用"。在用高科技处理垃圾的同时，德国还在扩建可再生能源和绿色技术方面成绩优异。学习本文，旨在了解德国在环保方面，包括垃圾处理、可再生能源和绿色技术的大致情况，提高环保意识，并且掌握一些常用的有关环保的词汇。

Vorreiter beim Umweltschutz

Beim Umweltschutz hat sich Deutschland als europäischer sogar weltweiter Vorreiter etabliert, der in zahlreichen Bereichen mit führenden Technologien glänzende Beiträge leistet. Dazu gehören vor allem sein weltberühmtes

第 5 章 Aus der wissenschaftlichen und technischen Welt
科技世界

Müllentsorgungssystem und Ausbau von erneuerbaren Energien. Jetzt fahren wir los:

Wird vom Umweltschutz gesprochen, fällt das Wort Mülltrennung als erstes fast automatisch. Im Umweltbewusstsein der Deutschen ist Recycling längst tief verwurzelt. Beim Recycling wird Deutschland als Weltmeister allgemein anerkannt. Hierzulande werden rund 65 Prozent des Mülls verwertet. Der Recyclinganteil in Deutschland beträgt 47 Prozent und der Anteil der kompostierten Abfälle liegt bei 18 Prozent. Bei der Verwertung oder Beseitigung von Abfällen werden unterschiedliche und komplizierte Behandlungsverfahren angewendet, welche auch international technologisch fortgeschritten sind.

Nun steht das Recyclingland vor zwei neuen Trends: Precycling und Upcycling. Der erste geht auf eine Philosophie „Müllvermeidung" zurück: Der beste Abfall bleibt das, was gar nicht erst entsteht. Dazu gehören etwa Supermärkte „Original Unverpackt", wo der Verpackungsmüll von Grund auf zu vermeiden ist. Der zweite Trend „Upcycling" heißt Wiederverwerten, was dem traditionellen „Wegwerfen" gegenübersteht. Hier bekommen alte oder ausrangierte Dinge eine neue Funktion und werden damit aufgewertet. Im Unterschied zum Recycling wird beim Upcycling der Wert des Rohstoffes gesteigert, indem er zurück in den Waren- und Handelskreislauf gebracht wird.

Parallel zur Wende von der Müllentsorgung zur Müllvermeidung kommt Deutschland auf dem Weg des Ausbaus erneuerbarer Energien und der Entwicklung grüner Technologien mit bemerkenswerten Erfolgen immer voran. Hierzulande beträgt der Anteil erneuerbarer Energien am gesamten Energieverbrauch mehr als zehn Prozent. Mit etwa 14 Prozent an der globalen Windleistung liegt Deutschland hinter China und den USA auf Platz 3 bei der Windenergieproduktion. In der Photovoltaik, bei der Sonnenstrahlen in Strom verwandelt werden, steht Deutschland mit einer installierten Gesamtleistung von 17300 Megawatt sogar an der Weltspitze.

Außerdem sind in der Umwelttechnik rund eine Million weiterer Arbeitsplätze anzubieten — wie Wasserreinhaltung, Filtertechnik, Recycling und

Renaturierung. Mithilfe intelligenter Umwelttechnologien und nachhaltiger Ressourcennutzung tragen diese Wirtschaftssektoren dazu bei, dass die im Wirtschaftskreislauf eingesetzten Rohstoffe möglichst lange und ökologisch sinnvoll verwendet werden. Deutschland gilt als ein Spitzenreiter, der mit relativ geringem Energieaufwand eine umfangreiche Wirtschaftsleistung erbringt und seit Jahren eine Pionierstellung beim Umweltschutz behauptet.

(1) 生词释义

  erneuerbar *Adj.* 可再生的
  Mülltrennung *f.* 垃圾分类
  Recycling *n.* unz. 〈英〉循环利用
  verwerten *Vt.* （废物）利用
  Precycling *n.* unz. 预循环
  Upcycling *n.* unz. 升级循环
  Verpackungsmüll *m.* 包装垃圾
  aufwerten *Vt.* 使增值
  ausrangieren *Vt.* 扔掉，废弃
  Photovoltaik *f.* 光电学
  Solarzelle *f.* -n 太阳能电池
  Windrad *n.* ⸚er 风车，风轮
  Renaturierung *f.* 返自然化

(2) 难点解析

● Beim Umweltschutz hat sich Deutschland als europäischer sogar weltweiter Vorreiter etabliert，...（在环境保护方面，德国当之无愧地成为欧洲甚至世界的先锋。）反身动词 sich etablieren 原意是"落户""定居"，在句中指"确立某一地位"。为使译文更顺畅达意，参考译文把它意译为"当之无愧地成为"。Vorreiter 意为"先导""先驱"，转义为"先锋"。

● Der beste Abfall bleibt das，was gar nicht erst entsteht.（最好的垃圾就是根本不产生垃圾。）该句虽短，但是个主从复合句。主句动词 bleiben（句中意思与 sein 相似）后搭配作为补足语的第一格名词或代词，后面 was gar nicht erst entsteht 是修饰 das 的定语从句。这句话或可成为垃圾处理的"经典"："不产生垃圾是最好的垃圾处理。"

● Deutschland gilt als ein Spitzenreiter，der mit ... eine umfangreiche

Wirtschaftsleistung erbringt und seit Jahren eine Pionierstellung beim Umweltschutz behauptet.（德国被视为通过……创造高效益的，并多年以来在环境保护方面一直保持先锋地位的顶尖国家。）理解本句的关键是三个动词：als etw.（N）gelten（被视为什么），etw.（A）erbringen（带来什么），behaupten（声称；保持，坚守）。尤其是最后一个，倘若将它理解为"声称"，就与原意相去甚远了。有些德语动词有多种不同含义，阅读时要根据上下文斟酌领会。

(3) 智慧选择 （请根据短文，从 4 个选项中选择正确的 1 项填空）

① Beim Recycling wird Deutschland als Weltmeister allgemein _____.
   a) gefunden   b) gedacht
   c) erkannt   d) anerkannt

② Beim Upcycling wird der Wert des Rohstoffes gesteigert, _____ er zurück in den Waren- und Handelskreislauf gebracht wird.
   a) dadurch   b) somit
   c) damit   d) indem

③ Bei der Photovoltaik werden Sonnenstrahlen in Strom _____.
   a) geändert   b) verwandelt
   c) gewandelt   d) ersetzt

④ _____ intelligenter Umwelttechnologien und nachhaltiger Ressourcennutzung leisten diese Wirtschaftssektoren dazu große Beiträge.
   a) Zu   b) Mit
   c) Mithilfe   d) Angesichts

(4) 要点问答 （请根据短文内容回答问题）

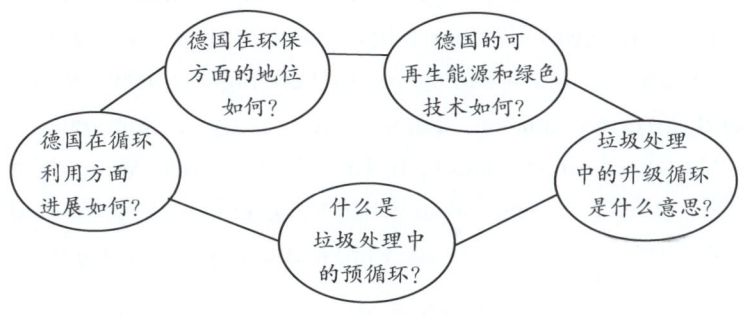

5.8 魔术般的 3D 打印

篇首导学

3D 打印是数字工业时代最伟大的创新之一,将发展成为 21 世纪的一项关键技术,因为据说 3D 打印拥有神奇的能力,借助这一技术可以生产大量个性化产品,耗时短,材料省,费用低,且其使用领域几无穷尽。在德国,诸如汽车、航空、工具制造、医学技术等行业已经越来越借助 3D 打印技术。2020 年,在对抗蔓延全球的新冠病毒危机中,3D 打印的神奇身手就已显现。本文总体不难,但有些关键性的专业词汇和表达必须弄懂弄通,方能较好了解魔术般的 3D 打印。

3D-Druck — Neue Technologie voller Magie

Der 3D-Druck ist eine der größten Innovationen des digitalen Industrie-Zeitalters, die sich zu einer der Schlüsseltechnologien des 21. Jahrhunderts entwickeln wird. Als Innovationstreiber steht Deutschland an der Spitze vieler führender 3D-Druck-Anwendungen. Aber was für eine magische Technologie ist der 3D-Druck tatsächlich? Welche erstaunlichen Ergebnisse hat sie bisher in Deutschland mit sich gebracht?

Professioneller 3D-Druck oder additive Fertigung steht für Technologien, die Bauteile additiv herzustellen. In der Industrie ist der 3D-Druck schon auf dem besten Weg, die Produktion zu verändern: Leistungsfähige 3D-Drucker entwickeln sich zu einer Technologie, mit der sich komplexe dreidimensionale Produkte und Gegenstände herstellen lassen. Das Verfahren erlaubt, vielfältige Strukturen und Geometrien in beliebiger Form zu drucken. Mit entsprechend großen Anlagen können zum Beispiel Autoteile oder sogar einstöckige Häuser gedruckt werden. In Branchen wie der Automobilwirtschaft, der Luftfahrt, dem Werkzeugbau und der Medizintechnik gewinnt die digitale Fertigung mit Hilfe präziser Laser auch in Deutschland an Bedeutung.

Forschungszentren etwa untersuchen das Verfahren, das als sehr genau,

第 5 章 Aus der wissenschaftlichen und technischen Welt
科技世界

leistungsstark und kostengünstig gilt. Vor allem Hersteller von Flugzeugen und Autos fertigen so passgenaue Bauteile. Designer und Architekten gehen zum 3D-Druck, wenn sie ihre Entwürfe plastisch vor sich haben wollen. Ingenieure lassen Bauteile drucken, deren Aerodynamik sie im Windkanal testen möchten. Und in der Zahnmedizin wird die Technik zur Anfertigung von Zahnmodellen angewendet. Zunehmend interessant werden könnte der 3D-Druck auch für den privaten Gebrauch. Immer mehr Hobbydesigner arbeiten mit der Drucktechnik. Es sind nahezu magische Fähigkeiten, die dem 3D-Druck nachgesagt werden. „Er beendet das Zeitalter der Fließbandproduktion und leitet eine neue Epoche ein", so Experten. Denn mit der Technologie lassen sich massenhaft individualisierte Produkte herstellen — in kurzer Zeit und mit geringem materiellem und finanziellem Aufwand. Zudem sind Einsatzgebiete nahezu grenzenlos.

Das Jahr 2020 stellt eine höchst harte Zeit für die Menschheit dar. Die sich weltweit ausbreitende Corona-Krise hat unseren Alltag auf den Kopf gestellt. Im Kampf gegen das Coronavirus hat die EU-Kommission einen Aufruf gestartet, dringend benötigtes Zubehör wie Schutzmasken oder Komponenten für Beatmungsgeräte auch per 3D-Druck herzustellen. In Deutschland fand er ein überwältigendes Echo. Innerhalb kurzer Zeit haben sich rund 300 Unternehmen gemeldet: Manche stellen Druckdateien zur Verfügung, andere drucken Produkte wie Atemschutzmasken gleich selbst, wieder andere stellen ihre 3D-Druckkapazitäten bereit. Immer mehr Leute haben von der Rolle dieser magischen Technologie Kenntnis genommen. Die Anwendungsbereiche verlaufen branchen-, industrie- und bereichsübergreifend. Mit dem 3D-Druck ist alles zu kopieren, was man in der Realität hat und was man sich vorstellt. Mit dem Aufbruch in neue Dimensionen wird unser Leben auch einen neuen Horizont erlangen.

(1) 生词释义

Schlüsseltechnologie *f.* -n 关键技术
additiv *Adj.* 添加的,(工业上)增材的
dreidimensional *Adj.* 三维的
präzis *Adj.* 精确的,准确的

Laser　*m*. unz.　激光

passgenau　*Adj*.　精确匹配的

plastisch　*Adj*.　可塑的

individualisiert　*Adj*.　个性化的

Coronavirus　*n*.　新冠病毒

Beatmungsgerät　*n*. -e　呼吸机

Atemschutzmaske　*n*. -n　口罩

Druckkapazität　*f*. unz.　打印生产能力

（2）难点解析

- **Designer und Architekten gehen zum 3D-Druck, wenn sie ihre Entwürfe plastisch vor sich haben wollen.**（当设计师和建筑师想做可塑性的方案时，他们会考虑用三维打印。）句中 plastisch 是形容词，意为"可塑的""可变化的"，修饰 etw.（A）vor sich haben（意为"想做某事"）。参考译文将其译作 Entwürfe 的定语，以求译文顺畅达意。

- **Es sind nahezu magische Fähigkeiten, die dem 3D-Druck nachgesagt werden.**（传说中 3D 打印几乎拥有神奇的能力。）定语从句 die ... nachgesagt werden 中动词 etw./jmdm.（D）nachsagen 的原意是"在某人/某物背后说或者议论"。如此直译在这样的语境中显然不行。参考译文将其意译为"传说中"，并采用合译手法，译文较简洁达意，读来也顺口些。

- **Die sich weltweit ausbreitende Corona-Krise hat unseren Alltag auf den Kopf gestellt.**（蔓延全球的新冠危机搅乱了我们的日常生活。）注意该句中的两点：①sich weltweit ausbreitend 为第一分词扩展结构做定语，表示主动态；②etw.（A）auf den Kopf stellen 为口语表达，意为"把某物放到头顶上"。句中指的是"把我们的日常生活弄得乱七八糟"。句中 Corona-Krise 原指"科罗纳病毒危机"，也可理解为"新冠（病毒）危机"。

（3）智慧选择（请根据短文，从 4 个选项中选择正确的 1 项填空）

① Professioneller 3D-Druck oder additive Fertigung steht _____ Technologien, die Bauteile additiv herzustellen.

　　a）auf　　　b）für　　　c）mit　　　d）über

② In verschiedenen Branchen gewinnt die digitale Fertigung mit Hilfe präziser Laser auch in Deutschland _____ Bedeutung.

　　a）an　　　b）über　　　c）bei　　　d）in

③ In Deutschland _____ der Aufruf der EU-Kommission ein überwältigendes Echo.
   a) stieß   b) geriet   c) fand   d) traf

④ Immer mehr Leute haben von der Rolle dieser magischen Technologie _____ genommen.
   a) Respekt   b) Kenntnis
   c) Bedeutung   d) Aufmerksamkeit

(4) 要点问答 （请根据短文内容回答问题）

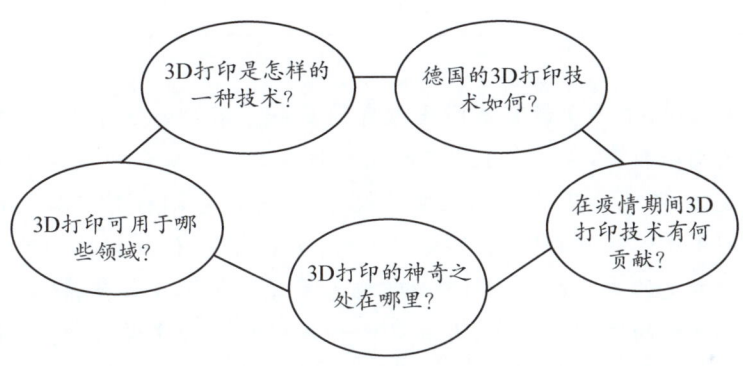

第 6 章 Allgemeines über das Erziehungswesen
教育天地

6.1 德国中小学体制

篇首导学

谁都知道,中小学教育是国民教育的基础。不打好这个基础,哪里会有一流的高等教育,更谈不上优秀的高科技人才。教育和科技是国家发达强盛的关键,所以发达国家都很重视教育,尤其是基础教育。本文简单介绍了德国中小学体制的情况,虽文字浅显、通俗易懂,但知识性和可读性较强。阅读本文的重点在于:①了解掌握各类学校名称及译法;②熟悉德国不同类型学校的学制和特点,尤其是四种不同类型的中学;③勾勒出德国中小学体制的简单图表,并与我国的对照,找到异同。

Überblick über das Schulsystem

In Deutschland liegt die Zuständigkeit für das Schul- und Hochschulwesen in der Regierung der Bundesländer, deshalb können Teile des Bildungssystems recht unterschiedlich gestaltet und benannt sein. Trotzdem hat das Bildungssystem in allen Ländern einem bundesweit gültigenden Grundgerüst zu folgen. Es besteht beispielsweise Schulpflicht vom vollendeten 6. bis 18. Lebensjahr, also für zwölf Jahre, wobei neun Jahre lang eine Vollzeitschule und danach eine Berufsschule in Teilzeitform besucht werden muss. Alle öffentlichen Schulen sind gebürenlos.

Die Grundschule — Die Kinder in Deutschland kommen im Alter von 6 Jahren in die Grundschule. Sie umfasst im allgemeinen 4 Jahre. In Berlin ist es etwas anders; die Kinder besuchen die Grundschule 6 Jahre. Danach trennen sich die

第 6 章　Allgemeines über das Erziehungswesen
教育天地

Wege der Schüler; sie haben die Wahl zwischen mehreren Möglichkeiten. Viele Schüler besuchen heute zunächst eine Orientierungsstufe (als Klasse 5 und 6), in der sie ihre Entscheidung für einen bestimmten Schultyp noch überdenken und ändern können.

Die Hauptschule und Realschule — Die meisten Grundschüler — knapp die Hälfte dieser Alterstufe — gehen anschließend an die Grundschule auf die Hauptschule. Die Absolventen der Hauptschule, meist mit 15 Jahren, treten meist in die Berufsausbildung ein. Die Realschule umfasst 6 Jahre von 5. bis 10. Klasse. Sie führt zu einem „mittleren Bildungsabschluss"; sie steht zwischen Hauptschule und Gymnasium. Der Realschulabschluss berechtigt zum Besuch einer Fachschule oder Fachoberschule; er gilt als Voraussetzung für eine mittlere Laufbahn in Wirtschaft und Verwaltung und verbessert allgemein die Startchancen im Beruf. Ein Drittel aller Schüler erreicht den mittleren Abschluss.

Das neun- oder achtjährige Gymnasium — Das Gymnasium (im Allgemeinen 5. bis 13. Klasse) ist die traditionelle „höhere Schule" in Deutschland, weil ihr Abschlusszeugnis, auch das „Reifezeugnis" oder Abitur genannt, zum Studium an wissenschaftlichen Hochschulen berechtigt. Die reguläre Ausbildungszeit an einem Gymnasium bis zum Abitur dauert in der Regel neun Jahre (Abschluss nach der Jahrgangsstufe dreizehn, kurz G9 genannt). Ab 2004 ist es in allen Bundesländern möglich, dass Schüler ein achtjähriges Gymnasium besuchen (Abschluss nach der Jahrgangsstufe zwölf, kurz G8 genannt).

Spezielle Schulen und die Gesamtschule — Neben den drei Grundformen der allgemeinbildenden Schule gibt es zahlreiche spezielle Schulen. Beispielsweise können körperlich oder geistig behinderte Kinder eine Sonderschule besuchen, wo man auf ihr Gebrechen Rücksicht nimmt und vorhandene Fähigkeiten fördert. Das dreigliedrige Schulsystem ist kritisiert worden, weil für viele Kinder die Weichen zu früh gestellt würden; zu schwer sei es später, falsche Entscheidungen zu korrigieren. Daher hat man eine neue Schulform, nämlich die Gesamtschule, geschaffen. Sie fasst die drei bisher getrennten Schulformen zusammen und betreut die Schüler in der Regel von der 5. bis 10. Klasse.

Deutschland mit vielfältigsten Gesichtern — Landeskunde Deutschland für Anfänger
德国国情面面观：德国概况入门

(1) 生词释义

Zuständigkeit　　*f*.-en　　主管，职权
Grundgerüst　　*n*.-e　　基本框架
Schulpflicht　　*f*.-en　　义务教育
Orientierungsstufe　　*f*.-n　　定向期，定向阶段
umfassen　　*Vt*.　　包括，包含
überdenken　　*Vt*.　　仔细考虑，反复思考
anschließend　　P.Ⅱ　　紧接着，随后
Startchance　　*f*.-n　　起步机会
Abitur　　*n*.-e　　〈拉〉高中毕业考试
berechtigen　　*Vt*.　　使有权利，使有资格
Weiche　　*f*.-n　　〖铁〗道岔，转撤器；〈转〉变换道路
behindert　　*Adj*.　　残疾的，智力不全的

(2) 难点解析

- Die meisten Grundschüler ... gehen anschließend an die Grundschule auf die Hauptschule.（大多数孩子……念完小学就进完全中学。）anschließend 是第一分词，作形容词或副词用。它与 an etw.（A）搭配，表示"紧接着什么""紧随什么之后"的意思。注意三种与"上学"有关的常用表达：①auf/in die（eine）Schule gehen(进学校就读)；②die（eine）Schule besuchen(在学校就读)；③in die（eine）Schule kommen(上学就读)。

- Das Gymnasium ... ist die traditionelle „höhere Schule" ..., weil ihr Abschlusszeugnis, ... zum ... berechtigt.（文理中学……是德国传统的"高级中学"……因为只有获得它的毕业证书才有……资格。）句中 höhere Schule 意思是"高级中学"，其毕业证书有三种不同叫法：Abschlusszeugnis(毕业证书)，Reifezeugnis(高中毕业证书)，Abitur(高中毕业考试合格，就读大学资格)。注意"在大学里（就读）"的德语表达要用介词 an，不用 in。及物动词 berechtigen 意为"赋予权利""使有资格"，常用句型：[jmdn.(A)] zu etw.(D) berechtigen 或 jmdn.(A) berechtigen, etw.(A) zu tun, 或 berechtigt sein, etw.(A) zu tun。

- Beispielsweise können ... behinderte Kinder eine Sonderschule besuchen, wo man auf ihr Gebrechen Rücksicht nimmt und ...（比如说有……残疾的孩子们可以上特殊学校，在那儿有人照顾他们的残疾和……）auf etw.（A）

Rücksicht nehmen 是常用句型，意为"照顾什么""考虑什么"。注意掌握句中有关"（身体或精神）残疾的孩子"的德语表达。

(3) 智慧选择 （请根据短文，从 4 个选项中选择正确的 1 项填空）

① Trotzdem hat das Bildungssystem ... einem bundesweit _____ Grundgerüst zu folgen.

    a) gültigende   b) gültigste   c) gültigenden   d) gültigsten

② Sie（Die Realschule）führt zu einem „mittleren Bildungsabschluss"; sie steht _____ Hauptschule und Gymnasium.

    a) zwischen   b) dazwischen   c) mitten   d) mittendrin

③ Die reguläre Ausbildungszeit an einem Gymnasium ... _____ in der Regel neun Jahre.

    a) dauerte   b) dauerten   c) dauern   d) dauert

④ _____ den drei Grundformen der allgemeinbildenden Schule gibt es zahlreiche spezielle Schulen.

    a) Bei   b) Neben   c) Mit   d) Zu

(4) 要点问答 （请根据短文内容回答问题）

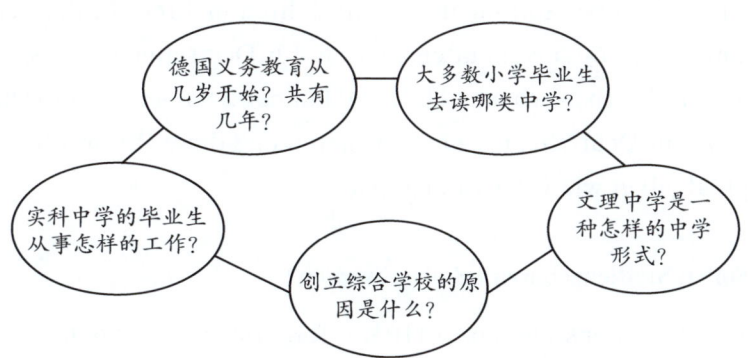

6.2 高校改革在德国

篇首导学

德国高校改革势在必行,其三大主题是:要不要收学费?如何国际化?如何规范学制?当今世界,大学不收学费的国家恐怕绝无仅有。这方面德国压力很大,社会对大学收学费的呼声也很高。于是联邦议会掀起了修改德国"高校通则"的热潮,讨论辩论异常激烈。有关"收学费"的条文未获通过。但在限制大学学习时间、加强对大学生学习的监督和高校走向"国际化"等问题上,朝野达成了一致。学习这篇短文,既要了解德国高校改革的大致情况,又要掌握有关德语词汇和表达。

Drei Hauptaufgaben der Hochschulreform

Es gab für die deutschen Hochschulen bestimmte Qualitätsstandards, die überall in Deutschland galten. Das war ein wesentliches traditionelles Merkmal des deutschen Hochschulsystems. Nun will man es aber verändern. Bund und Länder geben seit mehr als zehn Jahren mehrere Milliarden Euro in die sogenannten Elite-Universitäten aus, um für Deutschland die besten Köpfe im weltweiten Wettbewerb anziehen zu können. So ist es notwendig, das Hochschulsystem Deutschlands zu reformieren und diese Reform hat vor allem drei Hauptaufgaben wie folgt zu erfüllen:

Erstens: Sollen Studiengebüren erhoben werden?

Die Hochschulrektorenkonferenz (HRK) forderte wieder Studiengebühren in allen Universitäten und Hochschulen Deutschlands einzuführen. Die Opposition warf aber dem Regierungslager vor, die notwendige Hochschulreform einseitig zu Lasten der Studierenden durchzusetzen. Ein Vertreter der Grünen sagte, mit Gebühren werde das Recht auf Bildung ausgehöhlt. Unterschiedliche Untersuchungen besagten mal das eine, mal das andere. Und die Debatte um Studiengebühren nimmt kein Ende. 2007 begannen sieben Bundesländer wie Baden-Württemberg, Bayern usw. Studiengebühren einzuführen, die meist 500

Euro pro Semester betrugen. Inzwischen wurden sie wegen Studentenprotesten überall wieder abgeschafft. Trotzdem bezahlen Studenten je nach Hochschulstandort eine Verwaltungsgebühr an ihre Hochschule.

Zweitens: Wie soll man die Hochschulen internationalisieren?

Das neue Hochschulrahmengesetz（HRG）bringt auch die allseits begrüßte Internationalisierung der Hochschulen — sie können nun die weltweit anerkannten Abschlüsse „Master" und „Bachelor" vergeben. Ähnlich wie in anderen Ländern bekommen die Hochschulen auch das Recht, zumindest einen Teil der Studenten selbst auszuwählen. Gleichzeitig erhalten Studienbewerber mit guten Abiturnoten auch im herkömmlichen Verteilungsverfahren der Zentralstelle für die Vergabe von Studienplätzen bessere Chancen, an die Hochschule ihrer Wahl zu kommen. Die Mittelzuweisung an die Hochschulen orientiert sich unter anderem an den in Forschung und Lehre erbrachten Leistungen. Bei der Internationalisierung der deutschen Hochschulen bleibt das wichtige Thema, die Zusammenarbeit mit Partnereinrichtungen in rund 150 ausländischen Staaten zu verstärken.

Drittens: Soll das Studium effizienter und schneller sein?

Im neuen HRG werden die Regelstudienzeiten neu festgelegt — an Fachhochschulen sind es nun höchstens vier, an den Universitäten viereinhalb Jahre. Zusatz- und Aufbaustudiengänge sollen maximal zwei Jahre dauern. Damit wird die Regelstudienzeit geringfügig verlängert.

Die neuen Uni-Abschlüsse Bachelor und Master sollen das Studium effizienter machen. Der strenge Zeitablauf im Studiengang soll die Studenten ordentlich antreiben. Durch das Bachelor- und Mastersystem ist man mit dem Studium schneller fertig. Die „Langzeit-Studenten" früherer Tage, bei denen die Semesterzahl das Lebensalter übersteigt, könnte man heute nicht mehr sehen. Wenn man sich einschränkt, kann man das Studium gut in der verkürzten Zeit schaffen.

（1）生词释义

Studiengebühr *f.* -en 大学学费

Opposition *f*. -en 反对派,反对党
Hochschulrektorenkonferenz *f*.（缩写 HRK）高校校长联席会议
Regierungslager *n*.（= Regierungskoalition） 联合政府,执政派别
vorwerfen *Vt*. 指责,责备,批评
aushöhlen *Vt*. 掏空,挖空；侵蚀,破坏
abschaffen *Vt*. 撤销,废除
Hochschulrahmengesetz *n*.（缩写 HRG）（德国）"高校通则"
Mittelzuweisung *f*. -en 资金分配,拨款
Regelstudienzeit *f*. 大学法定学习年限,学制
straff *Adj*. 严厉的,严格的；拉紧的,绷紧的
geringfügig *Adj*. 细小的；微不足道的

（2）难点解析

- Ein Vertreter der Grünen sagte, mit Gebühren werde das Recht auf Bildung ausgehöhlt. 句中 die Grünen 特指德国的"绿党"。后面句子 mit Gebühren werde ... ausgehöhlt 是宾语从句,本该用 dass 带起,因句中动词用了第二虚拟式,做间接引语,故不必用了。句意请见参考译文。

- Gleichzeitig erhalten Studienbewerber ... im ... Verteilungsverfahren ... für die Vergabe von ... bessere Chancen, an ... zu kommen. （与此同时,在传统的……统一分配学额的过程中,……高校入学申请者有更多的机会进入自己想就读的高校。）该句子较长,但成分不复杂,只有一个主句和一个定语成分。Gleichzeitig erhalten Studienbewerber ... Chancen 是主句,an ... zu kommen 是"动词不定式 + zu"结构,做 Chancen 的定语成分。im ... Verteilungsverfahren ... 是情况状语,说明"在什么样的情况下"。für die Vergabe von ...说明前面的 Verteilungsverfahren。

- Die „Langzeit-Studenten" früherer Tage, bei denen ... übersteigt, könnte man heute nicht mehr sehen.（以前那些……"马拉松大学生",如今恐怕再也看不到了。）句中 Langzeit-Studenten 指"在读时间很长的大学生",这里行文活泼,可意译为"马拉松大学生"。bei denen ... übersteigt（就读学期数超过年龄）是定语从句,用来说明 Langzeit-Studenten。主句动词 könnte 系虚拟式,表示猜测、不确定(句意中指"……今天恐怕再也看不到了")。

（3）智慧选择 （请根据短文,从4个选项中选择正确的1项填空）

① ... um für Deutschland die besten ＿＿＿＿ im weltweiten Wettbewerb anziehen zu können.

a) Kopf　　　　b) Köpfe　　　　c) Kraft　　　　d) Kräfte

② Und die Debatte um Studiengebühren _____ kein Ende.

a) hatte　　　　b) hat　　　　c) nahm　　　　d) nimmt

③ Die Mittelzuweisung an die Hochschulen orientiert sich _____ _____ an den in Forschung und Lehre erbrachten Leistungen.

a) unter anderer　　　　　　b) unter anderen
c) unter anderes　　　　　　d) unter anderem

④ Wenn man sich einschränkt, kann man das Studium gut in der _____ Zeit schaffen.

a) verkürzte　　b) verkürzten　　c) verkürzende　　d) verkürzenden

(4) 要点问答 （请根据短文内容回答问题）

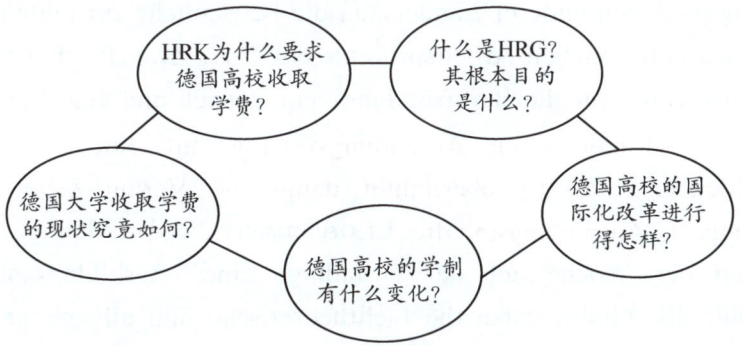

6.3　职业教育是典范

篇首导学

　　德国职业教育享誉世界，可以说是第二次世界大战后德国经济腾飞的"奥秘"之一。双元制职业教育体系采用企业实践和学校教育相结合的形式，培养了大批优质专业的劳动力。在双元制职业教育体系中，企业担负起主要责任。通过双元制职业教育，企业得以按照实际需求培养新生劳动力，从而避免了招聘人才不当等风险。同时，学徒由于所受培训符合企业实际需求，在劳动力市场上受到用人单位的欢迎。在智能化时代，职业教育依然是经济发展的有力保障，具有不可替代的重要地位。

Die duale Berufsbildung

Für die meisten Deutschen ist die berufliche Bildung der Einstieg in Beruf, Karriere und gesellschaftliches Leben. Vom Auszubildenden zum Meister, zum Techniker oder zur Selbstständigkeit als Unternehmerin oder Unternehmer — die Aufstiegschancen sind groß. Die Berufsbildung integriert junge Menschen so erfolgreich in die Arbeitswelt wie in kaum einem anderen Land in Europa. Kein Wunder, dass das duale System international hoch anerkannt ist.

Die Ausbildung findet überwiegend am Arbeitsplatz, also während der Arbeit, statt. Dies ist ein zentraler Unterschied zu schulisch organisierten Ausbildungsmodellen anderer Länder, da die betriebliche Ausbildung stets in die aktuellen betrieblichen Arbeitsprozesse einführt. Zwei Partner teilen sich die Verantwortung für die Berufsbildung: ein Betrieb und eine Berufsschule. Der Betrieb schließt einen Ausbildungsvertrag mit einem Jugendlichen (Auszubildenden) ab. Er übernimmt damit die Verantwortung für die Vermittlung der Ausbildungsinhalte. Er organisiert die Ausbildung an drei bis vier Tagen der Woche auf der Grundlage eines Ausbildungsplans. Die Berufsschule übernimmt dabei die fachtheoretische und allgemeine Bildung. Sie bietet somit Unterricht in Fächern mit konkretem beruflichem Bezug, aber auch in berufsübergreifenden Fächern oder in Fächern zur politischen und allgemeinen Bildung an. An ein bis zwei Tagen gehen die Auszubildenden in die Berufsschule.

Die dominierende Rolle der dualen Ausbildung in Deutschland ist vor allem auf die vielfältigen Vorteile für die daran Beteiligten zurückzuführen. Unternehmen können durch eigene Ausbildung eine systematische und langfristige Personalentwicklung betreiben. Das Risiko einer eventuellen Fehlbesetzung mit dem daraus folgenden weiteren Kosten wird minimiert. Und die Auszubildenden erbringen bereits während der Ausbildung einen Beitrag zur betrieblichen Wertschöpfung. Aber auch die Jugendlichen profitieren von der dualen Ausbildung. Aufgrund der unmittelbaren Praxisnähe haben sie einen Wettbewerbsvorteil gegenüber anderen qualifizierten Fachkräften. Außerdem sichert die bereits während der Ausbildung gezahlte Vergütung den Auszubildenden eine gewisse wirtschaftliche Unabhängigkeit.

Laut einer Studie von Wissenschaftlern der Universität Oxford aus dem Jahr 2013 besteht für 47 Prozent aller Berufe im US-amerikanischen Arbeitsmarkt ein hohes Risiko, durch Fortschritte in der Automatisierung ersetzt zu werden. Auch in Deutschland wird zunehmend über die Auswirkungen digitaler Technologien auf den Arbeitsmarkt diskutiert. Die Sorge, dass die Digitalisierung die beruflich gebildete Facharbeiter und Angestellten freisetzt, wird von deutschen wissenschaftlichen Forschungen aber nicht gestützt. Die digitale Technik ersetzt — wie alle bisherigen Technologielinien — in erster Linie einfache Arbeit, während anspruchsvollere Tätigkeiten zu komplexeren Aufgabenfeldern weiterentwickelt werden.

(1) 生词释义

Auszubildende(r)　*f.*(*m.*)　（缩写 Azubi）职业受训者，学徒
integrieren　*Vt.*　融合，使成整体，使一体化
überwiegend　*Adj.*　主要的，大多数的，占优势的
Ausbildungsvertrag　*m.* ⸚e　培训合同
berufsübergreifend　P.I　跨职业的
dominierend　*Adj.*　占据主要地位的，占优势的
minimieren　*Vt.*　减少
Beitrag　*m.* ⸚e　贡献；份额
Wertschöpfung　*f.*　价值创造
Vergütung　*f.*-en　报酬
ersetzen　*Vt.*　代替，取代
anspruchsvoll　*Adj.*　富有挑战性的

(2) 难点解析

● **Die Berufsbildung integriert junge Menschen so erfolgreich in die Arbeitswelt wie in kaum einem anderen Land in Europa.**（职业教育如此成功地帮助年轻人融入工作世界，这是欧洲其他国家所难以企及的。）理解该句

的关键在于理解 so erfolgreich ... wie in kaum einem anderen Land in Europa，它采用了 so ... wie ... 的比较结构，表达"在任何其他欧洲国家都没有那么成功"之意。in etw.（A）integrieren 是"动介搭配"，意为"融入什么之中"。

- **Die Ausbildung findet überwiegend am Arbeitsplatz，also während der Arbeit，statt.**（双元制职业教育主要是在工作岗位上，也就是在工作过程中展开的。）为了方便理解句子，我们不妨先去掉插入语，把句子简化成 Die Ausbildung findet überwiegend am Arbeitsplatz statt。这样，句子的总体框架和基本意思就凸显了出来，理解起来也就容易了。

- **Der Betrieb schließt einen Ausbildungsvertrag mit einem Jugendlichen（Auszubildenden）ab. Er übernimmt damit die Verantwortung für die Vermittlung der Ausbildungsinhalte.**（企业和年轻人，即接受培训者签订培训合同，并以此承担起传授职业培训内容的责任。）理解此句的关键是弄懂两个句型：一是 Vertrag mit jmdm./etw.（D）abschließen，意为"与……签订合同"。二是 die Verantwortung für etw.（A）übernehmen 意为"承担起什么责任"。

(3) 智慧选择 （请根据短文，从 4 个选项中选择正确的 1 项填空）

① Kein Wunder，dass das duale System international hoch _____ ist.
    a）anerkannt   b）bekannt
    c）berühmt   d）beeindruckend

② Die dominierende Rolle der dualen Ausbildung in Deutschland ist vor allem auf die vielfältigen Vorteile für die daran Beteiligten _____ .
    a）zu sprechen   b）zu verursachen
    c）zu verdanken   d）zurückzuführen

③ Aber auch die Jugendlichen profitieren _____ der dualen Ausbildung.
    a）von   b）zu
    c）auf   d）aufgrund

④ Die digitale Technik ersetzt — wie alle bisherigen Technologielinien — in erster Linie _____ Arbeit，während ...
    a）schwere   b）komplexe
    c）einfache   d）anspruchsvolle

(4) 要点问答 （请根据短文内容回答问题）

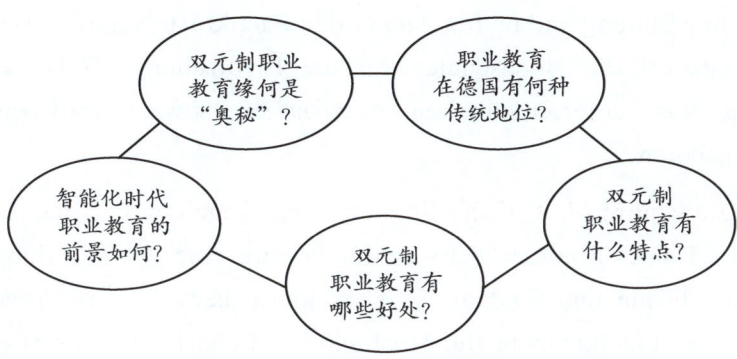

6.4　双元大学受青睐

> **篇首导学**
>
> 　　智能化时代，劳动者需要具备更高素质，并将理论知识与实践能力更加紧密地结合起来。在办学模式创新过程中，双元制高等教育受到青睐。双元制高等教育是双元制职业教育在高等教育领域的延伸。双元制高等教育也正逐渐成为德国高等教育领域理论与实践紧密结合的样板。它是基于高校和企业以及学生之间的合作而形成的一种办学模式，在世界范围内恐怕也是独一无二的。理论和实践的有机结合为毕业生带来了极好的就业前景，也为劳动力市场注入了全新的活力。

Das gefragte Dual-Studium

Wer ein Hochschulzeugnis in seine Bewerbung legen kann，fährt immer noch vergleichsweise besser — vor allem in Deutschland. Ein Jahr nach dem Abschluss finden in Deutschland 93 Prozent der Hochschulabsolventen einen Job. Im europäischen Schnitt sind es nur 74 Prozent（2014）. Veränderungen in der Arbeitswelt insbesondere durch Digitalisierung lassen vermuten，dass höhere Anforderungen an Qualifikationen bestehen，die nur durch ein Studium zu erlangen sind.

Mit dem Wettbewerb „Aufstieg durch Bildung: offene Hochschulen" stärken Bund und Länder gemeinsam die Durchlässigkeit zwischen beruflicher und akademischer Bildung und helfen damit, den Fachkräftebedarf zu sichern. Die BMBF finanziert die Hochschulen für die Erforschung, Entwicklung und Erprobung von unterschiedlichen praxisnahen sowie berufsbegleitenden Studienangeboten.

In den letzten Jahren hat duales Studium einen regelrechten Boom erfahren. Was heißt „Duales Studium"? Es ist im Prinzip eine Kooperation zwischen Universität, Firma und Student. Es setzt konsequent das erfolgreiche duale System der Berufsbildung in die Hochschullandschaft um. Der Student geht mit einer Firma eine Art Ausbildungsvertrag ein. Dabei verpflichtet er sich in der studienfreien Zeit in der Firma zu arbeiten. Im dualen Studium gehen die Praxis- und Theoriephasen nahtlos ineinander über.

Die Möglichkeit, zwei Abschlüsse, einen beruflichen und einen akademischen, gleichzeitig zu erlangen, ist für viele studienberechtigte Jugendliche sehr attraktiv. Der ausgeprägte Praxisbezug, die im Vergleich zum regulären Studium hohe finanzielle Sicherheit sowie die guten Karrierechancen sind die vorrangigen Motive für Schulabgänger/-innen, sich für diese Studienform zu entscheiden.

Vorrangig Fachhochschulen, aber auch einige Universitäten, haben die Zeichen der Zeit erkannt und öffnen sich der Kooperation mit Betrieben, Kammern und Berufskollegs zur Implementation dieser hybriden Ausbildungsform. Parallel dazu stieg ebenfalls die Zahl der dual Studierenden sowie der beteiligten Betriebe, in denen die Ausbildung bzw. die Praxisphasen stattfinden.

Aktuell gibt es ein Angebot von etwa 1600 dualen Studiengängen, überwiegend in wirtschafts- und ingenieurwissenschaftlichen Fachrichtungen (vgl. BIBB 2018). Aber auch in den Sektoren der gesundheitswissenschaftlichen und pädagogischen Fachrichtungen findet sich eine Reihe dualer Studienangebote. Damit reagieren die Hochschulen auf den steigenden Bedarf und das große Interesse an dieser Studienform seitens der Betriebe und der Schulabgänger/-innen.

(1) 生词释义

vergleichsweise *Adv.* 相对而言，比较而言
Boom *m.* -s 〈英〉（突然的短期的）繁荣，景气
konsequent *Adj.* 前后一致的，一贯的
umsetzen *Vt.* 使转换，把……付诸实施
nahtlos *Adj.* 无缝的
ineinanderübergehen *Vi.* 契合
Praxisbezug *m.* 和实践紧密相关
vorrangig *Adj.* 占优先地位的，特别重要的
Implementation *f.* 履行，实施
parallel *Adj.* 平行的，并联的
Reihe *f.* -n 系列，排，行
Bedarf *m.* unz. 需求，需要

(2) 难点解析

- In den letzten Jahren hat duales Studium einen regelrechten Boom erfahren.（近年来，双元制高等教育获得了真正的快速发展。）Boom 是英语词，原来表示"（某商品）突然紧俏、热销"之意，也指"（突然的短期的）繁荣/景气"。注意 einen Boom erfahren 中动词 erfahren 意为"获得""受到"。regelrecht 意为"实实在在的""真正的"。

- Vorrangig Fachhochschulen ... haben die Zeichen der Zeit erkannt und öffnen sich der Kooperation mit Betrieben，Kammern und Berufskollegs zur Implementation dieser hybriden Ausbildungsform.（主要是应用专科大学……识别出时代的特征，并与企业、行会和职业学院展开合作，共同开发这种跨界的混合教育模式。）Zeichen der Zeit 是一个第二格短语，表示"时代的特征"。sich etw.（D）öffnen 表示"乐于接受什么""开始对什么感兴趣"。Implementation 源自英语，义同 Durchführung，这里可译为"开发""践行"等。

- Damit reagieren die Hochschulen auf den steigenden Bedarf und das große Interesse an ...（这是高校以此对……不断增长的需求和强烈的兴趣所作出的反应。）理解此句的关键是弄懂三个固定搭配的意思：auf etw.（A）reagieren 意为"对什么作出反应"，Bedarf an etw.（D）表示"对什么的需求"，Interesse an etw.（D）意为"对什么的兴趣"。

(3) 智慧选择 （请根据短文，从 4 个选项中选择正确的 1 项填空）

① Veränderungen in der Arbeitswelt ... lassen vermuten, dass _____ Anforderungen an Qualifikationen bestehen, die nur durch ein Studium zu erlangen sind.

  a) höhere   b) niedrigere   c) gleiche   d) unklare

② Im dualen Studium gehen die Praxis- und Theoriephasen nahtlos _____ über.

  a) miteinander   b) ineinander   c) voneinander   d) zueinander

③ Aktuell gibt es ein _____ von etwa 1600 dualen Studiengängen, ...

  a) Auftrag   b) Angebot   c) Aufstellung   d) Einsetzung

④ Aber auch in den Sektoren der gesundheitswissenschaftlichen und pädagogischen Fachrichtungen _____ sich eine Reihe dualer Studienangebote.

  a) findet   b) befindet   c) entdeckt   d) gibt

(4) 要点问答 （请根据短文内容回答问题）

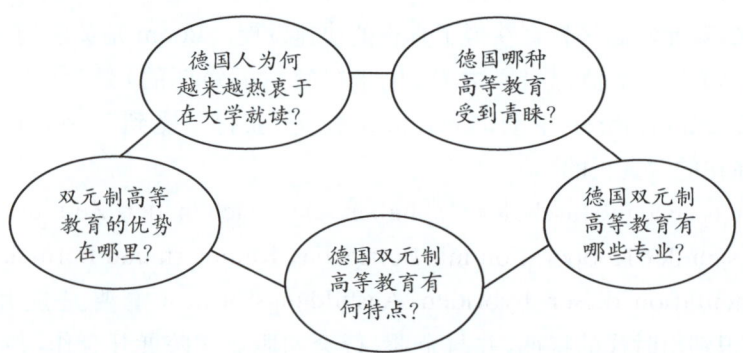

6.5 德国的大学学习

篇首导学

有人说,德国的大学学习自由、轻松,课程随便选,时间可延长。其实不然:要在两年时间里拿到所需的学分谈何容易。就是德国本国的大学生,一般也要花上至少3~4年时间。更不要说那些德语水平较差,还要打工维持生计的外国留学生了。本文极简单地介绍了德国大学学习的基本情况。学习本文的重点是:首先熟悉德国大学学习的基本情况,其次通过与我国大学学习基本情况的比较,了解和掌握德国大学在学分、课程、作业和考试等方面存在的差异和特点。

Das Studium in Deutschland

Im Wintersemester 2016/2017 betrug die Zahl der immatrikulierten Studenten in Deutschland rund 2,8 Milionen. Beim Studium haben die Studenten traditionell recht frei, das heißt, sie können aus einem großen Angebot von Lehrveranstaltungen selbst einen Plan zusammenstellen. In den meisten Bundesländern verwaltet der Studentenausschuss die Angelegenheiten der Studenten. In Deutschland ist das Studienjahr in zwei Semester gegliedert, nämlich das Wintersemester und das Sommersemester. Die Lehrveranstaltungen reichen im Wintersemester meist von Mitte Oktober bis Mitte Februar, im Sommersemester von Mitte April bis Mitte Juli. In den verbleibenden fünf Monaten, also der vorlesungsfreien Zeit, werden die Studenten verlangt, den Inhalt von Lehrveranstaltungen selbständig aufzuarbeiten und sich intensiv auf Prüfungen vorzubereiten.

Das Studium ist in viele Studiengänge gegliedert: Der erste Abschnitt eines Studienganges schließt in fast allen Studiengängen mit einer Zwischenprüfung ab. Vor der Zwischenprüfung soll ein Student genügende Leistungspunkte, in vielen Hochschulen 10, bekommen und wird dann erlaubt, an der Zwischenprüfung (heute meist Bachelor-Prüfung) teilzunehmen. Die Studenten, die die Zwischenprüfung bestanden haben, können mit dem

Hauptstudium anfangen. In mindestens wieder zwei Jahren werden sie genehmigt, eine Studienabschlußprüfung (heute meist Master-Prüfung) abzulegen, wenn sie wieder genügende Leistungspunkte, meistens auch 10, erhalten haben. Ein Leistungspunkt heißt, dass der Student gewünschte Erkenntnisse auf dem Fach erworben hat, und ist, genauer gesagt, ein Stück Papier Nachweis mit Unterschrift vom Lehrer.

In den deutschen Hochschulen haben die Lehrveranstaltungen zwei Grundformen: die Vorlesung und die Übung. Kennzeichnend für die Vorlesung ist, dass der Dozent über das gegebene Thema referiert, während die Studenten zuhören. Allenfalls am Ende einer Vorlesung können Fragen der Studenten beantwortet werden. Die Übungen vermitteln studienfachbezogene Kenntnisse und Fertigkeiten. Die Studenten haben in der Regel auch die Aufgabe, Themen, die sich aus dem Vorlesungsstoff ergeben, zu vertiefen. Außerdem haben die Studenten noch Referate, Hausarbeiten und Klausuren zu schreiben, die in der Tat zu den Prüfungsarten gehören.

Wer studiert, dessen Leistung wird laufend überprüft. Und alle Bewertungen fließen in die Endnote mit ein. An den deutschen Hochschulen gibt es viele Prüfungsarten, die wichtigsten darunter sind: **Klausur** — Die gängigste Form der Leistungsüberprüfung. Dabei wird dein Wissen aus einer Lehrveranstaltung schriftlich abgefragt. **Hausarbeit/Seminararbeit** — Wissenschaftliche Arbeit, um ein Thema mittels Recherche zu ergründen und schriftlich darzustellen. **Referat/Präsentation** — Zu einem meist vorgegebenen Thema filterst du die wichtigsten Inhalte heraus, bereitest diese auf und trägst sie im Seminar vor. **Zwischenprüfung** — Mit diesem Leistungsnachweis schließt du einen größeren Abschnitt deines Studiums ab. **Abschlussarbeit** — Eine schriftliche Arbeit, womit man das Studium abschließt (Bachelor oder Master). Es gibt noch weitere Prüfungsarten je nach Hochschulen.

(1) 生词释义

  Lehrveranstaltung *f.* -en （高校教师教授的）课，课程
  Studentenausschuss *m.* 大学生委员会
  verbleibend P.I 剩下的，余下的

Leistungspunkt *m*. -e 学分
Studiengang *m*. ⸚e 大学课程；专业（课程）
genehmigen *Vt*. 准许，批准
erwerben *Vt*. 获得，赢得；购得，买到
kennzeichnend *Adj*. 表明特征的，具有特征的，说明特征的
Klausur *f*. -en （= Klausurarbeit）（有监督的）笔试
abfragen *Vt*. 考问，提问
referieren *Vi*. 作报告
filtern *Vt*. 使过滤，滤除

（2）难点解析

- In den ... Monaten, also der vorlesungsfreien Zeit, werden die Studenten verlangt, den Inhalt ... aufzuarbeiten und sich ... auf ... vorzubereiten. 形容词 vorlesungsfrei 意为"没有课的"（不等于放假）。Jmd. wird verlangt, etw. zu tun 是常用句式，表示"谁被要求做什么"。etw.（A）aufarbeiten 原意是"翻新""更新"，这里可理解为"领会"。sich auf etw.（A）vorbereiten 是固定"动介搭配"，意为"准备什么"。句意请见参考译文。

- Kennzeichend für die Vorlesung ist, dass der Dozent über ... referiert, während die Studenten zuhören.（讲座课的特点是，教师就……作报告，学生听讲。）dass der Dozent über ... referiert 是由 dass 引导的主语从句。kennzeichnend（表明特点的）是动词 kennzeichen 的第一分词，做形容词，一般与介词 für（支配第四格）搭配，表示"什么的特点"。über etw.（A）referieren 是固定"动介搭配"，意为"就……作报告"。während（与此同时）是时间从句的连词，也有"对比"的意义："教师在做什么，与此同时学生在做什么。"

- Die Studenten haben ... auch die Aufgabe, Themen, die sich aus ... ergeben, zu vertiefen.（大学生……还有加深领会……所产生的命题的任务。）sich aus etw.（D）ergeben 是固定"动介搭配"，意为"从……产生/得出/出现什么"。etw.（A）vertiefen 原意是"加深什么""加强什么"等。句中是 Themen vertiefen，应转义为"加深领会题目/话题/命题"来理解。

（3）智慧选择 （请根据短文，从 4 个选项中选择正确的 1 项填空）

① Beim Studium haben die Studenten traditionell _____ frei, das heißt, sie können aus einem großen Angebot von Lehrveranstaltungen selbst einen Plan zusammenstellen.

a) sehr   b) ziemlich   c) recht   d) nicht

② Das Studium in Deutschland ist in viele Studiengänge _____ : ...

    a) gegliedert   b) gegliederte   c) gliedert   d) gliederte

③ In den deutschen Hochschulen haben die Lehrveranstaltungen zwei _____ : die Vorlesung und die Übung.

    a) Grundart   b) Grundarten   c) Grundform   d) Grundformen

④ Wer studiert, _____ Leistung wird laufend überprüft.

    a) deren   b) dessen   c) wessen   d) was

(4) 要点问答 （请根据短文内容回答问题）

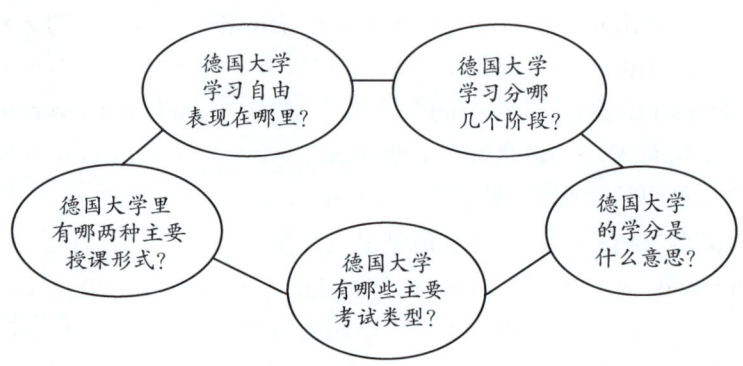

6.6 丰富的大学生活

篇首导学

    德国大学生的生活是丰富多彩的，但也不是全无忧虑的。家境好的，当然没有费用方面的"后顾之忧"；家境差的，难免要为生计考虑。德国不少大学生就读七八年还毕不了业，往往就是因为生计所迫，打工时间多，影响了学习。尽管如此，德国大学生无论贫富都很会享受生活，具体表现在"会寻开心节庆多""再穷也要去旅游"等。不妨与我国大学生的生活情况比较一下，看看他们的大学生生活有什么特点，与我们的有什么不同，并从中总结和借鉴或者学到点什么。

Das Leben an Hochschulen

Wie und wovon leben die Studenten in Deutschland? Hier wird vor allem etwas von dem Leben der in Deutschland gebürtigen Studenten erzählt, die mehr als 80 Prozent der Gesamtzahl der in Deutschland Studierenden ausmachen. Es wird nun etwas genauer über die Frage ihres Lebensunterhalts, über viele Verbilligungen für Studenten und über ihre Wohnmöglichkeiten gesprochen, nicht zuletzt über ihre Reisenchancen mit wenig Geld.

Studiengebühren werden an den Hochschulen in Deutschland nicht erhoben, außer einer kleinen „Verwaltungsgebühr". Wenn die Studenten oder ihre Eltern die Kosten für den Lebensunterhalt nicht aufbringen können, werden sie nach dem Bundesausbildungsföderungsgesetz (BaföG) unterstützt. Sie bekommen Geld vom Staat als Darlehen. Die Höhe richtet nach dem Einkommen der Eltern. Um das Leben zu verbessern oder sogar sich selbst zu ernähren, arbeiten viele Studenten in den Ferien. Es ist dort normalerweise unmöglich, neben dem Studium noch voll berufstätig zu sein. Denn beides, sowohl der Beruf als auch das Studium, sind in Deutschland Ganztagsbeschäftigungen, die den vollen Einsatz von Zeit und Energie verlangen.

Die deutschen Studenten haben meistens nicht viel Geld. Deshalb gibt es in Deutschland für sie viele Verbilligungen. In den Studentenrestaurants der Universität — die Studenten nennen sie im allgemeinen „Mensa" — können sie gut und billig essen. Für die Fahrt (mit dem Bus, der Straßenbahn oder der U-Bahn) von ihrer Wohnung zur Universität können sie eine billigere Monatskarte oder ein sehr günstiges Semesterticket bekommen. Und für Theater, Oper und Konzerte zahlen sie viel weniger als andere Besucher — oft nur 50 Prozent des vollen Preises.

Die Studenten in Deutschland haben folgende fünf Wohnmöglichkeiten: (1) Bei ihren Eltern (etwa 20 Prozent); (2) Bei privaten Vermietern als Untermieter (etwa 30 Prozent); (3) In eigener Wohnung (etwa 20 Prozent); (4) In Studentenheimen (etwa 10 Prozent; es wird aber die Wohnzeit beschränkt); (5) In privaten Wohngemeinschaften (etwa 20 Prozent). Die meisten Studenten wollen in Studentenheimen oder in eigener Wohnung wohnen. Es ist recht schwer für sie, ein zufriedenes privates Wohnzimmer zu finden.

In Deutschland reist man gern, weil Reisen eine tolle Sache ist. Doch haben die Studenten meist nicht viel Geld fürs Reisen. Gut, dass man mit wenig Geld reisen kann. Besonders wenig kostet es, wenn man trampt. Nur, per Anhalter reist sehr umständlich und unbequem. Auch weiß man vorher nie so genau, wann oder ob man ankommt. So sind zwei neue Arten von Mitfahren entstehen. Erstens: Der Student, der ein Auto hat, fährt den anderen mit, der kein Auto besitzt und reisen will. Zweitens: die reisenwollenden Studenten fahren mit Hilfe eines Fahrers ans Ziel, der durch das Mitfahrtzentrale gefunden werden kann. Die Fahrer verlangen dafür in der Regel eine billige Gebühr vom Mitfahrer, meistens nur 10 bis 20 Prozent der Reisegebühr mit Bahn.

(1) 生词释义

gebürtig   *Adj.*   （在……）出生的，原籍的
Verbilligung   *f.* -en   降价，减价，优惠
Studiengebühr   *f.* -en   （大学的）学费
Bundesausbildungsföderungsgesetz   *n.*（缩写 BaföG） 联邦教育促进法
aufbringen   *Vt.*   筹措，征募
Darlehen   *n.* -   贷款，借款
ernähren   *Vr.*   养活自己，供养自己
berufstätig   *Adj.*   有职业的，在职的
Untermieter   *m.* -   转租房客，二房客，次租户
trampen   *Vi.*   （在路旁翘大拇指）搭车
Anhalter   *m.* -   〈俗〉拦车搭乘者（只用于短语中）
umständlich   *Adj.*   麻烦的，费事的；烦琐的

(2) 难点解析

● Wenn ... die Kosten für ... nicht aufbringen können, werden sie nach dem Bundesausbildungsföderungsgesetz（BaföG）unterstützt. 动词 aufbringen 的用法和意义较多，凡与钱和费用有关，则意为"筹措"。专名 Bundesausbildungsföderungsgesetz 是典型的德语"合成长词"，一般都用其缩写 BaföG（音译为"巴弗克"）。句意请见参考译文。

第 6 章　Allgemeines über das Erziehungswesen
教育天地

- Nur, per Anhalter reist man sehr umständlich und unbequem.（只是"翘大拇指搭车"既麻烦又不舒服……）注意 Anhalter 一般不可单独使用，只能用在 per Anhalter fahren oder reisen 这样的短语中。Nur 独立并带逗号，意在强调和活泼行文，也可这样改写：Nur sehr umständlich und unbequem reist man per Anhalter。
- Zweitens：die reisenwollenden Studenten fahren mit Hilfe eines Fahrers ans Ziel, der durch das Mitfahrtzentrale gefunden werden kann.（第二是想去旅游的大学生通过"搭车中心"找到车主去旅游目的地。）该句主句是 die ... Studenten fahren mit Hilfe ... ans Ziel。后面 der durch ... gefunden werden kann 是修饰 Fahrer 的定语从句。mit Hilfe eines Fahrers 意为"借助一个车主"。mit Hilfe 也可用介词 mithilfe（支配第二格）替代。

(3) 智慧选择 （请根据短文，从 4 个选项中选择正确的 1 项填空）

① Studiengebühren werden an den Hochschulen in Deutschland nicht erhoben, ＿＿＿＿ einer kleinen „Verwaltungsgebühr".
　　a) aus　　　b) außer　　　c) außen　　　d) außerdem

② Für die Fahrt（…）von ihrer Wohnung zur Universität können sie eine billigere Monatskarte oder ein sehr günstiges ＿＿＿＿ bekommen.
　　a) Fahrkarte　　b) Fahrschein　　c) Semesterkarte　　d) Semesterticket

③ Es ist recht schwer für sie, ein ＿＿＿＿ privates Wohnzimmer zu finden.
　　a) zufriedene　　b) zufriedenen　　c) zufriedener　　d) zufriedenes

④ Besonders wenig kostet es（das Reisen）, wenn man ＿＿＿＿.
　　a) trampe　　b) trampen　　c) trampt　　d) trampte

(4) 要点问答 （请根据短文内容回答问题）

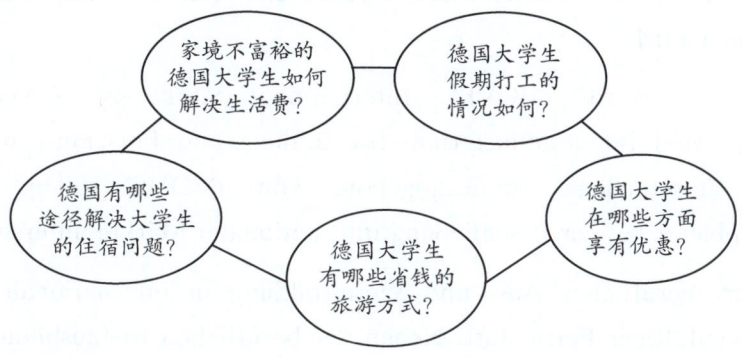

6.7 德国教育也出口

篇首导学

教育出口已经成为德国出口领域的重要支柱,出口额甚至仅略低于商业领域的交易额度。德国教育模式之所以如此受欢迎,是因为人们相信德国经济的发展得力于它的教育,尤其是双元制职业教育。对于教育出口,德国政府采取了积极支持的态度。有人认为,世界范围内,已经不存在德国双元制职业教育尚未涉足的地区。不过,由于不同国家经济社会环境的差异,其他国家未必能成功地复制这种德国模式。学习本文,主要是了解德国教育出口的大体情况及其在国外不一定取得成功的原因。

Deutsche Bildung — ein Exportschlager

Bildung „Made in Germany" genießt weltweit einen guten Ruf. Und sie ist gefragt wie selten zuvor. In vielen Ländern der Welt gibt es seit einigen Jahren ein großes Interesse am deutschen Bildungssystem. Ein Grund für die gestiegene Nachfrage nach deutschen Bildungsangeboten: Die wirtschaftliche Stärke Deutschlands werde auch auf die hohe Qualifikation der Fachkräfte zurückgeführt.

Auf besonderes Interesse stößt im Ausland die für Deutschland typische duale Ausbildung. Sie ist international als Erfolgsmodell anerkannt. Diese in Deutschland populärste Ausbildungsform erfolgt an zwei Lernorten, dem Betrieb und der Berufsschule. Der praktische Teil der Ausbildung wird in den Betrieben vermittelt, während der theoretische Teil von der Berufsschule übernommen wird.

Im Jahr 2001 wurde iMOVE (International Marketing of Vocational Education) vom Bundesministerium für Bildung und Forschung ins Leben gerufen. Verschiedene Serviceangebote von iMOVE sollen deutsche Bildungsanbieter bei der Erschließung internationaler Märkte unterstützen.

Der Export beruflicher Aus- und Weiterbildung in internationale Märkte findet in vielfältiger Form statt. Neben der beruflichen Erstausbildung sowie

第6章 Allgemeines über das Erziehungswesen
教育天地

der beruflichen Weiterbildung zählen auch der Vertrieb von Lehr- und Lernmittel sowie bildungsrelevante Beratungsdienstleistungen zu dem Oberbegriff „Bildungsexport".

Es gibt keine Region der Welt, in der die deutsche Bildungswirtschaft nicht mit Aus- und Weiterbildungsaktivitäten vertreten ist.

Welche sind die aktuell aktivsten Märkte? Die Auslandsmärkte in Europa nehmen eine deutliche Vormachtstellung ein. Die am häufigsten genannten Märkte in Europa sind die Schweiz und Österreich. Es ist zu vermuten, dass es sich dabei um grenzüberstreitende Bildungsteilnahmen bei Aus- und Weiterbildungsmaßnahmen im süddeutschen Raum handelt. Es folgt ein zweiter Blog aus drei Regionen Asiens, das östliche Asien (vor allem China), südliche und westliche Asien.

Die deutschen Anbieterinnen und Anbieter sind vornehmlich in den Bereichen „Business to Business" oder „Business to Government" aktiv. Ausländische Unternehmen und ausländische staatliche Einrichtungen sind die häufigsten Kundengruppen der Exportbranche und aus betriebswirtschaftlicher Sicht auch die wichtigsten.

Allerdings ist das duale Berufsausbildungssystem oft nicht übertragbar. Das Hauptproblem liegt darin, dass es in dem Zielland oft kein einheitlicher Rahmenbeschluss existiert. Hinzu kommt die mangelnde Kooperation zwischen den Bildungszentren und den Unternehmen. Außerdem hat eine Berufsausbildung gesellschaftlich noch immer ein eher negatives Image und wird im Vergleich zum Hochschulstudium als minderwertig angesehen.

(1) 生词释义

Exportschlager　m.-　出口畅销货品
Ruf　m.-e　声誉,名声;呼唤
zurückführen　Vi.　追溯到;把……归因于
Erfolgsmodell　n.-e　成功模型,成功模式
vermitteln　Vt.　使获得,传授,促成
vielfältig　Adj.　各式各样的,多种多样的
bildungsrelevant　Adj.　对教育重要的

Oberbegriff *m*. -e 上位概念，总概念
Vormachtstellung *f*. 统治地位，优势地位
Rahmenbeschluss *m*. ⸚e 框架决议
übertragbar *Adj*. 可移植的，可传递的
minderwertig *Adj*. 劣等的，劣质的

(2) 难点解析

- Die wirtschaftliche Stärke Deutschlands werde auch auf die hohe Qualifikation der Fachkräfte zurückgeführt.（人们认为德国强大的经济实力也与专业人力资源的高素质有关。）die wirtschaftliche Stärke 意为"经济强力"，可翻译为"强大的经济实力"。对句中助动词 werde 需进行双重解读：一是表示被动；二是表示第一虚拟式，转述他人的观点。auf etw.（A）zurückführen 是固定搭配，意为"溯源到什么""归因于什么"。

- Im Jahr 2001 wurde iMOVE vom Bundesministerium für Bildung und Forschung ins Leben gerufen.（2001 年联邦教育研究部成立了 iMOVE 这个机构。）这句话用的是被动语态，谓语词组 ins Leben gerufen werden 意为"被成立""被建立"。主动态表达则为 ins Leben rufen。全句可改写为：Im Jahr 2001 hat das Bundesministerium iMOVE ins Leben gerufen.

- Außerdem hat eine Berufsausbildung gesellschaftlich noch immer ein eher negatives Image und wird im Vergleich zum Hochschulstudium als minderwertig angesehen.（另外，职业教育的形象在社会上一直不佳：与高等教育相比，职业教育被认为是低质教育。）ein eher negatives Image haben 原意为"宁可说是有一个负面的形象"。参考译文作了意译。im Vergleich zu etw.（D）意为"与什么相比"，etw.（A）als ... ansehen 意为"把什么认为是……""把什么看作……"。minderwertig 原意为"劣质的"（这是对职业教育的偏见），现译为"低质（教育）"，以"缓和"对职业教育的偏见。

(3) 智慧选择 （请根据短文，从 4 个选项中选择正确的 1 项填空）

① Bildung „Made in Germany" genießt weltweit einen guten _____.
   a) Achtung   b) Verehrung   c) Sympathie   d) Ruf

② Und sie（die duale Berufsausbildung）ist gefragt wie _____ zuvor.
   a) selten   b) oft   c) manchmal   d) meistens

③ Die für Deutschland typische duale Ausbildung ist international _____ Erfolgsmodell anerkannt.

a) als   b) für   c) zu   d) mit

④ Außerdem hat eine Berufsausbildung gesellschaftlich noch immer ein eher _____ Image und wird im Vergleich zum Hochschulstudium als minderwertig angesehen.

a) positives   b) negatives   c) gutes   d) hervorragendes

(4) 要点问答 （请根据短文内容回答问题）

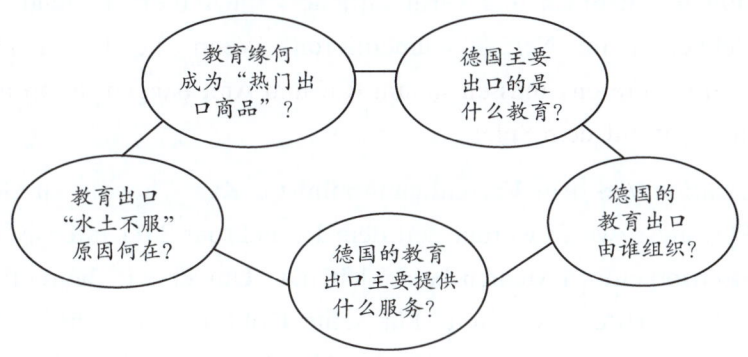

6.8　论文抄袭要严办

篇首导学

在德国，人们非常尊重拥有博士学位的人，博士头衔也会被写到身份证上。有博士学位的官员，在升迁路上会得到"加分"。但是，若被论文打假者盯上，拥有博士头衔的人就可能面临大麻烦。一旦陷入论文抄袭丑闻，他们的声誉和仕途就会岌岌可危。近年来，德国政坛不断有博士论文抄袭事件曝光，先后有多名德国政治家卷入其中，如前国防部长古滕贝格、前教育部长沙万等人纷纷被迫辞职。学习本文，旨在了解德国博士论文打假的情况及其目的：确保博士论文及博士头衔的纯洁性。

Plagiatsaffäre in Deutschland

Dass der Doktor auch in den Personalausweis eingetragen werden kann, ist nur in wenigen Ländern möglich, neben Deutschland unter anderem in Österreich und Tschechien. In Deutschland ist ein Doktortitel immer noch nützlich für die Karriere. Dabei geht es häufig nicht nur um eine wissenschaftliche Laufbahn. Allein im Bundestag hat jeder fünfte Bundestagsabgeordnete einen Titel und auch jeder zweite Vorstandsvorsitzende darf den Doktor vor dem Namen führen.

Politiker mit Doktortitel haben aber Probleme, wenn sich Plagiatsjäger ihrer Dissertationen annehmen und vermeintliche Zitierfehler, fehlende Quellen, Textähnlichkeiten im Netz dokumentieren. Wenn die PolitikerInnen in Plagiatsaffären geraten, müssen sie um Ruf und Amt bangen. Je prominenter, desto mehr steht auf dem Spiel.

Die Dissertation von dem Verteidigungsminister Karl-Theodor zu Guttenberg und die Plagiatsvorwürfe wurden seit dem 16. Februar 2011 intensiv in nahezu allen deutschsprachigen Medien behandelt. Die Universität Bayreuth hat ihm dann den Doktortitel aberkannt. Für seine Doktorarbeit habe er Dutzende Passagen bei anderen Autoren abgeschrieben. Die wörtliche und sinngemäße Übernahme von Textstellen ohne hinreichende Kennzeichnung verstoße gegen die Rechtsprechung und die Grundsätze wissenschaftlichen Arbeitens. Er trat schließlich als Verteidigungsminister zurück.

Keine Plagiatsaffäre wird in der Öffentlichkeit schon so lange und breit diskutiert wie die um Bundesbildungsministerin Annette Schavan. Im Jahr 2012 tauchten im Internet anonyme Plagiatsvorwürfe gegen sie auf. Ein Jahr später entschied die Uni Düsseldorf: Schavan musste auf ihren Doktorgrad verzichten. Darauf trat sie als Ministerin zurück. Den Vorwurf der bewussten Täuschung wies sie jedoch strikt zurück. Zu diesem Zeitpunkt lag die Promotion der damaligen Bundesbildungsministerin bereits 33 Jahre zurück.

„VroniPlag Wiki" heißt Deutschlands größte Enthüllungsplattform. Politiker, die als Betrüger entlarvt wurden, haben sie bekannt gemacht. Und die Suche nach unehrlichen Doktoren reißt nicht ab. Im Februar 2019 wurde von „VroniPlag Wiki " die Vorwürfe gegen die Familienministerin Franziska Giffey im Internet veröffentlicht. Auf 76 des Hauptteils mit 205 Seiten ihrer Dissertation im Bereich Politikwissenschaft an der FU Berlin wurden Plagiate dokumentiert. Am 30. Oktober 2019 gab die FU Berlin das Ergebnis ihrer Überprüfung bekannt. Der Titel blieb Giffey erhalten, Aber ihr wurde eine Rüge vom Präsidium der Universität erteilt, weil „Frau Dr. Giffey in ihrer Dissertation die Standards wissenschaftlichen Arbeitens nicht durchgängig beachtet hat".

Das Ziel von „VroniPlag Wiki" ist, die wissenschaftliche Integrität eines Doktortitels in Deutschland zu sichern, damit auch weiterhin eine korrekte wissenschaftliche Arbeitsweise von Trägern eines solchen Titels erwartet werden kann.

(1) 生词释义

Laufbahn *f.* 生涯, 经历, 事业进程
Plagiatsjäger *f.* - 论文打假者
Dissertation *f.* -en 博士论文
prominent *Adj.* 知名的, 有声望的; 卓越的
abreißen *Vt.* 中断; 撕下
aberkennen *Vt.* 剥夺, 取消, 废止
abschreiben *Vt.* 抄袭
Übernahme *f.* -n 接收, 接管; 承受
zurücktreten *Vi.* 往后退; 辞职, 收回
zurückweisen *Vt.* 驳回, 拒绝
Rüge *f.* -n 斥责, 教训
bangen *Vi.* 担心, 担忧

(2) 难点解析

- **Wenn die PolitikerInnen in Plagiatsaffären geraten, müssen sie um Ruf und Amt bangen.**（一旦陷入论文抄袭丑闻, 政治家们就得担心自己的声誉和仕途。）要理解这个句子, 关键是要弄懂两个固定搭配的意思: 一是 in etw.（A）geraten, 意为"陷入什么困境"; 二是 um etw.（A）bangen, 意为"担心什么"。Ruf und Amt 原意是"声誉和职位", Amt 可意译为"仕途"。

- **Je prominenter, desto mehr steht auf dem Spiel.**（越是有名的人, 遭到的危险就越大。）在 je … 和 desto … 后直接加形容词比较级, 表示"越……越……"。auf dem Spiel stehen 是固定词组, 意为"处于危险之中""遭到危险"。

- Die ... Übernahme von Textstellen ohne hinreichende Kennzeichnung verstoße gegen die Rechtsprechung und die Grundsätze wissenschaftlichen Arbeitens. (这些……没有清晰地注明文献出处的引用,违反了知识产权和科学研究的基本原则。)ohne hinreichende Kennzeichnung 意为"没有足够地注明(出处)",修饰说明 Textstellen。gegen etw. (A) verstoßen 表示"违反什么"。此句中 verstoße 是第一虚拟式,表示转述他人的话。

(3) 智慧选择 （请根据短文,从4个选项中选择正确的1项填空）

① In Deutschland ist ein Doktortitel immer noch _____ für die Karriere.
   a) nützlich   b) benutzbar   c) verwendbar   d) geeignet

② Wenn Politiker mit Doktortitel in Plagiatsaffäre _____, müssen sie um Ruf und Amt bangen.
   a) haben   b) gehen   c) geraten   d) kommen

③ Die wörtliche und sinngemäße Übernahme von Textstellen ohne hinreichend Kennzeichnung verstoße _____ die Rechtsprechung und die Grundsätze wissenschaftlichen Arbeitens.
   a) um   b) als   c) für   d) gegen

④ Die Uni Bayreuth hat dem Verteidigungsminister Guttenberg den Doktortitel _____, weil er für seine Doktorarbeit Dutzende Passagen bei anderen Autoren abgeschrieben hat.
   a) aberkannt   b) erkannt   c) bekannt   d) zurückgehalten

(4) 要点问答 （请根据短文内容回答问题）

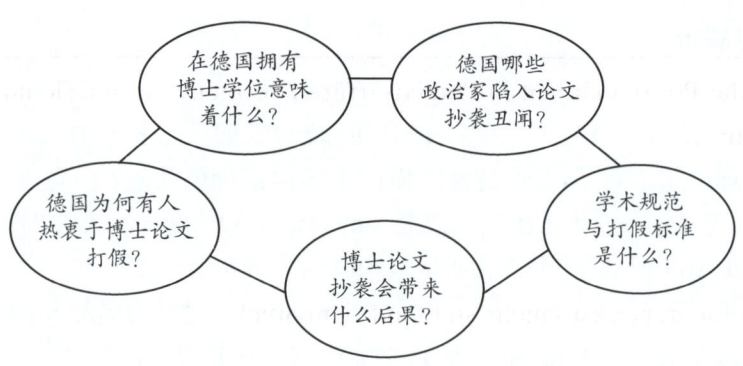

第7章 Aus der Welt von Kultur und Sport
文体拾零

7.1 钟情书海显品味

篇首导学

本文简单介绍了德国图书出版、书店、出版社和德国人爱读书的情况。在德国，大大小小的书店到处可见，更有许许多多的出版社。另外，每年在法兰克福举办的国际图书博览会也举世闻名。德国之所以能涌现出那么多科学家、思想家，恐怕与德国人钟情读书不无关系。爱读书是一种嗜好，会读书是一种本领。阅读本文后，我们不仅要了解德国人爱读书以及读书联合会、书店和出版社等情况，更要培养自己的读书兴趣，制订自己的读书计划，使自己成为一个爱读书和会读书的人。

Große Lust zum Lesen

Bei der Buchproduktion gehört die Bundesrepublik Deutschland zu den stärksten Ländern der Welt. Jährlich erscheinen in Deutschland immer noch um die 8000 Titel als Erst- und Neuauflagen auf dem Markt. Mehr als zehn Prozent davon waren Taschenbücher. Seit einigen Jahren machte der Gesamtumsatz an Büchern und Fachzeitschriften durchschnittlich im Jahr etwa 9 Milliarden Euro aus. Der weitaus größte Teil dieses Umsatzes wurde vom Sortimentsbuchhandel mit seinen über 5000 Buchläden erzielt. Der Buchhandel über das Internet nimmt zwar immer zu, aber diese Branche hat z. Z. einen Marktteil von rund 15 Prozent erreicht.

Lektüre ist für den Geist und scheint den Deutschen so wichtig zu sein wie das, was die tägliche Nahrung für den Körper ist. Viele sagen, dass sie in ihrer Freizeit am liebsten lesen, und haben den Wunsch, eine eigene Büchersammlung zu besitzen. Bücher, die gelesen werden müssen, zählen zu den besten Geschenken. Man redet viel über Bücher. Auch Lokalzeitungen bringen regelmäßig Buchbesprechungen, die gern gelesen sind. Die Deutschen lesen nicht nur allein, sondern auch im Lesekreis. Es ist eine Gruppe Bücherfreunden, die regelmäßig zusammenkommen, um gemeinsam Bücher zu lesen.

Viele deutsche Leser bestellen ihre Bücher nicht in der Buchhandlung. Sie sind Mitglied einer Buchgemeinschaft. Die Buchgemeinschaften in Deutschland sind eine besonders wichtige Form des Buchvertriebs. Sie haben dem Buch weite neue Lesekreise erschlossen. Zur Zeit gibt es Dutzende Buchgemeinschaften mit einigen Millionen Mitgliedern. Die meisten Mitglieder hat der Bertelsmann-Leserring. Er bietet gute Unterhaltung und leichtfassliche Literatur und seine Bücher können durch hohe Auflage sehr billig sein.

Buchläden findet man überall. Ein Buchladen ist nicht nur ein Geschäft, sondern auch eine kulturelle Einrichtung. Es gibt viele große Buchhandlungen, die auch Vorträge und Dichterlesungen veranstalten, einige sogar Konzerte. Buchhandlungen haben im allgemeinen ein großes Lager und bieten Bücher aus allen Gebieten und für jeden Geschmack. Aber für den ganz bescheidenen Geschmack gibt es vor allem Bahnhofsbuchhandlungen und manchmal Warenhäuser. Ein Buchhändler soll imstande sein, seine Kunden zu beraten, und er soll versuchen, den Geschmack seiner Kunden zu beeinflussen und sie auf Neuerscheinungen aufmerksam zu machen.

In Deutschland gibt es mehr als 2000 Verlage. Rund 100 davon haben einen Umsatz von über 5 Millionen Euro. Aber keiner ist marktbeherrschend. Das größte Verlagsunternehmen ist die Verlagsgruppe Bertelsmann. Sie ist ein Verbund kleiner und mittlerer Einzelverlage und hat einen Umsatzanteil von etwa fünf Prozent. Neben den großen Verlagen besteht eine Reihe von Kleinverlagen, deren Produktion einen wichtigen Beitrag zur Vielfalt des literarischen Lebens leistet. Bei der Internationalen Frankfurter Buchmesse, die alljährlich im Herbst stattfindet, stellen deutsche Verlage und Verlage aus zahlreichen Ländern ihre Neuerscheinungen aus.

第 7 章　Aus der Welt von Kultur und Sport
文体拾零

(1) 生词释义

ausmachen　*Vt*. 共计，合计
Gesamtumsatz　*m*. ⸚e 总营业额，总销售额
Sortimentsbuchhandel　*m*. 书籍零售业
Lektüre　*f*. -n 阅读，读物
regelmäßig　*Adj*. 有规律的，定期的
Lesekreis　*m*. -e 读书会
Buchhandlung　*f*. -en 书店
erschließen　*Vt*. 开发，开辟
Unterhaltung　*f*. -en 娱乐
leichtfasslich　*Adj*. 易懂的
Auflage　*f*. -n （书籍出一版的）印数
Dichterlesung　*f*. -en 诗歌朗诵

(2) 难点解析

- Lektüre ist für den Geist und scheint den Deutschen so wichtig zu sein wie das, was ... ist.（阅读对精神和似乎对德国人如同……一样重要。）句中 so wichtig sein, wie ...系比较词组，意为"和……一样重要"。后面由 was 引导的关系从句的相关词是前句中的 das。

- Ein Buchhändler soll imstande sein, seine Kunden zu beraten, ...（书商应有能力为读者咨询，……）imstande sein 为固定短语，后面一般与带 zu 的不定式连用，意为"有能力做什么"，相当于 die Fähigkeit haben, etwas zu tun。

- Neben den großen Verlagen besteht eine Reihe von Kleinverlagen, deren Produktion einen wichtigen Beitrag zur ... leistet.（在大型出版社之外还有一系列小型出版社，其产品对……作出了重要贡献。）句首 neben 是支配第三格的介词，意为"在……之外"。von（或 aus) etw.（D）bestehen 是固定"动介搭配"，意为"由什么组成"。eine Reihe（一系列）表示"很多"。后面由 deren 带起定语从句，修饰 Kleinverlagen。einen Beitrag zu etw.（D) leisten 系常用句型，相当于 zu etw.（D) beitragen，意为"为什么作出贡献"。

(3) 智慧选择　（请根据短文，从 4 个选项中选择正确的 1 项填空）

① Jährlich erscheinen in Deutschland immer noch _____ die 8000 Titel als Erst- und Neuauflagen auf dem Markt.

a) an　　　　b) um　　　　c) über　　　　d) etwa

② Bücher, die gelesen werden müssen, _____ zu den besten Geschenken.

a) machen　　b) macht　　c) zählen　　d) zählt

③ Ein Buchladen ist nicht nur ein Geschäft, _____ _____ eine kulturelle Einrichtung.

a) sondern auch　b) sonders auch　c) sondern noch　d) sonders noch

④ Bei der Internationalen Frankfurter _____ ... stellen deutsche Verlage und Verlage aus zahlreichen Ländern ihre Neuerscheinungen aus.

a) Buchmessen　b) Buchmesse　c) Büchermesse　d) Büchermessen

(4) 要点问答 （请根据短文内容回答问题）

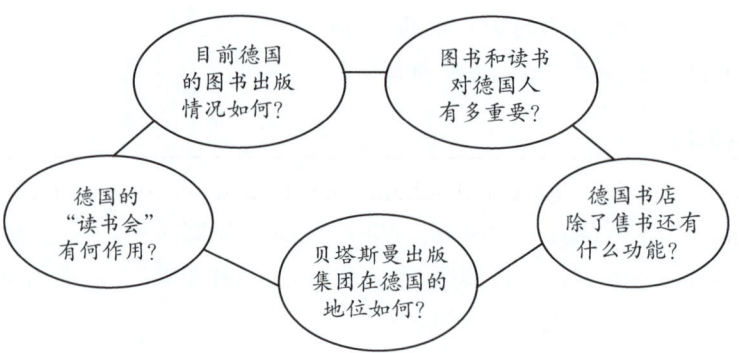

7.2　音乐天地怡养人

篇首导学

我们常说："音乐是没有国界的。""音乐是无言的世界语。"这些话说得多好啊！对于学习德语和研究德国的人来说，也许还要说：如果不了解德国的哲学和音乐，就谈不上真正了解德国和德国人。本文虽简短，但已经明确地告诉我们，德国的音乐传统的确了不起，德国人的音乐素养确实比较高。我们学习本文，一是要了解德国的音乐传统和现在德国人音乐生活的情况；二是要认识到，有必要不断提高自己的音乐修养，从而提升幸福感。当然，最好也能掌握有关的词汇和表达。

第 7 章 Aus der Welt von Kultur und Sport
文体拾零

Die musikalische Vorliebe der Deutschen

In Deutschland verdienen mehrere hunderttausende Menschen ihren Lebensunterhalt als Komponisten, Interpreten, Pädagogen, als Fachpersonal in wissenschaftlichen oder staatlichen Institutionen, in den Medien und in der Musikwirtschaft. Musik ist universal, denn sie ist eine „Weltsprache". Jedoch gibt es auch Musik, die heimatgebunden ist und als Widerspiegelung eines bestimmten Kulturkreises wirkt. Die Weltgeltung der deutschen Musik ist unbestritten. Kaum ein anderes Land hat im Lauf seiner Geschichte wie Deutschland so viele weltberühmte Komponisten hervorgebracht.

In der deutschen Musikgeschichte ist die Tradition der Orgelmusik von großer Bedeutung. Dazu kommt auch die Kirchenmusiktradition. Im Rahmen dieser Tradition schufen gegen Ende des 17. Jahrhunderts zwei der bedeutendsten deutschen Komponisten ihr Werk: Johann Sebastian Bach und Georg Friedrich Händel. Da Österreich zum deutschsprachigen Kulturbereich gehört, wird es immer in der deutschen Musikgeschichte mit einbezogen. Wien war einst das führende Zentrum des deutschen Musiklebens. Haydn, Mozart und Beethoven, die drei Großen, nennt man die Wiener Klassiker, obwohl keiner von ihnen gebürtiger Wiener war. Ein vierter Großer war Franz Schubert, der Meister des deutschen Liedes. Schubert und Robert Schumann vertreten die deutsche musikalische Romantik im 19. Jahrhundert am stärksten. In der zweiten Hälfte des 19. Jahrhunderts stand im Mittelpunkt des deutschen Musiklebens Richard Wagner, der den Lauf der gesamten europäischen Musikentwicklung bestimmte. Im Gegensatz zu Wagner, dessen Gebiet die Oper war, schuf Johannes Brahms Instrumentalmusik.

Es gibt in Deutschland über 1000 öffentliche Musikschulen sowie zahlreiche privat tätige Musikerzieher, dazu noch rund 25000 Laien- bzw. halbprofessionelle Orchester und zahlreiche weitere Ensembles. Die wichtigsten von vielen Opernhäusern befinden sich vor allem in Hamburg, München, Stuttgart und anderen Großstädten. Hamburg gilt heute wie früher als Balletmetropole. Das Stuttgarter Ballet genoss lange weltweiten Ruf. Die Berliner Philharmoniker, die früher viele Jahre von Herbert von Karajan dirigiert wurde, sind das bekannteste Orchester in Deutschland. Berühmt sind ferner die Münchner Philharmoniker, die Bamberger Sinphoniker und das Sinfonieorchester des Bayerischen Rundfunks.

Auffallend ist die Vorliebe der Deutschen für Kammerorchester und Kammermusik. Das Streichquartett ist nicht nur im Konzertsaal beliebt, sondern auch als Hausmusik. Das Chorsingen gehört zur deutschen Musiktradition. Alle Chore, bis auf die Knabenchore, sind Liebhabervereinigungen. Man zieht heute eher die gemischten Chore vor als die Männerchore, die so typisch für das 19. Jahrhundert waren. Der Jazz hatte es nicht leicht, sich in Deutschland durchzusetzen. Trotzdem hat er jetzt seinen eigenen Stil. Unterhaltungsmusik, Schlager und Tanzmusik von Deutschland neigen im allgemeinen zur Sentimentalität. Wie in anderen Ländern begeistert sich auch in Deutschland die junge Generation für Rock und hat neben den internationalen Lieblingen auch ihre deutschen Stars, die zumeist englisch singen. Zentrum der neuen deutschen Rockmusik ist Berlin.

(1) 生词释义

Vorliebe　　*f*. unz.　　偏爱,嗜好,爱好
Komponist　　*m*. -en　　作曲家,作曲者
Interpret　　*m*. -en　　（音乐作品）演奏者；注释者,解释者
Weltgeltung　　*f*.　　世界意义,受到全世界重视,享誉世界
hervorbringen　　*Vt*.　　产生；创造,创作
Orchester　　*n*. -　　乐团；管弦乐团
Ensemble　　*n*. -s　　〈法〉歌舞团,文工团；剧组
Philharmoniker　　Pl.　　交响乐团,爱乐乐团
dirigieren　　*Vt*./*Vi*.　　〖音〗指挥
Sinfonie　　*f*. -n　　交响曲
Streichquartett　　*n*.　　弦乐四重奏；弦乐四重奏乐队
Sentimentalität　　*f*. unz.　　多愁善感

(2) 难点解析

● In der deutschen Musikgeschichte ist die Tradition der Orgelmusik von

第 7 章　Aus der Welt von Kultur und Sport
文体拾零

großer Bedeutung.（在德国音乐史上，管风琴音乐传统意义重大。）von Bedeutung sein 是常用句型，意为"是重要的""是有意义的"。Bedeutung 前一般加形容词 groß，表示"有重大意义的"。另有词组 ohne Bedeutung（sein），意为"不重要的""没有意义的"。

- Da Österreich zum deutschsprachigen Kulturbereich gehört, wird es immer in … mit einbezogen. 句中动词 gehören 的两种主要用法：①Etw.（N）gehört jmdm.（D）表示"什么属于某人"，涉及"所有权"的问题。②Etw./Jmd.（N）gehört zu jmdm./etw.（D）表示"属于某一类"或"是什么的一个成员"。本句属后一种用法。mit einbezogen 中的 mit 是副词，不是介词，表示"一起""连带"。这在德语中很常见。句意请见参考译文。

- Im Gegensatz zu Wagner, dessen Gebiet die Oper war, schuf Johannes Brahms Instrumentalmusik.（与擅长歌剧的瓦格纳不同，勃拉姆斯创作的是器乐作品。）im Gegensatz zu jmdm./etw.（D）是固定搭配，意为"不同于什么/某人""跟什么/某人相反"。dessen Gebiet die Oper war 是由关系代词 dessen（只适用于前面是阳性或中性名词的情况，对阴性或复数名词则用 deren）带起的定语从句。

(3) 智慧选择　（请根据短文，从 4 个选项中选择正确的 1 项填空）

① Jedoch gibt es auch Musik, die _____ ist und als Widerspiegelung eines bestimmten Kulturkreises wirkt.
　　a) heimatbinden　　　　　　　b) heimatbindend
　　c) heimatbunden　　　　　　　d) heimatgebunden

② Haydn, Mozart und Beethoven, die drei Großen, nennt man die Wiener Klassiker, _____ keiner von ihnen gebürtiger Wiener war.
　　a) trotz　　　　　　　　　　　b) ob
　　c) obwohl　　　　　　　　　　d) wohl

③ Hamburg _____ heute wie früher als Balletmetropole.
　　a) galt　　　　　　　　　　　　b) gilt
　　c) galten　　　　　　　　　　　d) gelten

④ Unterhaltungsmusik, Schlager und Tanzmusik von Deutschland neigen _____ _____ zur Sentimentalität.
　　a) in allgemeinen　　　　　　　b) im allgemeinen
　　c) in allgemein　　　　　　　　d) im allgemein

(4) 要点问答 （请根据短文内容回答问题）

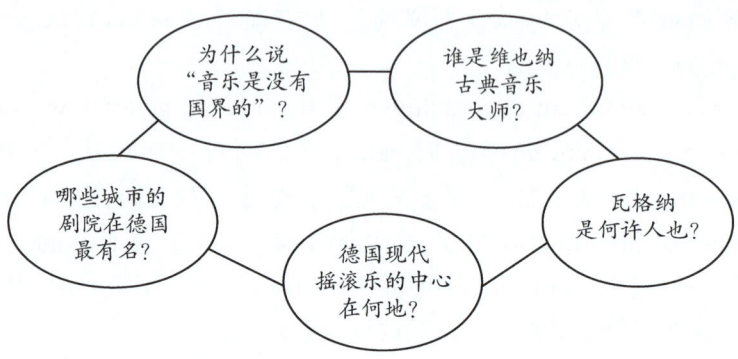

7.3 德国足坛多传奇

篇首导学

德国是最早从英国引进足球的欧洲内陆国家之一，足球是最受德国人喜爱的体育项目。1900年，德国足球协会在莱比锡正式成立。在一百多年的历史中，德国足协见证了德国足球逐步职业化和商业化的过程。德国足球队取得了举世瞩目的辉煌战绩，故被誉为世界上最成功的国家级足球队之一。学习本文的目的，主要在于了解有关德国足球协会、德国足球联赛体制和德国国家足球队的一些情况。对于足球迷来说，本文更是不错的阅读材料，既能增长知识，又可提高德语水平。

Deutscher Fußball-Bund

Der Fußball kam 1873 von den britischen Inseln nach Deutschland. Mit dem ersten deutschen Weltmeistertitel 1954 begann der große Erfolg der Sportart. Jetzt ist Fußball Deutschlands beliebteste Sportart. Fast 7 Millionen Menschen sind Mitglied in einem der über 27000 Fußballvereine. Organisiert sind sie im DFB（Deutscher Fußball-Bund）, dem weltgrößten Fußballverband. Weitere 4 Millionen „kicken" in Freizeit- und Hobbymannchaften.

In der Entwicklung des DFB aus kleinsten Anfängen zu einem der größten Fachverbände des Weltsports spiegelt sich geradezu exemplarisch der Siegeszug des Fußballs auf allen Kontinenten wider. Im Jahr 1900 wurde der Deutsche Fußball-Bund in der Leipziger Gaststätte „Mariengarten" gegründet. Der Grundstein für die rasante Entwicklung zum Volkssport war gelegt.

Seit 1903 trägt der DFB die „Deutsche Fußballmeisterschaft" aus. 1904 trat der DFB dem Weltfußballverband FIFA bei. Ein Ligasystem führte der DFB mit der Bundesliga sechzig Jahre später ein. Die Bundesliga ist die höchste Spielklasse im deutschen Fußball. In der Bundesliga werden im Ligasystem, bei dem jeder Verein in Hin- und Rückspielen gegen jeden anderen Verein antritt, der deutsche Fußballmeister sowie die Teilnehmer der Europapokalwettbewerbe ausgespielt.

In Deutschland gibt es eine Bundesliga (1. Liga), in der 18 Vereine um den Titel kämpfen. Der beste Verein wird „Deutscher Meister". Erfolgreichster Teilnehmer ist der FC Bayern München mit 30 gewonnenen Bundesligameisterschaften, er ist auch amtierender Meister. Neben der deutschen Meisterschaft ist der DFB-Pokal eine der beiden wichtigsten deutschen Fußball-Turniere. Der DFB stellt auch die deutsche Fußballnationalmannschaft und organisiert die unter seinem Dach ausgetragenen nationalen Wettbewerbe.

Die deutsche Fußballnationalmannschaft der Männer repräsentiert den DFB als Auswahlmannschaft auf internationaler Ebene bei Länderspielen gegen Mannschaften anderer nationaler Verbände. Die Nationalmannschaft zählt zu den erfolgreichsten Nationalmannschaften weltweit. Sie wurde viermal Weltmeister, sowie dreimal Europameister, hinzu kommen zahlreiche Halbfinal- und Finalteilnahmen bei Welt- und Europameisterschaften. In deutschen Medien wird die Mannschaft häufig als Nationalelf, DFB-Elf, DFB-Team oder DFB-Auswahl betitelt.

Der deutsche Fußball ist voll von kuriosen Ereignissen, Zufällen und wunderbaren Geschichten. Bei der Weltmeisterschaft fing der Erfolg der deutschen Fußballmannschaft von dem sogannten „Wunder von Bern" an, das zu Deutschlands Nachkriegsgeschichte gehört. 1954 gewann die deutsche

Mannschaft erstmals den Weltmeistertitel. Durch den Titelgewinn 1974 gelang es den Deutschen als erster Mannschaft, nach einem Kontinentalmeisterschaftstitel auch die darauf folgende Weltmeisterschaft zu gewinnen. Den dritten WM-Titel holte die Mannschaft 1990 in Italien. 2014 wurde die deutsche Nationalmannschaft in Brasilien zum vierten Mal Weltmeister.

(1) 生词释义

kicken　*Vi*.　踢足球
exemplarisch　*Adj*.　示范性的，可做模范的
Siegeszug　*m*. unz.　凯旋队伍，凯旋行列
austragen　*Vt*.　组织，承办；决出胜负
beitreten　*Vi*.　参加，加入
Hinspiel　*n*. -e　第一回合比赛
Rückspiel　*n*. -e　第二回合比赛
ausspielen　*Vt*.　〖体〗（比赛中）争夺奖杯；举办（冠军赛）
Auswahlmannschaft　*f*. -en　〖体〗（选拔出来的）混合代表队
Europapokal　*m*.　欧洲杯（赛）
Nachkriegsgeschichte　*f*. -n　战后史
betiteln　*Vt*.　命名，给……提名

(2) 难点解析

- In der Entwicklung des DFB aus kleinsten Anfängen zu einem der größten Fachverbände des Weltsports spiegelt sich geradezu exemplarisch der Siegeszug des Fußballs auf allen Kontinenten wider.（德国足协从最小的尝试开始到成为世界最大体育专业协会之一，这个发展过程示范性地展示出足球在各大洲获得的成功。）动词 widerspiegeln 的反身用法 sich（A）widerspiegeln 意思是"反映""表现"。在修饰 DFB 发展时，使用 aus ... zu ... 的表达，释义为"从……到……"。... einem der（größten Fachverbände）是德语中常用的固定表达，要用第二格的结构来修饰或限制前面的 einem（因介词 zu 的要求为第三格），意思是"……之一"。

- In der Bundesliga werden im Ligasystem, bei dem jeder Verein in ... gegen ... antritt, der deutsche Fußballmeister sowie die Teilnehmer der Europapokalwettbewerbe ausgespielt.（根据联赛体制，在联赛中每个俱乐部的球队……，争夺德国足球冠军和欧洲杯赛的参赛资格。）该句较长，但结构并

不复杂：一个主句 + 一个定语从句（bei dem ... antritt，修饰名词 das Ligasystem，用介词结构作为关系连词）。从句中有一个固定词组 gegen jmdn. （A）antreten，意为"出场（与某人比赛）"。主句是被动句式，强调行为过程。

- **Die Nationalmannschaft zählt zu den erfolgreichsten Nationalmannschaften weltweit.**（德国国家足球队属于世界上最有成就的国家队行列。）动词 zählen 是不及物的，与介词 zu 构成固定搭配 zu ...（D）zählen，意为"属于……""算作……"。erfolgreichst 是 erfolgreich 的最高级，意为"最成功的""最有成就的"，也可释义为"成就最为卓著的"。

(3) 智慧选择 （请根据短文，从 4 个选项中选择正确的 1 项填空）

① Seit 1903 _____ der DFB die „Deutsche Fußballmeisterschaft" _____.
   a) trägt ... aus   b) findet ... statt
   c) schaltet ... ein   d) bereitet ... vor

② In Deutschland gibt es eine Bundesliga（1. Liga），in der 18 Vereine um den Titel _____.
   a) spielen   b) kämpften   c) kämpfen   d) spielten

③ _____ gewann die deutsche Mannschaft erstmals den Weltmeistertitel.
   a) 1958   b) 1954   c) 1956   d) 1960

④ 2014 wurde die deutsche Nationalmannschaft in Brasilien zum _____ Mal Weltmeister.
   a) vierte   b) vierten   c) dritten   d) zweiten.

(4) 要点问答 （请根据短文内容回答问题）

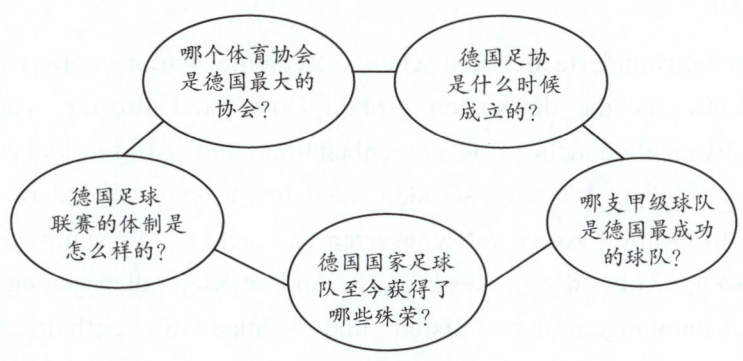

7.4 多姿多彩博物馆

篇首导学

有人归纳说,德国旅游有"三宝":教堂、展馆和古堡。此话不假。德国不同类型、多姿多彩的博物馆(属于"展馆")有3000多家,堪称世间一绝。慕尼黑的"德意志博物馆"是德国最为知名的大博物馆之一,学习德语的人恐怕不能不去参观一下(请见本书介绍慕尼黑的短文)。学习本文的要点是:首先了解德国博物馆的情况,包括数量和主要种类,同时加深对德国的历史和文化的认识,进而提高自己的"博物馆修养和品位";其次是学习和掌握有关博物馆方面的德语词汇和表达。

Vielfältige Museen in Deutschland

Die Vielzahl der Museen mit unterschiedlichen Sammelgebieten hat ihren Ursprung in der gesellschaftlichen und kulturellen Entwicklung Deutschlands. Es gibt über 3000 Landes-, Stadt-, Vereins-, Heimat- und Privatmuseen, dazu noch Schatzkammern, Diözesen-, Dom-, Residenz-, Burg-, Schloss- und Freilichtmuseen. Sie spiegeln getreulich die förderative Struktur Deustchlands wider. Die meisten von ihnen sind zwischen 10 und 16 Uhr geöffnet, einzelne auch an bestimmten Abenden; montags sind viele geschlossen, sonntags ist der Eintritt frei.

Die ersten Jahrhunderte der deutschen Geschichte waren geprägt durch die deutschen Kaiser, die die ersten großen Dome und Kloster erbauen und kostbare Evangelienbücher, Reliquienbehälter und Altargeräte anfertigen ließen. Die auf diese Weise entstandenen Schätze befinden sich zum Teil noch heute an ihren alten Aufbewahrungsorten in Aachen, Augsburg, Bamberg, Braunschweig, Köln oder in Regensburg. Andere Kleinodien gelangten in die späteren Sammlungen der Fürsten und Könige. So enthält z. B. die Schatzkammer der Residenz in München Königskronen und Herrschaftsinsignien aus dem Mittelalter und der Neuzeit neben Schmuck und Kostbarkeiten. Einige

第 7 章　Aus der Welt von Kultur und Sport
文体拾零

von den alten Prachthandschriften können im Germanischen Nationalmuseum in Nürnberg, einige in den Schausammlungen der großen Bibliotheken, andere an Ort ihrer Entstehung besichtigt werden. Das Germanische Nationalmuseum in Nürnberg enthält neben einer Reihe berühmter Bilder sowie Möbel, Trachten, Geräte und Spielzeug aus allen Jahrhunderten und aus ganz Deutschland.

Sehenswert sind nicht nur die großen berühmten Museen, sondern auch viele Heimatmuseen, die fast jede größere Stadt besitzt. Engverbunden mit der Geschichte des Orts, enthalten sie alles, was man zum besseren Verständnis der Stadt und ihrer Bewohner braucht. Oft findet man bedeutende Spezialsammlungen. Da die Deutschen immer gern getrunken, Karten gespielt haben und auf die Jagd gegangen sind, gibt es Bier- und Weinmuseen, Spielkartenmuseen und Jagdmuseen. In Ulm gibt es sogar ein Brotmuseum. Zu besuchen sind noch das Deutsche Verkehrsmuseum in Nürnberg und die großen Postmuseen in Frankfurt und in Hamburg.

Das Römisch-Germanische Museum in Köln ist eines der bemerkenswertesten neuen Museen in Deutschland. Es verbindet in geglückter Form die Erfordernisse moderner Museumstechnologie mit einer publikumsfreundlichen Präsentation. Hier wird der Besucher nicht wie im Gelehrtenmuseum des 19. Jahrhunderts allein gelassen, sondern kann sich zahlreicher Geräte bedienen, die durch Knopfdruck in Gang gesetzt werden können.

Die moderne Museumsdidaktik versucht die Atmosphäre des traditionellen Museums aufzulösen, indem sie es zu einem Ort der Begegnung und Diskussion macht. In den meisten Museen gibt es heute eine Cafeteria, kostenlose Führung, gelegentlich auch schon Kinderabteilungen. Dies dient zu dem Ziel, die Museen attraktiver zu machen.

(1) 生词释义

vielfältig　*Adj.*　形形色色的,多种多样的
Schatzkammer　*n.-*　宝库,贵重物品保管库;国库
Diözesenmuseum　*n.*　主教区或教区博物馆
widerspiegeln　*Vt.*　反照,反射;〈转〉反映

prägen　　Vt.　　铸造，冲制；〈转〉打上烙印，产生影响
Evangelienbücher　　Pl.　　四福音书
Reliquienbehälter　　m.-　　圣人遗物或遗骨储藏器
Kleinod　　n. ... dien　　珠宝，珍宝
Herrschaftsinsignien　　Pl.　　统治象征物（如帝王的王冠、权杖等）
Tracht　　f. -en　　（具有民族、地方、时代、职业等特色的）服装
Präsentation　　f. -en　　呈现，给予；建议，推荐
auflösen　　Vt.　　消除，废除

(2) 难点解析

- Die auf diese Weise entstandenen Schätze befinden sich zum Teil noch heute an ...（以这种方式形成的珍宝有一部分如今还在……）auf diese Weise 是固定词组，意为"以这种方式"。主语 Schätze 的定语较长，由一个介词词组和动词 entstehen 的第二分词构成。zum Teil 也是固定词组，意为"部分地""有一部分"。noch 用于强调 heute。

- Engverbunden mit ..., enthalten sie alles, was man zum besseren Verständnis der Stadt und ihrer Bewohner braucht.（它们与……紧密相连，收藏着人们为了更好地了解该城市及其居民所需要的一切。）engverbunden mit ...（D）是由动词第二分词和一个介词词组构成的状语结构，意为"与什么紧密相连"。was man zum ... braucht 是由关系代词 was 引导的宾语从句，前面相关词大多为 alles, vieles, einiges, nichts, etwas 这样的不定代词。介词词组 zum besseren Verständnis 表示宾语从句行为的目的。

- Die moderne Museumsdidaktik versucht die Atmosphäre ... aufzulösen, indem sie es zu ... macht.（现代博物馆的展示理念是试图通过把博物馆变为……，以消除……气氛）注意 versuchen 常与别的独立动词连用，中间必须加 zu。后面 indem 句是状语从句，表示方式方法等，常译为"通过……方式""由于……"。具体译法较灵活，须根据上下文而定。

(3) 智慧选择　（请根据短文，从4个选项中选择正确的1项填空）

① Die Vielzahl der Museen mit unterschiedlichen Sammelgebieten hat ihren Ursprung _____ der gesellschaftlichen und kulturellen Entwicklung Deutschlands
　　a) an　　　　　b) von　　　　　c) bei　　　　　d) in

② Die ersten Jahrhunderte der deutschen Geschichte waren _____ durch

die deutschen Kaiser ...
   a) prägt   b) prägend   c) geprägt   d) geprägen
③ _____ sind nicht nur die großen berühmten Museen, sondern auch viele Heimatmuseen ...
   a) sehenswert   b) Sehenswert   c) sehenswürdig   d) Sehenswürdig
④ Hier wird der Besucher nicht wie ... allein gelassen, sondern kann sich zahlreicher Geräte bedienen, die durch Knopfdruck _____ _____ gesetzt werden können.
   a) an Gang   b) in Gang   c) an Gange   d) in Gange

(4) 要点问答 （请根据短文内容回答问题）

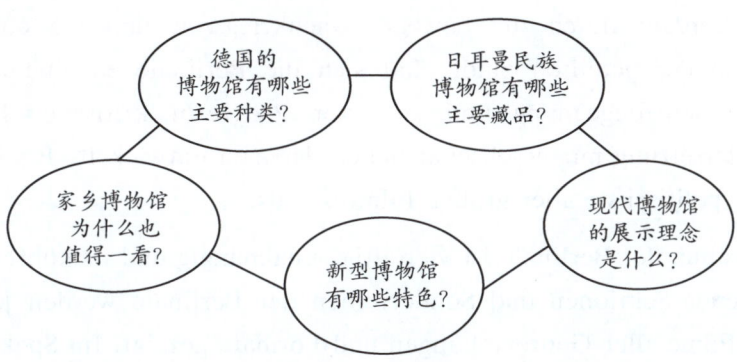

7.5　柏林影节享盛名

篇首导学

1951年6月底，首届柏林国际电影节在西柏林举行。该电影节吸引了诸多电影名人参加，参加电影节的国家和影片也逐年增加。目前，柏林电影节在每年二月举办，成为世界电影界的盛事，与戛纳电影节和威尼斯电影节并称为欧洲三大国际电影节。该电影节内容丰富，每年展示400多部不同类型、片长和规格的影片，获奖影片被授予"金熊奖"或"银熊奖"。本文语言较生动，难度适中，涉及部分电影领域的词汇。学习此文，我们可以了解柏林电影节的基本情况和掌握一些电影方面的词汇。

Die Berlinale: Festival in Bewegung

Die Berlinale ist ein einzigartiger Ort der künstlerischen Auseinandersetzung und der Unterhaltung. Sie ist eines der größten Filmfestivals der Welt, das jedes Jahr Zehntausende Besucherinnen und Besucher aus aller Welt anlockt. Für die Filmbranche und die Presse sind die elf Tage im Februar zugleich eines der wichtigsten Ereignisse im Jahreskalender und ein unverzichtbarer Handelsplatz.

Die Internationalen Filmfestspiele Berlin blicken auf eine wechselvolle Geschichte zurück. Das Festival wurde 1951, zu Beginn des Kalten Krieges, als „Schaufenster der freien Welt" für das Berliner Publikum ins Leben gerufen. Geprägt durch die bewegte Nachkriegszeit und die einzigartige Situation in der geteilten Stadt, hat sich die Berlinale zu einem Ort der interkulturellen Begegnung und zu einer Plattform kritischer filmischer Auseinandersetzung mit gesellschaftlichen Themen entwickelt. Bis heute gilt sie als das politischste aller großen Filmfestivals.

Das Programm der Berlinale ist vielfältig, unabhängig und risikobreit. In den verschiedenen Sektionen und Sonderreihen der Berlinale werden jedes Jahr rund 400 Filme aller Genres, Längen und Formate gezeigt. Im Spektrum von Spielfilmen über dokumentarische Formen bis zu künstlerischen Experimenten ist das Publikum eingeladen, unterschiedlichste Milieus, Lebensformen und Haltungen kennenzulernen, die eigenen Urteile und Vorurteile auf den Prüfstand zu stellen und Sehen und Wahrnehmen im Spannungsfeld von klassischen Erzählformen und außergewöhnlichen Ästhetiken neu zu erleben.

Der Wettbewerb ist die zentrale Sektion der Filmfestspiele. Etwa 20 Filme stehen jedes Jahr im Wettbewerb. Die Preisträger werden von einer internationalen Jury unter Führung eines Jury-Präsidenten gewählt und zum Ende des Festivals verkündet. Im Wettbewerbsprogramm werden die Hauptpreise — der Goldene Berliner Bär und die Silbernen Bären — verliehen.

Der Goldene Bär ist der Große Preis der Berliner Filmfestspiele. Er wird aus den Wettbewerbsfilmen ausgesucht, die sämtlich nur in den zwölf Monaten vor Beginn des Festivals produziert worden sind. Und vorher dürfen sie nicht außerhalb ihres Herkunftslands oder auf anderen Festivals gezeigt werden. Seit 1951 wird der Silberne Bär in verschiedenen Kategorien vergeben. Momentan wird neben dem Großen Preis der Jury u. a. je ein Silberner Bär für die beste Regie，die beste Darstellerin，den besten Darsteller und das beste Drehbuch vergeben.

Die Berlinale bringt die großen Stars des internationalen Kinos nach Berlin und entdeckt neue Talente. Sie begleitet Filmschaffende aller Gewerke auf ihrem Weg ins Rampenlicht，fördert Karrieren，Projekte，Träume，Visionen. Das Programm lebt auch vom intensiven Dialog mit seinen Zuschauerinnen und Zuschauern. Zahlreiche Veranstaltungen und Publikumsgespräche ermöglichen die aktive Teilhabe am Festivalgeschehen. Durch ihre zahlreichen Branchen-Initiativen ist die Berlinale sowohl international als auch für Unternehmen aus Deutschland und Berlin ein bedeutender Motor für Innovation und wichtiger Wirtschaftsfaktor.

(1) 生词释义

anlocken　　*Vt.*　吸引，引诱

Filmbranche　　*n.*-e　电影行业

Handelsplatz　　*m.*⸚e　交易场所

risikobereit　　*Adj.*　愿意承担风险的，愿意冒险的

Sektion　　*f.*-en　（涉及专一问题的）部门，处，科，组

Milieu　　*n.*-s　环境，氛围

Prüfstand　　*m.*⸚e　试验台，实验台

Jury　　*f.*-s　〈英〉评奖委员会，评审委员会

sämtlich　　*Pron.*　全部的，全体的

Gewerk　　*n.*-e　行业；手工业部门

Rampenlicht　　*n.*-er　脚灯灯光；众人注目的中心

Teilhabe　　*f.*-n　参与，分担，共享

(2) 难点解析

● Sie ist eines der größten Filmfestivals der Welt，das jedes Jahr Zehntausende Besucherinnen und Besucher aus aller Welt anlockt.（它是世界上最大的电影

节之一，每年吸引来自全世界数以万计的宾客来访。）eines der（größten Filmfestivals）是常用表达，表示"……之一"，eines 后面要用复数第二格的结构。后面是关系代词 das 引导的定语从句，修饰主句中的 eines，即 das Berliner Filmfestival。注意"宾客"的表达，先女性后男性。

- Geprägt durch die bewegte Nachkriegszeit und die einzigartige Situation in der geteilten Stadt, hat sich die Berlinale zu einem Ort der interkulturellen Begegnung und zu einer Plattform kritischer filmischer Auseinandersetzung mit gesellschaftlichen Themen entwickelt.（柏林电影节深受动荡的战后时期和身处一个被分裂城市的独特状况的影响，所以它发展成了一个不同文化交汇的场所和一个围绕电影中出现的重大社会主题展开论争的平台。）该句较长，前半句是用第二分词 geprägt + durch 介词结构引导的短语，表示被动，意为"打上……烙印""深受……影响"，修饰主语 die Berlinale。句中动词 entwickeln 是反身用法，意为"自己发展"。这里与介词结构 zu ... 搭配，释义为"发展成为……"。

- Das Programm lebt auch vom intensiven Dialog mit seinen Zuschauerinnen und Zuschauern.（该电影节也以与观众积极对话交流为本。）das Programm 原意是"电影节的节目/活动"，联系上下文，可理解和翻译为"该电影节"。不及物动词 leben 与介词结构 von ...构成固定搭配，意为"依赖于……"。参考译文"以……为本"采用了意译手法。

(3) 智慧选择 （请根据短文，从 4 个选项中选择正确的 1 项填空）

① Die Internationalen Filmfestspiele Berlin blicken _____ eine wechselvolle Geschichte zurück.

    a）zu   b）über   c）auf   d）für

② Die Preisträger werden von einer _____ Jury unter Führung eines Jury-Präsidenten gewählt.

    a）deutschen   b）französischen   c）italienischen   d）internationalen

③ Bis heute _____ die Berlinale als das politischste aller großen Filmfestivals.

    a）hält   b）sieht   c）gilt   d）zeichnet

④ Zahlreiche Veranstaltungen und Publikumsgespräche ermöglichen die aktive _____ am Festivalgeschehen.

    a）Teilhaben   b）Teilhabe   c）Teilnehmen   d）Teilnahme

(4) 要点问答 （请根据短文内容回答问题）

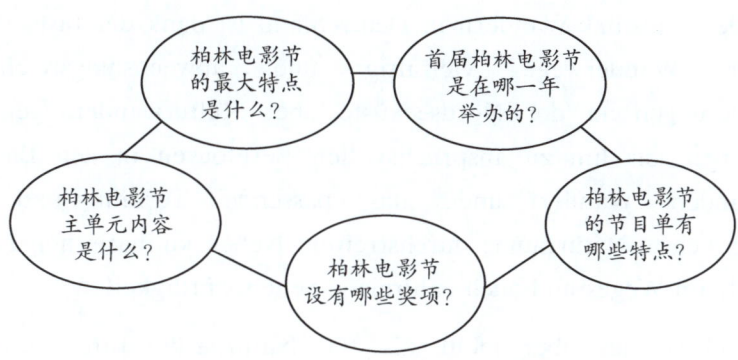

7.6 德国是徒步乐园

篇首导学

　　德国面积357000平方公里，拥有将近20万公里的步行道和多种多样的自然空间，徒步爱好者们可以在这里找到合适的区域，游历不同的自然地带：从北海海岸的浅滩到山脉间的文化，再到阿尔卑斯山中的高品位旅行。德国的徒步方式花样繁多。徒步运动越来越受到德国人的青睐，面对美妙的景色和清新的空气，人们既可抛却日常生活中的烦恼，又能休闲养生，享受自然。通过学习本文可了解德国徒步运动和部分徒步路线的基本情况，也可学到些有关徒步的词汇。

Deutschland — ein Wanderparadies

Wer denkt, dass Deutschland größtenteils aus Stadt- und Industriegebieten besteht, irrt gewaltig. Die zahlreichen Freizeit- und Naturparks, die entzückenden Inseln der Ost- und Nordsee, die monumentalen Welterbe — all diese Naturschätze laden zu einem interessanten und erholsamen Wanderurlaub ein. 16 Bundesländer, über 357000 Quadratkilometer Fläche und unterschiedlichste Naturräume, die es sich wandernd zu erkunden lohnt, all dies und noch vieles mehr macht das Wanderparadies Deutschland aus.

Zu den schönsten Freizeitbeschäftigungen, denen du in Deutschland nachgehen kannst, gehört das Wandern durch die Natur. Das Wanderparadies liegt vor der Haustür! Wandern in Deutschland ist dank der fast 200000 km befestigter Wanderwege vielfältig und abwechslungsreich. Von Wattwanderungen an der Nordseeküste über Kulturwanderungen in den Mittelgebirgen bis hin zu anspruchsvollen Bergtouren in den Bayerischen Alpen finden Wanderfreunde das passende Terrain und können unterschiedlichste Naturräume durchstreifen. Neben kulinarischen Highlights finden sich am Wegesrand auch zahlreiche Sehenswürdigkeiten.

Deutschland verfügt über mehr als 100 Naturparks. Ihre Gesamtfläche entspricht etwa einem Viertel des Landes. Die meisten der eindrucksvollen deutschen Naturparks sind mit einem großzügigen Wegenetz ausgestattet, um Wanderern die Möglichkeit zu geben, sich an der Natur zu erfreuen und zu entspannen. So erreichen z. B. Spaziergänger in gemütlichem Tempo die schönsten Aussichtspunkte in Natur- und Landschaftsschutzgebieten.

Der Wandersport galt lange Zeit als Sport für Senioren, mittlerweile hat sich das Blatt aber gewendet. Heute spricht das Wandern Menschen jeder Altersklasse an, denn immer mehr Menschen entdecken die Möglichkeit, angesichts traumhafter Landschaften und frischer Luft, den Alltag hinter sich zu lassen. Auch in gesundheitlicher Hinsicht bringt das Wandern deutliche Vorteile: Durch viel Bewegung an der frischen Luft können der Alterungsprozess verlangsamt und Organe lange funktionstüchtig gehalten werden. Geführte Wanderungen tragen dazu bei, dass man seinen Körper nicht bis an die Leistungsgrenze führen und bei jedem Wetter und unterschiedlichen Höhenlagen das richtige Tempo wählen. Sportliche Wanderaktivitäten werden dabei mit einer traumhaften Umgebung und kulinarischen Genüssen verbunden.

Wandern boomt: Aufgrund der Einschränkungen bei Auslandsreisen hat sich die Nachfrage nach Wanderurlaub in Deutschland deutlich erhöht. Das hat der Deutsche Wanderverband jetzt bei einer Umfrage festgestellt. Um die Natur beim Wandern hautnah zu erleben, muss man nicht weit fahren. Im abwechslungsreich Terrain zwischen Flachland, Mittelgebirge, Küste und Alpen findet man Wanderpfade, Klettersteige, Genusswanderrouten und

Fernwanderwege für jeden Anspruch. Von der Küstenwanderung über Kulturwanderungen bis hin zu Bergwanderungen, ist alles im Rahmen eines Wanderurlaubs möglich.

(1) 生词释义

  entzückend P.Ⅰ 逗人喜欢的，令人陶醉的，迷人的
  monumental Adj． 巨大的，宏伟的
  Welterbe n．unz. 世界（文化或自然）遗产
  ausmachen Vt． 形成，构成
  befestigt Adj． 固定的，加强的
  Wattwanderung f．-en 浅滩徒步
  Terrain n．-s 地域，地带
  durchstreifen Vt． 漫游，游历
  kulinarisch Adj． 不用心思地享受；（像享受）美味似的
  ausstatten Vt． 配备，供给；布置，装潢
  funktionstüchtig Adj． 作用良好的，能运转的
  Höhenlage f．-n 高度，高层位置

(2) 难点解析

- Wer denkt, dass Deutschland größtenteils aus Stadt- und Industriegebieten besteht, irrt gewaltig.（谁认为德国大部分地区是由城市和工业区构成的话，那么他就大错特错了。）这里出现的是 Wer …, der irrt … 结构的句子，只是其中省略了 der 一词，表示"谁……，他/她就……"。dass ... besteht 是 denken 的宾语从句。aus etw. (D) bestehen 是固定"动介搭配"，意为"由什么组成/构成"。

- Der Wandersport galt lange Zeit als Sport für Senioren, mittlerweile hat sich das Blatt aber gewendet.（在很长一段时间里，徒步运动被视为老年人的运动，这一切都在这段时间里发生了变化。）不及物动词 gelten 与连词 als 构成固定表达，意为"被视为""被认作"。后半句是德语中的惯用语 Das Blatt hat sich gewendet，直译为"此页已翻过"。

- Heute spricht das Wandern Menschen jeder Altersklasse an, denn immer mehr Menschen entdecken die Möglichkeit, angesichts traumhafter Landschaften und frischer Luft, den Alltag hinter sich zu lassen.（目前徒步能够引起各个年龄段人们的兴趣，因为越来越多的人发现，面对美妙的风景和新鲜的空气，可以将日常生活抛于脑后。）ansprechen 是及物动词，意思是"引

起兴趣"。为了说明原因，句中用了连词 denn 引导的从句。angesichts 是支配第二格的介词，意为"面对"等。句子最后用带 zu 的不定式修饰 die Möglichkeit，说明徒步所能带来的可能性。

(3) 智慧选择　（请根据短文，从 4 个选项中选择正确的 1 项填空）

① _____ den schönsten Freizeitbeschäftigungen, denen du in Deutschland nachgehen kannst, gehört das Wandern durch die Natur.
　　a) Mit　　　b) Nach　　　c) Zu　　　d) Aus

② Deutschland verfügt _____ mehr als 100 Naturparks.
　　a) für　　　b) durch　　　c) auf　　　d) über

③ Durch viel Bewegung an der frischen Luft können der Alterungsprozess verlangsamt und Organe lange funktionstüchtig _____ werden.
　　a) gehalten　　b) erhalten　　c) behalten　　d) geblieben

④ Aufgrund der Einschränkungen bei Auslandsreisen hat sich die Nachfrage nach Wanderurlaub in Deutschland deutlich _____.
　　a) gesunken　　b) erhöht　　c) gestiegen　　d) vermindert

(4) 要点问答　（请根据短文内容回答问题）

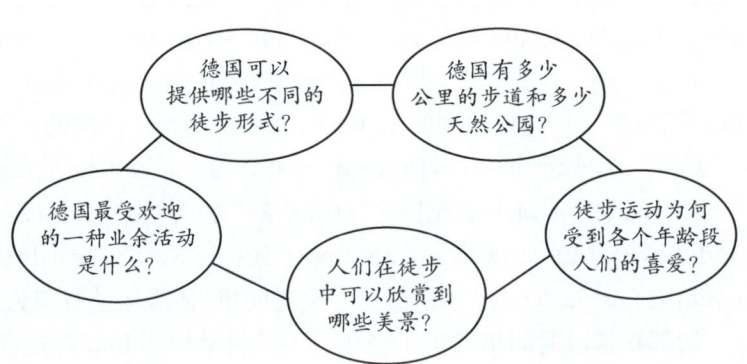

第 7 章　Aus der Welt von Kultur und Sport
文体拾零

7.7　德国首部肥皂剧

> **篇首导学**
>
> 　　1985 年 12 月 8 日星期六，德国电视一台首播德国第一部肥皂剧《菩提树大街》，收视率很高。在播出 34 年后的 2020 年 3 月 29 日，该剧播出最后一集，遂与广大观众告别，不禁令人惋惜！该电视剧获得成功的秘诀在于其故事情节与普通人的日常生活紧密相连，且涉及各种家庭矛盾和社会问题。另外，该剧能自然融入时事内容，给观众以真实感、亲切感和时代感。本文语言不难，句子大多不复杂。学习本文，旨在初步了解该肥皂剧的主题内容、主要特色及其社会影响等。

Die erste deutsche Seifenoper

Nach gut 34 Jahren lief am 29. März 2020 die letzte Folge der „Lindenstraße". Keine andere Familienserie im deutschen Fernsehen kann auf eine vergleichbar lange Laufzeit zurückblicken. Und keine andere Serie hat den deutschen Alltag so gewissenhaft, konsequent und schonungslos abgebildet wie die „Lindenstraße". Sie ist eine von Hans W. Geißendörfer begründete deutsche Fernsehserie des WDR und gilt als erste deutsche Seifenoper.

Die „Lindenstraße" wurde am 8. Dezember 1985 erstmals am Sonntagvorabend ausgestrahlt. Sie spielt in München. In den Mehrfamilienhäusern der Straße wohnen Familien mit Kindern sowie auch Paare ohne Kinder und Wohngemeinschaften. Dort existieren die Arztpraxis von Dr. Iris Brooks, sowie das griechische Restaurant *Akropolis* und ein Supermarkt.

Das Leben der Straßenbewohner wird recht realitätsnah dargestellt. Vielfältige, meist problemhaltige Facetten realen menschlichen Lebens werden in teils mehrere Jahre übergreifenden Handlungssträngen aufgegriffen. Sich allmählich entwickelnde Ehekrisen in bis dahin scheinbar heilen Familien zählen ebenso dazu wie Pubertätsprobleme bei den zahlreichen jugendlichen Figuren sowie auch politischer oder religiöser Extremismus. Es gab langwierige Versuche zur Erfüllung von Kinderwünschen, komplizierte

Krankheitsverläufe, Welchseljahres- und Alterskrisen, aber auch berufliches und basisdemokratisches Engagement.

Jeder Folgenvorspann zeigt, untermalt von der Titelmelodie, zunächst ein Panoramabild der Münchener Innenstadt mit der Frauenkirche und danach einen Schwenk in die Lindenstraße, der mit einer Kamerafahrt auf einen Hauseingang endet. Schließlich wird der jeweilige Folgentitel eingeblendet. Dieselbe Melodie taucht am Ende der meisten Folgen auf. Nach einer inhaltsschweren Handlung erfolgt eine Nahaufnahme der Figur oder ihres entsetzt schauenden Szenenpartners und die Abspannmusik beginnt. Damit soll die Neugier auf die nächste Folge geweckt werden.

Die Produzenten der „Lindenstraße" drehten immer wieder kurz vor dem Ausstrahlungstermin Szenen mit aktuellem Inhalt nach, um einen gewissen zeitnahen Bezug zu erhalten. Dialoge zu fast tagesaktuellen Ereignissen wie Flugzeugabstürzen und Erdbeben oder politischen Geschehnissen wie Bundestagsbeschlüssen oder Revolutionen im Ausland sind in den meisten Folgen zu finden. Im Hintergrund sind oft Auszüge aus entsprechend aktuellen Radioberichten zu hören. So wurden zum Beispiel bei der Bundestagswahl 1998 vier Versionen über den Ausgang vorbereitet. Selbst die nach dem Ende der Produktion am 8. März 2020 ausgestrahlte Folge 1755 wurde noch im Nachhinein mit dem Ton eines Tagesschau-Berichtes zur COVID-19-Pandemie versehen.

Zahlreiche Erinnerungsstücke an die „Lindenstraße" sollten nach dem Ende der Kultserie im März 2020 in Museen ausgestellt werden. Der aufwändig gestaltete Bildband „Lindenstraße — Die Chronik" kommt bald auf den Markt. Er dokumentiert diese Epoche nationaler Fernsehgeschichte. Sieben reich bebilderte Kapitel illustrieren über drei Jahrzehnte Serienproduktion. Exklusives Archivmaterial gibt Einblick in die Arbeit von Produzenten, Ensemble und Team.

(1) 生词释义

schonungslos　　*Adj.*　不讲情面的，毫不留情的

Facette　　*n.* -n　（多面体的）面；（事物、问题等的）侧面，局部

Handlungsstrang　　*m.* ̈e　情节线路

第 7 章　Aus der Welt von Kultur und Sport
文体拾零

Pubertät　*f.* unz.　青春期，性成熟期
langwierig　*Adj.*　费时的；拖延的
untermalen　*Vt.*　给……配乐；给……着底色
Panorama　*n.* ...men　全景
Schwenk　*m.* -s　（电影的）摇镜头
entsetzt　*Adj.*　吃惊的，惊恐的
Auszug　*m.* ⸚e　摘录，节选；摘要，提要
Pandemie　*f.* -n　大流行病
Kultserie　*f.* -n　热播系列剧

（2）难点解析

- **Sie ist eine von Hans W. Geißendörfer begründete deutsche Fernsehserie des WDR und gilt als erste deutsche Seifenoper.**（它是由汉斯·维·盖申德芙创办制作的，归属于德国西部广播电台的一部德国电视剧，被视为德国第一部肥皂剧。）begründen 一词的原意是"创办""建立"。这里使用第二分词 begründet 来修饰电视连续剧，表示被动和已完成的行为。Etw.（N）gilt als etw.（N）作为一种句型，意思是"什么被视为/认为是什么"。WDR 是 Westdeutecher Rundfunk（德国西部广播电台）的缩写。

- **Sich allmählich entwickelnde Ehekrisen in bis dahin scheinbar heilen Familien zählen ebenso dazu ...**（看似迄今幸福美满的家庭中逐渐产生的婚姻危机也是该剧的内容……）在这里 zählen 是不及物动词，意思是"属于""算作"，与介词 zu 搭配。dazu 是代副词，指代之前提到的电视剧中现实生活的各个方面。理解这句话的关键是弄懂主语 Sich allmählich ... Ehekrisen in bis dahin scheinbar ... Familien。动词 entwickeln 的反身用法 sich（A）entwickeln 意为"发展""成长"，这里用第一分词形式表示主动。

- **Die Produzenten der „Lindenstraße" ..., um einen gewissen zeitnahen Bezug zu erhalten.**（为了让剧情在一定程度上保持与时代的联系，《菩提树大街》的制作者们……）um ... zu ... 引导的不定式在这里说明该剧制作者的目的。erhalten 是及物动词，要求第四格宾语，释义为"保持"。gewiss 是形容词，意为"在一定程度上""在某种程度上"。

（3）智慧选择（请根据短文，从 4 个选项中选择正确的 1 项填空）

① Keine andere Familienserie im deutschen Fernsehen kann ＿＿＿＿＿ eine vergleichbar lange Laufzeit zurückblicken.

a) auf　　　　b) über　　　　c) an　　　　d) in

② Das Leben der Straßenbewohner wird recht realitätsnah _____.

a) gestellt　　b) vorgestellt　　c) nachgestellt　　d) dargestellt

③ Selbst die nach dem Ende der Produktion wurde noch im _____ mit dem Ton eines Tagesschau-Berichtes zur COVID-19-Pandemie versehen.

a) Bezug　　b) Nachhinein　　c) Vergleich　　d) Hintergrund

④ Dialoge zu fast tagesaktuellen Ereignissen ... sind in den meisten Folgen _____ finden.

a) nach　　b) mit　　c) zu　　d) von

(4) 要点问答（请根据短文内容回答问题）

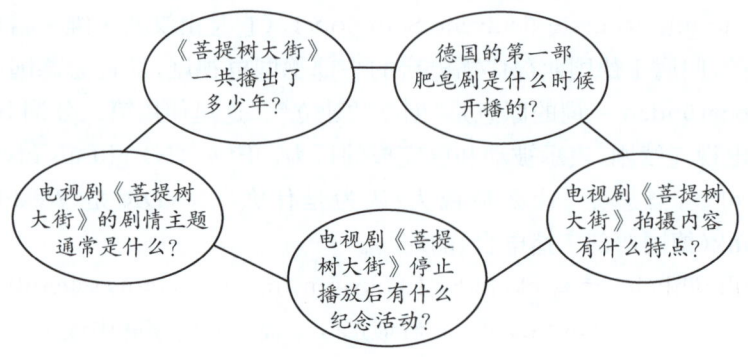

7.8　街头画师亦风采

篇首导学

在德国常见的街头粉笔画家，也叫街头画师。这既是个文化现象，说明德国懂绘画的人很多；又是个社会现象，说明他们大多比较贫穷，不得已才上街卖艺。近年，上海也允许"街头卖艺"了。本文简单介绍了德国街头画师比赛的情况。比赛本身并不是最重要的，重要的是热烈探讨的艺术氛围和欢快轻松的心情。这也是对生活的创新和享受。本文文字不难。学习本文既可了解德国街头画师这个文化现象和风俗民情，又能学到许多词汇和表达，或许还可以陶冶我们自己的情操。

Das große Straßenmalerfest

Nirgendwo hat die förderale Struktur sichtbarere Spuren hinterlassen als im kulturellen Leben. Es gab in Deutschland nie die zentrale Metropole, wie sie Paris für Frankreich oder London für England darstellt. Das ausgeprägte kulturelle Eigenleben der Bundesländer hat kleine und große Kulturzentren unterschiedlicher Ausprägung entstehen lassen. Kulturelles und wissenschaftliches Leben findet selbst in den kleinen Städten und Gemeinden statt. Das „Straßenmalerfest", ein internationaler Wettbewerb der Kreide-Künstler, in Geldern am Niederrhein ist ein schöner Beweis dafür.

Einfach ein Bild auf die Straßen malen — Wer möchte das nicht gerne einmal tun? In Geldern am Niederrhein ist jeder Straßenmaler gerne gesehen. Dort verwandeln sich jedes Jahr im September die Straßen in eine Galerie aus bunten Bildern. Aus ganz Europa kommen die Kreide-Künstler zu dem internationalen Wettbewerb zusammen.

Der internationale Weltbewerb der Kreide-Künstler in Geldern dauert zwei Tage. An diesen zwei Tagen wird die ganze Innenstadt von Geldern für Autos gesperrt. Dann gehen ungefähr 200 Straßenmaler im Alter von 4 bis 70 Jahren ans Werk. Abends werden die Bilder mit einem Spezial-Spray konserviert. So sind die Werke sechs Monate lang vor dem Regen sicher. Die Künstler wohnen während des Wettbewerbs in einem Zeltdorf am See. Dort können sie miteinander diskutieren und feiern. Die Stadt Geldern bezahlt nur die Verpflegung. Ihre „Gage" ist der Spaß an der Sache. Aber sie sind auch nicht böse, wenn jemand etwas Kleingeld in ihren Hut wirft, der von den Künstlern dafür auf den Boden gelegt ist.

Beim Wettbewerb gibt es fünf Gruppen: „Freie Künstler" und „Kopisten", unter diesen zwei Gruppen besteht je eine Gruppe für Erwachsene und Jugendliche; „Kinder" bilden eine eigene Gruppe. Die Jury, die aus drei Künstlern und drei Bürgern aus Geldern besteht, bewertet die Bilder und verteilt Preise im Wert von 3500 Euro. Ungefähr 50000 Zuschauer kommen jährlich in dieser Zeit nach Geldern. Auch sie verleihen einen Preis: 200 Euro für das Bild, das ihnen am besten gefällt.

Der Wettbewerb der Straßenmaler ist gleichzeitig auch ein großes Straßen-Festival. Hier und da sieht man auf der Straße Straßenmusikanten und Theatergruppen, Kabarettisten, Pantomimen und Clowns. Straßenmusik, -theater und -malerei zaubern ein Flair, das hierzulande sonst selten zu sehen ist. Dabei ist Kunst zum Mitmachen und Miterleben. Man kann das Leben einmal mit der Leichtigkeit südländischer Völker genießen. Besonders bei den Jugendlichen ist das Festival der Straßenmaler sehr beliebt. Mehr als die Hälfte der Teilnehmer sind unter 18 Jahren. Das Malen mit bunter Kreide macht Spaß, und Gelderns Galerie aus bunten Bildern zeigt: Auch die Straßenkunst hat ihren Platz in der Kultur.

(1) 生词释义

Ausprägung *f*. -en 〈转〉清楚表明,特有的显示,特点
Galerie *f*. -n 〈法〉画廊,美术馆
Kreide-Künstler *m*. 粉笔艺术家,粉笔画家
sperren *Vt*. 封锁,阻止,禁止
Spezial-Spray *m*./*n*. -s 特种喷洒液
konservieren *Vt*. 使什么长期贮存;保存,保藏
Verpflegung *f*. unz. 膳食,伙食
Gage *f*. -n 〈法〉(艺术家的)薪俸
Jury *f*. -s 〈英〉评奖委员会
Kabarettist *m*. -en 小型歌舞演员
Pantomime *m*. -n 哑剧演员
Flair *n*./（罕）*m*. unz. 〈雅〉气氛,氛围

(2) 难点解析

- Nirgendwo hat die förderale Struktur sichtbarere Spuren hinterlassen als im kulturellen Leben. (联邦体制没有在一个其他地方留下了比在文化生活中更清楚的痕迹。)句中 sichtbarer ... als ... 是个比较结构。die förderale Struktur 指德国的"联邦制结构"。

- Dort verwandeln sich jedes Jahr im September die Straßen in eine Galerie aus bunten Bildern. 句首 dort 指举办"街头画比赛"的格尔德恩。及物动词 etw. (A) in etw. (A) verwandeln 意为"把什么变成什么"。这里句中的宾语是小城自己,所以用 sich 构成反身动词。jedes Jahr 是第四格名词做时间状

语。句意请见参考译文。

- Straßenmusik, -theater und -malerei zaubern ein Flair, das hierzulande sonst selten zu sehen ist. （街头音乐、街头戏剧和街头图画魔术般地营造出一派往常在格尔德恩难以见到的艺术气氛。）zaubern 是及物动词，原意是"用魔术/魔法变出什么"，这里是转义为"用高超技艺营造出（一种气氛/氛围）"。hierzulande 意同 hier，但强调"在本地"。Etw./Jmd.（N）ist zu sehen 是常用句型，意为"可见到什么/某人"。其意义相当于状态被动式 Etw./Jmd.（N）ist gesehen 或主动句 Man kann etw./jmdn（A）sehen。

(3) 智慧选择 （请根据短文，从4个选项中选择正确的1项填空）

① Das „Straßenmalerfest", ein internationaler Wettbewerb der Kreide-Künstler, in Geldern am Niederrhein ist ein schöner Beweis _____.
   a) davon   b) dafür   c) dadurch   d) daraus

② In Geldern am Niederrhein ist jeder Straßenmaler gerne _____.
   a) kommen   b) gekommen   c) sehen   d) gesehen

③ _____ „Gage" ist der Spaß an der Sache.
   a) ihre   b) Ihre   c) Ihr   d) ihr

④ Dabei ist _____ zum Mitmachen und Miterleben.
   a) Künstler   b) Kunst   c) Maler   d) Malen

(4) 要点问答 （请根据短文内容回答问题）

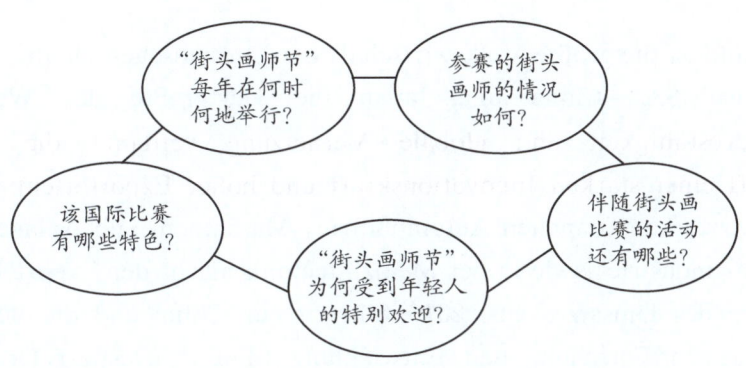

第8章 Etwas über die Wirtschaft
经济点滴

8.1 世界第四经济体

> **篇首导学**
>
> 　　德国是全球第四大经济体。它靠的是什么？首先是抓住汽车制造、机械和装备制造、化工和医疗技术等支柱产业，其次是投入大量人力、物力和财力进行研发和创新。近年来，德国的许多企业正在进行工业4.0革命。总之，自1949年推行社会市场经济体制以来，德国经济发展既快又稳，在许多领域具有很强的优势和竞争力。学习本文，旨在了解德国经济的总况。本文摘自新版《德国实况》，其特点是语言平直，语法简单，不事修饰，长句较少。这应该是德语的"本色"。

Überblick über die Wirtschaft Deutschlands

Deutschland ist die größte Volkswirtschaft der Europäischen Union (EU) und nach den USA，China und Japan die viertgrößte der Welt. Ihre Wettbewerbsfähigkeit und globale Vernetzung verdankt die deutsche Wirtschaft einer starken Innovationskraft und hoher Exportorientierung. In den umsatzstarken Branchen Automobilbau，Maschinen- und Anlagenbau，in der Chemieindustrie sowie in der Medizintechnik macht der Export weit über die Hälfte des Umsatzes aus. 2016 führten nur China und die USA mehr Waren aus. In Forschung und Entwicklung (FuE) investiert Deutschland jährlich 92 Milliarden Euro. Viele Unternehmen sind auf dem Weg zur Industrie 4.0，mit der speziell die Digitalisierung der Fertigungstechnik und der Logistik vorangetrieben wird.

第8章 Etwas über die Wirtschaft
经济点滴

Die positive wirtschaftliche Dynamik hat zu einer günstigen Entwicklung des Arbeitsmarktes geführt. Deutschland gehört zu den Ländern mit der höchsten Beschäftigungsquote in der EU und ist das Land mit der prozentual geringsten Jugendarbeitslosigkeit. Dies untermauert auch den Wert der dualen Berufsausbildung, die sich als Exportgut etabliert hat und von vielen Ländern adaptiert wird. Faktoren wie Verfügbarkeit von Fachkräften, Infrastruktur und Rechtssicherheit sind weitere Merkmale des Standorts Deutschland, der sich in vielen internationalen Rankings auf vorderen Plätzen bewegt.

Seit 1949 bildet das Modell der Sozialen Marktwirtschaft die Basis der deutschen Wirtschaftspolitik. Die Soziale Marktwirtschaft garantiert freies unternehmerisches Handeln und bemüht sich gleichzeitig um sozialen Ausgleich. Dieses in der Nachkriegszeit vom späteren Bundeskanzler Ludwig Erhard entwickelte Konzept hat Deutschland auf einen erfolgreichen Entwicklungspfad geführt. Deutschland engagiert sich aktiv in der Gestaltung der Globalisierung und setzt sich für ein nachhaltiges globales Wirtschaftssystem ein, das faire Chancen für alle bietet.

Deutschland gehört zu den zwölf Ländern, die 2002 den Euro als Bargeld eingeführt haben. Die Finanzmarktkrise (2008) sowie die nachfolgende Schuldenkrise haben die gesamte Eurozone getroffen — auch Deutschland. Die Bundesregierung hat daraufhin mit einer Doppelstrategie die Neuverschuldung gestoppt und Maßnahmen zur Stärkung der Innovationskraft ergriffen. Erstmals seit 1969 kann seit 2014 ein ausgeglichener Bundeshaushalt präsentiert werden.

Das strukturelle Rückgrat der Wirtschaft bildet mit mehr als 99 Prozent aller Firmen der Mittelstand. Die kleinen und mittleren Unternehmen ergänzen die Konzerne, die vorwiegend im deutschen Börsenindex DAX an der Frankfurter Börse gelistet sind, dem wichtigsten Finanzplatz in Kontinentaleuropa. In Frankfurt am Main hat auch die Europäische Zentralbank (EZB) ihren Sitz, die als EU-Institution unter anderem über die Preisstabilität des Euro wacht.

(1) 生词释义

  Vernetzung   *f*. -en   联网，网络化
  umsatzstark   *Adj*.   销售额强劲的
  Logistik   *f*.   〖经〗物流
  untermauern   *Vt*.   〖建〗从下面砌墙；〈转〉论证
  dual   *Adj*.   双元的，二元的
  adaptieren   *Vt*.   使适应，使适合
  Infrastruktur   *f*. -en   基础设施，基本结构
  Ausgleich   *m*. -e   平衡；调和
  engagieren   *Vr*.   承担义务
  ausgeglichen   P.Ⅱ   平衡的；稳健的
  Rückgrat   *n*. ̈e   〖解〗脊柱；〈转〉支柱，命脉
  Börsenindex   *m*. -e   证券交易所目录

(2) 难点解析

- Ihre Wettbewerbsfähigkeit und globale Vernetzung verdankt die deutsche Wirtschaft einer starken Innovationskraft und hoher Exportorientierung.（竞争力和全球网络化感谢德国经济强大的创新能力和高度的出口导向。）请注意动词 verdanken 的双宾语用法（支配一个第三格和一个第四格）：jmdm.（D）etw.（A）verdanken（感谢某人的什么）。句中 die deutsche Wirtschaft 是第四格宾语，einer ... Innovationskraft und ... Exportorientierung 是第三格宾语。

- Dieses in der Nachkriegszeit vom späteren Bundeskanzler Ludwig Erhard entwickelte Konzept hat Deutschland auf einen erfolgreichen Entwicklungspfad geführt.（这个在战后由后来出任联邦总理的路德维希·艾哈德发展的理念，使德国走上了一条成功的发展道路。）此句主语是 dieses Konzept，中间带有一个很长的定语 in der ... vom ... entwickelte。"动介搭配" auf einen ... Weg/Pfad führen 意为"引向什么道路"，介词 auf 也可用 in 代替。

- Die ... Unternehmen ergänzen die Konzerne, die vorwiegend im ... an der ... Börse gelistet sind, dem ... Finanzplatz in ...（这些……企业是大型企业集团的补充，后者大多在……的金融市场——法兰克福证券交易所上市。）该句略长，但结构不复杂：主句+定语从句+同位语。动词 listen 意为"列入/

登记入什么清单",an der ... Börse gelistet sind 意为"列入证券交易所清单",即"上市"。dem ... Finanzplatz in ... 是前面 Börse 的同位语。

(3) 智慧选择 （请根据短文，从 4 个选项中选择正确的 1 项填空）

① In Forschung und Entwicklung（FuE）investiert Deutschland jährlich 92 _____ Euro.
 a) Milliarde   b) Milliarden
 c) Million   d) Millionen

② _____ 1949 bildet das Modell der Sozialen Marktwirtschaft die Basis der deutschen Wirtschaftspolitik.
 a) Seit   b) Von
 c) Bei   d) An

③ Erstmals seit 1969 kann seit 2014 ein ausgeglichener Bundeshaushalt _____ werden.
 a) gemacht   b) präsentiert
 c) gegeben   d) ausgezeichnet

④ Das strukturelle Rückgrat der Wirtschaft bildet _____ _____ als 99 Prozent aller Firmen der Mittelstand.
 a) mit viel   b) mit vieler
 c) mit mehr   d) mit weniger

(4) 要点问答 （请根据短文内容回答问题）

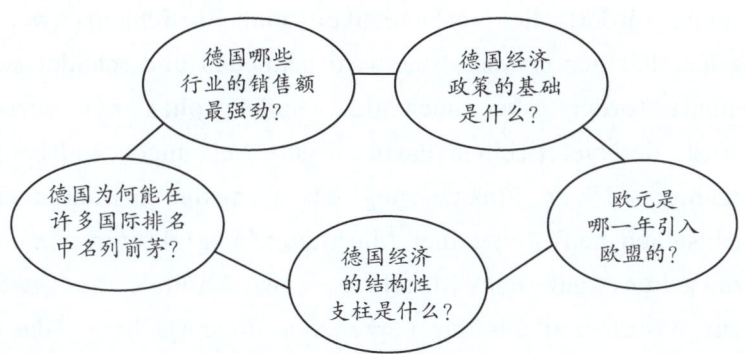

8.2 德国的市场经济

篇首导学

这是一篇讲述德国社会市场经济的科普文章。它简单地介绍了有关社会市场经济最基本和最重要的几个问题,如"市场经济的本质""竞争""利润""利己""社会福利"及它们的关系等。原文较长,这里仅是个简单摘录。此文的特点是用浅显的语言讲述了有关市场经济的深奥道理。我们学习此文的目的,主要在于了解和领会有关社会市场经济的规则和道理,增长这方面的知识。另外,我们也应该学习和掌握一些有关社会市场经济的常用德语词汇和表达。

Die soziale Marktwirtschaft

Es ist wahr: in der Marktwirtschaft sucht zunächst jeder seinen wirtschaftlichen Vorteil. Aber die Spielregeln des Marktes sorgen dafür, dass Eigennutz und Gemeinwohl keine Gegensätze bleiben. Im Gegenteil: auf eine zunächst geheimnisvoll anmutende, aber dann doch leicht zu erklärende Weise sorgt der Motor der Marktwirtschaft — der Wettbewerb — dafür, dass sich eigennütziges Handeln im Ergebnis nicht nur zum Vorteil der unmittelbaren Marktpartner, sondern auch zum Wohl der Allgemeinheit bündelt.

Der Eigennutz fördert die Verlässlichkeit und Ehrlichkeit: wer sich als unzuverlässiger Partner erweist, der wird gemieden und schadet sich selbst. Der Eigennutz fördert aber auch das Gemeinwohl: wer wirtschaftlich erfolgreich ist, der bietet seinen Partnern gute Leistungen und beteiligt sich als Steuerzahler an der Finanzierung der Gemeinschaftsaufgaben ... Im Wettbewerb stehen heißt: in seiner Marktumgebung als fairer und ehrlicher Partner zu gelten, aus den Mitteln — aus Kapital, aus Arbeit, aus technischem Wissen und aus der begrenzten Bodenfläche — das Beste zu machen und immer nach neuen Produkten und neuen Produktionsverfahren zu suchen. Der Antrieb dafür ist der Gewinn: das Ergebnis kommt allen zugute: Volle Schaufenster sind schöner als leere. Ein erfolgreicher Betrieb ist ein guter Arbeitgeber, weil er Arbeitsplätze sichert ...

Wettbewerb heißt: seine Forderungen nicht mit Brachialgewalt durchzusetzen und nicht durch Privilegien zu verwirklichen, sondern seine Wünsche mit denen der Vertragspartner abzustimmen. In der Marktwirtschaft gibt es auch ungleiche Einkommen und ungleich verteilte Vermögen. Vor dem Regelwerk des Marktes sind aber alle gleich. Das Ergebnis des Wettbewerbs ist schwer berechenbar. Das schafft Risiken — vor allem für diejenigen, die sich eigentlich lieber auf ihren Besitzständen ausruhen möchten. Darin liegt die disziplinierende Wirkung des Wettbewerbs: leistungslose Einkommen sind nicht von Bestand; wer zuviel fordert, der wird vom Markt verdrängt; wer stets oben bleiben möchte, der muss sich neue Güter und Dienste einfallen lassen, der muss billiger sein und bessere Qualität bieten als die Konkurrenten ...

Oft wird gefragt: Warum soll man den Begriff Marktwirtschaft mit dem Attribut sozial beschränken? Mancher — auch in der Bundesrepublik — behauptet sogar, die Bezeichnung „Soziale Marktwirtschaft" sei ein Etikettenschwindel. Denn was soll schon „sozial" sein an einer Wirtschaftsordnung, in der jeder seinem eigenen Vorteil nachgeht? Doch bei genauerem Hinsehen merkt man, dass die Marktwirtschaft in der Tat eine Reihe von „sozialen" — das heißt: allen dienenden — Elementen hat. So kann man es durchaus sozial nennen, dass die Marktwirtschaft jeden Konsumenten dazu zwingt, der Gesellschaft das mit der Zahlung des Preises zu ersetzen, was er an Ressourcen in Anspruch nimmt. Mogeln gilt nicht in der Marktwirtschaft — wer in der Plan- und Zuteilungswirtschaft gelebt hat, wird das zu schätzen wissen.

(1) 生词释义

Eigennutz   *m*. unz.   利己，自私自利
Gemeinwohl   *n*. unz.   公共福利
anmutend   P.I   感觉到的
Allgemeinheit   *f*.   （无复数）公众，大众
fair   *Adj*.   正派的，公正的
Brachialgewalt   *f*.   暴力，蛮力
Privileg   *n*. -ien   特权

berechenbar　*Adj.*　可预见的，可测定的
Besitzstand　*m.* ⸚e　已有的财产
Konkurrent　*m.* -en　竞争者
Etikettenschwindel　*m.*　（贴）标签（的）欺骗
Ressource　*f.* -n　〈法〉资源
mogeln　*Vi.*　欺骗，作弊，耍花招

(2) 难点解析

- Im Gegenteil：auf eine zunächst geheimnisvoll anmutende, aber dann doch leicht zu erklärende Weise sorgt der Motor der Marktwirtschaft — der Wettbewerb — dafür, …（恰恰相反，作为市场经济发动机的"竞争"关注的是：……——用的方式起先似乎很神秘，但后来却不难解释。）该句简单阐明了社会市场经济的核心思想之一，即不仅要"自己赚钱"，而且还要"造福大众"。auf ... Weise 是固定介词词组做状语，意为"以/用什么方式"。für etw./jmdn. (A) sorgen 系固定"动介搭配"，意为"关心/照料（人/物/事）"等。

- Darin liegt die disziplinierende Wirkung des Wettbewerbs：leistungslose Einkommen sind nicht von Bestand；…（其原因是竞争的惩戒性作用：不产生效益的收入是不能持久的……）Etw. (N) liegt in etw. (D) 系常用句型，意为"某事的原因在于什么"。disziplinierende 是动词 disziplinieren 的第一分词，做形容词，表示"使守法纪的""惩戒性的"之意。von Bestand sein 是固定词组，意为"持久的"。

- Denn was soll schon „sozial" sein an einer Wirtschaftsordnung, in der jeder seinem eigenen Vorteil nachgeht?（因为在一种人人都追逐一己之利的经济秩序中，冠以"社会的"究竟是什么意思？）从句首的 denn 可知，这是个与前句有关联的问句，后面句子 in der ... nachgeht 是定语从句，用来说明 Wirtschaftsordnung。注意从句连词 in der 的用法，若前面关联词是阳性或中性的单数名词，用 in dem，复数则用 in denen。动词 nachgehen 要求第三格宾语。

(3) 智慧选择　（请根据短文，从 4 个选项中选择正确的 1 项填空）

① Aber die Spielregeln des Marktes sorgen ＿＿＿, dass Eigennutz und Gemeinwohl keine Gegensätze bleiben.
　　a) daran　　b) davon　　c) dafür　　d) darüber

② Der Eigennutz fördert die Verlässlichkeit und Ehrlichkeit：＿＿＿ sich als unzuverlässiger Partner erweist, der wird gemieden und schadet sich

selbst.
  a) wo   b) was   c) wie   d) wer
③ Vor dem Regelwerk des Marktes sind aber _____ gleich.
  a) alle   b) allen   c) alles   d) allem
④ Mancher — auch in der Bundesrepublik — _____ sogar, die Bezeichnung „Soziale Marktwirtschaft" sei ein Etikettenschwindel.
  a) behauptete b) behauptet   c) behaupten   d) behaupteten

(4) 要点问答 （请根据短文内容回答问题）

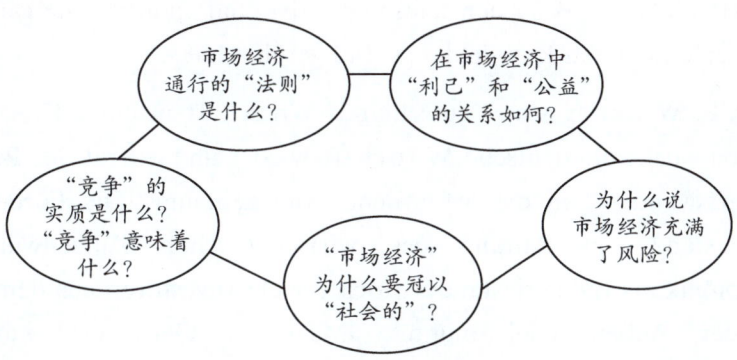

8.3　经济腾飞的奥秘

篇首导学

　　目前，德国是欧洲第一大、全球第四大经济体，这与其强大的创新能力和极高的出口导向密不可分。此前，这一强势的区位也因为第二次世界大战和金融危机而经历过两次巨大的经济滑坡。但它都能成功"逆袭"，创造了令世界震惊的"经济奇迹"，这离不开德国人民的坚韧不拔和辛勤劳动、德国政府所推行的社会市场经济模式和国外大环境的助推等多种因素。整体而言，本文句式较简单，个别长句可以通过将主体部分和其他部分分割开的方式逐步理解，必要时也可结合上下文斟酌分析。学习本文的目的，主要是较为全面地了解关于德国两次经济腾飞的情况及其原因。

Die zwei Wirtschafswunder Deutschlands

Es ist allen bekannt, dass Deutschland die größte Volkswirtschaft der Europäischen Union (EU) ist und wirtschaftlich nach den USA, China und Japan den vierten Platz in der Welt nimmt. Die starke Wirtschaft Deutschlands dankt ihrer Wettbewerbsfähigkeit und globaler Vernetzung, genauer gesagt, einer starken Innovationskraft und hoher Exportorientierung. Die soziale Marktwirtschaft, die seit 1949 alle Regierungen der Bundesrepublik, einschließlich der jetzigen, intensiv durchführten sowie durchführt, bildet die Basis der deutschen Wirtschaftspolitik, die Deutschland auf einen erfolgreichen Entwicklungspfad geführt hat.

Nach dem 2. Weltkrieg war Deutschlands Wirtschaft in einer Krise. Ab den 50er Jahren wuchs die deutsche Wirtschaft wieder und es trat der Begriff des „Wirtschaftswunders" in die öffentliche Wahrnehmung. Die Förderung der Industrie stand am Anfang des wirtschaftlichen Aufschwungs. Die Bundesrepublik als Industriestandort lockte viele Investoren aus dem Ausland an — der Außenhandel blühte. „Made in Germany" wurde zum Qualitätsmerkmal für Exportgüter. Ende der 1950er Jahre mangelte es sogar an Arbeitskräften. Ab Mitte der 1950er Jahre stieg auch die private Kaufkraft an. Mehr Geld blieb übrig für den Konsum. Jeder dritte Deutsche fuhr einmal im Jahr in den Urlaub.

Soziale Sicherheit und Vollbeschäftigung in den 1950er Jahren bildeten sich die Maßstäbe für eine Lebensqualität, die heute als selbstverständlich gilt. Dass sich die Bundesrepublik so schnell von den Kriegsfolgen erholte, verdankte sie auch dem Marshallplan und dem Londoner Schuldenabkommen im Jahr 1953 sowie harter Arbeit und Wiederaufbauleistung der deutschen Bevölkerung.

2008 ist eine Finanzmarktkrise ausgebrochen und hat die gesamte Eurozone getroffen — auch Deutschland. Die Bundesregierung hat daraufhin mit einer Doppelstrategie die Neuverschuldung gestoppt und Maßnahmen zur Stärkung der Innovationskraft ergriffen. 2011 erhöhte sich in Deutschland das Bruttosozialprodukt breits wieder um 3 Prozent. Deutschland gehörte zu den

Ländern mit der höchsten Beschäftigungsquote in der EU und die Jugendarbeitslosigkeit war nur in Tschechien geringer. Dies untermauert auch den Wert der dualen Berufsausbildung. In Forschung und Entwicklung investierte Deutschland 2018 104，8 Milliarden Euro. In den umsatzstarken Branchen Automobilbau，Maschinen- und Anlagenbau，in der Chemieindustrie sowie in der Medizintechnik macht der Export weit über die Hälfte des Umsatzes aus. 2018 führten nur China und die USA mehr Waren aus. Die deutsche Wirtschaft stößt damit in eine neue Dimension vor. Experten meinen，dass es keine Übertreibung ist，vom neuen deutschen Wirtschaftswunder zu reden.

Die positive wirtschaftliche Dynamik der 2010er Jahre hat zu einer günstigen Entwicklung des Arbeitsmarktes geführt. Faktoren wie die vergleichsweise hohe soziale Stabilität，Verfügbarkeit von Fachkräften，Infrastruktur und Rechtssicherheit sind weitere Merkmale des Standorts Deutschland，der sich in vielen internationalen Rankings auf vorderen Plätzen bewegt.

(1) 生词释义

Wettbewerbsfähigkeit *f*. -en 竞争力

Vernetzung *f*. -en 交联；网络化

Handelspartner *m*. - 贸易伙伴

Förderung *f*. unz. 促进，资助

Aufschwung *m*. ⸚e （经济、工业等）上升，高涨，繁荣

blühen *Vi*. 开花；繁荣昌盛

mangeln *Vi*. 缺少，缺乏

erholen *Vr*. 休息，休养；恢复

ausbrechen *Vi*.（s）（物做主语）爆发，突然发生

untermauern *Vt*.（用论据）论证

günstig *Adj*. 有利的，有益的

Verfügbarkeit *f*. 可支配，可动用

(2) 难点解析

- Die soziale Marktwirtschaft，die seit 1949 alle Regierungen ... intensiv durchführten sowie durchführt，bildet die Basis der ... Wirtschaftspolitik，die Deutschland auf einen ... Entwicklungspfad geführt hat.（社会市场经济

模式——1949 年以来……各届政府……都积极地贯彻执行该经济模式——构成了……基础,该经济政策把德国带上了一条……发展道路。)此句看起来有点长,但结构不复杂:主句的主语 + 主语的定语从句 + 主句的其他成分 + Wirtschaftspolitik 的定语从句。动词 danken 要求第三格宾语:jmdm./etw. (D) danken,意为"感谢某人/某事""归功于某人/某事"。请注意句中动词 durchführen 的不同时态和动词 führen 的时态。

- **Jeder dritte Deutsche fuhr einmal im Jahr in den Urlaub.**(每三个德国人中就有一个人每年要旅游一次。)短语"jede/jeder + 序数词 + 名词"表示"每几个……中就有一个"。jede/jeder 取决于名词的性,前者为阴性,后者为阳性。该短语做主语时一般用单数。in den Urlaub fahren 是常用搭配,意为"去度假(旅游)"。

- **Soziale Sicherheit und Vollbeschäftigung in den 1950er Jahren bildeten sich die Maßstäbe für eine Lebensqualität, die heute als selbstverständlich gilt.** (在 20 世纪 50 年代,社会保障和充分就业构成了在如今看来是理所当然的生活质量的标准。)该句的主语是 Soziale Sicherheit und Vollbeschäftigung,谓语是 bilden(构成)。后面句子 die ... gilt 是由关系代词 die 引导的定语从句,用来说明前面的 Lebensqualität。

(3) 智慧选择 (请根据短文,从 4 个选项中选择正确的 1 项填空)

① _____ 1949 bildet die soziale Marktwirtschaft, ... die Basis der deutschen Wirtschaftspolitik ...
    a) Nach   b) In   c) Bei   d) Seit

② Die Bundesrepublik als Industriestandort lockte viele _____ aus dem Ausland an ...
    a) Touristen   b) Arbeiter   c) Investoren   d) Einwanderer

③ 2008 ist eine Finanzmarktkrise _____ und hat die gesamte Eurozone getroffen ...
    a) ausgebracht   b) ausgebrochen
    c) ausbricht   d) ausbrechen

④ Faktoren wie ... sind weitere Merkmale des Standorts Deutschland, der sich in vielen internationalen Rankings auf _____ Plätzen bewegt.
    a) vorderen   b) vorderer
    c) vorderem   d) vordere

(4) 要点问答（请根据短文内容回答问题）

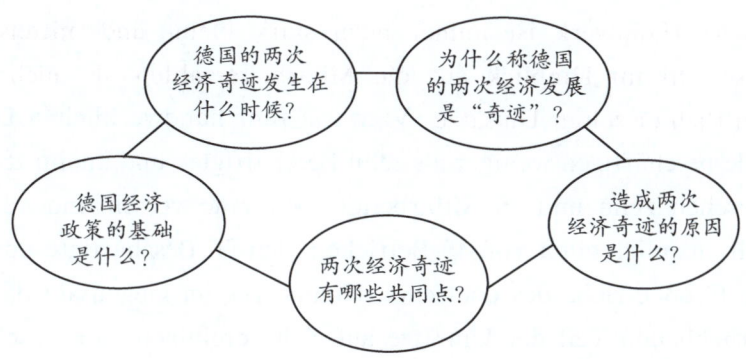

8.4　德国的经济核心

> **篇首导学**
>
> 　　德国的经济核心是什么？有人可能不相信，竟然是手工业企业。它们不仅数量众多，且以中小规模为主，分布范围及其广泛。在职业培训方面，手工业企业涵盖面广、体系成熟，并且具示范性，在德国经济发展中起着中流砥柱的作用，也因此构成了德国经济的核心部分。近年来，数字化转型深入到各行各业，这对于原本就"岌岌可危"的手工业而言更加是一个严峻的挑战。本文语言不难，但是如果学习者接触的经济文章不多，一些经济方面的词汇就可能会影响对文章的理解。

Kernstück der deutschen Wirtschaft

Das Handwerk ist der vielseitigste Wirtschaftsbereich Deutschlands und bildet das Kernstück der deutschen Wirtschaft. 2017 existierten in Deutschland insgesamt fast eine Million Handwerksbetriebe. Gut 5,5 Millionen Menschen lebten vom Deutschen Handwerk. Der Gesamtumsatz des deutschen Handwerks betrug im Jahr 2016 ca. 580 Milliarden Euro. Die aus diesen Umsätzen resultierende Bruttowertschöpfung beläuft sich auf etwas mehr als 225 Milliarden Euro. Damit trägt das deutsche Handwerk etwa 7,7 Prozent zum hiesigen Bruttoinlandsprodukt bei, das 2017 bei etwa 3 Billionen Euro lag.

Das deutsche Handwerk ist immer noch stark klein- und mittelständisch geprägt, sowohl im Hinblick auf die Mitarbeiterzahlen als auch auf die durchschnittlich erzielten Umsätze. Vier von fünf handwerklichen Betrieben hierzulande beschäftigen weniger als zehn Beschäftigte, und knapp 18 Prozent haben zwischen zehn und 49 Mitarbeiter. Nur eine verschwindend geringe Minderheit, nämlich einer von 45 Betrieben, hat 50 Beschäftigte oder mehr. Dass diese Großbetriebe des deutschen Handwerks im Gegensatz dazu einen nicht unerheblichen Teil der Umsätze auf sich vereinigen, überrascht nicht. Doch auch bei einer Betrachtung der Umsatzgrößenklassen wird klar, dass das Handwerk in Deutschland als Musterbegriff des Mittelstands schlechthin angesehen werden kann.

Ganz weit vorne liegt das Handwerk in Deutschland übrigens auch bei der Ausbildung: Im Vergleich zu allen anderen Wirtschaftszweigen, die ein Vielfaches an Umsatz und Beschäftigten haben, übernehmen die Handwerksbetriebe hierzulande die Aufgabe der Nachwuchsausbildung auf eine vorbildliche Art und Weise: 365000 der insgesamt 1,3 Millionen Ausbildungsplätze entfallen auf das Handwerk. Dies entspricht einer Quote von 27,6 Prozent, die damit um ein Mehrfaches über der entsprechenden Beschäftigungszahl liegt. Die Ausbildung basiert auf dem dualen System. Im Rahmen des Berufsschulbesuchs wird den Lehrlingen zum einen das notwendige theoretische Wissen vermittelt, und zum anderen erlernen sie im Betrieb konkret praktische Fähigkeiten und Kenntnisse für ihren Beruf.

Oft wurde der Tod des deutschen Handwerks in den vergangenen 100 Jahren vorhergesagt. Neuerdings scheint vielen die Digitalisierung ein Schreckgespenst zu sein, das den hiesigen Betrieben den Garaus zu machen droht. Doch bekanntlich leben Totgesagte länger, und so ist es kaum verwunderlich, dass das Handwerk in Deutschland trotz aller Unkenrufe regelmäßig mit neuen Ab- und Umsatzrekorden aufwarten kann. Wichtigster Erfolgsfaktor hierfür: Die Qualität der Produkte und Dienstleistungen. Diejenigen Betriebe, die hier ihre Hausaufgaben gemacht haben, müssen weder neue noch alte Mitbewerber fürchten, egal ob sie aus heimischen oder ausländischen Gefilden stammen. Bei den Kunden ist die Erfüllung kompromissloser Ansprüche an die Güte und die Verlässlichkeit von Werkstücken und Services das Wichtigste.

(1) 生词释义

existieren　*Vi.*　存在，生存
betragen　*Vt.*　总数为，总数达，共计
beitragen　*Vt./Vi.*　为……作贡献
Bruttoinlandsprodukt　*n.* -e　国内生产总值
durchschnittlich　*Adj.*　平均的，一般的，中等的
Minderheit　*f.* -en　少数
unerheblich　*Adj.*　不显著的，微不足道的
vereinigen　*Vt.*　联合，团结，使一致
schlechthin　*Adv.*　全然，绝对地，完全
entsprechen　*Vi.*　符合，适应，与……相称
trotz　*Präp.*　不管，不顾，尽管
Unkenruf　*m.* -e　〈口，贬〉晦气话，不吉利的话

(2) 难点解析

- Die aus diesen Umsätzen resultierende Bruttowertschöpfung beläuft sich ... （由此销售额产生的总增加值共计……）短语 aus ...（D）resultieren 意为"由……而产生"，此句中 resultieren 以第一分词即 resultierend 的形式呈现，做名词 Bruttowertschöpfung 的定语。反身动词 sich auf ...（A）belaufen 意为"共计""合计"，这里可用 ausmachen 替代。

- Das deutsche Handwerk ist immer noch stark klein- und mittelständisch geprägt, sowohl im Hinblick auf die Mitarbeiterzahlen als auch auf die durchschnittlich erzielten Umsätze.（不论是从员工人数，还是从平均营收额来看，德国手工业的中坚力量一直都是中小企业。）及物动词 prägen 释义为"给……施加影响/打上烙印"。句中 Etw.(N)ist ...(Adj.) geprägt 是状态被动式，意为"某事/某人给打上什么烙印"。sowohl ... als auch ... 是并列连词，意为"不仅……，而且……"。im Hinblick auf etw.(A) 是固定搭配，意为"从……看来"。

- Neuerdings scheint vielen die Digitalisierung ein Schreckgespenst zu sein, das den hiesigen Betrieben den Garaus zu machen droht.(近年来,数字化对许多人而言似乎是一个可怕的鬼怪,它有可能威胁到本国手工业企业的生存。)"scheinen + zu + 不定式"结构表示"似乎……""好像……"。此句中的vielen是第三格宾语,相当于 für viele Personen。Schreckgespenst 由 schreck(可怕)和 Gespenst(鬼怪,幽灵)合成而来,表示"非常可怕的鬼怪/幽灵"。短语 etw./jmdm. (D) den Garaus machen 是习惯用法,意为"消灭什么""杀死某人",句中指"手工业消亡"。

(3) 智慧选择 (请根据短文,从4个选项中选择正确的1项填空)

① Gut 5,5 Millionen Menschen lebten _____ Deutschen Handwerk.
  a) im   b) beim   c) vom   d) am

② Im Rahmen des Berufsschulbesuchs wird den Lehrlingen zum einen das notwendige theoretische Wissen _____ ...
  a) vermittelt   b) gelehrt   c) gelernt   d) gegeben

③ Diejenigen Betriebe ... müssen _____ neue noch alte Mitbewerber fürchten, ...
  a) wieder   b) nicht   c) keine   d) weder

④ Vier von fünf handwerklichen Betrieben hierzulande beschäftigen weniger als zehn _____ .
  a) Beschäftigte   b) Beschäftigten   c) Beschäftigt   d) Arbeiter

(4) 要点问答 (请根据短文内容回答问题)

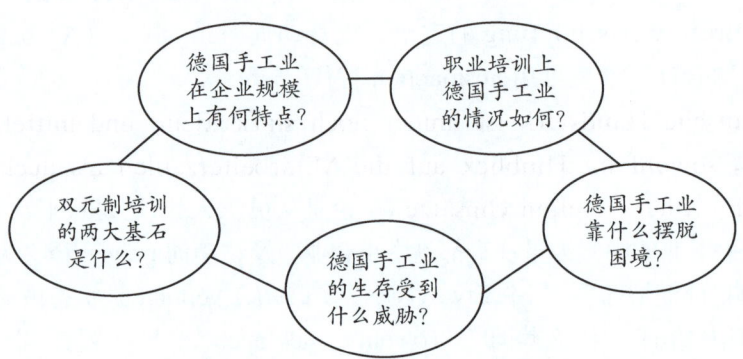

第 8 章　Etwas über die Wirtschaft
经济点滴

8.5　贫富差距在德国

篇首导学

《红楼梦》中有一句名言：大有大的难处。联系到 GDP 居于世界第四位（人均 4 万多美元）的德国，恐怕是"富有富的问题"，问题就是贫富差距难消除。本文摘录了德国电视二台的一段新闻文字，说的就是德国贫富悬殊的问题：10%的富人占有全国一半以上的总资产。在新冠肺炎危机中，不少德国人忧心忡忡，唯恐自己"跌入贫困阶层"。如何应对这种状况？短文举的一例仅供参考。学习本文的目的主要在于：一是要了解德国的贫富差距问题，二是要了解德国人如何应对这种状况。

Reiches Deutschland, armes Deutschland

Wir leben in einem reichen Land. Aber das Vermögen ist ungleich verteilt, das Gefühl von Ungerechtigkeit verbreitet. Wer profitiert vom Wohlstand? Und wie wirkt sich die Corona-Krise darauf aus? Schon vor der Corona-Krise wurde diskutiert, ob die Schere zwischen Arm und Reich in Deutschland weiter auseinandergeht. Jetzt fürchten sich noch mehr davor, abzurutschen. ZDFzeit schildert, wie Menschen mit unterschiedlichsten Vermögensverhältnissen mit der neuen Situation umgehen.

„Geld hat mich nie interessiert. Ich investiere alles in die Ideen, die ich hier habe." Kein Wunder: Ismet Koyun, millionenschwerer Unternehmer, verdient sein Geld mit Sicherheitssoftware und gehört zu den zehn Prozent der Bevölkerung, denen mehr als die Hälfte des gesamten Vermögens gehört.

Die Mehrheit muss sich mit deutlich weniger begnügen — auch die rund 40 Prozent der Deutschen, die mit einem Nettovermögen von mindestens 22800 Euro zur Mittelschicht gerechnet werden. Sie verdienen ihr Geld meist als Angestellte oder Selbstständige. Selbst mit diesem Einkommen: Reich werden sie damit eher nicht — und Sparen bringt schon lange nichts mehr.

Vincent Willkommen ist Luftfahrttechniker — aber arbeitet er nur zwei Tage pro Woche in seinem Beruf. Die restliche Zeit nutzt der 44-Jährige für Sport und Reisen. Warum er sich das leisten kann? Seit 25 Jahren investiert Willkommen jeden Cent. So, sagt er, habe er 1,4 Millionen Euro Vermögen aufgebaut. Doch das hat seinen Preis: Extrem sparen leben. Er wohnt in einem kleine WG-Zimmer. Sein WG-Zimmer vermietet Vincent Willkommen, wenn er verreist. Und das tut er oft. Meist in einem umgebauten Transporter. Auch der wird ansonsten vermietet und macht sich so bezahlt. Wenn er den Transporter nicht vermietet, nutzt er ihn, um in die Sonne zu fahren, z. B. nach St. Peter-Ording. Die Verwaltung seiner Finanzen ist ortsunabhängig. Joggen am Strand statt tagaus tagein im Büro zu sitzen — Vincent Willkommen ist überzeugt: Diese Freiheit kann jeder erreichen. Man müsse nur früh anfangen, Geld zu sparen und zu investieren.

Auch regional gibt es Unterschiede. Wie sieht die Lage bei den Ostdeutschen aus, die noch immer deutlich weniger auf der hohen Kante haben als Westdeutsche? Was ist mit all den anderen, die vorher schon zu den Geringverdienern gehörten? Migranten etwa, die im Schnitt ein niedrigeres Einkommen haben als Deutsche ohne ausländische Wurzeln? Oder gar die Bevölkerungsschicht, die direkt von Armut bedroht ist? Zu ihr gehören viele Alleinerziehende wie Sabrina Beinsen, die gerade so über die Runden kommen und in der Regel über keinerlei Rücklagen verfügen. Betroffen sind immerhin 16 Prozent der Deutschen. Hier kämpfen zwar staatliche Transferleistungen die Folgen ab, aber an Vermögensaufbau — selbst im bescheidensten Rahmen — ist überhaupt nicht zu denken. Wer gewinnt und wer verliert in der Krise? Was macht sie aus unserem Wohlstand? Und wie ist es wirklich um die Chancengleichheit bestellt?

(1) 生词释义

Vermögen *n.* unz. 财产，资产
profitieren *Vi.* 获利，得益
Corona-Krise *f.* 新冠病毒危机
ZDF （Zweites Deutsches Fernsehen 的缩写）德国电视二台
Nettovermögen *n.* unz. 净资产
WG （Wohngemeinschaft 的缩写） *f.* 几人合租住房居住

Transporter　*m*. -　（远途）运货车

tagein tagaus　（短语）天天（如此）

Migrant　*m*. -en　移民

Alleinerziehende　*m*./*f*. -n　（按形容词变化）离婚后单亲养育孩子的人

Rücklage　*f*. -n　储蓄，存款

Vermögensaufbau　*m*.　财产积累

(2) 难点解析

- ZDFzeit schildert，wie Menschen mit unterschiedlichsten Vermögensverhältnissen mit der neuen Situation umgehen.（德国电视二台的"时代"节目对德国人在这种新形势下，如何应对极为不同的财产状况做了描述。）ZDF 是德国电视二台的缩写，zeit 是该电视台的一个节目的名称。mit etw./jmdm.（D）umgehen 意为"与某事/某人打交道""如何应对某事/某人"。后面的句子 wie … umgehen 是宾语从句，是前面动词 schildert 的宾语。

- Wie sieht die Lage bei den Ostdeutschen aus，die noch immer deutlich weniger auf der hohen Kante haben als Westdeutsche？（存款明显少于西部德国人的东部德国人的情况怎么样？）句中 aussehen 意为"看起来""看上去"。die … haben 是 Ostdeutschen 的定语从句。注意词组 etw.（A）auf der hohen Kante haben 是口语，意为"有某一数额的存款"。

- Zu ihr gehören viele Alleinerziehende wie Sabrina Beinsen，die gerade so über die Runden kommen und in der Regel über keinerlei Rücklagen verfügen.（其中就有许多像萨波莉娜·拜恩森这样单身养育孩子的人。他们正在克服种种困难，一般来说根本没有能力储蓄存钱。）Alleinerziehende 指"夫妻离婚后只有夫妻一方养育孩子的人"，按形容词变化。über die Runden kommen 是口语，意为"克服各种（经济）困难"。über keinerlei Rücklagen verfügen 意为"没有一点存款（可支配/可用）"。

(3) 智慧选择　（请根据短文，从 4 个选项中选择正确的 1 项填空）

① Schon vor der Corona-Krise wurde diskutiert, ob die Schere _____ Arm und Reich in Deutschland weiter auseinandergeht.

　　a）von　　　　b）bei　　　　c）zwischen　　　　d）für

② Die Mehrheit muss sich mit deutlich weniger _____ …

　　a）zufrieden　　b）genügen　　c）unzufrieden　　d）begnügen

③ Warum er（Vincent Willkommen）sich das _____ kann?

a) leisten b) machen c) erlauben d) schaffen

④ Man müsse nur _____ anfangen, Geld zu sparen und zu investieren.

a) früher b) früh c) besser d) rechtzeitig

(4) 要点问答 （请根据短文内容回答问题）

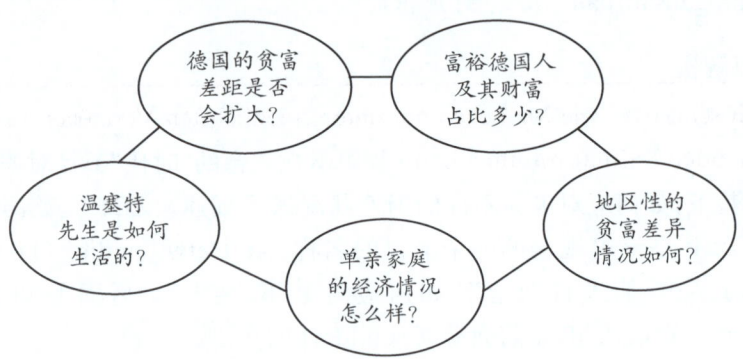

8.6 繁荣的房产市场

篇首导学

  2008年金融危机后，德国房地产价格上升很快，南部一些大学城如雷根斯堡、弗莱堡等房价和房租更是不断创造历史新高，其涨幅甚至超过慕尼黑、汉堡等大都市。这是德国房地产市场的繁荣还是泡沫？争论还在继续。但房价和房租飞涨给民众的生活，最终给德国经济带来了影响。学习本文的目的主要是：①了解最近几年德国房地产的发展趋势。②大致了解德国房价上涨原因和"是繁荣还是泡沫"争论的简况。③掌握一些有关房地产市场的德语词汇和表达，扩大知识面。

Immobilien 2014 — Boom oder Blase?

In den fünf Jahren, also 2009-2014, sind die Häuserpreise in Deutschland um die Hälfte gestiegen, und die Miete in manchen Städten sogar noch mehr, vor allem in den neun Großstädten: Regensburg, München, Freiburg, Erlangen,

Hamburg, Augsburg, Nürnberg und Ingolstadt. Doch wie gefährlich ist die Lage der Inmmobilien in Deutschland wirklich?

Die Familie Germanns muss ihre gemietete Wohnung in der Innenstadt von Hamburg verlassen und ihr neues Zuhause im Vorort finden. Das ist ein roter Klinkerbau mit einer Geschichte von mehr als 100 Jahren. Die Wiese davor leuchtet saftig grün, Buchen rahmen das Haus. Ein Idyll wie aus einem Märchenbuch — und zugleich doch ein Kompromiss.

Zurzeit nehmen Zehntausende deutsche Familien so ein Umzug wie Germanns auf sich. Weil die Immobilienpreise in den großen deutschen Städten seit gut fünf Jahren auf immer neue Höchststände steigen. Auch die ständig anziehenden Mieten vertreiben immer mehr Städter aus ihrem Viertel in die Peripherie oder auf das nahe Land.

Es sind zwei Hauptgründe für die schnelleren Steigerungen der Immobilienpreise in Deutschland: Erstens haben diese Preissteigerungen lediglich krasse Unterbewertungen aus dem vorangegangenen Jahrzehnt ausgeglichen. Anfang der Finanzkrise im Jahr 2008 etwa waren die Immobilienpreise so stark abgerutscht, dass sie nur noch gut 70 Prozent des historischen Durchschnitts ausmachten. Eine Studie der Deutschen Bank behauptet, dass der starke Preisanstieg seit acht Jahren unvermindert weitergehen würde. Gerade diese Studie hat nämlich ein grobes Missverständnis zwischen Angebot und Nachfrage ausgemacht. Zweitens wird so in Deutschland seit Jahren wenig gebaut, während in der Zeit immer mehr Menschen nach Deutschland ziehen und dann eine Wohnung brauchen. Genauer, dass seit 2012 rund 1,8 Millionen Menschen netto mehr nach Deutschland gezogen sind und außerdem etwa 800000 zusätzliche Studenten in die Großstädte strömen und dort Wohnraum benötigen.

Seit 2009 sind die Miete in vielen Universitätsstädten um etwa 30 Prozent gestiegen, die Kaufpreise sogar um mehr als 50 Prozent. Das liegt hauptsächlich daran, dass viele Kapitalanleger die Chance in diesen Universitätsstädten für sich gefunden haben und die Preise durch ihre Käufe in die Höhe getrieben. Trotzdem ist man der Meinung, dass es von einer Immobilienblase in ganz Deutschland doch nicht die Rede sei. Warum denn?

Es bewegen sich deutschlandweit aber nur neun Städte in einem kritischen Bereich. Die Experten der Deutschen Bank behaupten, die Immobilienpreise in Deutschland seien nicht zu hoch, wenn man den europäischen Häusermarkt analysiert habe. Dabei haben sie die durchschnittlichen Preise mit dem durchschnittlichen Einkommen verglichen. Obwohl die Preise hierzulande seit 2009 doch schnell gestiegen sind, nähert sich aber für Deutschland der Wert aktuell dem europäischen Durchschnitt an. Denn auch sind die Einkommen der Deutschen verhältnismäßig gestiegen.

(1) 生词释义

Immobilie *f.* -n 不动产
Klinkerbau *m.* 缸砖（或水泥熔渣）建筑物
Idyll *n.* -e 田园景色
Kompromiss *m./n.* -e 妥协，让步
Peripherie *f.* （城市的）周边、外围
krass *Adj.* 明显的，显著的
abrutschen *Vi.* 下滑，下降
unvermindert *Adj.* 不减少的；持续的
Immobilienblase *f.* -n 房地产泡沫
Angebot *n.* -en 供给
Nachfrage *f.* -n 需求
annähern *Vt.* 走近，靠近

(2) 难点解析

- **Zurzeit nehmen Zehntausende deutsche Familien so ein Umzug wie Germanns auf sich.**（眼下，几万个德国家庭正在进行着像杰曼一家那样的搬迁工作。）及物动词 nehmen 支配第四格宾语，构成 etw.(A) nehmen（接受什么）。若 nehmen 与介词 auf 搭配，构成 etw.(A) auf sich nehmen，意思仍为"接受什么"，但强调"（接受什么）给自己"。又例：Ich nehme die Verantwortung auf mich.（我承担责任）强调"责任给我"，也可不用 auf mich。

- **Das liegt hauptsächlich daran, dass viele Kapitalanleger die Chance in diesen Universitätsstädten für sich gefunden haben und die Preise durch ihre Käufe in die Höhe getrieben.**（其主要原因是：很多投资商在这些大学城里找到了商机，通过他们的购买推高了房价。）Etw.(N) liegt an etw.(D) 是

常用句型,表示"什么的原因在于什么"之意。如果原因较复杂,一般则用 dass 引出关系从句。从句中 etw.（A）für sich finden 强调"为自己找到什么",也可不用 für sich。

- **Trotzdem ist man der Meinung, dass es von einer Immobilienblase in ganz Deutschland doch nicht die Rede sei.**(尽管如此,有人认为整个德国的房地产还说不上有泡沫。)句型 von etw. /jmdm.（D）die Rede sein 意为"正在谈到某事/某人"。用 nicht 作否定后,表示"不在谈"或"谈不上"之意。

(3) 智慧选择 （请根据短文,从4个选项中选择正确的1项填空）

① Doch wie _____ ist die Lage der Inmobilien in Deutschland wirklich?
  a) gefährdet   b) gefährlich   c) schwer   d) schwierig

② Auch die ständig anziehenden Mieten vertreiben immer mehr _____ aus ihrem Viertel in die Peripherie oder auf das nahe Land.
  a) Bürger   b) Menschen   c) Städter   d) Bewohner

③ Erstens haben diese Preissteigerungen lediglich krasse Unterbewertungen _____ dem vorangegangenen Jahrzehnt ausgeglichen.
  a) auf   b) aus   c) von   d) in

④ Denn auch sind die Einkommen der Deutschen verhältnissmäßig _____.
  a) erhoben   b) gestiegen   c) genommen   d) getrieben

(4) 要点问答 （请根据短文内容回答问题）

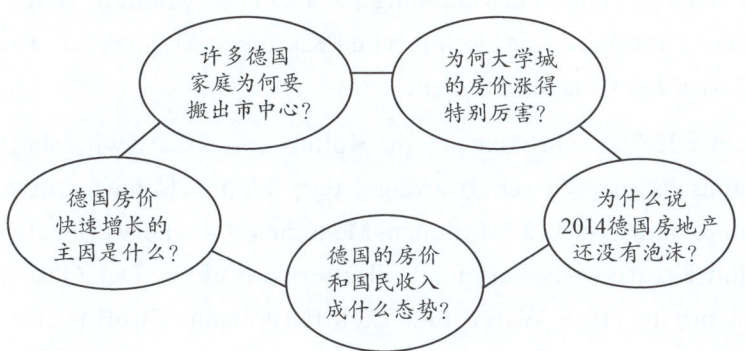

8.7 新潮的文创经济

篇首导学

自20世纪80年代末以来，文创经济已成为世界经济中最具活力的一个分支。在德国，它所带来的经济效益可与德国的传统强项汽车制造、机械和化工等媲美。目前，该产业正经历着由数字化、国际经济局势和欧洲一体化等引发的转变。这些变化既提供了发展的机遇，也带来了种种困难。对此，德国政府制定并实施了多项政策加以扶持。本文词汇量较大，且有些句子较长，可能要深度阅读方可理解。学习本文，旨在了解和掌握有关文创经济的基础知识，以及有关德语词汇表达。

Die Kultur- und Kreativwirtschaft in Deutschland

Die Kultur- und Kreativwirtschaft wird insbesondere von Freiberuflern sowie von Klein- und Kleinstbetrieben geprägt. Sie sind überwiegend erwerbswirtschaftlich orientiert — also nicht primär im öffentlichen (Museen, Theater, Orchester in öffentlicher Trägerschaft) oder zivilgesellschaftlichem Sektor (Kultur-, Kunstvereine, Stiftungen, etc.) — und beschäftigen sich mit der Schaffung, Produktion, Verteilung und/oder medialen Verbreitung von kulturellen oder kreativen Gütern und Dienstleistungen. Deshalb gehören dazu Autoren, Filmemacher, Musiker, Künstlerinnen und Künstler, Architekten, Designer und die Entwickler von Computerspielen.

Seit Ende der 1980er Jahre hat sich die Kultur- und Kreativwirtschaft zu einem der dynamischsten Wirtschaftszweige der Weltwirtschaft entwickelt. In Deutschland sind fast 1,2 Millionen Menschen (Kernerwerbstätige) in der Kultur- und Kreativwirtschaft im Vollzeiterwerb aktiv. Der Gesamtwert der von ihnen produzierten Waren und Dienstleistungen (Bruttowertschöpfung) aller Teilbranchen summierte sich im Jahr 2018 auf über 100 Milliarden Euro, das ist deutlich mehr als die chemische Industrie (50,6 Milliarden Euro) oder der Finanzdienstleistungssektor (75,2 Milliarden Euro).

Jedoch durchläuft der Kreativsektor gegenwärtig einen tiefgreifenden

Wandel: Die Nutzung digitaler Technologie hat zugenommen, die Wirtschaftskrise der letzten Jahre hat deutliche Spuren hinterlassen, und auch die rechtlichen Rahmenbedingungen haben sich im Zuge der Internationalisierung und Europäisierung geändert. Hinzu kommt, dass sich Wertschöpfungsketten neu strukturieren, gleichzeitig verändern auch die Konsumenten ihr Verhalten und ihre Erwartungen. Diese Veränderungen schaffen einerseits neue Möglichkeiten und andererseits auch Herausforderungen. Beispielsweise ist der Zugang zu Kapital in diesem sich wandelnden Umfeld weiterhin ein großes Problem. Der Bankensektor verfügt häufig nicht über das erforderliche Know-how, um Geschäftsmodelle in der Kultur- und Kreativwirtschaft zu analysieren, und bewertet die immateriellen Vermögenswerte dieser Sektoren nicht angemessen. In einer Zeit, in der dringender Anpassungs- und somit auch Investitionsbedarf besteht, hat die Finanz- und Wirtschaftskrise die Situation weiter verschärft.

Vor diesem Hintergrund hat die Bundesregierung im Jahr 2007 die Initiative Kultur- und Kreativwirtschaft ins Leben gerufen, um die Wettbewerbsfähigkeit der Branche zu steigern und die Erwerbschancen innovativer kleiner und mittlerer Kulturbetriebe, aber auch freischaffender Künstler und Kreativen zu verbessern. Gleichzeitig wurde auch auf Länderebene eine Initiative gestartet, um die statistischen Grundlagen sowie die Aufbereitung der Eckdaten der Kultur- und Kreativwirtschaft zu verbessern. Vor allem geht es darum, angemessene Förderstrukturen und -instrumente zu schaffen, die dem heterogenen Bereich der Kultur- und Kreativwirtschaft gerecht werden können.

(1) 生词释义

prägen *Vt.* 使……具有……特征；给……打上烙印
beschäftigen *Vr.* 从事于，忙于
Verbreitung *f.* -en 传播，散播，扩散
dynamisch *Adj.* 有生命力的，生气勃勃的，活跃的
durchlaufen *Vt.* 经历过
Wandel *m.* unz. 变化，转变，变迁
hinzu *Adv.* 此外

strukturieren   *Vt.*   使具有一种结构

immateriell   *Adj.*   无形的，非物质的，精神的

Berücksichtigung   *f.* unz.   考虑，顾虑

Aufbereitung   *f.* -en   整理

heterogen   *Adj.*   不均匀的，异质的；异类的

(2) 难点解析

- Der Gesamtwert ... summierte sich im Jahr 2018 auf über 100 Milliarden Euro ...（2018年，……总额超过1000亿欧元……）句中动词 sich summieren 意为"积累""增加"。另外，有两个"小词"在理解时要特别注意：一是介词 auf，它与 sich summieren 连用，意为"累计达到多少数额"；二是 über，它在句中不是介词，而是副词，相当于 mehr als，意为"超过""多余"。

- Der Bankensektor verfügt häufig nicht über das erforderliche Know-how, um Geschäftsmodelle in der Kultur- und Kreativwirtschaft zu analysieren.（银行业经常不具备用以分析文创经济经营模式的必要技能。）über etw.（A）verfügen 是常用"动介搭配"，意为"拥有""可支配什么"。"um ... zu + 不定式结构"常用来表达目的，意为"为了……"，注意该结构中不能出现主语，其动作主体应该同主句主语一致。

- ... Förderstrukturen und -instrumente zu schaffen, die dem heterogenen Bereich ... gerecht werden können.（……实现与……这一异质性产业相匹配的资金结构和资金手段）后面句子 die ... gerecht werden können 是由关系代词 die 引导的定语从句，用来说明主句中的"资金结构和资金手段"。句中 etw.（D）gerecht sein 表示"与什么相符合"之意，etw.为第三格。

(3) 智慧选择 （请根据短文，从4个选项中选择正确的1项填空）

① Die Kultur- und Kreativwirtschaft wird insbesondere von _____ sowie von Klein- und Kleinstbetrieben geprägt.

   a) Freiberuflern   b) Künstlern   c) Freiwilligen   d) Musikern

② _____ Ende der 1980er Jahre hat sich die Kultur- und Kreativwirtschaft ... entwickelt.

   a) Am   b) Mit   c) Seit   d) Seit dem

③ Diese Veränderungen _____ einerseits neue Möglichkeiten und andererseits auch Herausforderungen.

   a) bringen   b) schaffen   c) machen   d) erzeugen

④ Der Bankensektor ... und bewertet die immateriellen Vermögenswerte dieser Sektoren nicht _____.
  a）angemessen   b）richtig   c）professionell   d）umfassend

(4) 要点问答 （请根据短文内容回答问题）

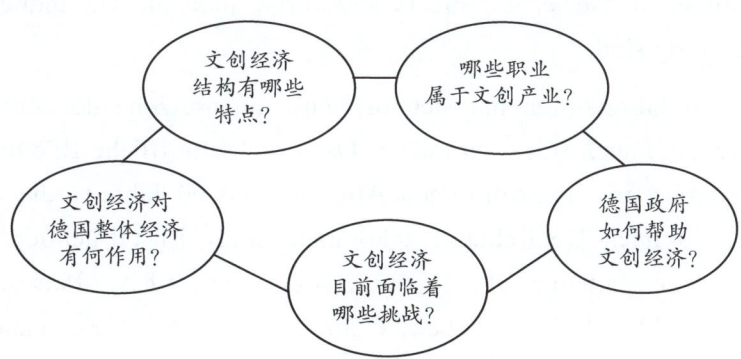

8.8　别样的移民经济

篇首导学

　　随着金融危机、欧盟东扩以及欧盟对境内工作自由限制的取消，越来越多来自欧盟境内的劳动力涌入德国。这些移民给德国的移民结构、德国经济的发展带来了积极的影响和推动作用。但同时伴随而来的还有诸多问题，比如薪资压力增加、本国人就业机会减少、社会资源被占用等。鉴于德国人口结构正面临老龄化、锐减化的问题，移民至少能对这些现象起到抑制作用。所以总体而言，移民应该是利大于弊。学习本文，旨在了解有关德国移民的大致情况，以及移民对德国经济的作用和影响。

Zuwanderung nach Deutschland

Seit 2008 kamen zunehmend mehr Einwanderer nach Deutschland als wegzogen. Motiviert waren diese nicht durch die großzügigen Sozialleistungen，sondern durch die Aussicht auf Arbeit. Im Jahr 2014 hatten unter allen

Erwerbspersonen in Deutschland 6,6 Millionen beziehungsweise 15,9% eigene Migrationserfahrung. Viele der Zuwanderer stammen wegen der Verwirklichung der Arbeitnehmerfreizügigkeit aus den neuen EU-Mitgliedstaaten. Ein Blick auf die Verteilung nach Wirtschaftszweigen zeigt, dass ausländische Beschäftigte vor allem in wirtschaftlichen Dienstleistungen, im verarbeitenden Gewerbe, im Gastgewerbe und im Gesundheits- und Sozialwesen tätig sind.

In den letzten Jahrzehnten hat sich die Zusammensetzung der Zuwanderer nach Deutschland auch stark verändert. Das durchschnittliche Bildungsniveau von Zuwanderern im erwerbsfähigen Alter (25 bis 60 Jahre), die zwischen 1990 und 2009 nach Deutschland gekommen sind, ist tatsächlich deutlich gestiegen. Vor allem ist der Anstieg bei den Personen mit Universitätsabschluss hervorzuheben. Während nur 13% der Zuwanderer, die in den frühen 1990er Jahren nach Deutschland kamen, einen Universitätsabschluss vorzuweisen hatten, ist dieser Anteil für Einwanderer, die zwischen 2005 und 2009 nach Deutschland kamen, auf 37% gestiegen. Das hat etwas mit dem Strukturwandel der deutschen Wirtschaft von einer Massenindustrie zu einer wissensbasierten Ökonomie zu tun. Ein hohes Bildungsniveau erleichtert die Integration auf dem Arbeitsmarkt. Mehr Humankapital wird verfügbar. Dadurch steigt die Kapitalrentabilität. Das wirtschaftliche Wachstum wird stimuliert.

Die Furcht vor negativen Auswirkungen von Zuwanderern auf den Arbeitsmarkt steht in der Öffentlichkeit immer wieder im Fokus. In konjunkturell guten Zeiten kann Zuwanderung helfen, einen Mangel an Arbeitskräften zu überwinden. Aber in schlechteren Zeiten ist nicht ausgeschlossen, dass sie Lohndruck und Arbeitslosigkeit verschärft. Dabei geht es in der Regel darum, ob Zuwandernde die Fähigkeiten und Fertigkeiten der Einheimischen ergänzen oder ersetzen. Darüber hinaus konkurrieren zuwandernde Menschen mit einheimischen Deutschen um Sozialleistungen und um die Nutzung öffentlicher Güter (Rechtsrahmen, Justizwesen), Infrastrukturanlagen (Verkehrs-, Telekommunikations- und Energienetze) und Dienstleistungen.

Entgegen allen Ängsten, Vorurteilen und oft auch populistisch hochgespielten

Befürchtungen ist Zuwanderung selten die Ursache von Arbeitsmarktproblemen, oft aber eine Hilfe bei deren Überwindung. Denn Fakt ist, dass die deutsche Bevölkerung schrumpft und altert. Zuwanderung wird diesen demographischen Wandel zwar nicht stoppen, aber doch wenigstens etwas abbremsen können. Sie wird einige Lücken auf dem Arbeitsmarkt schließen. Und sie wird mit zur Finanzierung der sozialen Sicherungssysteme beitragen. Somit dürfen eher ein Zuwenig als ein Zuviel an Migration zur eigentlichen Herausforderung für den deutschen Arbeitsmarkt werden.

(1) 生词释义

Einwanderer *m.-* 移民
großzügig *Adj.* 宽宏大量的；大规模的
Verwirklichung *f.*-en 实现
Freizügigkeit *f.*-en 自由迁徙
Bildungsniveau *n.*-s 文化程度，受教育程度
vorweisen *Vt.* 出示
Integration *f.*-en 融入，接纳为
stimulieren *Vt.* 刺激，使兴奋
konjunkturell *Adj.* 经济发展趋势的；景气的
Infrastrukturanlage *f.*-n 基础设施
entgegen *Präp.* 跟……相反，违背
schrumpfen *Vi.* 缩减，缩小

(2) 难点解析

● **Vor allem ist der Anstieg bei den Personen mit Universitätsabschluss hervorzuheben.**（增量尤其显著的是具备大学毕业文凭的人。）句中"sein + zu + 不定式"表示带 können 的被动态。此句可被转换成 Vor allem kann der Anstieg ... hervorgehoben werden，直译为"尤其是……的增加可以被突显出来"。及物动词 hervorheben 意为"使显著""突出"。

● **Während nur 13% der Zuwanderer, die in den frühen 1990er Jahren nach Deutschland kamen, einen Universitätsabschluss vorzuweisen hatten, ist dieser Anteil für Einwanderer, die zwischen 2005 und 2009 nach Deutschland kamen, auf 37% gestiegen.**（20世纪90年代早期来到德国的移民中仅有13%拥有大学文凭，而2005年至2009年已上升至37%。）此句虽然

有点长，但成分并不复杂：①比较从句（+定语从句 die ... vorzuweisen hatten）；②主句（+定语从句 die ... kamen）。während 引导的从句表示与主句之间的对立关系，以进行主从句内容的比较，可翻译为"然而""而"。

- Das hat etwas mit dem Strukturwandel der deutschen Wirtschaft von einer Massenindustrie zu einer wissensbasierten Ökonomie zu tun.（这与德国经济结构由大规模工业生产向知识型经济转变有关。）理解此句的关键是要掌握短语 mit etw./jmdm. (D) etwas/nichts zu tun haben，它的意思是"与什么/某人有点关系/没有关系"。句中 Massenindustrie 即国内新闻中经常讲到的"规模工业（生产）"。

(3) 智慧选择 （请根据短文，从4个选项中选择正确的1项填空）

① Das hat auch _____ mit dem Strukturwandel der deutschen Wirtschaft von einer Massenindustrie zu einer wissensbasierten Ökonomie zu tun.
    a) wenig   b) nichts   c) nicht   d) etwas

② Die Furcht _____ negativen Auswirkungen von Zuwanderern auf den Arbeitsmarkt steht in der Öffentlichkeit immer wieder im Fokus.
    a) mit   b) bei   c) vor   d) aus

③ Entgegen allen Ängsten, _____ und oft auch populistisch hochgespielten Befürchtungen ist Zuwanderung selten die Ursache von Arbeitsmarktproblemen ...
    a) Vorteilen   b) Anteilen   c) Vorurteilen   d) Urteilen

④ Sie wird einige Lücken auf dem Arbeitsmarkt _____.
    a) ausfüllen   b) schließen   c) entdecken   d) bringen

(4) 要点问答 （请根据短文内容回答问题）

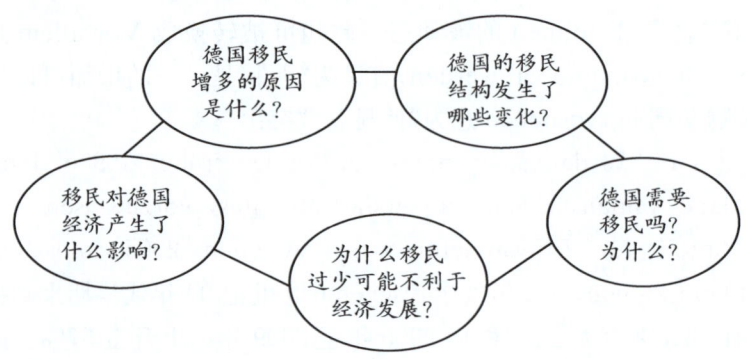

第9章 Aus dem interessanten Alltagsleben
生活撷趣

9.1 阖家团圆圣诞节

> **篇首导学**
>
> 德国人的节日很多，其中最为世人熟悉和最为隆重的便是圣诞节。它对德国人的重要性一点也不比春节之于中国人逊色。本文从每年11月初德国的大街小巷到处都已弥漫着浓浓的圣诞气氛说起，简单介绍了圣诞节的一些基本情况，文字通俗易懂，内容有趣有味，读起来相当引人入胜。

Es weihnachtet überall

Schon Anfang November jedes Jahres weihnachtet es beinahe überall in Deutschland. Kein Wunder, weil Weihnachten das größte und schönste Fest der Deutschen ist. Und dabei spielen die Weihnachtsmärkte eine äußerst wichtige Rolle.

Eine zum Teil jahrhundertealte Tradition haben auch die Weihnachtsmärkte im Mittelalter zurück, wie zum Beispiel die Nikolausdult in München, die seit 1310 erwähnt wird. Der berühmte Nürnberger Christkindlesmarkt war ursprünglich ein ganz gewöhnlicher Markt, aber schon 1639 wurde hier Weihnachtliches angeboten. Diese Weihnachtsmärkte werden immer beliebter. Gerade in Beton-Citys wirkten sie sehr romantisch und weihnachtlich.

95 Prozent aller deutschen Familien mit Kindern mögen auf den Weihnachtsbaum nicht mehr verzichten. Mit Kerzen erstrahlt er überall: nicht nur in Wohnzimmern und Vorgärten, sondern auch auf Straßen. Der Weihnachtsbaum ist ein uraltes Symbol. Zur Mittwinterzeit schmückten die

alten Germanen Wohnräume und Ställe mit Tannenzweigen, um den Winter zu verbannen und den Frühling heraufzubeschwören. Schon um 1500 wurde er in Wittenberg mit Kerzen geschmückt. Heute wird er mit dem Weihnachtslied „O Tannenbaum, O Tannenbaum, wie grün sind deine Blätter" förmlich angebetet, wobei das Grün allerdings manchmal kaum noch zu sehen ist. Er wird zugedeckt von Lametta oder Stoffschleifchen, von Äpfeln, Holzpferdchen, Strohsternen und vor allem von bunten Glaskugeln.

St. Nikolaus, der Weihnachtsmann, der jedes Jahr am 6. Dezember die Kinder heimsucht, geht nach dem Lexikon auf den griechischen Bischof von Myra zurück. Er kommt nachts, bringt braven Kindern Geschenke. Bevor er Geschenke verteilt, hält er Strafgericht über freche Kleinkinder. Der Reformator Martin Luther wollte den „Kinderschreck" verbannen und ihn durch das Christkind ersetzen. Daher fällt es Kindern heute schwer, zu entscheiden, wer nun für die Weihnachtsgeschenke zuständig ist: der Weihnachtsmann oder das Christkind?

Nicht nur Heiligabend, der 24. Dezember und die beiden darauffolgenden Weihnachtsfeiertage, sondern schon die Wochen vorher gehören zu Weihnachten. Am 1. Dezember bekommen alle Kinder einen Adventskalender mit 24 Fenstern. An jedem Tag wird ein Fenster davon aufgemacht. So weiß man immer, wie lange es noch bis Heiligabend ist. Erst am Abend vor dem Heiligabend stellt man den Weihnachtsbaum ins Wohnzimmer. Zur Bescherung am Heiligabend brennen die Kerzen dann zum erstenmal. So wird dies zu einem besonderen Ereignis. Die Familie singt Weihnachtslieder, und die Kinder dürfen alle ein Weihnachtsgedicht vortragen. Dann gibt es die Geschenke. Am ersten Feiertag gibt es als Festessen meistens eine Weihnachtsgans. Am zweiten Feiertag besucht man gern Freunde und Verwandte.

(1) 生词释义

weihnachten *Vi.* (无人称)要过圣诞节了,充满圣诞气氛
Weihnachtsmarkt *m.* ⸚e 圣诞市场
Dult *f.* -en 〈方〉(定期举行的)集市,年集
Beton-City *f.* -s 混凝土构建的城市,现代城市

Tannenzweigen　Pl.　冷杉(俗称枞树)树枝

verbannen　Vt.　驱逐；放逐；驱除，排除

heraufbeschwören　Vt.　使回忆起；引起，招致

förmlich　Adj.　严格按照规定的；正式的；拘泥于礼节的

Lametta　n. unz.　(装饰圣诞树用的)银丝条，锡纸箔条

Reformator　m. -en　改革家；(文中指)宗教改革家

Adventskalender　m. -　基督降临节日历

Bescherung　f. -en　分送礼物，赠送礼物

(2) 难点解析

- Heute wird er mit dem Weihnachtslied … förmlich angebetet，…(如今人们按照习俗唱着这首圣诞歌曲朝拜圣诞树。)这是个被动句。主语 er 指"圣诞树"，动词 anbeten 源于宗教，意为"对……礼拜/朝拜"，后也用于非宗教场合，意为"崇拜""仰慕""爱慕"。

- St. Nikolaus，der Weihnachtsmann，der jedes Jahr am 6. Dezember die Kinder heimsucht，geht nach dem Lexikon auf den griechischen Bischof von Myra zurück.(据辞书记载，每年12月6日看望孩子们的圣尼古拉斯，即圣诞老人，源于希腊米拉城的主教。)nach dem Lexikon 是介词词组，表示"按照/根据辞书的记载"之意。介词 nach 这种用法很多见，nach 也常被后置，如 meiner Meinung nach。auf etw.（A）zurückgehen 是固定"动介搭配"，意为"源于""来源于"。

- Nicht nur Heiligabend，der 24. Dezember und die beiden darauffolgenden Weihnachtsfeiertage，sondern schon … gehören zu Weihnachten.(圣诞节不仅包括12月24日的圣诞前夜及紧随其后的两天圣诞假日，而且还包括……。)der 24. Dezember 是 Heiligabend 的同位语。nicht nur … sondern auch …是连词词组，在句中被活用了，用 schon 代替 auch。zu etw./jmdm.（D）gehören 是固定"动介搭配"，表示"属于什么或某人""是什么的成员"等意思。

(3) 智慧选择　(请根据短文，从4个选项中选择正确的1项填空)

① Kein Wunder，_____ Weihnachten das größte und schönste Fest der Deutschen ist.

　　a) dass　　　b) weil　　　c) denn　　　d) ob

② Diese Weihnachtsmärkte werden in Deutschland immer _____.

　　a) schöner　　b) lieber　　c) besser　　d) beliebter

③ Mit Kerzen erstrahlt er（der Weihnachtsbaum）_____: nicht nur in Wohnzimmern und ... sondern auch auf Straßen.

a) allerseits　　b) überall　　c) allerorts　　d) überdies

④ Am 1. Dezember bekommen alle Kinder einen Adventskalender mit 24 _____.

a) Fenster　　b) Fenstern　　c) Tür　　d) Türen

(4) 要点问答 （请根据短文内容回答问题）

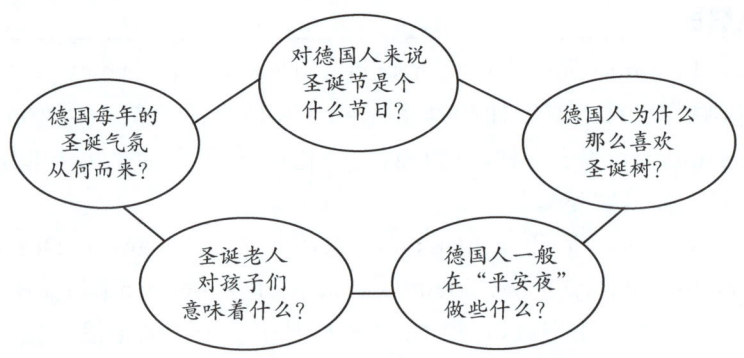

9.2　名不虚传狂欢节

篇首导学

狂欢节真是名副其实：在举行庆祝游行的那天，真可谓万人空巷，无论男女老幼，也包括访客和友人，个个化怪妆、穿怪衣，蜂拥来到游行集合地或主街两侧，或参加游行，或权当看客。游行开始，前有警车开道，后有乐队吹打，接着是彩旗队和仪仗队，气氛隆重热烈。随后便是五彩缤纷的彩车队，队形或方或圆，彩车有大有小，共有十多个。每辆彩车都有一个主题，其时从车上撒彩纸屑、抛发糖果和玩具，还有放礼花的，更有吓人的驱邪保平安的女妖、巫婆。本文较全面也简单地介绍了狂欢节的过去和现在，以及几个"狂欢之最"，值得细读和了解掌握。

Der „tolle" Karneval

In Deutschland ist der Karneval ein so großes und schönes Fest wie Weihnachten. Er wird in Bayern Fasching und in Südwestdeutschland Fastnacht genannt. Die Karneval-Saison beginnt aber sehr früh: am 11. 11. um 11 Uhr und 11 Minuten — also hat er immer mit elf zu tun. Etwa vier Monate lang feiern jetzt die Karnevalsvereine ihre „Kampagne", denn der Karneval braucht viel Vorbereitung. Heute ist er ein ganz tolles Volksfest geworden, das allen Menschen, ob alt und jung, viel Spaß und Freude bringt.

Die Blütezeit des Karnevals war kurz nach der Besatzung durch französische Revolutionstruppen (1794-1814). Karneval galt als zeitgemäßigtes Ventil des zivilen Widerstandes gegen militärische Unterdrückung. Man zog alles Uniformierte „durch den Kakao", organisierte Umzüge, deren Teilnehmer in Phantasieuniformen aufmaschierten. Und es gibt eine Garde der „Funken", sie ist eine alte Parodie auf das Militär. Die Soldaten in rot-weißen Uniformen „exerzieren" mit Holzgewehren. Zum lachen ist, dass sie beim Tanz närrisch mit ihrem Hinterteil wackeln. Der Offizier der Garde tanzt mit dem Mariechen oder Merkederin. Hier liegen manche Wurzeln des heutigen Karnevals.

Auf den Karneval freuen sich die Heidelberger das ganze Jahr. Der Tag vor oder nach dem Rosenmontag ist je nach Ortstradition der Tag der Selbstdarstellung. Ab mittags füllen sich die Straße für die Umzüge durch die Stadtviertel. Die Leute führen vor, was sie sich übers Jahr ausgedacht haben. Und da müssen nicht immer Fragen von öffentlichem Interesse „durch den Kakao gezogen" werden; oft ist es der bare Ulk, der sich genügt. Der Höhepunkt der Karnevalskampagne ist der große Rosenmontagszug durch die Hauptstraße. Alt und jung feiern hier jedes Jahr ihre „fünfte Jahreszeit". Der Clown und die Hexe sind ein wichtiges Teil des Heidelberger Karnevals. Da maskieren sich die Bewohner in Heidelberg und viele „Gäste" und tanzen zu den Karnevalsliedern. Der Zug dauert oft zwei Stunden.

Die Art, den Karneval zu feiern, ist in Deutschland nicht einheitlich. In München finden die großen Umzüge am Faschingsdienstag statt. Der

„Fasching" wird vor allem mit großen Maskenbällen gefeiert. Bei der alemannischen Fastnacht im Schwarzwald und am Bodensee sieht man besonders viele Hexen und alte Holzmasken. Feuer in Fastnacht — Tradition ist ein Mittel gegen böse Geister. Am Rhein von Düsseldorf bis Mainz ist der Karneval das wichtigste Fest nach Weihnachten. In Düsseldorf trägt man einen verrückten Hut oder eine lustige Verkleidung. Große Motivwagen mit Riesenfiguren aus Politik und Gesellschaft sind die Höhepunkte bei den Rosenmontagszügen. Die große Sitzung des Karnevalsvereins in Mainz wird sogar vom Fernsehen für mehrere Länder Europas „live" übertragen. In Düsseldorf hat man bis heute insgesamt mehr als 20000 Tonnen Bonbons von den Wagen in die Menschenmenge geworfen.

(1) 生词释义

Karneval   *m*. -e/-s   〖宗〗狂欢节；嘉年华会
Kampagne   *f*. -n   运动；(文中指)狂欢节的各种活动
Ventil   *n*. -e   阀,活门,气门；(文中引申为)发泄、出气的门
Garde   *f*. -n   禁卫队,卫队
exerzieren   *Vt*.   〖军〗操练,训练
närrisch   *Adj*.   傻里傻气的,疯疯颠颠的
wackeln   *Vi*.   摇动,摇晃
ausdenken   *Vt*.   想出,想好,考虑好
Ulk   *m*. -e   玩笑,戏弄,恶作剧
Hexe   *f*. -n   女巫,女妖,巫婆
Maskenball   *m*. ⁇e   假面舞会,化装舞会
Motivwagen   *m*. -   彩车

(2) 难点解析

- Man zog alles Uniformierte „durch den Kakao", organisierte Umzüge, deren Teilnehmer in Phantasieuniformen aufmaschierten.（人们嘲讽所有穿军装的人,并组织游行队伍,参加游行的人个个身穿奇特的制服。）句中 etw. oder jmdn. (A) durch den Kakao ziehen 系德语俗语,意为"取笑某事或某人"。alles Uniformierte 是不定代词同形容词(文中是第二分词)的特殊用法,意为"所有穿军装的",此处形容词首字母要大写。deren ... aufmaschierten 是定语从句,修饰 Umzüge。deren 是从句引导词,表示第二格,前面的关系词应

是单数阴性或复数。若是单数阳性或中性，则用 dessen。
- Die Leute führen vor, was sie sich übers Jahr ausgedacht haben.（人们展示他们经过一年时间想出来的东西。）was sie sich … ausgedacht haben 是宾语从句，做 vorführen 的宾语。übers Jahr 是固定用法，意为"经过一年时间"。sich (D) etw. (A) ausdenken 意为"为自己想出什么来"。
- Die Art, den Karneval zu feiern, ist in Deutschland nicht einheitlich.（欢度狂欢节的形式在德国是不统一的。）den Karneval zu feiern 是不定式加 zu 结构，做定语，说明 Art。

(3) 智慧选择 （请根据短文，从 4 个选项中选择正确的 1 项填空）

① Die Karneval-Saison beginnt aber sehr früh：am 11. 11. um 11 Uhr und 11 Minuten — also hat er immer _____ elf zu tun.

    a) von   b) aus   c) mit   d) durch

② Zum Lachen ist, _____ sie beim Tanz närrisch mit ihrem Hinterteil wackeln.

    a) ob   b) weil   c) denn   d) dass

③ Alt und jung feiern hier jedes Jahr ihre „_____ Jahreszeit".

    a) fünfte   b) fünft   c) fünften   d) fünfter

④ In Düsseldorf trägt man einen _____ Hut oder eine lustige Verkleidung.

    a) verrückter   b) verrückten   c) verrückte   d) verrücktes

(4) 要点问答 （请根据短文内容回答问题）

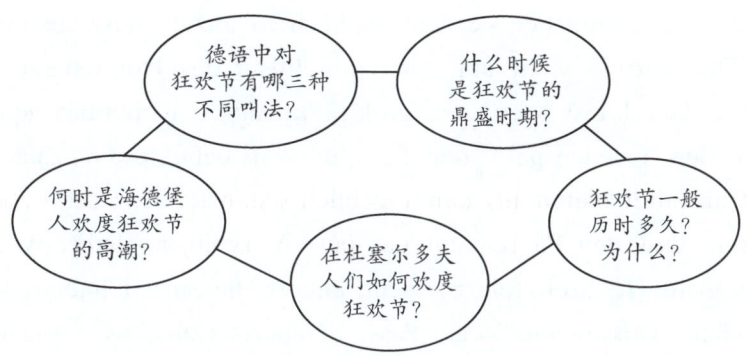

9.3 海底婚礼真有趣

篇首导学

俗话说"大千世界，无奇不有"，这篇短文讲的就是世界上的一件奇事，但也是好事：在神奇无比的大洋海底，或在风光旖旎的南美海滨举行婚礼。阅读这类文章，新奇有趣，无疑是一种消遣和享受。但文中地名较多，读起来有点费劲。对付的办法是：小地名完全可以略过不记，只要知道这是在哪个洲哪个洋就行了。阅读此文的目的主要是开阔眼界、了解德国的国情人情。当然，这离不开德语，一则必须以德语为基础，二则又能学到不少有关风景、海洋的德语词汇和表达。

Hochzeit unter Wasser

Neugierig stehen die Haie Spalier，als Werner und Rita händchenhaltend zum Strand des Hotelsresorts auf Paradies Island gehen. Sie sollen dort getraut werden. Der Weg in die Glückseligkeit führt durch einen Glastunnel im Freiluftaquarium des hoteleigenen Meeresparks，in dem sich gefrässige Tigerhaie，Barrakudas und andere hungrige Wasserbewohner tummeln. Dass in der Ehe viele Gefahren lauern，werden die beiden wahrscheinlich erst später merken.

Die Hochzeitsreise brauchen sie dann nicht mehr anzutreten：Sie sind bereits am Ziel. Die Karibik steht auf der Wunschliste der Heiratskandidaten an erster Stelle. 500 Jahre nach der Entdeckung durch Kolumbus gehören die Inseln für den Friedenspakt der Ehe zu den beliebtesten Zielen. Viele Karibikveranstalter bieten an，den angeblich schönsten Tag des Lebens so zu organisieren，dass den Paaren nur das pure Vergnügen bleibt. Wer möchte schließlich nicht Hochzeit feiern，wenn andere die Arbeit haben. Wenn die erforderlichen Dokumente wie Pass，Geburtsurkunden，Angaben und Unterlagen zum Familienstand in beglaubigten Übersetzungen sowie andere notwendige Genehmigungen vorliegen，werden alle restlichen Formalitäten vor Ort erledigt. Nur das Ja muss das Paar noch selber sagen.

第 9 章　Aus dem interessanten Alltagsleben
生活撷趣

Die Antilleninsel St. Lucia führt die Hitliste der Hochzeitsinseln mit über 600 Trauungen im Jahr unangefochten an. Für etwa 2000 Euro wird Heiratswilligen aus aller Welt ein Hochzeitsarrangement einschließlich Trauzeugen, Standesbeamten, Brautstrauß, zweistöckiger Hochzeitstorte, Sektempfang, Musik, Photographien, Video, Just married-T-Shirt, Hochzeitsessen und Frühstück im Bett angeboten. In weiteren acht Hotels auf Jamaika und den Bahamas hat Sandals — mit rund 5000 Trauungen der größte Spezialist in Sachen Hochzeit in der Karibik — das Angebot auf privaten Limousineservice, Maniküre, Massage, Make-up und Friseur erweitert. Das ist besonders beliebt bei Amerikanern, doch die Zahl der deutschen Teilnehmer wird immer größer. „Hier ist alles so relaxed und unbeschwert, keine schluchzenden Eltern und sentimentale Verwandtschaft. Wir haben unsere Urlaubsbekanntschaften Petra und Klaus zu Trauzeugen ernannt und danach mit Hotelgästen wie unter Freunden gefeiert", erzählen Thomas und Sabine aus Würzburg begeistert.

Wenn es nicht einfach nur der Hotelstrand oder der Hochzeitspavillon in der Ferienanlage sein soll, dann bietet zum Beispiel eine Broschüre auf den Bahamas einen ganzen Trauungskatalog an: Von der „traditionellen Trauung" in der Kirche über die „romantische Hochzeit" am Strand mit Champagnerfrühstück und Picknick auf einer unbewohnten Insel oder von der „tropischen Hochzeit" im Botanischen Garten zwischen Papageien, Oleander und Hibiskus bis zur „klassischen Hochzeit" in Versailles Garden, den Ruinen eines Klosterkreuzganges aus dem 14. Jahrhundert. Wer exotische Fische als stumme Trauzeugen haben möchte, der reicht sich die Hand fürs Leben unter Wasser: Auf den Cayman Islands in einem der spektakulärsten Tauchreviere der Welt können Paare die Ringe in 30 Meter Tiefe tauschen.

(1) 生词释义

Hai　　*m*. -e　　鲨鱼
Resort　　*n*. -s　　〈英〉度假地
trauen　　*Vt*.　　给……举行结婚仪式
Freiluftaquarium　　*n*. ... rien　　露天水族馆
gefrässig　　*Adj*.　　贪食的

tummeln   *Vr.*   （儿童等）嬉闹玩耍
lauern   *Vi.*   埋伏,潜伏;〈转,口〉（焦急地）等候,期待
exotisch   *Adj.*   外国风情的,异域情调的
pur   *Adj.*   纯的;纯净的;完全的
relaxed   *Adj.*   〈英〉松弛的,放松的
schluchzend   *P.I*   抽泣的
spektakulär   *Adj.*   惊人的,引起轰动的

(2) 难点解析

● Neugierig stehen die Haie Spalier，als Werner und Rita händchenhaltend zum Strand des Hotelsresorts auf Paradies Island gehen.（当韦尔讷和莉塔手拉着手向天堂岛旅馆度假沙滩走去的时候,好奇的鲨鱼竟也列队夹道相迎。）Spalier stehen 是固定"动名搭配"和习惯用法,意为"夹道欢迎,列队欢迎"。als ... gehen 是时间从句,zu ...(D) gehen 意为"走向……"。

● Viele Karibikveranstalter bieten an，den angeblich schönsten Tag des Lebens so zu organisieren，dass den Paaren nur das pure Vergnügen bleibt.（许多加勒比海举办商将"人生最美好的一天"安排得如此之好,让结婚新人只要高高兴兴地享受就是了。）Viele ... bieten an 是主句,den... zu organisieren 是扩展不定式加 zu 结构,做主句谓语 anbieten 的宾语。angeblich（所说的,所谓的）的作用相当于给后面名字加引号。后面是 so dass 结果从句,主语是 das pure Vergnügen,谓语是 bleibt,den Paaren 是动词 bleiben 的第三格宾语。

● Die Antilleninsel St. Lucia führt ... mit über 600 Trauungen im Jahr unangefochten an.（圣罗西亚安提伦岛无疑是每年要举行 600 多场婚礼……的领头人。）动词 anführen 意为"带领,率领"等。mit über 600 Trauungen 做定语,修饰 Hochzeitsinseln。im Jahr 是固定用法,修饰、限定 Trauungen,相当于 jährlich。形容词 unangefocht 意为"毫无争议的,毫无疑义的"。

(3) 智慧选择   （请根据短文,从 4 个选项中选择正确的 1 项填空）

① Dass in der Ehe viele Gefahren _____, werden die beiden wahrscheinlich erst später merken.

    a) geben   b) haben   c) sind   d) lauern

② Wer möchte schließlich nicht Hochzeit feiern, _____ andere die Arbeit haben.

    a) dass   b) ob   c) wenn   d) was

③ Hier ist alles so relaxed und unbeschwert, keine _____ Eltern und sentimentale Verwandtschaft.
   a) schluchzenden   b) weinenden   c) schluchzende   d) weinende

④ Auf den Cayman Islands in einem der spektakulärsten Tauchreviere der Welt können Paare die Ringe in 30 Meter Tiefe _____.
   a) wechseln   b) tauschen   c) geben   d) schenken

(4) 要点问答 （请根据短文内容回答问题）

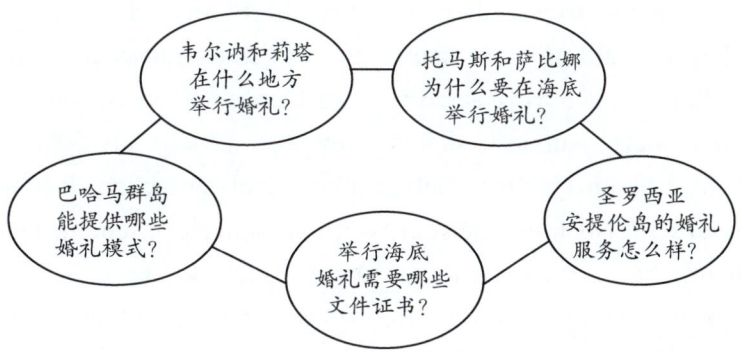

9.4　太空飞行梦成真

篇首导学

　　这篇短文涉及一个令很多年轻人感兴趣的话题：到广袤的宇宙天地中去遨游一番。但要"上天"，不仅需要高度发达的科技，而且还要有绝对强健的体质。通过本文我们不仅能够了解一点德国年轻人生活的有趣热点，而且还可以悟出几点"道理"：①健康的身体乃人生之本；②要有所成就或享受生活，就得付出相应的代价；③现代社会充满竞争，"僧多粥少"是"永恒的真理"。只有不怕一切艰难困苦、敢于和善于为自己的人生目标奋斗和竞争的人，才有可能实现自己的梦想。

Letztes Abenteuer Weltraum

Die junge Hamburgerin Linda Schneider, 25, qualifizierte sich für das Kosmonauten-Training. Mehr als 460000 Bewerber aus ganz Europa wollten das große Abenteuer wagen, doch nur 14 von ihnen fliegen — nach langwierigen Tests — im September nach Moskau, um an einem realitätsnahen Trainingscamp für Kosmonauten in Russland teilzunehmen!

Der große Traum vom Fliegen stand am Beginn. Zum dritten Mal geht heute das große „West In Space"-Abenteuer über die Bühne. Man lockt mit einem Gewinn, der mit Geld nicht zu kaufen ist: 14 junge Europäer bekommen die einmalige Chance, nach Moskau zu fliegen! Das Echo war enorm, als die *Welt* im Mai Interessierte aufrief, sich zu bewerben. Mehr als 50000 Deutsche wollten sich die einzigartige Gelegenheit nicht entgehen lassen, einmal schwerelos zu sein. Doch die meisten Weltraumhungrigen scheiterten schon an der medizinischen Vorselektion: Schon ein kleiner Sehfehler wie Kurzsichtigkeit warf viele aus dem Rennen um den begehrten Trainingsplatz.

Nach einer sorgfältigen medizinischen Untersuchung durch einen Pilotenarzt blieben nur noch fünf der Bewerber übrig, die an der internationalen Auswahl in Belgien und Deutschland teilnehmen durften. 73 angehende „Weltraum-Kandidaten" aus 14 Ländern versammelten sich am vorigen Wochenende im „European Space Camp" in Belgien, darunter die deutschen Kandidaten Linda Schneider und Peter Wenzel. Doch schon bei der Begrüßung durch die Raumfahrtexperten war klar: Nur einer der fünf wird es tatsächlich bis nach Russland schaffen!

Bereits der erste Eindruck im „Space Camp" lässt ahnen, welche Tests einem angehenden Kosmonauten bevorstehen. „Augen zu und durch" lautet das Motto für die erste Station, den Drehstuhl. Eine halbe Minute lang wirbelt der Sessel um seine Achse, danach sollte das unangenehme Schwindelgefühl nicht länger als dreizehn Sekunden andauern, Raumfahrer schaffen es in fünf (!). Linda Schneider: „Ich finde es toll, dass man das trainieren kann. Hier erkannte ich die Grenzen meiner physischen Belastbarkeit! "

Eine Steigerungsstufe ist der Multiachsialstuhl, ein wahres Folterinstrument.

In alle Richtungen wirbelt der Kandidat, wo oben und unten ist, kann man nur schwer erkennen, der Orientierungssinn geht verloren! Die Erschwernis: Währenddessen müssen Linien auf einem Blatt Papier exakt nachgezogen werden, jeder Fehler bedeutet Punkteabzug.

Nach dem spannenden Tag im „European Space Camp" bei Brüssel müssen sich unsere fünf Helden weitere Bewährungsproben in einem Management-Trainingszentrum nahe Köln stellen. Vor allem die Teamfähigkeit und Ausdauer stehen am Prüfstand. Alle schlugen sich tapfer, aber nur einer bekommt die Erlaubnis zum Abenteuer im Kosmos: Die hübsche Hamburgerin Linda, die Studentin im Fach Betriebswirtschaftslehre in Berlin, konnte alle überzeugen!

(1) 生词释义

Kosmonaut　*m*. -en　宇航员，宇宙飞行员
realitätsnah　*Adv*.　接近现实的，仿真的
entgehen　*Vi*.　（支配第三格宾语）逃脱，放过
scheitern　*Vi*.　失败，落空
Europa Space Camp　*n*. -s　欧洲宇航基地/训练营
wirbeln　*Vi*.　旋转；起旋涡
Schwindelgefühl　*n*.　头晕的感觉；头晕
Multiachsialstuhl　*m*. ¨e　多轴转椅
Folterinstrument　*n*. -e　刑具
nachziehen　*Vt*.　描，描粗
Punktabzug　*m*.　扣分，减分
schlagen　*Vr*.　经受住，坚持下来

(2) 难点解析

● **Die junge Hamburgerin ... qualifizierte sich für das Kosmonauten-Training.**（年轻的汉堡女子……获得了宇航员训练的资格。）动词 qualifizieren 用法较多：jmdn.（A）qualifizieren 意为"培养/造就某人"；jmdn.（A）als（A）/ für（A）/ zu（D）qualifizieren 意为"把某人培养成……""使某人有……资格"；sich für（A）/ zu（D）qualifizieren 意为"把自己培养成……""获得……资格"。

- Doch die meisten Weltraumhungrigen scheiterten schon an der medizinischen Vorselektion.(然而大部分渴望上天的人都在医学预选中失败了。)Weltraumhungrigen 指"(报名)渴望上天的人",这里的 hungrig 已转义为"渴望的""向往的"。an etw. / jmdm. (D) scheitern 是常用"动介搭配",意为"由于/因……而失败/输给某人"。Vorselektion 意为"预先选择/淘汰"。
- Bereits der erste Eindruck … lässt ahnen, welche Tests einem … Kosmonauten bevorstehen.(……第一印象就已经让人感觉到,一个……宇航员面临着怎样的测试。)etw. (A) ahnen lassen 是两个动词连用。lassen 与其他动词连用时不必加 zu。welche Tests … bevorstehen 是宾语从句。Etwas steht jmdm. (D) bevor 是常用句型,意为"某人面临着什么"。参考译文是意译。

(3) 智慧选择 (请根据短文,从 4 个选项中选择正确的 1 项填空)

① Die junge Hamburgerin Linda Schneider, 25, _____ sich für das Kosmonauten-Training.

  a) qualifizieren   b) qualifizierten   c) qualifizierte   d) qualifiziert

② Mehr als 50000 Deutsche wollten sich die einzigartige Gelegenheit nicht _____ lassen, einmal schwerelos zu sein.

  a) entgehen   b) entgangen   c) entkommen   d) entkamen

③ Hier erkannte ich die Grenzen meiner _____ Belastbarkeit!

  a) physische   b) physischen   c) medizinische   d) medizinischen

④ Vor allem die Teamfähigkeit und Ausdauer stehen _____ Prüfstand.

  a) an   b) am   c) bei   d) für

(4) 要点问答 (请根据短文内容回答问题)

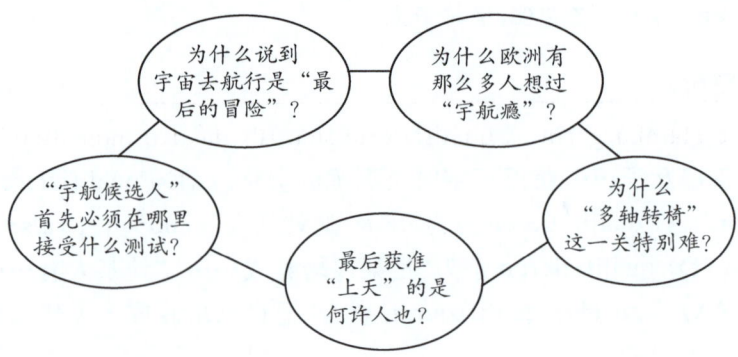

9.5 野外露营有情趣

篇首导学

德国人对露营情有独钟。全德有数以千计的露营地，每年都有五百万以上的游客在德国露营。一方面，露营花费较小，节约旅游成本；另一方面，露营使人贴近自然，放松身心。德国地理位置优越，南部的博登湖、黑森林，北部的海滨、海滩都是露营的最佳选择。无论在银装素裹的冬日，还是炎炎烈日的夏天，深爱露营的德国人都能找到合适的露营地。除了地理优势外，德国露营地设备齐全，安全性强，露营方式多种多样，有帐篷、房车、室内露营等，这些都是吸引人露营的原因。

Schlafen unterm Sternenhimmel

Von Meer und Seenplatte über Weinregionen bis hin zu kunstvoll angelegten Schlossgärten und Parkanlagen — die malerischen Landschaften, die Deutschland seinen Urlaubern bietet, sind vielfältig. Wer mit Wohnwagen oder Zelt unterwegs ist, muss sich an keinem Büffet mit anderen Urlaubern drängeln, sorgt für keinen Engpass im Hotelflur und bringt sein eigenes Gästezimmer mit. Urlaub auf dem Campingplatz ist in Deutschland beliebt. Viele suchen die Nähe zur Natur. Beim Übernachten im Zelt ist der Bodenkontakt und das Verbundensein mit der natürlichen Umgebung selbstverständlich und stellt den gewünschten Kontrast zum Alltag in der Großstadt dar.

Urlaub auf dem Campingplatz ist gefragt wie nie：Nach einem Rekordjahr hofft die Branche in Deutschland auch in diesem Jahr auf weitere Zuwächse und investiert kräftig in die Ausstattung der Plätze. Die Anbieter profitieren nicht nur vom Trend zu unkomplizierten Ferien mit frischer Luft und Bewegungsfreiheit für die ganze Familie. Auch wegen Sicherheitsbedenken bei Reisezielen im Ausland entscheiden sich viele Menschen derzeit für Urlaub in Deutschland.

Die Zeiten, in denen Campingplätze nur Duschen, Toiletten und vielleicht einen Mini-Markt hatten, sind längst vorbei. Inzwischen hat sich die Campingszene komplett gewandelt. Zelten steht heute für Freiheit, Spontanität und Abenteuer. Ein Grund dafür ist eine vollkommen neue entwickelte Hardware: Das alte Steilwandzelt gehört längst der Vergangenheit an. Die Outdoor-Branche boomt und hat leichtgewichtige Zelte mit intelligentem Zubehör wie selbstaufblasende Luftmatratzen auf den Markt geworfen. Die moderne Ausrüstung findet in den Satteltaschen eines Tourenfahrrades bequem Platz.

Das Freizeitangebot ist heute vielerorts mit Luxus-Hotels zu vergleichen: Erlebnisbäder, Fitnessräume, Wellness-Tempel, Restaurants, große Spielplätze für Kinder, ein eigener Golfplatz und vieles mehr werden geboten.

Nicht alle möchten ihr Reisegepäck auf ein Minimum reduzieren und auf Komfort verzichten. Das Schlafen unter Zeltbahnen muss nicht immer spartanisch sein, sondern lässt sich mit luxuriösen Ansprüchen kombinieren.

Jeder könnte seinen Camping-Traum verwirklichen. Wenn denn nur nicht die Gefahr bestünde, sich der Laune des Wetters auszusetzen. Jetzt ist das aber kein Problem mehr: Indoor-Camping ist der neueste Trend. Beim Indoor-Camping übernachten Gäste stattdessen im Wohnwagen oder im Trabi mit Dachzelt in einer Halle. Beim Indoor-Camping hat man ein festes Dach über dem Kopf, um sich vor Wind und Regen zu schützen. Denn irgendwann ist schließlich auch der schönste Sommer zu Ende. Und schlechtes Wetter kann einem den Campingurlaub gehörig vermiesen. Der Indoor-Camper bleibt dagegen trocken und kann trotzdem wie im Freien schlafen.

Ob indoor oder outdoor, im Zelt oder Wohnwagen, im Winter oder in anderen Jahreszeiten, der Camping-Boom geht weiter, da sind sich alle Experten einig.

(1) 生词释义

Seenplatte *f*. -en 多湖泊的平原
drängeln *Vr*. 推挤
Engpass *m*. ¨e 狭窄

Sicherheitsbedenken *n.-* 安全考虑
Steilwandzelt *n.*-e 支撑式帐篷
selbstaufblasend P.Ⅰ 自动充气的
Satteltasche *f.*-n 摩托车或自行车鞍座或后座上的挂袋
spartanisch *Adj.* 艰苦的,简朴的
aussetzen *Vt.* 遭受,蒙受
Trabi *m.*-s (原民主德国生产的小汽车品牌名)卫星车
Dachzelt *n.*-e 车顶帐篷
vermiesen *Vt.* 损坏,弄糟

(2) 难点解析

● Urlaub auf dem Campingplatz ist gefragt wie nie：…(在露营地度假的需求空前高涨：……)句中 gefragt 和动词 fragen(提问,打听)的原意相差甚远,也不是 fragen 的状态被动语态。gefragt 在此处作为形容词,意为"受欢迎的"。wie nie 是一种比较,意为"从来没有"。

● Nicht alle möchten ihr Reisegepäck auf ein Minimum reduzieren und auf Komfort verzichten.(不是每个人都想要牺牲舒适,将自己的旅行背包缩到最小。)reduzieren 是及物动词,etw.(A) auf …(A) reduzieren 意为"将什么减少至……"。verzichten 是不及物动词,需与介词 auf 连用,构成"动介搭配" auf etw.(A) verzichten(放弃什么)。参考译文为使行文活泼,意译为"牺牲"。

● Wenn denn nur nicht die Gefahr bestünde, sich der Laune des Wetters auszusetzen.(而要做到这点,条件是没有天公变脸的风险。)句首 wenn 引导非现实的条件状语从句,动词 bestehen 以第二虚拟式形式 bestünde 出现。该从句的字面意思是"如果不出现这样的风险"。为通顺表达,参考译文做了意译。词组 sich etw.(D) aussetzen 意为"遭受什么"。

(3) 智慧选择 (请根据短文,从4个选项中选择正确的1项填空)

① Wer mit Wohnwagen oder Zelt unterwegs ist, muss sich an keinem Büffet mit anderen Urlaubern drängeln, sorgt für keinen _____ im Hotelflur.
　　a) Platz　　　b) Raum　　　c) Engpass　　　d) Stellen

② Die Anbieter _____ nicht nur vom Trend zu unkomplizierten Ferien mit frischer Luft und Bewegungsfreiheit für die ganze Familie.
　　a) gewinnen　　b) erkaufen　　c) wirken　　　d) profitieren

③ Nicht alle möchten ihr Reisegepäck auf ein Minimum reduzieren und

_____ Komfort verzichten.

 a) auf   b) mit   c) aus   d) von

④ Beim Indoor-Camping übernachten Gäste _____ im Wohnwagen oder im Trabi mit Dachzelt in einer Halle.

 a) statthaft   b) stattdessen   c) stattlich   d) statt

(4) 要点问答 （请根据短文内容回答问题）

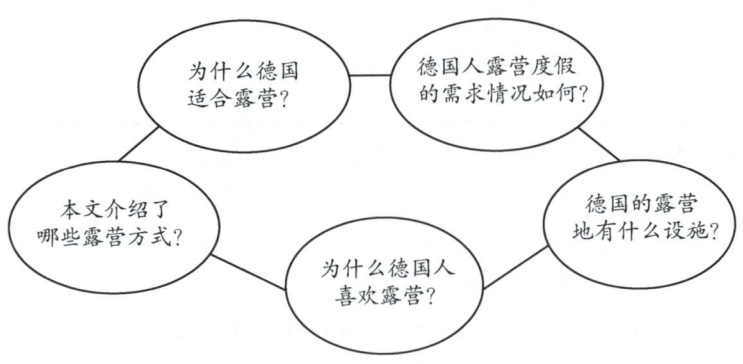

9.6 国内度假多好处

篇首导学

  德国人大多喜爱旅行，由于每年带薪年假有近一个月时间，所以度假是他们每年必不可少的"头等要事"。德国本土旅游资源丰富，海滩、森林、河流、田野、雪山应有尽有，而德国与西欧文化差异不大，因此很多德国人更愿意选择在本国度假。尤其是以家庭为单位的度假，在熟悉的环境中度假给人安全感，而且花费较少、成本较低。我们从短文中可以看出，德国人度假的目的，主要是体验自然与感受文化，当然也是为了休息调养。除城镇游览外，他们更喜欢贴近自然环境。

Urlaub im eigenen Land

Die Reiselust der Deutschen ist nach wie vor da. Am liebsten verreisen

第 9 章　Aus dem interessanten Alltagsleben
生活撷趣

deutsche Urlauber im eigenen Land. Etwa jeder Vierte Deutsche fasst im Jahr 2016 einen Urlaub im eigenen Land ins Auge. Damit sieht sich ein Trend der jüngsten Vergangenheit bestätigt. Denn unter deutschen Touristen nahm Deutschland selbst eindeutig die Spitzenposition ein. Die beliebten Urlaubsregionen im Süden Europas folgen erst auf den Plätzen dahinter: Spanien, Italien und Österreich.

Warum ist der Urlaub im eigenen Land so gefragt? Vor allem profitieren Familien von der problemlosen Anreise und den geringen Kosten für einen Urlaub in Deutschland. Doch auch jüngere Urlauber und Alleinreisende kommen immer mehr auf den Geschmack und planen den Städtetrip oder Wellnessurlaub im eigenen Land. Vor allem die Großstädte Berlin, Hamburg und München gehören zu den alljährlichen Spitzenreitern, wenn es um einen Deutschlandurlaub geht. Und auch kleinere Städte wie Dresden und Freiburg locken jedes Jahr viele Besucher an. Neben den kurzen Städtetrips werden auch vermehrt Wander- und Entspannungsreisen gebucht. Ideal für Wellnesstrips und entsprechend beliebt sind dann auch die Orte entlang der Ostseeküste, der Schwarzwald und die beschaulichen Orte rund um den Bodensee. Wer einen besonderen Urlaub plant, muss in Deutschland ebenfalls nicht lange suchen. Ob eine Übernachtung im Baumhaus, der Urlaub im selbstversorgenden Hotel oder Luxus pur in einem der Grand Hotels: Die Reisevielfalt in Deutschland ist groß. Badeurlaub, Wandertrip oder Radtour, die deutschen Naturlandschaften scheinen wie gemacht für naturnahe Urlaube und Entspannungsreisen. Nebenbei warten die Städte mit Sehenswürdigkeiten und Attraktionen auf, die nicht nur deutsche Reisende anlocken. Insbesondere Berlin ist bei ausländischen Urlaubern schon lange nicht mehr nur ein Geheimtipp. Hinzu kommen kulinarische Vielfalt, Eigenarten der einzelnen Regionen und ihrer Bewohner. Kein Wunder also, dass es immer mehr Urlauber nicht in ferne Länder, sondern in die schönsten Urlaubsregionen im eigenen Land zieht.

Deutsche fahren im Urlaub lieber ans Wasser und in die Berge. Bei der Reise ins Blaue suchen viele Deutsche z.B. Erholungen an der Nordseeküste. Dort befindet sich der Nationalpark Niedersächsisches Wattenmeer. Er schützt das zwischen Ems und Elbe liegende Wattenmeer, einschließlich der vorgelagerten ostfriesischen Inseln. Das Wattenmeer bietet rund ums Jahr spannende Naturerlebnisse. Die Nordseeküste und damit das Wattenmeer zählen zu den beliebtesten Reisezielen in Deutschland.

Auf die Inseln reisen unterschiedliche Leute：Familien mit Kindern，Senioren，junge und alte Paare，Sportbegeisterte. Die weitaus meisten Gäste kommen auch wegen der einzigartigen Natur, die sie in den Nationalparken erleben und genießen können. Für nicht wenige von ihnen ist dies sogar der Hauptgrund für die Reise. Urlaub auf einer Nordseeinsel ist zugleich Urlaub am oder im Nationalpark Wattenmeer.

(1) 生词释义

  einnehmen *Vt*. 占据
  Spitzenreiter *m*. 最佳骑手；领先者
  anlocken *Vt*. 吸引
  beschaulich *Adj*. 安逸的，平静的
  selbstversorgend *P.I* 自给自足的
  Attraktion *f*. -en 有吸引力的东西
  Wandertrip *m*. 漫游的欲望
  Geheimtipp *m*. -s 秘诀
  kulinarische *Adj*. 美食的，烹饪的
  einschließlich *Präp*. 包括
  vorgelagert *Adj*. 位于……之前的，上游的
  weitaus *Adv*. （与形容词最高级连用）最……

(2) 难点解析

- **Damit sieht sich ein Trend der jüngsten Vergangenheit bestätigt.**（最近的一个流行趋势由此得以证实。）此句的主语为 Trend，后面的 der jüngsten Vergangenheit 是 Trend 的第二格定语。谓语动词 sehen 在句中是反身用法，意为"感觉""想象""认为是"，常常和有被动含义的第二分词一起使用，表示"被……"之意。

- **Doch auch jüngere Urlauber und Alleinreisende kommen immer mehr auf den Geschmack ...**（然而，即使是年轻的度假者和单身的旅行者也变得越来

能接受这种趣味……)auf etw.（A）kommen 原意是"通过努力获得某种隐藏的东西"，在这里与 den Geschmack（品味）搭配，表示"接受这种趣味"之意。immer mehr 意为"越来越多（地）"。

- Wer einen besonderen Urlaub plant, muss in Deutschland ebenfalls nicht lange suchen.（如果您正在计划一个特别的假期，在德国您同样无需寻觅良久。）句首 Wer 是引导关系从句的引导词，后面主句省略了 der。联系上下文，此句意指德国旅游也适合那些寻求特殊度假的人群。

(3) 智慧选择 （请根据短文，从 4 个选项中选择正确的 1 项填空）

① Etwa jeder Vierte Deutsche _____ im Jahr 2016 einen Urlaub im eigenen Land ins Auge.

    a) fasst   b) fällt   c) sieht   d) gerät

② Denn unter deutschen Touristen nahm Deutschland selbst eindeutig die Spitzenposition _____.

    a) ab   b) auf   c) ein   d) über

③ Bei der Reise ins _____ suchen viele Deutsche z. B. Erholungen an der Nordseeküste.

    a) Grüne   b) Blaue   c) Gelbe   d) Rote

④ Er schützt das zwischen Ems und Elbe liegende Wattenmeer, _____ der vorgelagerten ostfriesischen Inseln.

    a) schließlich   b) ausschließlich   c) einschließlich   d) abschließlich

(4) 要点问答 （请根据短文内容回答问题）

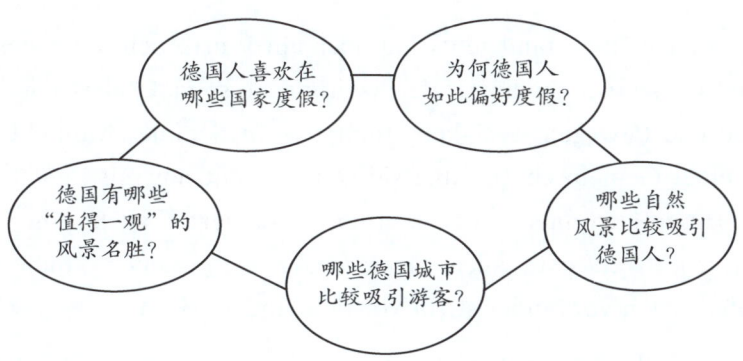

9.7 集体养老成潮流

篇首导学

老龄化是困扰德国社会及经济发展的一大问题。德国退休人口占总人口数的五分之一以上,堪称"欧洲养老院"。随着预期寿命越来越长,老年人的养老模式将有所变化。目前,居家养老和机构养老是德国老人主要的养老方式。八十岁以下的德国老人大多采取居家养老的方式,他们或独自,或和老伴,或和亲朋好友一起生活。文中讲述的是居家养老方式。将来,越来越多的老人会不满足于独自或两人生活,他们追求自由,渴望陪伴。因此,集体养老将在德国成为流行新趋势。

Wohnformen der Senioren

In Deutschland gibt es rund 17,5 Millionen Menschen, die 65 Jahre oder älter sind. Damit bildet die Zielgruppe Senioren einen prozentualen Anteil von rund 21 Prozent an der Gesamtbevölkerung in Deutschland. Der Anteil der Bevölkerung im Rentner-Alter ist neben Italien nirgendwo in Europa so hoch wie in Deutschland. Die Angst vor dem Ruhestand taucht immer wieder auf. In den eigenen vier Wänden leben? In einer Senioren-WG wohnen? Oder die Möglichkeit des generationsübergreifenden Wohnens ergreifen? Die Wohnformen der Senioren ist ein ganz aktuelles Thema in der öffentlichen Debatte um die Altersarmut.

Wer heute in den Ruhestand geht, hat noch ein Viertel seines Lebens vor sich. So viele Jahre, so viel Zukunft, gleichzeitig auch so viel Angst vor Stillstand, Einsamkeit und Bewegungslosigkeit. Immer mehr Senioren wünschen sich ein Leben in einer Gemeinschaft. Aber sie wollen nicht nur mit Lebensgefährten bzw. Lebensgefährtinnen alt werden, sondern auch mit anderen Gleichaltrigen. Weil man auch als Ehepaar vereinsamen könne. Und sie sagten: Stellt euch vor, einer stirbt vor dem anderen!

Im Alter mit Gleichgesinnten in ein großes Haus ziehen. Die Vorstellung haben viele in Deutschland, weil ältere Menschen, die in Wohnprojekten zusammenleben, viel seltener und viel später in Pflegeheime müssen als jene, die alleine leben. Wohnprojekt für Senioren ist eine alternative Wohnform und gilt als Ergänzung zu den bisher üblichen Wohnformen für das Wohnen im Alter. In dem eigenen Wohnhaus wohnen gleichaltrige Menschen zusammen und genießen ihr Leben nach ihren eigenen Bedürfnissen.

Während Kleinfamilie noch im Trend liegt, sieht man für die Zukunft jedoch mehr Gemeinschaftlichkeit. Es ist für die meisten jungen Eltern eine große Herausforderung, beruflichen Anforderungen gerecht zu werden und trotzdem für die Familie da zu sein. Dabei entsteht eine neue Form des gemeintschaftlichen Lebens — Mehrgenerationenhaus. Jung und Alt, blutverwandt oder nicht, schließen sich in Mehrgenerationenhäusern oder -siedlungen zusammen.

Die Vorteile des Zusammenlebens liegen auf der Hand. So lässt sich durch einen Mehrgenerationenhaushalt Geld sparen, zum Beispiel bei der Miete. Die Kinderbetreuung lässt sich sogar leichter geregelt. Auch die Großelterngeneration sind besser versorgt. Positiv wird die Wohnform auch eingeschätzt, weil sich die Familie gegenseitig besser unterstützen kann und man dadurch weniger allein ist. Der Kontakt zwischen den Generationen wird immer besser. Es geht nicht nur um Kleidung oder Musikgeschmack, auch um eine offenere Einstellung zur heutigen Vielfalt an Lebensstilen — und für ein eher ungewöhnliches deutsches Lebensmodell.

Die meisten Senioren lassen sich nicht in Pflegeheime abschieben. Sie haben länge Lebenserwartung und wollen mehr Freiheit. Für die Zukunft sieht man mehr Gemeinschaftlichkeit und eine größere Vielfalt beim Wohnen.

(1) 生词释义

Senior *m*. -en 年长者
generationsübergreifend P.I 跨辈分的，跨代的
Stillstand *m*. unz. 停顿；停歇
Einsamkeit *f*. 孤独
Bewegungslosigkeit *f*. unz. 不动，静止
vereinsamen *Vi*. 变得孤独

gleichgesinnt　*Adj*.　持同样观点的, 志同道合的
Gemeinschaftlichkeit　*f*. unz.　共同
blutverwandt　*Adj*.　血亲的, 血缘的
zusammenschließen　*Vt*.　把……结合在一起
einschätzen　*Vt*.　评估, 评价
Vielfalt　*f*. unz.　多样性

(2) 难点解析

- Aber sie wollen nicht nur mit Lebensgefährten bzw. Lebensgefährtinnen alt werden, sondern auch mit anderen Gleichaltrigen.(但他们不满足于仅和老伴携手老去, 而想要和其他更多同龄人一起度过余生。)并列连词 nicht nur ... sondern auch 意为"不仅……而且……"。形容词 gleichaltrig 名词化后, 表示"同龄人", 首字母要大写。

- Während Kleinfamilie noch im Trend liegt, sieht man für die Zukunft jedoch mehr Gemeinschaftlichkeit.(目前还在流行小型家庭, 然而将来会有更多的集体生活。)连词 während 在这里带起比较从句, 表示一种对比, 表示将来的趋势与现状截然不同。词组 im Trend liegen 意为"在流行""符合潮流"。

- Es ist für die meisten jungen Eltern eine große Herausforderung, beruflichen Anforderungen gerecht zu werden und trotzdem für die Familie da zu sein.(工作与家庭两不误, 对大多数年轻的父母来说都是一大挑战。)该句子的主语是后面两个"带 zu 不定式"。其中 etw. (D) gerecht werden 是固定用法和常用词组, 意为"胜任某事"。für die Familie da 意为"照顾家庭"。参考译文根据汉语表达习惯做了意译处理。

(3) 智慧选择　(请根据短文, 从 4 个选项中选择正确的 1 项填空)

① Im Alter mit _____ in ein großes Haus ziehen. Die Vorstellung haben viele in Deutschland.
　　a) Gleichgesinnt　　　　　　　b) Gleichgesinnte
　　c) Gleichgesinnten　　　　　　d) Gleichgesinntes

② Jung und Alt, blutverwandt oder nicht, _____ sich in Mehrgenerationenhäusern oder -siedlungen zusammen.
　　a) schließen　　b) wohnen　　c) stehen　　d) leben

③ Es ist für die meisten jungen Eltern eine große _____, beruflichen Anforderungen gerecht zu werden …

a) Forderung   b) Anforderung   c) Anfrage   d) Herausforderung

④ Die Vorteile des Zusammenlebens liegen _____ der Hand.

a) auf   b) in   c) unter   d) über

(4) 要点问答 （请根据短文内容回答问题）

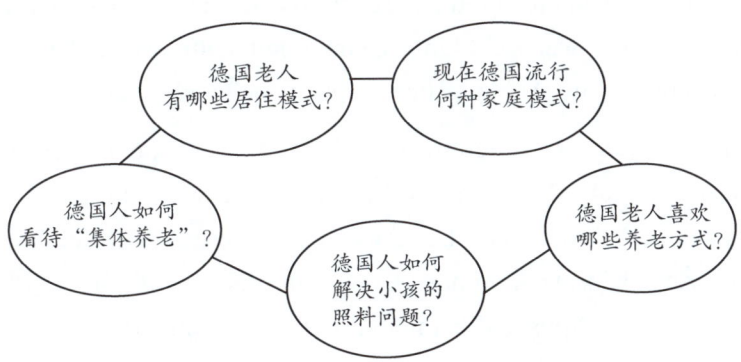

9.8 共享生活吸引人

篇首导学

　　共享的概念在人们心中早已存在，但受制于空间和相互间的信任关系，还没有流行开来。直至互联网时代，共享生活才得以突破瓶颈、蓬勃发展。共享对象从有形到无形，从个人闲散物品到房屋资产。即使是保守谨慎的德国人，也抵挡不住共享生活的魅力。在国外共享服务的带动下，德国本土悄然兴起"共享热潮"，一系列德国共享经济公司成为社会服务行业内的重要力量。本文简单介绍了共享生活中"共享经营"的对象和模式，还探讨了它所带来的机遇与问题。

Sharing-Geschäftsmodelle：Chancen und Probleme

Viele private Besitztümer sind nicht dauerhaft in Verwendung. Sie stehen — wie etwa das Auto — die meiste Zeit unnütz herum. Die Sharing-Geschäftsmodelle will selten genutzte Güter mehr Menschen zur Verfügung stellen. Die Vorreiter der Sharing-Geschäftsmodelle sind ausländische Unternehmen. Aber auch in Deutschland ist das Teilen von Unterkünften, Dateien, Musik, Autos, Maschinen sowie anderen Produkten und Dienstleistungen zu einem unverzichtbaren Teil des digitalen Lebensstils vieler Menschen geworden. Manche Sharing-Geschäftsmodelle basieren darauf, dass ein kommerzieller Anbieter Güter bereitstellt, die sich die Kunden teilen. Ein anderer Ansatz ist es, wenn ein Unternehmen mit Hilfe seiner Plattformtechnik dafür sorgt, dass private Anbieter und Kunden zueinander finden.

Die Grundidee, Güter zu teilen anstatt sie zu kaufen und zu besitzen, ist an sich nicht neu, auch Bibliotheken funktionieren so. Neu an der Sharing-Geschäftsmodelle ist vor allem die Reichweite, die mit Hilfe des Internets zu erzielen ist. Zum Einsatz kommen dabei zum einen webbasierte Plattformen und zum anderen Apps, die die mobile Nutzung der Angebote sehr komfortabel machen.

Das Sharing-Geschäftsmodelle Konzept wird in vielen ganz unterschiedlichen Lebensbereichen bereits gelebt. Die Plattform Airbnb hat den Bereich Apartment Sharing fest etabliert. Beim Sharing für Kleidung bieten Anbieter wie die Kleiderei oder Dresscoded.com die Möglichkeit Kleider zu leihen, anstatt sie zu kaufen. Im Bereich der Sharing Mobility ist die Nutzungstendenz steigernd. Konzepte wie Carsharing, Bikesharing oder Carpooling werden zunehmend ein fester Bestandteil des Alltags. Umfragen zufolge ist die Bereitschaft der Deutschen, Sharing-Konzepte zu nutzen, insbesondere im Bereich der Mobilität, vergleichsweise groß: 72% würden entsprechende Angebote für Mitfahrgelegenheiten nutzen, und auch Bikesharing mit 66% und Carsharing mit 62% erfreuen sich großer Beliebtheit.

Doch wie charmant die Sharing-Geschäftsmodelle auch sein mag, weil sie ein attraktives Angebot schafft und helfen kann, knappe Ressourcen besser einzusetzen — der Boom hat auch unerwünschte Nebenwirkungen. Das wohl bekannteste Beispiel ist der amerikanische Konzern Airbnb. Seit 2008 vermittelt der Anbieter in 190 Ländern der Welt Zimmer und Wohnungen zur kurzzeitigen Vermietung. Die Idee, günstigen Urlaub bei Einheimischen zu machen, wurde mit den Jahren allerdings mehr und mehr zu einer

Schattenwirtschaft. Einzelne Vermieter besitzen beispielsweise mehrere hundert Objekte und vermieten dementsprechend professionell. Dies hat verschiedene Konsequenzen. Insbesondere in Großstädten ist das kurzzeitige Vermieten an Touristen viel rentabler als das langzeitige Vermieten an Einzelpersonen，WGs oder Familien. Daraus resultiert Wohnungsknappheit in Innenstädten und ein genereller Anstieg der Preise. Vermieter zahlen häufig nicht die notwendigen Steuern und Abgaben，die für Hotels und Pensionen bindend sind.

（1）生词释义

Besitztum　　*n.* ¨er　资产
unnütz　　*Adj.*　无用的
unverzichtbar　　*Adj.*　不可缺少的
Reichweite　　*f.* -n　工作范围，有效距离
etablieren　　*Vt.*　开设，创办
Carpooling　　*n.*　拼车
kommerziell　　*Adj.*　商业的，商务的
charmant　　*Adj.*　迷人的
Schattenwirtschaft　　*f.*　地下经济
Konsequenz　　*f.* -en　结果，后果
rentabel　　*Adj.*　有利可图的
Pension　　*f.* -en　膳宿公寓
bindend　　*Adj.*　必须的，有义务的

（2）难点解析

● Die Grundidee，Güter zu teilen anstatt sie zu kaufen und zu besitzen，ist an sich nicht neu，auch Bibliotheken funktionieren so.(共享商品而不是购买和拥有商品，这一基本理念本身并不新鲜，图书馆也是如此运作的。)句中带 zu 的不定式做名词补足语，而 anstatt ... zu 则表示"选择""取舍""替代"。an sich 意为"本身"。句中动词 funktionieren 原意是"发挥作用"，这里意译为"运作"可能较好地传神达意。

● ... und auch Bikesharing mit 66% und Carsharing mit 62% erfreuen sich großer Beliebtheit.(……而共享单车和共享汽车分别以 66%以及 62%的比例深受人们欢迎。)反身动词 sich erfreuen 意为"享有""拥有"，后跟第三格。句

中主语为 Bikesharing und Carsharing。

- Doch wie charmant die Sharing-Geschäftsmodelle auch sein mag, weil sie ein attraktives Angebot schafft und helfen kann, knappe Ressourcen besser einzusetzen ...（然而，无论共享经营由于提供充满吸引力的服务，并能帮助更好地利用紧缺的资源而有多大魅力……）句首副词 Doch 表示转折。特殊疑问词 wie 加上 auch 或 immer 表示"无论怎么""不管多……"之意，往往与 sein mag 搭配。Angebot 原意为"供应""供给"，这里可意译为"服务"。

(3) 智慧选择 （请根据短文，从4个选项中选择正确的1项填空）

① Die Sharing-Geschäftsmodelle will selten genutzte Güter mehr Menschen zur Verfügung _____.

　　a) haben　　　b) stellen　　　c) stehen　　　d) geben

② Die Grundidee, Güter zu teilen _____ sie zu kaufen und zu besitzen, ist an sich nicht neu.

　　a) anstatt　　　b) nicht　　　c) doch　　　d) ohne

③ Ein anderer Ansatz ist es, wenn ein Unternehmen mit Hilfe seiner Plattformtechnik dafür _____, dass private Anbieter und Kunden zueinander finden.

　　a) sorgt　　　b) besorgt　　　c) versorgt　　　d) vorsorgt

④ Insbesondere in Großstädten ist das kurzzeitige Vermieten an Touristen viel _____ als das langzeitige Vermieten an Einzelpersonen, WGs oder Familien.

　　a) gewinnbringend　b) vorteilhaft　　c) wirtschaftlich　　d) rentabler

(4) 要点问答 （请根据短文内容回答问题）

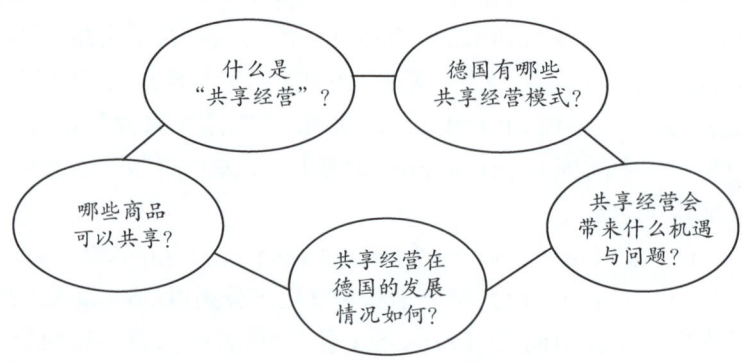

第10章 Facetten der Gesellschaft
社会万象

10.1 讲究吃相很重要

篇首导学

德语俗语说：Die Liebe kommt aus dem Magen（爱从吃中来）。由此可见"吃"在德国还有其他功能。特别在现代社会，正式的用餐往往不是为了"消灭饥饿""增加营养"，而是为了社交，为了工作，为了其他种种可能与"吃"无关的原因。在餐桌上，往往还能看出一个人的修养、风度、性格等等，所以"吃相"是很重要的，是应该讲究的。本文主要介绍了德国的一些餐桌礼仪常识，这对我们进一步了解德国人一定会有所帮助。

Die Tischsitte der Deutschen

Kurz vor dem Essen, wenn man die Kollegen oder die Studienkameraden in der Kantine oder in der Mensa trifft, sagt man meistens „Guten Appetit". Das ist ein üblicher Wunsch bei den Deutschen, der im Allgemeinen als angebracht gilt. Ein gutes Essen hat natürlich mit dem Appetit zu tun … Bei öffentlichen Geschäftsessen oder privaten Einladungen sieht dies aber anders aus. Bei Geschäftsessen und feierlichen Banketten gilt es seit eh und je als unschicklich, dass sich die Eingeladenen gegenseitig einen guten Appetit zu wünschen.

Alle Gäste sind da und stehen herum. Nachdem sie bekannt gemacht worden sind, wenn nötig, unterhalten sie sich über Unwichtiges und Entspannendes. Gutes Essen braucht eine gute Atmosphäre. Jedes gute Essen beginnt man in Deutschland gewöhnlich mit einem Trinken: mit dem Aperitif, der Appetit machen soll.

Die Gastgeberin oder Hausherr (am besten beide zusammen) hat sich vorher überlegt, wer beim Essen zu wem passt. Beim normalen Essen weist die Gastgeberin die Gäste mit einer freundlichen Handbewegung an ihren Platz; Ehepaare müssen nicht zusammensitzen. Bevor die Hausfrau und die anderen Frauen Platz genommen haben, setzt sich ein Mann auf keinen Fall; beim Stühlrücken ist er behilflich. Man muss richtig sitzen, aufrecht und entspannt. Die Füße ruhen ganz auf dem Boden, der Stuhl ist so weit zum Tisch herangezogen, dass der Sitzende die Lehne im Rücken spürt. Die Handgelenke liegen auf der Tischkante, die Hände neben dem Teller. Als die Gastgeberin selbst zum Besteck greift, beginnt erst das eigentliche Essen ... Wenn das Essen gut und gelungen war, sollte man der Gastgeberin ein ehrliches Wort des Dankes sagen. Das bedeutet oft einen großen Lob für die Gastgeberin und wird ihr sicher viel Freude machen.

Beim Essen soll man an die Tischnachbarn denken und die Ellenbogen am Oberkörper belassen, wo sie beim Essen hingehören. Das Fleisch wird in kleine Bissen zerschnitten, beim Kauen bleibt der Mund geschlossen, der Oberkörper bleibt in aufrechter, leicht nach vorn geneigter Haltung. Man soll sich nicht über den Teller beugen. Mit vollem Mund soll man nicht sprechen. Bevor man antwortet oder weiterspricht, kaut und schluckt man nichts. Man spricht mit den beiden nächsten Tischnachbarn, nicht bloß mit der Dame zur Rechten. Neutrale Themen sind erwünscht, vom Klatsch der Weltpresse über Reiseerlebnis bis zum Fernsehen. Weltanschauliche und politische sind verpönt.

Bei einem guten Essen in Deutschland sieht also die Speisenfolge im allgemeinen folgendermassen aus: 1. Gang: Kaltes Vorgericht; 2. Gang: Suppe; 3. Gang: Fisch; 4. Gang: Fleischgericht; 5. Gang: Süßspeise, Dessert, Nachgericht, Käse oder Obst. Man kann sich darauf beschränken, zum Hauptgericht einen Wein auszuschenken. Ein Getränk darf man aber auf keinen Fall vergessen: den Kaffee, ferner: den Mokka nach dem Essen.

(1) 生词释义

Tischsitte *f.* -n 餐桌上的规矩，"吃相"
angebracht *Adj.* 恰当的，适当的

unschicklich *Adj.* （举止）失礼的，不合礼仪的
Aperitif *m.* -e 〈法〉（饭前饮用的）开胃酒
Lehne *f.* -n （坐椅的）扶手，靠背
Handgelenk *n.* -e 手腕，手关节
Besteck *n.* -e （一个人用的一套）餐具
Dessert *n.* -s 〈法〉餐后小吃（如布丁、冰淇淋、水果等）
Ellenbogen *m.* - 肘
erwünscht *Adj.* 受欢迎的，符合理想的
Klatsch *m.* unz. 〈口〉闲聊；流言蜚语
verpönt *Adj.* 禁忌的，被厌恶的

(2) 难点解析

- Bei Geschäftsessen und feierlichen Banketten gilt es seit eh und je als unschicklich, dass sich die Eingeladenen gegenseitig ... wünschen.（在商务宴请或隆重的宴会场合，受邀客人相互……从来都是失礼的。）seit eh und je 是固定介词词组，意为"历来""从来"。als ... gelten 意为"被视为……"。注意 etw.（A）sich（D）wünschen 的用法，意为"希望自己怎么样"。

- Nachdem sie bekannt gemacht worden sind, wenn nötig, unterhalten sie sich über Unwichtiges und Entspannendes.（在被介绍认识后，若有必要，大家就聊些无关紧要的和轻松愉快的话题。）前面 Nachdem 引导的是时间从句。插入语 wenn nötig 是 wenn es nötig ist 的缩略。Unwichtiges 和 Entspannendes 都是形容词构成的名词，首字母大写，无冠词单数加词尾 es。如用定冠词则为 das Unwichtige 和 das Entspannende。

- Ein Getränk darf man aber auf keinen Fall vergessen: den Kaffee ...（绝对不可忘记饮料：咖啡……）介词词组 auf keinen Fall 表示强调，意为"绝不可以（做什么）"；auf jeden Fall 也表示强调，意思则相反，意为"无论如何（都要做什么）"。句中 man 可不译。

(3) 智慧选择 （请根据短文，从 4 个选项中选择正确的 1 项填空）

① Ein gutes Essen hat natürlich mit dem Appetit _____ tun.
  a) für   b) zu   c) doch   d) bis

② Als die Gastgeberin selbst zum Besteck _____, beginnt erst das eigentliche Essen.
  a) greifen   b) griff   c) griffen   d) greift

③ Mit _____ Mund soll man nicht sprechen.
   a) vollen   b) vollem   c) volles   d) voller

④ Neutrale Themen sind _____, vom Klatsch der Weltpresse über Reiseerlebnis bis zum Fernsehen.
   a) erwünscht   b) erwünschen   c) erwartet   d) erhofft

(4) 要点问答 （请根据短文内容回答问题）

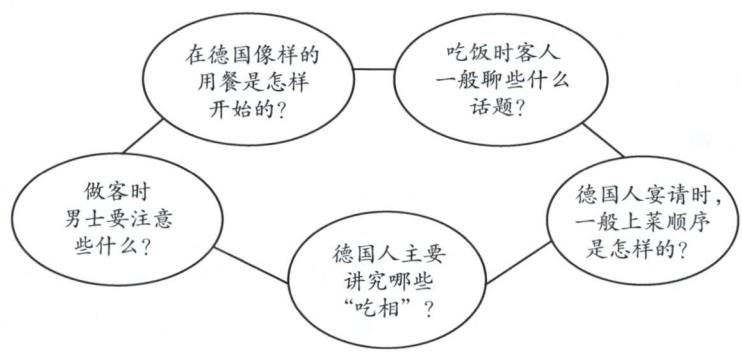

10.2　送礼习俗要知晓

篇首导学

"礼轻情意重"是中国人的送礼观念，想不到德国人也信奉。有时，一个小礼物能起到大作用。但送礼的方式方法在各个国家和民族都不尽相同。德国人的"送礼之道"听起来有点怪，但与他们率直和讲究实惠的禀性倒是一脉相承的。学习本文的目的主要是了解和掌握德国人在送礼方面的习俗，尤其是一些不同于我们的"招数"，以便提高我们在与德国人交往中的"送礼"水平，亦即提高我们"入乡随俗"的能力。

Richtiges Geschenkmachen

In einem deutschen Buch steht so etwas Interessantes über die Art und Weise des Geschenkmachens der Deutschen：Das Brautpaar besorgt sich eine Waren-

第 10 章　Facetten der Gesellschaft
社会万象

Liste von einem Geschäft oder Warenhaus, streicht an, was es braucht, notiert auch zusätzliche Farb- und Formwünsche und bringt die Liste ins Geschäft oder Warenhaus zurück. Wer immer sich mit einem Geschenk beteiligen will, wird an das Geschäft oder Warenhaus verwiesen. Das hört sich nicht nur für die Chinesen, sondern auch für die anderen Europäer schrecklich phantasielos und unpersönlich an. Es hat sich aber in der Praxis als brauchbare Methode erwiesen, den Geldstrom, der bei einer Hochzeit nun mal fließt, in vernünftigen Bahnen zu kanalisieren zum Wohle des Brautpaares und zur Freude der Schenkenden.

Vor allem soll das Geschenk richtig sein. Was heißt richtiges Schenken? Es soll nichts weiter als Augen und Ohren aufmachen, um Lücken zu erspähen, Liebhabereien zu entdecken oder Bedarf zu erkennen. Es gibt doch etwas Herzerfrischenderes für den Schenkenden wie für den Beschenkten als eine wirklich gelungene Überraschung, wenn man mehr Aufmerksamkeit im Umgang mit anderen Menschen schenkt. Dafür, was dabei zuweilen wie Zauberei aussieht, soll einfach der Weisheit der Schenkenden danken. Prinzipiell sollte man versuchen, beim Schenken auf den Geschmack des Empfängers der Gabe einzugehen.

Schenken setzt einen Anlass voraus — Geburtstag, Verlobung, Hochzeit, Konfirmation oder was auch immer sein soll. Zu einer normalen Einladung bringt man eine Kleinigkeit mit: einen Strauß, eine Flasche oder mal etwas Selbstgemachtes, einen bemalten Stein zum Beispiel. Ein französisches Sprichwort sagt: Kleine Geschenke unterhalten die Freundschaft. Und die Chinesen haben noch Schöneres dazu zu sagen: Kleinere Geschenke, mehr Wert.

Das muss aber nicht übertrieben werden. Wer nur „vorbeikommt", braucht nichts zu schenken, es sei denn eine Kleinigkeit für die Kinder. Andererseits sollte man, wenn man einen Bekannten oder Freund besucht, nicht gerade mit leeren Händen ankommen. Dabei kann man ein kleines Geschenk mitbringen, was ja schon genügt, dem Besuchten Freude zu machen.

Bei Wohnungseinweihungen und Hochzeiten kann man vorher offen über die Geschenke sprechen. Das ist besser, als wenn schließlich der gleiche

Gegenstand ein paarmal vorhanden ist. Die Krankenschwester wird mit einem Schein mehr anfangen können, der im Briefumschlag überreicht wird. Einmal im Jahr, zum Jahresende, sollte man auch der Männer und Frauen gedenken, die uns das Jahr hindurch versorgen. Die Zeitungsfrau, die ihr Fahrrad durch Nacht und Nebel schiebt, muss ihr Geld wahrlich hart verdienen. Ihr drückt man ein Geldgeschenk in die Hand, genauso wie der Portiersfrau und vielleicht auch dem Briefträger. Aufpassen：Alle Geschenke, ob kleine oder groß, lassen sich originell verpacken.

(1) 生词释义

unpersönlich　*Adj.*　非个人的,(与人)有距离的
erweisen　*Vt.*　表明,证实
kanalisieren　*Vt.*　开凿运河(渠道);〈转〉(把……)引导(到……)
erspähen　*Vt.*　(经过寻找后)看见;〈转〉发现
Gabe　*f.* -n　礼物,赠品
Anlass　*m.* ¨e　缘由,起因
eingehen　*Vi.*　到达;探讨,研究
Konfirmation　*f.* -en　〚宗〛(新教的)坚信礼
Einweihung　*f.* -en　落成典礼
Schein　*m.* -e　纸币,钞票
überreichen　*Vt.*　(比较郑重地)递交,呈递;授予
Portierfrau　*f.* -en　女门卫,女门房

(2) 难点解析

● Es hat sich aber in der Praxis als … erwiesen, den Geldstrom, der … fließt, in vernünftigen Bahnen zu kanalisieren zum Wohle … und zur Freude …该句子有点长,但结构并不复杂：主句+宾语+定语从句。主句 Es hat sich aber in der Praxis als … erwiesen 意为"但是实践已经证明……",den Geldstrom … in … zu kanalisieren 是"不定式+zu"结构做"证明"的宾语,der … fließt 是定语从句,用以说明 Geldstrom。zum Wohle … und zur Freude …是 erwiesen 的宾语结构 den Geldstrom … in vernünftigen Bahnen zu kanalisieren 的状语,用以说明其结果或好处。句意请见参考译文。

● Was heißt richtiges Schenken? Es soll nichts weiter als Augen und Ohren aufmachen, …(讨巧的礼物只能是留意看、仔细听的结果。)形容词 richtig 这

里宜意译为"讨巧的"。nichts weiter als ... 这是个比较形式,意为"除了……就没有别的"。Augen und Ohren aufmachen 是两个习惯用法,即 Augen aufmachen(注意看)和 Ohren aufmachen(仔细听)的合用。

- Und die Chinesen haben noch Schöneres dazu zu sagen: Kleinere Geschenke, mehr Wert. 句中有一个"haben + zu(D)+ 动词不定式 sagen"结构,意为"对什么有说的"。原文 Kleinere Geschenke, mehr Wert 可直译为"礼小价值大"。但考虑到上下文讲的是中国人的"礼物观",故可用汉语习惯表达"礼轻情意重"套译,这样更能传神达意。句意从略。

(3) 智慧选择 (请根据短文,从4个选项中选择正确的1项填空)

① Das Brautpaar _____ sich eine Waren-Liste von einem Geschäft oder Warenhaus, streicht an, was es braucht, ...

 a) bekommt   b) kauft   c) verlangt   d) besorgt

② Dafür, _____ dabei zuweilen wie Zauberei aussieht, soll einfach der Weisheit der Schenkenden danken.

 a) was   b) das   c) die   d) der

③ _____ sollte man versuchen, beim Schenken auf den Geschmack des Empfängers der Gabe einzugehen.

 a) Prinzipiell   b) Vor allem   c) Zuerst   d) Freilich

④ Das ist besser, als _____ schließlich der gleiche Gegenstand ein paarmal vorhanden ist.

 a) wenn   b) was   c) weil   d) warum

(4) 要点问答 (请根据短文内容回答问题)

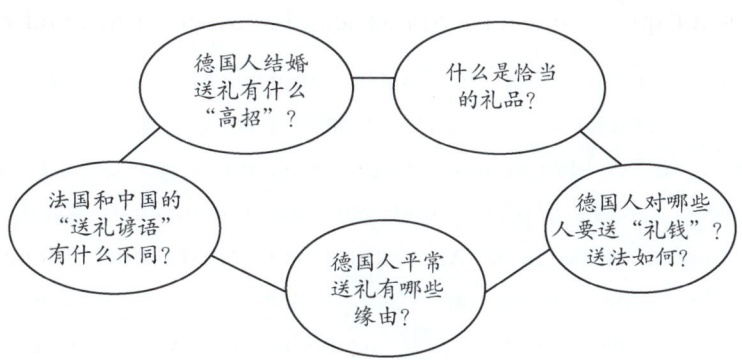

10.3　双重国籍终解决

篇首导学

　　由于德国人口的老龄化日趋严重,生育率低迷,人口减少,再加上有引进高科技人才的需求,解决争论多年的"双重国籍"问题是当时施罗德政府的紧要事务。1999年初这个问题已从法律上得到了解决。本文简单介绍了这方面的情况,也可说是对德国的外国移民政策作了重要的补充。学习本文,一要了解德国新的移民政策,二要了解如何认识移民问题,三要学习和掌握有关词汇和表达。该文的特色是口语味较浓、行文带点感情,这在德国报刊文章中较为少见。

Die doppelte Staatsangehörigkeit

2014 wurde die doppelte Staatsbürgerschaft in Deutschland eingeführt. Mit dem neuen Staatsangehörigkeitsrecht könnte unsere Bundesrepublik bis zu fünf Millionen neue Staatsbürger bekommen. 2016 hatten 18,6 Millionen Personen einen Migrationshintergrund, die einem Anteil von über 22 Prozent der gesamten deutschen Bevölkerung entsprechen. Alle Ausländer, die acht Jahre hier leben (bei Kindern: fünf, bei Ehegatten: drei), ihren Lebensunterhalt selbst bestreiten können und nicht mehrfach straffällig geworden sind, haben einen Anspruch darauf, Deutsche zu werden. Und zwar unabhängig davon, was sie noch auf dem Papier sind und bleiben wollen: Franzosen, Türken oder Algerier.

Um diesen Punkt, die doppelte Staatsangehörigkeit, entbrannte damals ein großes politisches Getöse. Und das übertönte seither das Wesentliche, die Einbürgerung selbst. Man glaubte, mit dem Kampf gegen den „Doppel-Pass" ein populäres Thema besetzen und bei den kommenden Landtagswahlen Stimmen fangen zu können. Man klimperte mit falscher Münze, damit verunsicherten Bürgern in den Ohren klang: Die Ausländer werden privilegiert, sie kriegen etwas, was ihr nicht habt. Mag sein, dass aus der Bedienung solcher Ressentiments kurzfristig ein paar rechte Prozentpunkte zu schlagen sind. Gute Politik war das aber nicht. Sie düpierte große Teile der Union und wies die Partei als unmodern und weltfremd aus.

Es geht bei diesem Gesetzentwurf nicht um Asyl, nicht um Flüchtling und nicht um Duldung, sondern um die Einbürgerung derer, die durch ihr langjähriges Leben und Wirken hier gezeigt haben, dass sie zu uns gehören. Die Zulassungskriterien sind deutlich und streng; ein „Mehmet" hätte keine Chance auf einen deutschen Pass.

Die Tolerierung der doppelten Staatsbürgerschaft ist nur deshalb von Bedeutung, weil sie ein Einbürgerungshindernis beseitigt. Denn schon jetzt erfüllen viele hier wohnende Ausländer die Voraussetzungen, Deutsche zu werden, scheuten aber bisher davor zurück, weil sie ihre ursprüngliche Nationalität hätten aufgeben müssen. Die Regierung hat entschieden, diese emotionale Hürde abzubauen. Das ist richtig so. Was wird der Bundesrepublik genommen, wenn einige Millionen Bürger noch einen anderen Pass in der Schublade liegen haben?

Es bedeutet den Anschluss an den zivilisatorischen Standard des Westens. Die USA hatten einen Außenminister, der aus Deutschland kam, die jetzige Außenministerin ist gebürtige Tschechin. Im englischen Oberhaus sitzt ein Soziologe, den niemand gefragt hat, ob er seinen deutschen Pass nicht abgeben wolle. In Frankreich stammt jeder Vierte von Einwanderern ab. Frankreichs moderne Literatur ist unvorstellbar ohne Ionesco, Beckett, Adamov ... Und, Sportsfreunde: Ohne die vielen „Exoten" in der Mannschaft wäre Frankreich nie Fußballweltmeister geworden. Unterschätzen wir aber auch die Deutschen nicht! Sie haben sich an spanische Krankenschwester und persische Ärzte gewöhnt, kaufen beim Türken und lassen die Rumänien schwarz putzen. Warum sollten sie nicht den Polizisten aus der Türkei, den polnischstämmigen Schaffner, den in Chile geborenen Lehrer akzeptieren?

(1) 生词释义

bestrafen　　　*Vt.*　惩罚，惩处，惩办

straffällig　　　*Adj.*　犯有刑事罪的，应予惩处的

Getöse　　　*n.* unz.　呼啸，咆哮，怒号

entbrennen　　 *Vi*.　着火，燃烧；〈转〉爆发
klimpern　　 *Vi*.　（在乐器上）乱弹，乱奏；（拨弄金属物体）发出声响
privilegieren　 *Vt*.　给予……特权
Ressentiment　 *n*. -s　记仇，记恨，怨恨
düpieren　　 *Vt*.　愚弄，欺骗，诈骗
Asyl　　 *n*. -e　避难；避难所；收容所
Duldung　 *f*. unz.　忍耐，宽容
Exoten　Pl.（Exot *m*. -en / Exote *m*. -n）　外国人，异种人
akzeptieren　 *Vt*.　接受；〈经〉承兑

(2) 难点解析

- Und zwar unabhängig davon，was sie noch auf dem Papier sind und bleiben wollen：…句首 Und zwar 既是强调，又作进一步说明。句中 von etw./jmdm.(D) unabhängig/abhängig sein 是固定搭配，也是常用句型，意为"不依赖/依赖某事/某人""不取决于/取决于某事/某人"。名词 Papier 意义较多，不仅能指"纸""纸张"，还可指"证件""文件""材料"等。这里指"护照"。句意请见参考译文。

- Man klimperte mit falscher Münze，…（它〈指 CDU〉用错了工具，……）mit Münzen klimpern 原指"用硬币弄出声响"。这里 mit falscher Münze klimpern 意为"想弄出声响却用错了工具"。根据原文上下文并且考虑到这是口语的情况，似可意译为"打错了算盘"。当然，还可能有其他译法，但"用错工具发错声响"的意思不能没有。

- Mag sein，dass aus der Bedienung solcher Ressentiments kurzfristig ein paar rechte Prozentpunkte zu schlagen sind.（也可能会发生的是：由于这样的记仇者的宣传，有那么几个百分点的右翼人士短时间地被蒙蔽了。）Mag sein, ... 是 Es mag sein, ... 的缩略形式，也可用 Es kann sein, ...，意为"可能出现/发生的是……"。Bedienung 原意为"服务"，这里转义为"宣传"。ein paar rechte Prozentpunkte 在句中是主语，意为"有那么几个百分点的右翼（人士）"。zu schlagen sind 原意为"被击中"，这里根据上下文意译为"被蒙蔽"。

(3) 智慧选择　（请根据短文，从 4 个选项中选择正确的 1 项填空）

① 2014 wurde die _____ Staatsbürgerschaft in Deutschland eingeführt.
　　a）doppelten　　b）doppelte　　c）Doppelte　　d）Doppelten

② Und das übertönte seither das _____, die Einbürgerung selbst.
　　a）Wesentliche　b）Wesentlichen　c）Wesentlicher　d）Wesentliches

③ Die Tolerierung der doppelten Staatsbürgerschaft ist nur deshalb _____ Bedeutung, weil sie ein Einbürgerungshindernis beseitigt.
   a) aus　　　　b) von　　　　c) mit　　　　d) in
④ Es bedeutet den _____ an den zivilisatorischen Standard des Westens.
   a) Anschluss　　　　　　　　b) Anschlüsse
   c) Zusammenfall　　　　　　d) Zusammenhang

(4) 要点问答 （请根据短文内容回答问题）

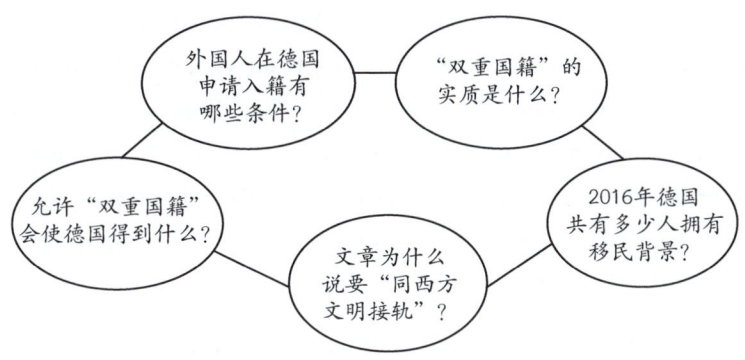

10.4　单亲家庭有苦恼

篇首导学

　　家庭越来越小，离婚率越来越高，这也许是发达国家无法避免的社会现象。想不到德国离婚和结婚的比例竟会是1∶2。离婚的结果往往会造成本文所说的"单亲家庭"，也有人称之为"半个家庭"或"破碎家庭"。我们学习本文的目的，首先是了解德国这一社会问题和社会现象的严重性及其主要原因，其次是学习和掌握有关家庭方面的常用词汇和表达。另外，不妨思考一下：研究这个社会现象的意义何在？这是不是一个关乎千万个家庭的命运和许多孩子教育、成长的大事？

Die „Ein-Elternteil-Familien" in Deutschland

In Deutschland bestand 2016 die große Mehrheit — knapp 80 Prozent — aus

Familien mit ledigen Kindern oder aus Ehepaaren, die keine Kinder (mehr) bei sich im Haushalt haben. Einen Trend zur Ein-Kind-Familie gibt es bislang nicht: Heute entscheiden sich diejenigen, die eine Familie gründen, häufiger als früher für zwei oder mehr Kinder. Andererseits wird jedoch in steigendem Maß ganz auf Kinder verzichten.

Frauen, die ohne Mann ihre Kinder groß ziehen mussten, hat es in der deutschen Geschichte immer wieder gegeben. Meist waren Kriege und deren Folgen daran schuld. Heute liegt es vor allem an den hohen Scheidungsquoten (etwa 100000 jährlich in Deutschland). Derzeit leben schon 2,3 Millionen Kinder und Jungendliche unter 18 Jahren mit nur einem Elternteil zusammen. Neu an dieser Entwicklung ist allerdings, dass immer mehr Männer ihre Kinder allein erziehen. Etwa ein fünftel von den Alleinerziehenden sind Männer. Die alleinerziehenden Väter werden jährlich mehr, eine Tendenz, die in allen Industrieländern zu beobachten ist. Der Hauptgrund ist die steigende Zahl der Ehescheidungen.

In vielen Großstädten steht derzeit eine Scheidung zwei Eheschließungen gegenüber. In Deutschland gibt es gut 1,6 Millionen sogenannte „Ein-Elternteil-Familien" mit minderjährigen Kindern, die an gesamten Haushalten der Bundesrepublik etwa zwanzig Prozent ausmachen. Nicht nur Großväter schieben stolz den Kinderwagen beim Spaziergang vor sich her, Väter tun es heute genauso. Bärtige Jeans-Senioren tragen ihre schlummernden Sprößlinge im baumwollenen Babytuch huckepack, und Hochschuldozenten beantragen Halbtagsjob, um sich intensiver um den Nachwuchs kümmern zu können. Jetzt spielen junge Väter zu Hause eine Rolle als nebenberufliche Hausmänner. Sie bringen die Kleinen ins Bett und lesen ihnen Gute-Nacht-Geschichten vor. Beim Spielen mit leichten technischen Dingen ist ein Mann halt geschickter als Hausfrau, meinen viele Väter. Das gute Verhältnis der Väter und Kinder ist nicht zu übersehen.

Wenn ein Kind mit zerrissener Kleidung herumläuft, heißt es: dem Kind fehlt die Mutter. Wenn Kinder aus normalen Familien so aussehen, findet man ganz andere Gründe. Sobald irgend etwas auffällig ist, wird es auf die Familiensituation geschoben. Solche Diskriminierungen von außen sind nicht selten zu hören. Wenn es um berufliche Aufstiegschancen geht, um die Karriere, dann ist der alleinerziehnde Vater „draußen", weil seine beruflichen Einsatzmöglichkeiten schon zeitlich nicht mit denen der konkurrierenden Kollegen vergleichbar sind. Zur Zeit gibt es in Deutschland überall Bundesverbände und Landesverbände alleinstehender Mütter und Väter (VAMV). Ziel der VAMV-Mitarbeiter ist, Alleinerziehenden zu helfen, ihre vielfältigen Probleme zu meistern: Wohnungssuche, Tagesbetreuung von Kindern, Schul- und Berufsfragen, Freizeitgestaltung und vor allem die Bewältigung des Papierkriegs.

(1) 生词释义

ledig *Adj.* 未婚的，单身的
Scheidungsquote *f.* 离婚率
Eheschließung *f.* -en 结婚，联姻
minderjährig *Adj.* 未成年的，年幼的
bärtig *Adj.* 留胡子的，有胡子的
schlummern *Vi.* 微睡，打瞌睡
Sprößling *m.* -e 后代；〈口〉小孩，孩子
beantragen *Vt.* 申请；提议
geschickt *Adj.* 灵活的，灵巧的
übersehen *Vt.* 忽视，忽略，放过
Diskriminierung *f.* -en 歧视，鄙视；贬低
Karriere *f.* -n 飞黄腾达的生涯，升迁发迹

(2) 难点解析

- Meist waren Kriege und deren Folgen daran schuld.（责任大多在于战争及其后果。）deren 是复数名词第二格的代词形式，这里指前面的 Kriege（战争），也可使用物主代词 ihr。schuld an etw.（D）sein 或 haben 是常用句型，意为"对某事有过错"。

- Bärtige Jeans-Senioren tragen ihre ... im baumwollenen Babytuch huckepack, und Hochschuldozenten ..., um sich intensiver um den Nachwuchs kümmern zu können. 其实这是两个句子，因为内容相关，所以放在一起表达。前句中 Senior 本指"年长者""老前辈"，这里指"（穿牛仔衣裤的）父亲们"。（im）baumwollenen Babytuch 指"棉的用于包（着背）婴儿的布"。

huckepack 是副词,只用于 jmdn./etw. (A) huckepack tragen(习惯用法,意为"背某人/某物")的短语中。后句是主句(主语是 Hochschuldozenten,指"大学中所有能独立任教的教师")加一个表示目的的 um...zu 结构。句意请见参考译文。

- Sobald irgend etwas auffällig ist, wird es auf die Familiensituation geschoben.(一旦有什么东西引人注意,就会被推到家庭状况身上。)sobald 是带起状语从句的连词,意为"一旦""只要"。irgend etwas 意为"随便一点什么事""不论什么事"。注意:副词 irgend 与不定冠词构成不定代词 irgendein(er/e)(某一个,任何一个),也与许多疑问副词构成新的代词或副词,如 irgendwann(随便什么时候)、irgendwas(随便什么)、irgendwer(随便是谁)、irgendwie(不管怎样地)、irgendwo(在某一个地方)等。这是德语中一个特殊的、很常见的语言现象,尤其在口语中。

(3) 智慧选择 (请根据短文,从4个选项中选择正确的1项填空)

① Heute entscheiden sich diejenigen, die eine Familie gründen, häufiger als früher _____ zwei oder mehr Kinder.
    a) mit   b) von   c) für   d) an

② Der Hauptgrund ist die _____ Zahl der Ehescheidungen.
    a) steigende   b) steigenden   c) steigend   d) gestiegene

③ In vielen Großstädten steht derzeit eine Scheidung zwei Eheschließungen _____ .
    a) gegenseitig   b) gegensätzlich   c) gegensinnig   d) gegenüber

④ Solche Diskriminierungen von _____ sind nicht selten zu hören.
    a) Außen   b) außen   c) Äußere   d) äußere

(4) 要点问答 (请根据短文内容回答问题)

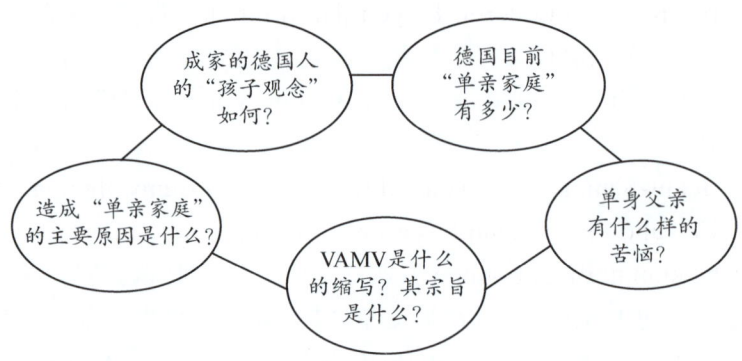

10.5　小学紧缺男教师

篇首导学

　　男性教师短缺是全世界幼儿园、小学等低龄教育机构共同面临的问题，即使是教育发达的德国也不例外。德国幼儿园的男性教育者屈指可数，小学的男教师仅占15%，不来梅州甚至超过五分之一的小学教师全部为女性，呈现小学"女性化"态势。小学教师性别失衡不利于学生健全人格的形成，尤其对男孩而言，他们在成长过程中需要男性榜样，这种情况给他们带来了困扰。德国教育界正在采取各种措施进行补救，比如不来梅的"租用男教师"政策既别出心裁又新奇有效。

Mangel an männlichen Grundschullehrern

In Deutschland sind laut dem Statistischen Bundesamt nur noch 15 Prozent der Grundschullehrkräfte männlich. Viele Grundschulen haben oftmals nicht einmal eine männliche Lehrkraft haben. Beispielsweise sind 17 von 76 Grundschulen in Bremen komplett ohne männliche Lehrkraft besetzt. Im Gymnasium ist die Geschlechtsaufteilung doch relativ ausgeglichen. Man kann sagen, dass Grundschulen fest in weiblicher Hand sind. Warum gibt es einen Mangel an männlichen Grundschullehrern?

Stereotyp, Bezahlung und Berufsrisiko sind mögliche Ursachen. Viele haben noch das starre Bild vor Augen, dass Frauen sich mit kleinen Kindern und Männer mit größeren Kindern beschäftigen sollen. Ein weiteres Klischee: der Mann ist der Familienernährer und muss Geld für die Familie verdienen. Von allen Lehrkräften sind Grundschullehrkräfte jedoch am schlechtesten bezahlt. Als eine weitere Begründung für die Entscheidung gegen den Beruf des Grundschullehrers benennen einige die Angst vor der Beschuldigung des Kindesmissbrauchs. Grundschullehrer gehen nun häufig ein hohes persönliches Risiko ein, wenn sie durch Streicheln oder freundliche Worte mit Kindern eine gesunde Beziehung aufbauen wollen. Natürlich müssen Kinder von Missbrauchstätern geschützt werden, jedoch kann ein Berührungsverbot ebenfalls viele Folgen mit sich bringen.

Nach einer Studie beeinträchtigt die sogenannte „Feminisierung" der Schulen die Leistungen der Schülerinnen und Schüler keineswegs. Gerade bei Schulkindern ist es aber noch sehr wichtig, dass sie sowohl von Lehrern als auch von Lehrerinnen betreut werden. Eine Grundschule ohne Männer kann Auswirkungen auf das Weltbild der Kinder haben, da sie dadurch weniger die Möglichkeit haben, sich mit den Geschlechtern zu identifizieren, aber auch abzugrenzen. Wenn die Grundschule jedoch ein hauptsächlich weiblich geprägtes Umfeld ist, haben vor allem die Jungen Schwierigkeiten sich einzuordnen, gerade wenn kein männliches Vorbild im nahen Umkreis ist.

Mit dem Wandel der Zeit wird der psychischen Gesundheit und der Bildung einer gesunden Weltanschauung von den Kindern im Grundschulalter immer mehr Bedeutung beigemessen. Lösungen für den Mangel an männlichen Grundschullehrern werden nun dringend benötigt. Neben dem Projekt „Männer in die Grundschulen" der Universität Bremen wurde zusätzlich die Initiative „Rent a Teacherman" ins Leben gerufen. Hier werden Lehramtsstudenten an Grundschulen ohne männliche Lehrkräfte vermittelt, wo sie stundenweise gegen ein kleines Honorar arbeiten. Darüber hinaus könnte das durch das Fördern von Praktika die Freude an der Arbeit mit Kindern entdeckt werden können. Diskutiert werden auch die Zugangszulassung für Lehramtsstudierende — derzeit ist die durchschnittliche Abiturnote für manche noch zu hoch. Durch ein freiwilliges soziales Jahr oder einen Bundesfreiwilligendienst könnte man die Abiturnote verbessern und ein Lehramtsstudium beginnen.

(1) 生词释义

  Lehrkraft   *f*. ⸚e   教师，师资

  ausgleichen   *Vt*.   使均衡

  Stereotyp   *n*. -e   刻板印象

  Berufsrisiko   *n*. ...ken   职业风险

Beschuldigung　*f.* -en　指控, 控告
Kindesmissbrauch　*m.*　猥亵/性侵儿童
Berührungsverbot　*n.* -e　禁止触碰
beeinträchtigen　*Vt.*　妨碍, 损害
identifizieren　*Vt.*　认同
einordnen　*Vr.*　融入, 适应
Lehramtsstudent　*m.* -en　师范大学学生
Zugangszulassung　*f.* unz　入学准许

(2) 难点解析

- Grundschullehrer gehen ... ein hohes persönliches Risiko ein, wenn sie ... mit Kindern eine gesunde Beziehung aufbauen wollen.（现在, 如果小学教师想……与儿童建立良好关系, ……冒很高的个人风险。）主句中的固定短语 ein Risiko eingehen 表示"冒风险", eingehen 是可分动词。从属连词 wenn 引导出条件从句, 表示"如果……"。从句中的词组 mit jmdm. (D) eine gesunde Beziehung aufbauen 的意思是"与某人建立良好关系"。

- Mit dem Wandel der Zeit wird der psychischen Gesundheit und der Bildung einer gesunden Weltanschauung ... immer mehr Bedeutung beigemessen.（随着时代的变迁……心理健康以及健康的世界观的形成被赋予越来越重要的意义。）该句是被动句, 主语是（immer mehr）Bedeutung。谓语动词是 beimessen, 意为"赋予""把……归于"。注意其用法有点特殊, 要求双宾语：einer Sache/jmdm. (D) etwas (A) beimessen（赋予某事/某人以什么）。又例：Wir messen dieser Sache hohen Wert bei.（我们高度重视此事。——这是主动句）句中介词词组 mit dem Wandel der Zeit 的意思与 mit der Zeit 不同, 前者意为"随着这个时代的变迁", 后者意为"随着时间的推移"。

(3) 智慧选择　(请根据短文, 从4个选项中选择正确的1项填空)

① Warum gibt es einen Mangel _____ männlichen Grundschullehrern?
　　a) an　　　　b) für　　　　c) auf　　　　d) über

② Frauen sollen sich _____ kleinen Kindern beschäftigen.
　　a) aus　　　　b) an　　　　c) mit　　　　d) zu

③ Grundschullehrer _____ nun häufig ein hohes persönliches Risiko ein.
　　a) gehen　　　b) fahren　　c) schlagen　　d) binden

④ Gerade bei Schulkindern ist es aber noch sehr wichtig, dass sie _____ von Lehrern als auch von Lehrerinnen betreut werden.
a) entweder   b) sowohl   c) weder   d) ob

(4) 要点问答 （请根据短文内容回答问题）

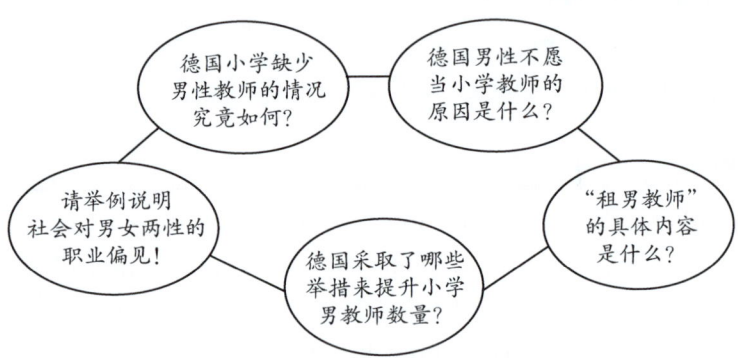

10.6　肥胖超重竟过半

> **篇首导学**
> 　　肥胖和超重现象在发达国家比较常见，而德国的形势更为严峻：超过一半的成年人体重超标，比例为欧洲最高；少年儿童的超重现象也呈上升趋势。我国这方面的情况也不乐观。富含脂肪和糖分的饮食以及缺乏运动是造成肥胖和超重的重要原因，此外还有多种易被忽视的原因，比如熬夜和睡眠不足等。超重不但带来个人身体和心理上的疾病，还会造成社会经济负担。学习本文，既要了解肥胖和超重的主要成因和给个人及社会带来的危害，还应了解如何与之进行"斗争"。

Übergewicht: Ein weit verbreitetes Problem

Im Jahr 2019 war insgesamt 53% der deutschen Erwachsenen von Übergewicht betroffen, davon sind rund 16% krankhaft übergewichtig. Bei Kindern und Jugendlichen leiden auch bereits rund 15% unter Übergewicht.

Und der Anteil der übergewichtigen Kinder und Jugendlichen hat sich seit 1980 um die Hälfte erhöht.

Die ansteigende Fettleibigkeit der Deutschen ist sowohl ein Resultat der hyperkalorischen Ernährung wie auch der zunehmenden Bewegungsarmut. Es wird also mehr Energie verzehrt als benötigt, nämlich bei übergewichtigen Personen ist häufig die Energiebilanz nicht ausgeglichen. Außerdem gibt es Gründe, die leicht zu übersehen sind, zum Beispiel Konsum von Fruchtzucker und Schlafmangel. Nach einer Studie besteht ein Zusammenhang zwischen dem Konsum von Fruchtzucker und Übergewicht. Die Aufnahme von Fruchtzucker stimuliert die Fettsynthese und steigert die Einlagerung von Fetten aus der Nahrung. Nachtarbeit und Schlafmangel kann auch zu Übergewicht führen, weil es den Insulinhaushalt durch die Störung der inneren Uhr stört.

Bekannt ist, dass das Übergewicht verschiedene körperliche Krankheiten bringt, z. B. Herz- und Kreislauferkrankungen, nichtalkoholische Fettlebererkrankung und Gelenkschäden usw. Dem deutschen Gesundheitssystem entstehen allein durch die Folgen von Übergewicht und krankhaftem Übergewicht jährlich Kosten in Höhe von etwa 10 Milliarden Euro. Gesundheitssystem ist durch Übergewicht stark belastet.

Das Übergewicht kann nicht nur körperliche Probleme verursachen, sondern auch psychosoziale Folgeerkrankungen nach sich ziehen. Übergewichtigen Personen werden in unterschiedlichen Kulturen oft jeweils bestimmte Persönlichkeits- und Charaktereigenschaften zugeschrieben, beispielsweise Mangel an Selbstdisziplin und Ordentlichkeit. Dabei diskriminieren solche Stereotype die Betroffenen nicht nur, sondern führen insbesondere bei übergewichtigen Kindern auch zu der sogenannten „Bedrohung durch Stereotype". So können übergewichtige Kinder z. B. verminderte Schulleistungen bringen. Vielfach fühlen sich die übergewichtigen Personen ausgegrenzt, oder sie grenzen sich sozial aus. Es ist ein Teufelskreis: Um sich nicht mit Fettleibigkeit in der Badehose zu präsentieren, wird beispielsweise weniger Schwimmsport getrieben.

Um die übergewichtigen Personen zu einem gesünderen Ernährungs- und Bewegungsverhalten zu bewegen und dadurch die Verbreitung von

Übergewicht nachhaltig zu verringern, hat die Bundesregierung die Aktion „Gesunde Ernährung und Bewegung" gestartet. Gesetzliche Krankenkassen unterstützen für Versicherte mit Übergewicht verschiedene Gesundheitskurse, zu denen auch Ernährungskurse, Kurse zur gesunden Bewegung und zum Stressmanagement zählen. Schulen bieten auch vermehrte Programme an, damit Familien ihre Lebensweise umstellen, z. B. regelmäßige gemeinsame Mahlzeiten mit Obst, Gemüse, Ballaststoffen (ohne Fett, Weißmehl und Zucker). Sie animieren die Kinder zum Wassertrinken in der Schule, den Trend zum Übergewicht abzuschwächen.

(1) 生词释义

Übergewicht　　*n*. unz.　超重
Fettleibigkeit　　*f*. unz.　肥胖
verzehren　　*Vt*.　吃,喝
Energiebilanz　　*f*. unz.　能量平衡
stimulieren　　*Vt*.　刺激
Fettsynthese　　*f*. -n　脂肪合成
zuschreiben　　*Vt*.　认为……具有(某种性格或特征)
diskriminieren　　*Vt*.　贬低,歧视
vermindert　　*Adj*.　减少的,消减的
vielfach　　*Adj*.　经常的
ausgrenzen　　*Vt*.　(从一个整体中)排除
animieren　　*Vt*.　鼓励

(2) 难点解析

- Die ansteigende Fettleibigkeit der Deutschen ist sowohl ... wie auch ...(越来越多的德国人患有肥胖症,这既是……,也是……) ansteigend 是做定语的第一分词,修饰 Fettleibigkeit。如果按照原句直译为"德国人的增长的肥胖",比较生硬。为了行文流畅,参考译文调整了语序。此外,本句还有一对关联词 sowohl ... wie auch...,它与 sowohl ... als auch ...一样,表示并列关系,意为"既……又……"。

- Dem deutschen Gesundheitssystem entstehen ... Kosten in Höhe von etwa 10 Milliarden Euro.(……德国的医疗系统每年要花费约 100 亿欧元。)虽然这是一个简单句,却比较长,理解时要抓住其主语和谓语:主语是复数名词

Kosten(花费,开销),谓语动词 entstehen 是一个不及物动词,意为"产生"。dem deutschen Gesundheitssystem 是动词支配要求的第三格,表示对象,可理解为"对德国医疗系统而言"。in Höhe von ...(D) 也是常用介词词组,表示"达到多少数量""达到多少高度"等意思。

- **Übergewichtigen Personen werden ... bestimmte Persönlichkeits- und Charaktereigenschaften zugeschrieben, ...**(……,超重者……被赋予某些个性和性格特征,……)这是由助动词 werden + 第二分词构成的被动句,zuschreiben 是及物动词,可以支配人三物四的双宾语,表示"认为……具有什么"。句首复数名词 Übergewichtigen Personen 是第三格宾语,bestimmte Persönlichkeits- und Charaktereigenschaften 原本是动词的第四格宾语,在被动句中变成了第一格主语。

(3) 智慧选择 (请根据短文,从4个选项中选择正确的1项填空)

① Bei Kindern und Jugendlichen leiden auch bereits rund 15% _____ Übergewicht.
  a) an   b) unter   c) gegen   d) auf

② Nachtarbeit und Schlafmangel kann auch zu Übergewicht _____.
  a) gehören   b) aufbrechen   c) gelangen   d) führen

③ Gesundheitssystem ist durch Übergewicht stark _____.
  a) aufgelastet   b) angelastet   c) belastet   d) gelastet

④ Schulen bieten auch vermehrte Programme an, _____ Familien ihre Lebensweise umstellen.
  a) damit   b) sodass   c) wenn   d) weil

(4) 要点问答 (请根据短文内容回答问题)

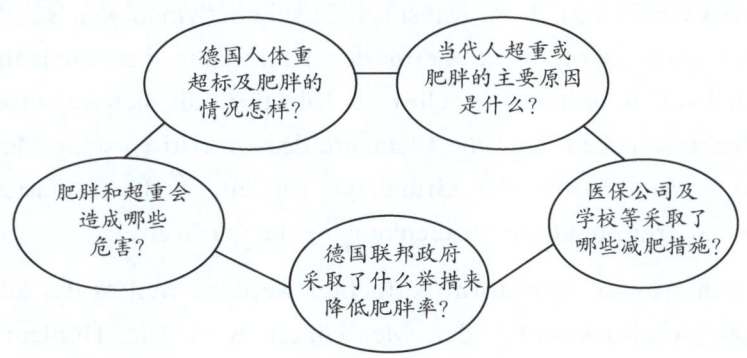

10.7 街头涂鸦是什么

篇首导学

街头涂鸦发轫于美国,并迅速在全世界广泛传播。有些年轻人认为这是很潮很酷的行为。从涂鸦诞生伊始,人们对它的态度就呈现两极分化,一些人认为这种行为侵犯公共空间、破坏秩序,并污损公共及他人财物;另一些人则认为这是美学与艺术的产物,表达了青春个性与叛逆激情。有些大城市聪明地利用了这种潮流,将涂鸦发展为大型街头艺术,使之成为一种城市文化和吸引游客的手段。学习本文的目的是大致了解"街头涂鸦"的前因后果,以及由此引发的两种不同意见。

Graffitis als Kulturgut?

Skateboarden, Hip-Hop und Graffiti existieren seit den 1970/80er Jahren nebeneinander her, so dass es schwer ist, sich das eine ohne das andere vorzustellen. Viele Skateparks dienen heute als Schreine für den Selbstausdruck von Graffiti. Und niemand wird sich jemals darüber beklagen, dass das Vandalismus ist. Aber in der Welt abseits dieser Subkultur ist es vielleicht nicht so klar. Graffiti kann als eine Schande für Gemeinschaften oder als Beweis für den sozialen Zusammenbruch angesehen werden. Betrachtet wird das nicht genehmigte Graffiti von öffentlichen Gebäuden und Verkehrsmitteln meist als Form des Vandalismus.

Gleichzeitig wird Graffiti auch als Form einer Kunst anerkannt. Manche meinen, dass Graffiti zu 100% Kunst sei. Es sei ein Symbol der Rebellion und stellte eine fantastische, neue Form der Kreativität dar. Diejenigen, die Graffitis herstellen, sehen sich selbst als Künstler, die sich auf öffentlichen Leinwänden ausdrücken. Und die Elemente des Graffiti — seine Medien und Techniken — sind heute die Grundlage für einige der fantasievollsten, schönsten und ergreifendsten Straßenkunstwerke der Welt.

Graffiti kann als eine Kunstform betrachtet werden, weil es das älteste und beständigste Ausdrucksmittel der Menschheit war. Die Höhlenmenschen bemalten bereits ihre Felswände. In der Geschichte dienten Graffitis als Bekanntmachung, Erkennungszeichen, sogar politische Symbole und Appelle in der Öffentlichkeit. Zum Beispiel malten die Mitglieder der Widerstandsgruppe „Die Weiße Rose" in den Jahren 1942/43 durchgestrichene Hakenkreuze an die Wände, um gegen den Hitler-Faschismus aufzubegehren. In der heutigen Gesellschaft kann es doch ein Instrument zur Revitalisierung des öffentlichen Raums sein.

Deswegen hat sich die Einstellung zu Graffiti in den letzten zwei Jahrzehnten erheblich verändert. **Manche Städte gehen völlig neue Wege und fördern Graffiti-Projekte, die Blocks über mehrere Etagen in eine riesige Kunstleinwand verwandelt und wirklich dazu beigetragen haben, dass Graffiti als Kunst akzeptiert wurde.** Diese riesigen Wandmalereien sind äußerst komplizierte Stücke und erfordern Planung, Fantasie und künstlerische Elemente wie Farbe und Komposition. Solche Graffiti-Künstler werden nun als „Wandmaler" bezeichnet, **da sie sich auf große Projekte spezialisiert und bei Kunstkritikern Respekt gewonnen haben.** Manche Städte wie Amsterdam, Berlin und Brisbane haben den Ruhm und die Bekanntheit von Graffiti-Kunst genutzt. Sie nehmen Graffitis als Kulturgut wahr und es gibt Führungen zu den Highlights für Touristen.

Aber bemerkenswerterweise gibt es immer eine moralische Grenze, die nicht überschritten werden sollte. Graffiti kann in die Kategorie des Vandalismus fallen, wenn es sich um einen zufälligen Schriftzug an einer alten Wand handelt, der keine Bedeutung hat. Jährlich kostet in Deutschland die Entfernung unerlaubter Graffiti rund 500 Millionen Euro. Deshalb können die Betroffenen auch strafrechtlich mit einer Freiheitsstrafe sanktioniert werden.

(1) 生词释义

Graffiti *n*. -s 涂鸦

Vandalismus *m*. unz. 破坏行为

Schrein *m*. -e 圣坛，神殿

Leinwand *f*. ¨e 画布

Subkultur *f*. -en 亚文化

Schande *f*. unz. 耻辱

beständig　*Adj*.　持久的
Appell　*m*. -e　呼吁，号召
aufbegehren　*Vi*.　反抗
Revitalisierung　*f*. -en　复苏
spezialisieren　*Vr*.　以……为专业
sanktionieren　*Vt*.　批准，认可

(2) 难点解析

- Betrachtet wird das ... Graffiti ... meist als Form des Vandalismus.（……涂鸦通常被视为一种破坏行为。）该句的主语很长，从 das 开始至 meist 之前都是主语，如果将其置于句首，会使句子头重脚轻，因此将本该置于句尾的第二分词 betrachtet 前置，使句子协调平衡。及物动词 betrachten 可以支配一个第四格宾语以及用连词 als 带出的宾语，表示"把……视为……"。此处为被动态。

- Manche Städte ... fördern Graffiti-Projekte, die Blocks ... in eine riesige Kunstleinwand verwandelt und wirklich dazu beigetragen haben, dass Graffiti als Kunst akzeptiert wurde.（一些城市……推广涂鸦项目，将……街区变成了一块巨大的艺术画布，真正让涂鸦作为艺术被接受。）这是一个比较复杂的二重主从复合句，第一句是主句；第二句是由 die 引导的两个并列的关系从句，修饰先行词 Graffiti-Projekte，构成第一重从句；第三句是 dass 引导的名词性从句，做"动介短语"zu…bei/tragen（为……作出贡献）的宾语，构成第二重从句。

- ..., da sie sich auf große Projekte spezialisiert und bei Kunstkritikern Respekt gewonnen haben.（……，因为他们擅长大型项目，获得了艺术评论家的尊重。）开头被省略的是主句，da 引出原因从句，从句中的反身动词短语 sich auf etw.（A）spezialisieren 表示"专门从事""以什么为专业"；并列的另一个短语 Respekt gewinnen 表示"赢得尊敬"。

(3) 智慧选择　（请根据短文，从 4 个选项中选择正确的 1 项填空）

① Und niemand wird sich jemals _____ beklagen, dass das Vandalismus ist.

　　a) darauf　　　b) darüber　　　c) daran　　　d) darin

② Aber in der Welt abseits _____ Subkultur ist es vielleicht nicht so klar.

　　a) diese　　　b) dieses　　　c) dieser　　　d) diesem

③ Manche Städte fördern Graffiti-Projekte, die Blocks über mehrere Etagen in eine riesige Kunstleinwand _____ ... haben.
  a) verwandelt   b) verändert   c) geändert   d) gewandelt
④ Manche Städte wie Amsterdam, Berlin und Brisbane haben den _____ und die Bekanntheit von Graffiti-Kunst genutzt.
  a) Ruf   b) Anruf   c) Ruhm   d) Rum

(4) 要点问答 （请根据短文内容回答问题）

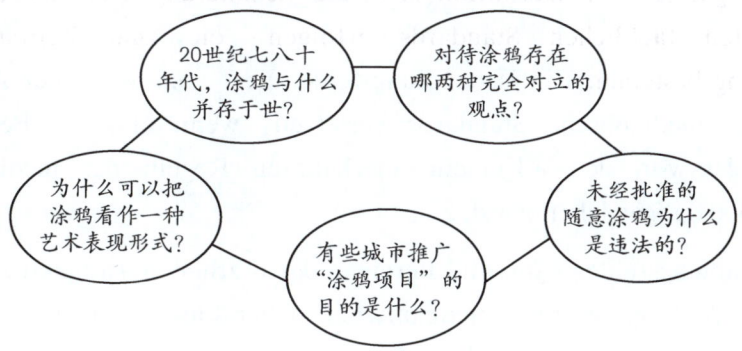

10.8 医疗事故代价高

篇首导学

俗话说"错误在所难免",每个行业都可能会犯错误,但是当医生或医疗机构犯错而造成医疗事故时,会危害患者的健康甚至生命。这种错误的代价很大。德国人给我们的印象往往是严谨和沉稳,然而令人吃惊的是：德国的医疗事故发生率在欧盟诸国中最高,并且还呈现缓慢增长的势头。学习本文的目的,主要在于增长知识,即了解德国医疗事故的某些情况和政府对医疗事故的法规及其给患者提供的法律保护。当然,我们也要学习和掌握有关德语词汇,扩大我们的词汇量。

Ärztliche Behandlungsfehler in Deutschland

Die Nase ist schief, das Krebsgeschwür zu spät entdeckt — Immer wieder kommt es vor, dass Patienten mit dem Ergebnis einer ärztlichen Behandlung nicht zufrieden sind. **In Deutschland liegt die Anzahl der Anträge auf den Behandlungsfehler bei den Krankenkassen jährlich im fünfstelligen Bereich und zeigt eine dauerhafte langsame Zunahme.** Doch die eigentliche Dunkelziffer ist bedeutend höher. Die Zahl der tatsächlichen Behandlungsfehler wird von Experten zwischen 600000 und zwei Millionen pro Jahr angenommen.

Nach der gesetzlichen Definition muss die Behandlung nach den allgemein anerkannten fachlichen Standards erfolgen, die zum Zeitpunkt der Behandlung bestehen. Ein Behandlungsfehler liegt vor, wenn der Arzt oder die Klinik medizinische Standards verletzen, wenn also die Behandlung unbegründet von den allgemein anerkannten Regeln der medizinischen Wissenschaft abgewichen wurde.

Ein Behandlungsfehler kann alle Bereiche der ärztlichen Tätigkeit betreffen. Er kann der Fehler rein medizinischen Charakters sein oder sich auf organisatorische Abläufe beziehen. Beispielsweise gibt es oft Diagnosefehler. Ein solcher Fehler liegt vor, wenn der Arzt bei einer Untersuchung ein Karzinom übersieht, welches deshalb erst verspätet behandelt werden kann. Daneben können sogenannte Aufklärungsfehler, sogar mangelnde Aufklärung, auch als Behandlungsfehler gewertet werden. Hiervon spricht man, wenn der Arzt den Patienten falsch oder unvollständig über mögliche Therapie- oder Operation-Risiken informiert.

Behandlungsfehler können auch aus einem Unterlassen resultieren. Man kann wegen unterlassener Hilfeleistung den Arzt verklagen. Im Jahr 2010 wurde in Gießen beispielsweise ein Allgemeinmediziner zu 3000 € Schmerzensgeld verklagt. Eine Frau kontaktierte einen zum Notdienst eingeteilten Arzt aufgrund akuter Übelkeit und wurde daraufhin in seine Praxis bestellt. Als die Patientin jedoch an der Praxis ankam und klingelte, öffnete der Arzt die Tür nicht. Angehörige fuhren die Betroffene in ein Krankenhaus, in dem ein schwerer Herzinfarkt diagnostiziert wurde. Die Frau verstarb wenige Stunden später. **Der Mediziner behauptete, dass er die Klingel nicht gehört habe.** Jedoch hat er an dieser Stelle gegen seine Berufspflicht verstoßen.

Wenn medizinische oder pflegerische Behandlungsfehler vorliegen oder Patienten wegen Organisationsmängeln zu Schaden gekommen sind, können Schadenersatzansprüche erhoben werden. Bemerkenswert ist, dass vier Voraussetzungen im Wesentlichen erfüllt sein müssen, damit ein Patient gegen einen Behandlungsfehler vorgehen kann: 1. Der Patient muss einen objektiv feststellbaren Schaden erlitten haben. 2. Der Arzt oder das Krankenhaus muss einen Fehler gemacht haben. 3. Es muss einen ursächlichen Zusammenhang zwischen dem Schaden und dem Fehler geben. 4. Schließlich darf nach Kenntnis des Patienten der Schadenseintritt nicht länger als drei Jahre zurückliegen.

(1) 生词释义

Krebsgeschwür *n.* -e 癌瘤
Dunkelziffer *f.* -n 不透明数字
Standard *m.* -s 标准
unbegründet *Adj.* 无理由的
abweichen *Vi.* 偏离
übersehen *Vt.* 忽略，忽视
Unterlassen *n.* 不作为
verklagen *Vt.* 控告
Übelkeit *f.* -en 恶心，不舒服
Herzinfarkt *m.* -e 心肌梗塞
diagnostizieren *Vt./Vi.* 诊断
zurückliegen *Vi.* 在后面，发生在过去

(2) 难点解析

- **In Deutschland liegt die Anzahl ... im fünfstelligen Bereich ...**（在德国，……的数量在五位数左右……）理解此句的一个关键词是理解复合形容词 fünfstellig，它由基数词（如 drei, vier, fünf 等）+ -stellig（由名词 Stelle 变化而来）构成，表示"几位数的"。

- **Nach der gesetzlichen Definition muss die Behandlung nach den allgemein anerkannten fachlichen Standards erfolgen, die zum Zeitpunkt der Behandlung bestehen.**（根据法律定义，必须按照治疗时普遍接受的专业标准来进行治疗。）句中介词 nach 出现了两次，均是"按照"之意。主句中的

Deutschland mit vielfältigsten Gesichtern — Landeskunde Deutschland für Anfänger
德国国情面面观：德国概况入门

erfolgen 是不及物动词，表示"进行"。die … bestehen 是由关系代词 die 引导的定语从句，修饰先行词 Standards，表示"治疗时的标准"。

● **Der Mediziner behauptete，dass er die Klingel nicht gehört habe.**（这位医生声称没有听到铃声。）后面 dass 引导的宾语从句是主句谓语动词 behaupten（声称）的宾语。注意：从句动词变化部分使用了第一虚拟式 habe（不是直陈式 hat），意在表示间接引语。

(3) 智慧选择 （请根据短文，从 4 个选项中选择正确的 1 项填空）

① Immer wieder kommt es _____, dass Patienten mit dem Ergebnis einer ärztlichen Behandlung nicht zufrieden sind.

    a) an   b) vor   c) auf   d) aus

② Ein Behandlungsfehler liegt vor, wenn der Arzt oder die Klinik medizinische Standards _____, …

    a) schaden   b) kränken   c) agieren   d) verletzen

③ Behandlungsfehler können auch _____ einem Unterlassen resultieren.

    a) auf   b) wegen   c) aus   d) mit

④ Es muss einen ursächlichen _____ zwischen dem Schaden und dem Fehler geben.

    a) Zusammenhang   b) Brücke
    c) Verhältnis   d) Beziehung

(4) 要点问答 （请根据短文内容回答问题）

附录 1　德国各联邦州的位置

（说明：各州的中文译名请见附录 2）

附录2 德国各联邦州的简况

	名 称	面 积（平方公里）	人口（万）（2019年）	首 府	其 他（主要特色等）
1	Baden-Württemberg 巴登-符腾堡	35752	1030	Stuttgart 斯图加特	景区众多 经济重区
2	Bayern 巴伐利亚	70549	1200	München 慕尼黑	旅游胜地 现代工业
3	Berlin 柏林	892	346	（城市州）	德国首都 政治中心
4	Brandenburg 勃兰登堡	29476	260	Potsdam 波茨坦	人口较少 保护自然
5	Bremen 不来梅	404	67.8	（城市州）	港口城市 国际贸易
6	Hamburg 汉堡	755	170	（城市州）	重要港城 进出口贸易
7	Hessen 黑森	21114	600	Wiesbaden 威斯巴登	中心位置 经济重区
8	Mecklenburg-Vorpommern 梅克伦堡-前波莫瑞	23173	180	Schwerin 什未林	农业经济 素朴自然
9	Niedersachsen 下萨克森	47616	780	Hannover 汉诺威	第二大州 农工并重

(续表)

	名　称	面　积 （平方公里）	人口(万) (2019 年)	首　府	其　他 （主要特色等）
10	Nordrhein-Westfalen 北莱茵-威斯特法伦	34082	1800	Düsseldorf 杜塞尔多夫	人口最多 最大工业区
11	Rheinland-Pfalz 莱茵兰-普法尔茨	19847	400	Mainz 美因茨	莱茵景致 葡萄产区
12	Saarland 萨尔州	2569	110	Salzbrücken 萨尔布吕肯	面积最小 自然区域
13	Sachsen 萨克森	18413	450	Dresden 德累斯顿	人口最密 工业传统
14	Sachsen-Anhalt 萨克森-安哈尔特	20447	275	Magdeburg 马格德堡	耕地肥沃 拜耳药厂
15	Schleswig-Holstein 石勒苏益格- 荷尔斯泰因	15761	270	Kiel 基尔	人口稀少 枢纽位置
16	Thüringen 图林根	16172	250	Erfurt 埃尔富特	绿色心脏 工业传统

（说明：此表据 2020 年 10 月谷歌百科、维基百科和 deutschland.de 等网站提供的资料编制而成，仅供参考）

附录3 德国著名高校（部分）

德国排名/位	大学名称	学生人数/人	建校时间/年	欧洲排名/位	世界排名/位	获诺奖人数/人
1	慕尼黑大学	52000	1472	8	63	36
2	慕尼黑工业大学	38000	1868	3		
3	海德堡大学	31500	1386	9	64	31
4	柏林洪堡大学	33000	1809	24	117	29
5	柏林夏洛蒂医科大学	7000	1710			
6	弗莱堡大学	24700	1457	46	175	19
7	蒂宾根大学	28700	1477	46	175	9
8	亚琛工业大学	42300	1870	36	145	6
9	波恩大学	32500	1786	71	240	8
10	柏林自由大学	35700	1948	31	130	5
11	哥廷根大学	29200	1734	54	195	47
12	乌尔姆大学	10100	1967			
13	汉堡大学	41700	1919	65	228	6
14	柏林工业大学	32700	1770	38	148	
15	科隆大学	49700	1388	84	282	2

(续表)

德国排名/位	大学名称	学生人数/人	建校时间/年	欧洲排名/位	世界排名/位	获诺奖人数/人
16	曼海姆大学	12100	1907	96	307	
17	德累斯顿工业大学	36700	1828	45	173	
18	维尔茨堡大学	24300	1402			
19	比勒费尔德大学	22200	1969			
20	卡尔斯鲁厄工业大学	24700	1825	32	131	5
21	埃尔朗根-纽伦堡大学	39000	1742			
22	明斯特大学	42500	1780			2
23	杜伊斯堡-埃森大学	31000	2003			
24	霍恩海姆大学	9200	1818			
25	康斯坦茨大学	10900	1966			
26	基尔大学	24200	1665			7
27	帕绍大学	11300	1972			
28	波茨坦大学	3200	1991			
29	波鸿鲁尔大学	42700	1961			
30	斯图加特大学	26400	1829			3
32	法兰克福大学	46600	1912	98	311	14
36	吉森大学	45000	1607			6
40	汉诺威大学	25700	1831			3

（说明：此表据2020年11月谷歌百科、维基百科和deutschland.de等网站提供的资料编制而成，仅供参考）

附录4 获诺奖德国人(部分)

	得奖年份	得奖人姓名	所获奖项	说　明
1	1901	W.K.伦琴	物理学奖	
2	1901	E.v.贝林	生理学或医学奖	
3	1902	H.E.费雪	化学奖	
4	1902	T.蒙森	文学奖	
5	1905	Ph.勒纳	物理学奖	
6	1905	A.v.拜耳	化学奖	
7	1905	R.科赫	生理学或医学奖	
8	1907	E.毕希纳	化学奖	
9	1908	P.埃尔利希	生理学或医学奖	(两人同获)
10	1908	R.欧肯	文学奖	
11	1909	F.布劳恩	物理学奖	(两人同获)
12	1909	W.奥斯特瓦尔德	化学奖	
13	1910	O.瓦拉赫	化学奖	
14	1910	P.海泽	文学奖	
15	1911	W.维恩	物理学奖	
16	1912	G.霍普特曼	文学奖	
17	1914	M.v.劳厄	物理学奖	
18	1915	R.威尔泰特	化学奖	

(续表)

	得奖年份	得奖人姓名	所获奖项	说　明
19	1918	M.普朗克	物理学奖	(本届仅颁两奖)
20	1918	F.哈伯	化学奖	
21	1919	J.斯塔克	物理学奖	
22	1920	W.能斯脱	化学奖	
23	1921	A.爱因斯坦(美籍德裔)	物理学奖	
24	1922	O.F.迈尔霍夫	生理学或医学奖	(两人同获)
25	1925	J.弗兰克	物理学奖	(两人同获)
26	1925	G.赫兹	物理学奖	(两人同获)
27	1926	G.施特莱斯曼	和平奖	(两人同获)
28	1927	H.维兰德	化学奖	
29	1928	A.温道斯	化学奖	
30	1929	T.曼	文学奖	
31	1930	H.费歇尔	化学奖	
32	1931	C.博施	化学奖	(两人同获)
33	1931	F.伯吉龙斯	化学奖	(两人同获)
34	1931	O.H.瓦尔堡	生理学或医学奖	
35	1932	W.海森堡	物理学奖	
36	1935	H.斯佩曼	生理学或医学奖	
37	1935	C.v.奥西茨基	和平奖	
38	1836	O.勒维	生理学或医学奖	(两人同获)
39	1938	R.库恩	化学奖	(因纳粹阻挠弃奖)
40	1939	A.F.J.布特南特	化学奖	(因纳粹阻挠弃奖)

（续表）

	得奖年份	得奖人姓名	所获奖项	说　明
41	1939	G.多马克	生理学或医学奖	（因纳粹阻挠弃奖）
42	1944	O.哈恩	化学奖	
43	1946	H.黑塞	文学奖	
44	1950	O.P.H.狄尔斯	化学奖	（两人同获）
45	1950	K.阿尔德	化学奖	（两人同获）
46	1953	H.施陶丁格	化学奖	
47	1954	M.玻恩	物理学奖	（两人同获）
48	1954	W.博特	物理学奖	（两人同获）
49	1956	W.福斯曼	生理学或医学奖	（三人同获）
50	1961	R.穆斯堡尔	物理学奖	（两人同获）
51	1963	J.H.D.詹森	物理学奖	（三人同获）
52	1963	K.齐格勒	化学奖	（两人同获）
53	1967	M.艾根	化学奖	（两人同获）
54	1971	W.勃兰特	和平奖	
55	1972	H.伯尔	文学奖	
56	1973	E.O.费舍尔	化学奖	（两人同获）
57	1979	G.维蒂希	化学奖	（两人同获）
58	1985	K.v.克利津	物理学奖	
59	1986	G.鲁斯卡	物理学奖	（三人同获）
60	1986	E.比尼格	物理学奖	（三人同获）
61	1987	J.G.柏诺兹	物理学奖	（两人同获）
62	1988	J.戴森霍费尔	化学奖	（三人同获）
63	1988	R.胡贝尔	化学奖	（三人同获）

(续表)

	得奖年份	得奖人姓名	所获奖项	说　明
64	1988	H.米歇尔	化学奖	（三人同获）
65	1989	W.保罗	物理学奖	（三人同获）
66	1991	E.内尔	生理学或医学奖	（两人同获）
67	1991	B.扎克曼	生理学或医学奖	（两人同获）
68	1991	G.克鲁岑	化学奖	（三人同获）
69	1995	Ch.N.福尔哈德	生理学或医学奖	（三人同获）
70	1999	G.格拉斯	文学奖	
71	2001	W.克特勒	物理学奖	（三人同获）
72	2005	T.亨施	物理学奖	（三人同获）
73	2007	P.克律贝格	物理学奖	（两人同获）
74	2007	G.艾特尔	化学奖	
75	2008	H.豪森	生理学或医学奖	（三人同获）
76	2013	T.聚特霍夫（德美双国籍）	生理学或医学奖	（三人同获）
77	2014	S.海尔（罗马尼亚出生）	化学奖	（三人同获）
78	2017	R.魏斯（美籍德裔）	物理学奖	（三人同获）
79	2017	J.弗朗克（美德双国籍）	化学奖	（三人同获）
80	2020	R.根策尔	物理学奖	（三人同获）

［说明：因对"德国人"（如外籍德裔）的定义或标准不一，致使获诺奖的德国人数有所差异（有说100多位）。上表据谷歌、维基和deutschland.de等网站的资料编制而成，定有遗漏，是为概况，仅供参考］

附录 5 本书生词总表

A

aberkennen *Vt.* 剥夺,取消,废止		(6.8)
abfragen *Vt.* 考问,提问		(6.5)
Abitur *n.* -e〈拉〉高中毕业考试		(6.1)
ableiten *Vt.*〖语〗来源于,从……派生出		(1.1)
abreißen *Vt.* 中断;撕下		(6.8)
abrutschen *Vi.* 下滑,下降		(8.6)
abschaffen *Vt.* 撤销,废除		(6.2)
abschreiben *Vt.* 抄袭		(6.8)
absolvieren *Vi.* 毕业,结业		(4.1)
Abstammung *f.* -en 出身;家庭		(4.7)
Abstecher *m.* - (旅行计划外)顺路/绕道游览		(2.7)
abweichen *Vi.* 偏离		(10.8)
adaptieren *Vt.* 使适应,使适合		(8.1)
additiv *Adj.* 添加的,(工业)增材的		(5.8)
Adventskalender *m.* - 基督降临节日历		(9.1)
Akteur *m.* 活动家,行为体		(5.5)
Aktiver *m.* - 体育团体的正式成员		(4.8)
Akustik *f. unz.* 音响效果,声学		(3.4)
akzeptieren *Vt.* 接受;〖经〗承兑		(10.3)
Alleinerziehende *m./f.* -n (按形容词变化)离婚后单亲养育孩子的人		(8.5)
allergisch *Adj.* 变态反应的,过敏反应的		(5.3)
Allgegenwart *f.* 普遍存在,无处不在		(5.3)
Allgemeinheit *f.* (无复数)公众,大众		(8.2)
Alpenvorland *n.* 阿尔卑斯山北麓地区		(2.1)

amüsieren *Vr.* 消遣,取乐		(3.2)
Anekdote *f.* -n 名人轶事		(4.7)
Angebot *n.* -en 供给		(8.6)
angebracht *Adj.* 恰当的,适当的		(10.1)
angesehen *Adj.* 德高望重的		(4.5)
Angriffsfläche *f.* -e 攻击面,受力面积		(3.7)
Anhalter *m.* - 〈俗〉拦车搭乘者(只用于短语中)		(6.6)
animieren *Vt.* 鼓励		(10.6)
ankündigen *Vt.* 预告,事先通知		(4.4)
Anlass *m.* ⁻e 缘由,起因		(10.2)
anlocken *Vt.* 吸引,引诱		(7.5)
anmutend *P.I* 感觉到的		(8.2)
annähern *Vt.* 走近,靠近		(8.6)
annähernd *P.I* 几乎,大约,差不多		(1.1)
ansässig *Adj.* 定居的,长住的		(3.6)
anschließend *P.I* 紧接着,随后		(6.1)
anspruchsvoll *Adj.* 富有挑战性的		(6.3)
Anstich *m.* -e (啤酒桶)开孔,开桶		(3.2)
Antisemitismus *m.* 反犹太主义		(4.2)
Anwaltskanzlei *f.* -en 律师事务所		(4.3)
Aperitif *m.* -e 〈法〉(饭前饮用的)开胃酒		(10.1)
Appell *m.* -e 呼吁,号召		(10.7)
Astrophysik *f.* unz. 天体物理学		(5.1)
Asyl *n.* -e 避难;避难所;收容所		(10.3)
atemberaubend *P.I* 令人窒息的,极为紧张的		(3.8)
Atemschutzmaske *n.* -n 口罩		(5.8)
Atmungsaktivität *f.* -en 透气性		(5.2)
Attraktion *f.* -en 吸引力,魅力		(9.6)
aufbegehren *Vi.* 反抗		(10.7)
Aufbereitung *f.* -en 整理		(8.7)
aufbringen *Vt.* 筹措,征募		(6.6)
auffressen *Vt.* 吃光,吃掉		(2.3)
aufführen *Vt.* 上演		(4.5)

aufgehen　*Vi*.　破，开裂	(1.7)
aufgelockert　P.Ⅱ　轻松的，活泼的	(5.2)
Aufhebung　*f*.　废除，取消	(4.3)
aufkommen　*Vi*.　出现	(1.1)
Auflage　*f*. -n　（书籍出一版的）印数	(7.1)
auflösen　*Vt*.　解散，废除	(1.5)
Aufschwung　*m*. ⸚e　（经济、工业等）上升，高涨，繁荣	(8.3)
aufsuchen　*Vt*.　探访，寻找，进入	(2.2)
auftürmen　*Vt*./*Vr*.　堆积，撂起	(2.1)
Aufwand　*m*. unz.　费用，开支	(3.4)
aufwerten　*Vt*.　使增值	(5.7)
ausweisen　*Vt*.　驱逐（出境）；表明，证明；规定，安排	(2.8)
Ausbildungsvertrag　*m*. ⸚e　培训合同	(6.3)
Ausblick　*m*. -e　景色，风光	(3.6)
ausbrechen　*Vi*.（s）（物做主语）爆发，突然发生	(8.3)
ausdehnen　*Vr*.　延伸，扩展	(2.1)
ausdenken　*Vt*.　想出，想好，考虑好	(9.2)
ausgeglichen　P.Ⅱ　平衡的；稳健的	(8.1)
Ausgleich　*m*. -e　平衡；调和	(8.1)
ausgleichen　*Vt*.　使均衡	(10.5)
ausgrenzen　*Vt*.　（从一个整体中）排除	(10.6)
aushöhlen　*Vt*.　掏空，挖空；侵蚀，破坏	(6.2)
ausleben　*Vr*.　尽情享受	(3.5)
ausmachen　*Vt*.　共计，合计；形成，构成	(7.1)
Ausmerzung　*f*.　淘汰，消除	(5.4)
Ausnahmefall　*m*. ⸚e　例外情况，特殊情况	(1.5)
Ausprägung　*f*. -en　铸造；〈转〉清楚表明，鲜明的特征	(2.8)
ausrangieren　*Vt*.　扔掉，废弃	(5.7)
Ausrichtung　*f*. -en　安排；举办	(4.3)
ausschalten　*Vt*.　排挤，排斥	(1.2)
außeruniversitär　*Adj*.　大学外的	(5.5)
aussetzen　*Vt*.　遭受，蒙受	(9.5)
Aussicht　*f*. -en　眺望，远眺	(3.3)

ausspielen *Vt*. 〖体〗(比赛中)争夺奖杯;举办(冠军赛)		
ausstatten *Vt*. 配备,供给;布置,装潢		(7.6)
austragen *Vt*. 组织,承办;决出胜负		(7.3)
Auswahlmannschaft *f*. -en 〖体〗(选拔出来的)混合代表队		(7.3)
Auszubildende(r) *f*.(*m*.) (缩写 Azubi)职业受训者,学徒		(6.3)
Auszug *m*. ⸚e 摘录,节选;摘要,提要		(7.7)
autobiografisch *Adj*. 自传的,自传体的		(4.5)

B

Ballungszentrum *n*. ...tren 人口中心,人口稠密地区	(1.4)
bangen *Vi*. 担心,担忧	(6.8)
bärtig *Adj*. 留胡子的,有胡子的	(10.4)
beantragen *Vt*. 申请;提议	(10.4)
Beatmungsgerät *n*. -e 呼吸机	(5.8)
Bedarf *m*. unz. 需求,需要	(6.4)
beeinträchtigen *Vt*. 妨碍,损害	(10.5)
befassen *Vr*. 从事于,忙于	(4.7)
befestigt *Adj*. 固定的,加强的	(7.6)
beflügeln *Vt*. 使能够飞;刺激;赋予灵感	(2.8)
begehrt *P.Ⅱ* 追求的,渴望的	(3.5)
Begriff *m*. -e 概念	(1.1)
begünstigen *Vt*. 促进,优待	(1.4)
behindert *Adj*. 残疾的,智力不全的	(6.1)
Beitrag *m*. ⸚e 贡献;份额	(6.3)
beitragen *Vt*./*Vi*. 为……作贡献	(8.4)
beitreten *Vi*. 参加,加入	(7.3)
bemerken *Vt*. 发觉,注意到	(1.1)
berechenbar *Adj*. 可预见的,可测定的	(8.2)
berechtigen *Vt*. 使有权利,使有资格	(6.1)
bereisen *Vt*. 周游,参观;考察	(4.6)
Bergbahn *f*. 登山铁道,缆车	(2.1)
Berücksichtigung *f*. unz. 考虑,顾虑	(8.7)
berufen *Vt*. 任命	(4.7)

Berufsrisiko n. …ken 职业风险	(10.5)
berufstätig Adj. 有职业的,在职的	(6.6)
berufsübergreifend P.I 跨职业的	(6.3)
Berührungsverbot n. -e 禁止触碰	(10.5)
beschäftigen Vr. 从事于,忙于	(8.7)
beschaulich Adj 安逸的,平静的	(9.6)
bescheiden Adj. 简朴的;微薄的	(4.3)
bescheren Vt. 赐予,带来;赠送	(4.3)
Bescherung f. -en 分送礼物,赠送礼物	(9.1)
Beschuldigung f. -en 指控,控告	(10.5)
besiedeln Vt. 向……移民,定居在……	(1.6)
Besitzstand m. ⸚e 已有的财产	(8.2)
Besitztum n. ⸚er 资产	(9.8)
beständig Adj. 持久的	(10.7)
Besteck n. -e （一个人用的一套）餐具	(10.1)
bestrafen Vt. 惩罚,惩处,惩办	(10.3)
bestücken Vt. 装备,装配	(2.8)
betiteln Vt. 命名,给……提名	(7.3)
Beton-City f. -s 混凝土构建的城市,现代城市	(9.1)
betragen Vt. 总数为,总数达,共计	(8.4)
Bevölkerungsdichte f. -n 人口密度	(1.4)
bevölkerungsreich Adj. 人口众多的,人口稠密的	(1.4)
Bewegungslosigkeit f. unz. 不动,静止	(9.7)
bieder Adj. 正直的,单纯的	(4.8)
Bierzelt n. -e 售啤酒的棚子或亭子	(3.2)
Bildungsniveau n. -s 文化程度,受教育程度	(8.8)
bildungsrelevant Adj. 对教育重要的	(6.7)
bindend P.I 必须的,有义务的	(9.8)
binnen Präp. 在……之内	(4.5)
Binnengewässer n. 内陆水域	(2.6)
Binnenschifffahrt f. unz. 内河航运	(1.6)
blühen Vi. 开花;繁荣昌盛	(8.3)
blutverwandt Adj. 血亲的,血缘的	(9.7)

Bodden   *f*. -   浅海湾   (2.4)
Bogenschwung   *m*. ⸚e   拱形曲线,拱形弧线   (3.8)
Boom   *m*. -s   〈英〉(突然的短期的)繁荣,景气   (6.4)
Börsenindex   *m*. -e   证券交易所目录   (8.1)
Brachialgewalt   *f*.   暴力,蛮力   (8.2)
Bruttoinlandsprodukt   *n*. -e   (缩写 BIP)〖经〗国内生产总值   (8.4)
Buchhandlung   *f*. -en   书店   (7.1)
Bucht   *f*. -en   海湾,湖湾   (2.4)
Bundesausbildungsföderungsgesetz   *n*.   (缩写 BaföG) 联邦教育促进法   (6.6)
bundesstaatlich   *Adj*.   联邦制国家的   (1.5)
Burgdarstellung   *f*. -en   关于城堡的描述   (2.5)

C

Carpooling   *n*.   拼车   (9.8)
Charakteristika   *f*.   特征   (2.8)
charmant   *Adj*.   迷人的   (9.8)
Corona-Krise   *f*.   新冠病毒危机   (8.5)
Coronavirus   *n*.   新冠病毒   (5.8)

D

Dachzelt   *n*. -e   车顶帐篷   (9.5)
Darlehen   *n*. -   贷款,借款   (6.6)
demographisch   *Adj*.   人口统计学的;人口学的   (1.4)
Demonstrationsprogramm.   *n*. -e   示范性计划   (5.2)
Denkmal   *n*. ⸚er   纪念碑,文物   (3.5)
Denkmalschutz   *m*.   建筑文物保护   (2.6)
Desoxyribonukleinsäure   *f*. -n   (缩写 DNS)〖生〗脱氧核糖核酸   (5.3)
Dessert   *n*. -s   〈法〉餐后小吃(如布丁、冰淇淋、水果等)   (10.1)
Destination   *f*. -en   目标,最终目标   (2.3)
DFB   (Deutscher Fußball-Bund 的缩写)德国足联   (4.8)
Diabetes   *m*. unz.   糖尿病   (5.6)
diagnostizieren   *Vt*./*Vi*.   诊断   (10.8)
Dichterlesung   *f*. -en   诗歌朗诵   (7.1)

die Allgemeine Relativitätstheorie 〖物〗广义相对论 (4.2)
die Spezielle Relativitätstheorie 〖物〗狭义相对论 (4.2)
Digitalisierung *f.* 数字化 (5.6)
Diözesenmuseum *n.* 主教区或教区博物馆 (7.4)
Direktmandat *n.*-e 直接席位 (1.5)
dirigieren *Vt./Vi.* 〖音〗指挥 (7.2)
diskriminieren *Vt.* 贬低,歧视 (10.6)
Diskriminierung *f.* 歧视,鄙视;贬低 (10.4)
Dissertation *f.*-en 博士论文 (6.8)
Disziplin *f.*-en 学科,科目 (5.1)
dominierend *P.*Ⅰ 占据主要地位的,占优势的 (6.3)
drängen *Vr.* 推挤;渴望,力求 (2.5)
dreidimensional *Adj.* 三维的 (5.8)
Druckkapazität *f.* unz. 打印生产能力 (5.8)
dual *Adj.* 双元的,二元的 (8.1)
Duldung *f.* unz. 忍耐,宽容 (10.3)
Dult *f.*-en 〈方〉(定期举行的)集市,年集 (9.1)
Düne *f.*-n (风吹积成的)沙丘 (2.4)
Dunkelziffer *f.*-n 不透明数字 (10.8)
düpieren *Vt.* 愚弄,欺骗,诈骗 (10.3)
durchlaufen *Vt.* 经历过 (8.7)
durchschlagen *Vr.* 〈口〉艰难度日 (4.7)
durchschnittlich *Adj.* 平均的,一般的,中等的 (8.4)
durchstrahlen *Vi.* (光)照射进来 (5.2)
durchstreifen *Vt.* 漫游,游荡 (2.8)
Düsentriebwerk *n.*- 喷气推进器 (3.2)
dynamisch *Adj.* 有生命力的,生气勃勃的,活跃的 (8.7)
dynastisch *Adj.* 王朝的,朝代的 (1.2)

E

Eckpfeiler *m.*- 支柱;原则 (2.8)
Eheschließung *f.*-en 结婚,联姻 (10.4)
Eigennutz *m.* unz. 利己,自私自利 (8.2)

Eigenständigkeit *f. unz.* 独立自主	(4.3)
eindämmen *Vt.* 遏制,阻止	(1.7)
einbinden *Vt.* 使融入	(4.3)
eingehen *Vi.* 到达;探讨,研究	(10.2)
einnehmen *Vt.* 占据	(9.6)
einordnen *Vr.* 融入,适应	(10.5)
Einsamkeit *f.* 孤独	(9.7)
einschätzen *Vt.* 评估,评价	(9.7)
einschließlich *Präp.* 包括	(9.6)
einsetzen *Vr.* 致力于,付出全力	(4.3)
einst *Adv.* 从前;当时	(4.4)
einteilen *Vt.* （合理）安排,分配	(4.8)
Einwanderer *m. -* 移民	(8.8)
einweihen *Vt.* 开幕,落成	(3.7)
Einweihung *f. -en* 落成典礼	(10.2)
Ellenbogen *m. -* 肘	(10.1)
Energiebilanz *f. unz.* 能量平衡	(10.6)
engagieren *Vr.* 承担义务	(8.1)
Engpass *m. ⸚e* 狭窄	(9.5)
Ensemble *n. -s* 〈法〉歌舞团,文工团;剧组	(7.2)
entbrennen *Vi.* 着火,燃烧;〈转〉爆发	(10.3)
entgegen *Präp.* 跟……相反,违背	(8.8)
entgegengesetzt *Adj.* 相反的,对立的	(1.1)
entgehen *Vi.* （支配第三格宾语）逃脱,放过	(9.4)
Entlassung *f. -en* 释放,免职,辞职	(1.2)
Entmystifizierung *f.* 非神秘化,去神秘化	(5.4)
entschließen *Vr.* 决定,作出决定	(1.7)
entsetzlich *Adj.* 可怕的,惊人的	(4.2)
entsetzt *Adj.* 吃惊的,惊恐的	(7.7)
entsprechen *Vi.* 符合,适应,与……相称	(8.4)
entstammen *Vi.* 出生于;来源于	(4.4)
Entstehung *f. -en* 诞生,形成	(1.1)
entvölkern *Vt.* 使人口减少,使无人烟	(1.2)

entziehen	*Vr.* 避开,逃避	(4.8)
entzückend	*P.* Ⅰ 逗人喜欢的,令人陶醉的,迷人的	(7.6)
Erfolgsmodell	*n.* -e 成功模型,成功模式	(6.7)
erholen	*Vr.* 休息,休养;恢复	(8.3)
erlangen	*Vt.* 获得,得到	(4.3)
ernähren	*Vr.* 养活自己,供养自己	(6.6)
erneuerbar	*Adj.* 可再生的	(5.7)
eröffnen	*Vt.* 开张,使开幕	(3.3)
errichten	*Vt.* 建起,造起;设立,建立	(2.5)
erringen	*Vt.* 得到,获得,赢得	(4.3)
erschließen	*Vt.* 开发,开辟	(7.1)
ersetzen	*Vt.* 代替,取代	(6.3)
erspähen	*Vt.* (经过寻找后)看见;〈转〉发现	(10.2)
erweisen	*Vt.* 表明,证实	(10.2)
erwerben	*Vt.* 获得,赢得;购得,买到	(6.5)
erwünscht	*Adj.* 受欢迎的,符合理想的	(10.1)
Erzbischof	*m.* ⸚e 大主教	(3.5)
etablieren	*Vt.* 开设,创办	(9.8)
Etikettenschwindel	*m.* (贴)标签(的)欺骗	(8.2)
Europa Space Camp	*n.* -s 欧洲宇航基地/训练营	(9.4)
Europapokal	*m.* 欧洲杯(赛)	(7.3)
Euro-Tower	*m.* 欧元指挥部	(3.3)
Euro-Zeitalter	*n.* 欧元时代	(3.3)
Evangelienbücher	Pl. 四福音书	(7.4)
evangelisch	*Adj.* 新教的	(4.6)
Exekutivgewalt	*f.* -en 行政权	(1.5)
exemplarisch	*Adj.* 示范性的,可做模范的	(7.3)
exerzieren	*Vt.* 〖军〗操练,训练	(9.2)
Exil	*n.* -e 流亡,流放	(4.1)
existieren	*Vi.* 存在,生存	(8.4)
Exoten	Pl.(Exot *m.* -en / Exote *m.* -n) 外国人,异种人	(10.3)
exotisch	*Adj.* 外国风情的,异域情调的	(9.3)
Expansionskurs	*m.* -e 扩张政策	(1.2)

Exportschlager *m.-* 出口畅销货品 (6.7)
exzellent *Adj.* 卓越的,优异的 (3.6)

F

fabulieren *Vi.* 讲述 (4.5)
Facette *n.-n* (多面体的)面;(事物、问题等的)侧面,局部 (7.7)
fair *Adj.* 正派的,公正的 (8.2)
Felswand *f.ᴇ* 悬崖峭壁 (2.1)
Fertigstellung *f.* 完成 (2.5)
festungsähnlich *Adj.* 与堡垒相似的 (2.3)
Fettleibigkeit *f.*unz. 肥胖 (10.6)
Fettsynthese *f.-n* 脂肪合成 (10.6)
Filmbranche *n.-e* 电影行业 (7.5)
filtern *Vt.* 使过滤,滤除 (6.5)
Filtertüte *f.-n* (圆锥形)过滤纸袋 (3.6)
Finne *m.-n* 芬兰人 (1.1)
flächenmäßig *Adj.* 按照面积的,根据面积的 (1.4)
Flair *n.* 〈口〉魅力,(好的)素质,特色 (3.1)
Flair *n.*/(罕)*m.*unz. 〈雅〉气氛 (7.8)
flattern *Vi.* 舞动,飘动 (5.4)
Flotte *f.-n* 船队,舰队 (2.3)
Flunkerer *m.-* 说谎者,吹牛的人 (5.4)
Folterinstrument *n.-e* 刑具 (9.4)
Folterkammer *f.-n* 〖史〗刑讯室 (5.4)
fördern *Vt.* 促进,资助 (5.5)
Förderung *f.-en* 促进,资助 (5.1)
förmlich *Adj.* 严格按照规定的;正式的;拘泥于礼节的 (9.1)
Forschungsinfrastruktur *f.*unz. 研究用基础设施 (5.5)
Frachtaufkommen *n.-* 货运量 (1.6)
Fraktionsgemeinschaft *f.-en* 议会党团联盟 (1.5)
Freiland *n.*unz. 露天园圃,露天牧场 (5.3)
Freilichtbühne *f.-n* 露天剧场 (3.8)
Freiluftaquarium *n....rien* 露天水族馆 (9.3)

Freizügigkeit *f*. -en 自由迁徙	(8.8)
funktionstüchtig *Adj*. 作用良好的,能运转的	(7.6)
Fürstentum *n*. ⸚er 侯国,侯爵领地	(2.6)
Fußgängerzone *f*. -n 步行区	(1.6)

G

Gabe *f*. -n 礼物,赠品	(10.2)
Gage *f*. -n 〈法〉(艺术家的)薪俸	(7.8)
Galerie *f*. -n 〈法〉画廊,美术馆	(7.8)
Garde *f*. -n 禁卫队,卫队	(9.2)
gastronomisch *Adj*. 烹调艺术的,饮食行业的	(3.2)
Gebilde *n*. - 形体,产物,形成物	(1.2)
Gebirgszug *m*. ⸚e 山脉,山链	(2.1)
Gebot *n*. -e 信条,戒律	(1.5)
gebühren *Vi*. 应得,应有	(1.8)
Geburtenrate *f*. -n 出生率	(1.4)
gebürtig *Adj*. (在……)出生的,原籍的	(6.6)
gefrässig *Adj*. 贪食的	(9.3)
Gefüge *n*. - 构造,结构,组织	(1.2)
Gegensatz *m*. ⸚e 对立(面),不同之处	(1.1)
Geheimtipp *m*. -s 秘诀	(9.6)
geleiten *Vt*. 陪同,护送,伴送	(2.8)
Gemach *n*. ⸚er (高雅的)房间,居室	(2.5)
Gemeinschaftlichkeit *f*. unz. 共同	(9.7)
Gemeinwohl *n*. unz. 公共福利	(8.2)
genehmigen *Vt*. 准许,批准	(6.5)
generationsübergreifend *Adj*. 跨辈分的,跨代的	(9.7)
Gentechnik *f*. 基因技术	(5.3)
geprägt *P.II* 〈转〉产生影响的	(5.2)
Geräteschuppen *m*. - 工具室	(2.7)
geringfügig *Adj*. 细小的;微不足道的	(6.2)
Gerücht *n*. -e 谣言,传闻	(1.7)
Gesamtumsatz *m*. ⸚e 总营业额,总销售额	(7.1)

Geschehnis *n*. -se 事件	(3.5)
geschickt *Adj*. 灵活的,灵巧的	(10.4)
geschweige *Konj*. (与 denn 连用)更谈不上,更别提	(4.8)
Getöse *n*. unz. 呼啸,咆哮,怒号	(10.3)
gewachsen *Adj*. 胜任的,相匹配的	(3.6)
Gewerk *n*. -e 行业;手工业部门	(7.5)
Giebel *m*. - 山墙,三角墙	(2.4)
gleichgesinnt *Adj*. 同样观点的,志同道合的	(9.7)
glühen *Vi*. 灼热,发光	(4.7)
Golf *m*. -e 海湾	(4.4)
gotisch *Adj*. 哥特式的	(3.5)
Graffiti *n*. -s 涂鸦	(10.7)
Graus *m*. unz. 害怕,恐惧	(3.4)
Gravitation *f*. unz. 万有引力,重力	(4.2)
Grenzübergang *m*. ...gänge 边境通道,过境通道	(1.7)
Größenwahn *m*. 〖医〗自大狂,夸大狂;〈口,贬〉过分自信	(1.2)
Großgerät *n*. -e 大型仪器,大型设备	(5.5)
Großherzog *m*. ⸚e 大公爵,大公	(2.4)
großzügig *Adj*. 宽宏大量的;大规模的	(8.8)
Grübeln *n*. 思索,冥思苦想	(4.2)
Grundgerüst *n*. -e 基本框架	(6.1)
Gründlichkeit *f*. unz. 细致,缜密	(1.8)
Grundstein *m*. -e 奠基石,开端	(3.5)
Grundzug *m*. ⸚e 基本特点,基本特征	(1.8)
günstig *Adj*. 有利的,有益的	(8.3)
Güterzug *m*. ⸚e 货运列车	(1.6)
Guthaben *n*. unz. 结余,存款	(3.4)
Gymnasium *n*. ...ien 高级中学(毕业后有上大学资格)	(4.1)

H

Haff *n*. -e/-s 〖地〗潟湖	(2.4)
Hai *m*. -e 鲨鱼	(9.3)
Handelspartner *m*. - 贸易伙伴	(8.3)

Handelsplatz *m*. ⁻e 交易场所	(7.5)
Handgelenk *n*. -e 手腕,手关节	(10.1)
Handlungsstrang *m*. ⁻e 情节线路	(7.7)
Hansestadt *f*. ⁻e 汉萨同盟城市	(3.4)
Heide *f*. -n 草原,灌木林	(1.3)
Heiterkeit *f*. 轻松愉快,活泼	(1.8)
Hepatitis *f*. unz. 肝炎	(5.6)
heraufbeschwören *Vt*. 使回忆起;引起,招致	(9.1)
Herausforderung *f*. -en 挑战	(3.6)
herausragend *Adj*. 突出的,卓越的	(3.7)
herbizidresistent *Adj*. 对除草剂有抵抗力的	(5.3)
Herrschaftsinsignien *Pl*. 统治象征物（如帝王的王冠、权杖等）	(7.4)
hervorbringen *Vt*. 产生;创造,创作	(7.2)
hervorheben *Vt*. 突出,强调	(2.5)
Herzblut *n*.〈转〉生命,心血	(4.8)
Herzinfarkt *m*. -e 心肌梗塞	(10.8)
heterogen *Adj*. 不均匀的,异质的;异类的	(8.7)
Hexe *f*. -n 女巫,女妖,巫婆	(9.2)
hierzulande *Adv*. 此地,本地;在我们这里	(8.4)
hingehören *Vi*. 属于(此处);适合	(1.8)
Hinspiel *n*. -e 第一回合比赛	(7.3)
hinzu *Adv*. 此外	(8.7)
HIV *n*. unz. 艾滋病(病毒)	(5.6)
Hochbetrieb *m*. -e 熙来攘往,热闹	(3.3)
Hochfläche *f*. -n 高原	(2.1)
Hochhaus-Skyline *f*. 高楼轮廓	(3.3)
Hochschulrahmengesetz *n*.（缩写 HRG）(德国)"高校通则"	(6.2)
Hochschulrektorenkonferenz *f*.（缩写 HRK)高校校长联席会议	(6.2)
Hofnarr *m*. -en 宫廷小丑,宫廷丑角	(3.8)
Höhenlage *f*. -n 高度,高层位置	(7.6)
Holzhacker *m*. - 伐木工人	(4.7)
horten *Vt*. 储藏,积聚	(2.3)
hugenottisch *Adj*. 胡格诺教派的	(4.7)

I

idealistisch　*Adj*. 理想主义的,唯心主义的　(4.1)
identifizieren　*Vt*. 认同　(10.5)
Idyll　*n*. -e　田园景色　(8.6)
illuminiert　P.Ⅱ　用灯光照亮的　(3.1)
immateriell　*Adj*. 无形的,非物质的,精神的　(8.7)
Immobilie　*f*. -n　不动产　(8.6)
Immobilienblase　*f*. -n　房地产泡沫　(8.6)
Implantat　*n*.〖医〗植入物,移植(组织)片　(5.6)
Implementation　*f*. 履行,实施　(6.4)
imposant　*Adj*. 庄严的,雄伟的　(2.8)
individualisiert　*Adj*. 个性化的　(5.8)
ineinanderübergehen　*Vi*. 契合　(6.4)
Infrastruktur　*f*. -en　基础设施,基本结构　(8.1)
Infrastrukturanlage　*f*. -n　基础设施　(8.8)
Integration　*f*. -en　融入,接纳为　(8.8)
integrieren　*Vi*. 融入　(1.4)
integrieren　*Vt*. 使成整体,使一体化　(6.3)
Internationalisierung　*f*. 国际化　(5.5)
Internationalität　*f*. unz. 国际性　(5.5)
Interpret　*m*. -en　(音乐作品)演奏者;注释者,解释者　(7.2)
Invalidenstraße　*f*. (柏林街名)因瓦利登大街　(1.7)
Inventar　*n*. -e　财产　(5.1)
Irrgarten　*m*. ⸚　迷宫　(3.2)

J

jagen　*Vt*. 狩猎,追赶　(3.7)
Jahresbudget　*n*. -s　年预算　(5.1)
jubeln　*Vi*. 欢呼,欢跃　(1.7)
Jury　*f*. -s　〈英〉评奖委员会,评审委员会　(7.5)

K

Kabarettist　*m*. -en　小型歌舞演员　(7.8)

Kabinett　*n*．-e　内阁	(4.4)
Kampagne　*f*．-n　运动；(文中指)狂欢节的各种活动	(9.2)
kanalisieren　*Vt*．　开凿运河(渠道)；〈转〉(把……)引导(到……)	(10.2)
Kanton　*m*．-e　(瑞士的)州	(2.6)
Karneval　*m*．-e/-s　〚宗〛狂欢节；嘉年华会	(9.2)
Karriere　*f*．-n　飞黄腾达的生涯，升迁发迹	(10.4)
Katamaran　*m*./*n*．-e　双体船	(2.7)
Kathedrale　*f*．-n　大教堂，总教堂	(3.5)
Katholik　*m*．-en　天主教徒	(3.5)
kennzeichnend　*Adj*．　表明特征的，具有特征的，说明特征的	(6.5)
kerzengerade　*Adj*．　笔直的	(2.2)
kicken　*Vi*．　踢足球	(7.3)
Kiefern　Pl．　松树	(2.7)
Kindesmissbrauch　*m*．　猥亵/性侵儿童	(10.5)
Klang　*m*．¨e　声音，音色	(3.4)
Klassiker　*m*．-　古典作家，经典作家	(4.1)
Klatsch　*m*．unz．〈口〉闲聊；流言蜚语	(10.1)
Klausur　*f*．-en　(= Klausurarbeit)(有监督的)笔试	(6.5)
Kleinod　*n*．... dien　珠宝，珍宝	(7.4)
Kletterer　*m*．-　会爬山的人，善于爬高的动物	(2.2)
Kliff　*n*．-e　悬崖峭壁	(2.7)
klimpern　*Vi*．　(在乐器上)乱弹，乱奏；(拨弄金属物体)发出声响	(10.3)
klinisch　*Adj*．　临床的	(5.6)
Klinkerbau　*m*．　缸砖(或水泥熔渣)建筑物	(8.6)
Klippe　*f*．-n　礁石，危岩	(2.3)
klirrend　P.I　叮咚作响的；〈转〉非常厉害的	(5.2)
Klitterung　*f*．-en　〈贬〉胡乱汇集，拼凑	(2.3)
Kloster　*n*．¨　寺，庵；修道院	(2.1)
Kohleverstromung　*f*．-en　用煤发电	(1.3)
kommerziell　*Adj*．　商业的，商务的	(9.8)
Komponist　*m*．-en　作曲家，作曲者	(7.2)
Kompromiss　*m*./*n*．-e　妥协，让步	(8.6)
Konfirmation　*f*．-en　〚宗〛(新教的)坚信礼	(10.2)

Konflikt *n*.-e 冲突,纠纷,争斗		(1.2)
konjunkturell *Adj*. 经济发展趋势的;景气的		(8.8)
Konkurrent *m*.-en 竞争者		(8.2)
konsequent *Adj*. 前后一致的,一贯的		(6.4)
Konsequenz *f*.-en 结果,后果		(9.8)
konservieren *Vt*. 使……长期贮存;保存,保藏		(7.8)
Konstellation *f*.-n 形势,局势,状况		(3.2)
konstituieren *Vr*. 构成,组建		(5.1)
kontinental *Adj*. 大陆的		(1.3)
kontinuierlich *Adj*. 持续不断的		(5.1)
korrekt *Adj*. 正确的;(行为)符合标准的,合适的		(1.8)
Kosmonaut *m*.-en 宇航员,宇宙飞行员		(9.4)
Kosmos *m*.unz. 宇宙		(3.7)
Kran *m*.-e/⸚e 起重机,吊车		(2.4)
krass *Adj*. 明显的,显著的		(8.6)
Krebs *m*. 癌,肿瘤		(5.6)
Krebsgeschwür *n*.-e 癌瘤		(10.8)
Kreide-Künstler *m*. 粉笔艺术家,粉笔画家		(7.8)
Kreiszylinder *n*.- 圆柱体,圆筒		(3.7)
kreuzen *Vr*. 杂交;相交叉,交叉而过		(5.3)
kriechen *Vi*. 极慢地移动,爬动		(1.7)
Krone *f*.-n (帝王等的)冠,冠冕		(3.8)
krönen *Vt*. 为……加冕		(3.3)
Krug *m*.⸚e (有柄的)罐子,大(啤酒)杯		(3.2)
kulinarisch *Adj*. 不用心思地享受;美食的,烹饪的		(7.6)
Kultserie *f*.-n 热播系列剧		(7.7)
Kuppel *f*.-n 半圆形屋顶		(3.6)
Kurfürst *m*.-en 〖史〗选侯,选帝侯		(3.8)
kurieren *Vt*. 治愈,治好		(4.6)
Kurort *m*.-e 疗养地		(2.2)

L

Lametta *n*.unz. (装饰圣诞树用的)银丝条,锡纸箔条 (9.1)

langwierig *Adj*. 费时的；拖延的 (7.7)

Laser *m*. unz. 激光 (5.8)

lauern *Vi*. 埋伏，潜伏；〈转，口〉(焦急地)等候，期待 (9.3)

Laufbahn *f*. 生涯，经历，事业进程 (6.8)

Lebenserwartung *f*. -en 期望寿命 (1.4)

ledig *Adj*. 未婚的，单身的 (10.4)

Legende *f*. -n 传说，传奇 (2.2)

Legislative *f*. -n 立法权；立法机关 (1.5)

Lehne *f*. -n (坐椅的)扶手，靠背 (10.1)

Lehramtsstudent *m*. -en 师范大学学生 (10.5)

Lehrkraft *f*. ⸚e 教师，师资 (10.5)

Lehrveranstaltung *f*. -en (高校教师讲授的)课，课程 (6.5)

leichtfasslich *Adj*. 易懂的 (7.1)

Leinwand *f*. ⸚e 画布 (10.7)

Leistungspunkt *m*. -e 学分 (6.5)

Leitbild *n*. -er 榜样，模范 (2.5)

Lektüre *f*. -n 阅读，读物 (7.1)

Lesekreis *m*. -e 读书会 (7.1)

Lichtquant *n*. -en 〖物〗光子，光量子 (4.2)

Loggia *f*. ... ien 走廊 (5.2)

Logistik *f*. 〖经〗物流 (8.1)

losziehen *Vi*. 出发，动身 (4.6)

Luftfahrtdrehkreuz *n*. -e 航空枢纽 (1.6)

Lügendetektor *m*. (= Polygraph *m*.) 测谎器 (5.4)

Lyzeum *n*. ...zeen 〈旧〉女子中学；高中 (4.7)

M

mächtig *Adj*. 强大的，有影响的 (4.4)

magisch *Adj*. 魔术的；有魔力的，有魅力的 (2.1)

magnesitgebunden *Adj*. 含有镁石的 (5.2)

Mahnmal *m*. -e 纪念碑 (3.1)

malerisch *Adj*. 绘画的，美丽如画的 (2.4)

mangeln *Vi*. 缺少，缺乏 (8.3)

maritim *Adj.* 海洋的,海上的		(1.3)
markant *Adj.* 引人注目的,别具特色的		(2.3)
Maskenball *m.* ⁻e 假面舞会,化装舞会		(9.2)
maßgeblich *Adj.* 决定性的,权威性的		(4.2)
mäßig *Adj.* 一般的,平凡的		(4.3)
Materialismus *m.* 唯物主义		(4.1)
mausern *Vr.* 进步,成长,面貌一新		(2.7)
mehrgeschossig *Adj.* 多层的		(5.2)
Meilenstein *m.* -e 里程碑		(4.2)
Metropole *f.* -n 大都会,中心		(3.4)
Migrant *m.* -en 移民		(8.5)
Migrationshintergrund *m.* ⁻e 移民背景		(1.4)
Milieu *n.* -s 环境,氛围		(7.5)
Minderheit *f.* -en 少数		(8.4)
minderjährig *Adj.* 未成年的,年幼的		(10.4)
minderwertig *Adj.* 劣等的,劣质的		(6.7)
minimieren *Vt.* 减少		(6.3)
miterleben *Vt.* 共同经历,共同度过		(3.1)
Mittelzuweisung *f.* -en 资金分配,拨款		(6.2)
mogeln *Vi.* 欺骗,作弊,耍花招		(8.2)
monumental *Adj.* 巨大的,宏伟的		(7.6)
Motivwagen *m.* - 彩车		(9.2)
Mülltrennung *f.* 垃圾分类		(5.7)
Multiachsialstuhl *m.* ⁻e 多轴转椅		(9.4)
Mumpitz *m.* unz. 胡说,胡扯,胡闹		(5.4)
Mysterium *n.* ... ien 神秘,奥秘		(3.7)

N

Nachdruck *m.* 强调,重点		(4.3)
Nachfahr *m.* -en 后裔		(1.4)
Nachfrage *f.* -n 需求		(8.6)
nachhaltig *Adj.* 可持续的,持久的		(1.3)
Nachkriegsgeschichte *f.* -n 战后史		(7.3)

nachziehen *Vt*. 描，描粗	(9.4)
Nadelwald *m*. ⸚er 针叶林	(1.3)
nahtlos *Adj*. 无缝的	(6.4)
närrisch *Adj*. 傻里傻气的，疯疯颠颠的	(9.2)
Nehrung *f*. -en 岬，岬角，滨外沙洲	(2.4)
Nettovermögen *n*. unz. 净资产	(8.5)
Niederschlag *m*. ⸚e 降水量	(1.3)
Niere *f*. -n 肾脏	(4.8)
Nihilismus *m*. unz. 虚无主义	(4.6)
nominieren *Vt*. 提名	(4.4)

O

Oberbegriff *m*. -e 上位概念，总概念	(6.7)
Ökonom *m*. -en 经济学家	(4.1)
Oktogon *n*. -e 八边形；八角形建筑物	(3.1)
Opposition *f*. -en 反对派，反对党	(6.2)
Optimierung *f*. 优先，优化	(5.3)
Orchester *n*. - 乐团；管弦乐团	(7.2)
Orientierungsstufe *f*. -n 定向期，定向阶段	(6.1)

P

Pandemie *f*. -n 大流行病	(7.7)
Panorama *n*. ...men 全景	(2.6)
Panoramablick *m*. -e 全景	(3.3)
Pantomime *m*. -n 哑剧演员	(7.8)
parallel *Adj*. 平行的，并联的	(6.4)
passgenau *Adj*. 精确匹配的	(5.8)
Patentamt *m*. ⸚er 专利局	(4.2)
Patientenversorgung *f*. 病人护理	(5.6)
patriotisch *Adj*. 爱国的	(4.7)
pedantisch *Adj*. 死板的，过分认真的	(1.8)
Pension *f*. -en 膳宿公寓	(9.8)
Peripherie *f*. （城市的）周边、外围	(8.6)

Persiflage *f*. -n 嘲讽,戏弄	(3.5)
Pfarrer *m*. - 牧师,教士	(4.4)
Pfiff *m*. unz. 〈口〉妙处,吸引力	(3.1)
Philharmonie *f*. -n 音乐厅;交响乐团	(3.4)
Philharmoniker Pl. 交响乐团,爱乐乐团	(7.2)
Photovoltaik *f*. 光电学	(5.7)
Pionier *m*. -e 先驱,开路先锋	(1.3)
Piraterie *f*. -n 海盗行为,海上劫掠	(2.4)
Plagiatsjäger *f*. - 论文打假者	(6.8)
Planetarium *n*. ...ien 天文馆	(3.7)
plastisch *Adj*. 可塑的	(5.8)
platzieren *Vr*. 〈口〉坐到,坐等	(3.1)
Podium *n*. ...ien 指挥台,讲台	(3.4)
Poesie *f*. unz. 诗,诗歌,诗作	(3.8)
Pollenflug *m*. 花粉传授	(5.3)
populär *Adj*. 普及的,喜闻乐见的	(4.7)
Portierfrau *f*. -en 女门卫,女门房	(10.2)
Posthauptsekretär *m*. - 邮局总管	(4.8)
prächtig *Adj*. 豪华的,华丽的	(3.7)
prachtvoll *Adj*. 壮丽的,宏伟的,出色的	(1.3)
prägen *Vt*. 打下烙印	(4.1)
prägen *Vt*. 铸造,冲制;〈转〉打上烙印,产生影响	(7.4)
Präsentation *f*. -en 呈现,给予;建议,推荐	(7.4)
Praxisbezug *m*. 和实践紧密相关	(6.4)
präzis *Adj*. 精确的,准确的	(1.8)
Precycling *n*. unz. 预循环	(5.7)
predigen *Vi*. 传教,布道	(4.6)
Premierenvorstellung *f*. -en 首演,首映	(4.4)
Privileg *n*. -ien 特权	(8.2)
privilegieren *Vi*. 给予……特权	(10.3)
Proband *m*. -en 受检者,被试者	(5.4)
Profitgier *f*. unz. 贪求利润	(4.1)
profitieren *Vi*. 获利,得益	(8.5)

prominent　*Adj.*　知名的，有声望的；卓越的　(6.8)
Protestantismus　*m. unz.*　（基督教）新教　(3.5)
Prototyp　*m.* -en　原型，典范　(3.7)
Provinz　*f.* -en　偏僻地区；省份　(4.5)
Prüfstand　*m.* ⸚e　试验台，实验台　(7.5)
Pubertät　*f. unz.*　青春期，性成熟期　(7.7)
Punktabzug　*m.*　扣分，减分　(9.4)
punkten　*Vt.*　在……上加点；　*Vi.*〖体〗积累得分　(2.7)
Pupille　*f.* -n　瞳孔　(5.4)
pur　*Adj.*　纯的；纯净的；完全的　(9.3)

Q

Quadriga　*f.* ... gen　四驾马车　(3.1)
Quantenchemiker　*m.* -　量子化学家　(4.4)
Quantentheorie　*f.*〖物〗量子论　(4.2)
quasi　*Adv.*　在一定程度上，好像　(1.7)
Quatiermöglichkeit　*f.* -en　报价方案　(2.7)

R

Radieren　*n.*　刻画，刻划　(4.5)
Rahmenbeschluss　*m.* ⸚e　框架决议　(6.7)
Rampenlicht　*n.* -er　脚灯灯光；众人注目的中心　(7.5)
Rattenfänger　*m.* -　捕鼠人　(2.2)
realitätsnah　*Adv.*　接近现实的，仿真的　(9.4)
rechthaberisch　*Adj.*　自以为是的，固执己见的　(1.8)
rechtspopulistisch　*Adj.*　右翼民粹主义的　(1.5)
Recycling　*n.*〈英〉循环利用　(5.7)
referieren　*Vi.*　作报告　(6.5)
Reformation　*f.*（无复数）〖史〗（欧洲16世纪）宗教改革　(1.2)
Reformator　*m.* -en　改革家；（文中指）宗教改革家　(9.1)
regelmäßig　*Adj.*　有规律的，定期的　(7.1)
Regelstudienzeit　*f.*　大学法定学习年限，学制　(6.2)
Regierungslager　*n.*（= Regierungskoalition）　联合政府，执政派别　(6.2)

Reichstag　*m*．德意志帝国议会，(帝国)国会大厦　(3.1)
Reichsverfassung　*f*．帝国宪法　(3.3)
Reichweite　*f*．-n　工作范围，有效距离　(9.8)
Reihe　*f*．-n　系列，排，行　(6.4)
reißend　*Adj*．湍急的　(2.2)
relaxed　*Adj*．〈英〉松弛的，放松的　(9.3)
Reliquienbehälter　*m*．-　圣人遗物或遗骨储藏器　(7.4)
Renaturierung　*f*．返自然化　(5.7)
renommiert　*Adj*．著名的，有声望的　(5.1)
rentabel　*Adj*．有利可图的　(9.8)
residieren　*Vi*．(帝王、国家首脑等)居住，下榻　(3.8)
Resort　*n*．-s　〈英〉度假地　(9.3)
Ressentiment　*n*．-s　记仇，记恨，怨恨　(10.3)
Ressortprinzip　*n*．-ien　职能部门的原则　(1.5)
Ressource　*f*．-n　〈法〉资源　(8.2)
Revitalisierung　*f*．-en　复苏　(10.7)
Richtlinienkompetenz　*f*．-en　制定方针的权限　(1.5)
risikobereit　*Adj*．愿意承担风险的，愿意冒险的　(7.5)
Robotik　*f*．unz．机器人(技术)　(5.6)
Romantik　*f*．浪漫主义；浪漫色彩，诗情画意　(2.3)
rückblickend　P.I　回顾的，回想的　(4.5)
Rückgrat　*n*．-̈e　〖解〗脊柱；〈转〉支柱，命脉　(8.1)
Rücklage　*f*．-n　储蓄，存款　(8.5)
Rückspiel　*n*．-e　第二回合比赛　(7.3)
Ruf　*m*．-e　声誉，名声；呼唤　(6.7)
Rüge　*f*．-n　斥责，教训　(6.8)
Ruhm　*m*．unz．荣誉，声誉　(4.6)
Ruine　*f*．-n　遗址，废墟　(3.6)

S

Sakralbau　*m*．...bauten　教堂建筑　(2.8)
sämtlich　*Pron*．全部的，全体的　(7.5)
sanktionieren　*Vt*．批准，认可　(10.7)

Satteltasche *f*. -n 摩托车或自行车鞍座或后座上的挂袋 (9.5)

säumen *Vt*. 给……镶边 (2.7)

Schande *f*. unz. 耻辱 (10.7)

Schar *f*. -en 一群,一队 (3.6)

Schattenwirtschaft *f*. 地下经济 (9.8)

Schatzkammer *n*. - 宝库,贵重物品保管库;国库 (7.4)

Scheidungsquote *f*. 离婚率 (10.4)

Schein *m*. -e 纸币,钞票 (10.2)

scheitern *Vi*. 失败,落空 (9.4)

Schicksal *n*. -e 命运 (3.6)

schiffbar *Adj*. 可通航的,可行船的 (1.6)

Schiffsmast *m*. -en 船桅,桅杆 (2.4)

Schirmherrschaft *f*. -en 保护,支持 (5.1)

schlagen *Vr*. 经受住,坚持下来 (9.4)

schlechthin *Adv*. 全然,绝对地,完全 (8.4)

schlemmen *Vt*./*Vi*. 大吃大喝 (2.7)

Schlucht *f*. -en 山谷,峡谷 (2.2)

schluchzend *P.I* 抽泣的 (9.3)

schlummern *Vi*. 微睡,打瞌睡 (10.4)

Schlüsseltechnologie *f*. -n 关键技术 (5.8)

schmuck *Adj*. 漂亮的,秀丽的 (2.3)

schonungslos *Adj*. 不讲情面的,毫不留情的 (7.7)

Schrein *m*. -e 圣坛,神殿 (10.7)

schrumpfen *Vi*. 缩减,缩小 (8.8)

Schulpflicht *f*. -en 义务教育 (6.1)

Schwank *m*. ⸚e 滑稽故事 (4.7)

Schwenk *m*. -s (电影的)摇镜头 (7.7)

schwerfällig *Adj*. 慢性子的,慢腾腾的 (1.8)

Schwindelgefühl *n*. 头晕的感觉;头晕 (9.4)

Seenplatte *f*. -en 多湖泊的平原 (9.5)

Sehnsucht *f*. ⸚e 渴望,向往;思念 (2.5)

Seismograph *m*. -en 地震仪,震动仪 (5.4)

Sektion *f*. -en (涉及专一问题的)部门,处,科,组 (7.5)

selbstaufblasend	P.Ⅰ	自动充气的	(9.5)
selbstversorgend	P.Ⅰ	自给自足的	(9.6)
Senior	*m*.-en	年长者	(9.7)
Sentimentalität	*f*.unz.	多愁善感	(7.2)
Sicherheitsbedenken	*n*.-	安全考虑	(9.5)
Siegeszug	*m*.unz.	凯旋队伍,凯旋行列	(7.3)
Silhouette	*f*.-n	侧面影像,剪影;轮廓	(3.2)
Silizium	*n*.unz.	〖化〗硅	(5.2)
Sinfonie	*f*.-n	交响曲	(7.2)
Solarzelle	*f*.-n	太阳能电池	(5.7)
Sommerfrische	*f*.-n	避暑,消夏;避暑地	(2.1)
Sortimentsbuchhandel	*m*.	书籍零售业	(7.1)
spartanisch	*Adj*.	艰苦的,简朴的	(9.5)
spektakulär	*Adj*.	惊人的,引起轰动的	(9.3)
sperren	*Vt*.	封锁,阻止,禁止	(7.8)
spezialisieren	*Vr*.	以……为专业	(10.7)
Spezial-Spray	*m*./*n*.-s	特种喷洒液	(7.8)
Spitzenreiter	*m*.	最佳骑手,领先者	(9.6)
Spottvers	*m*.-e	嘲讽诗	(4.5)
Sprößling	*m*.-e	后代;〈口〉小孩,孩子	(10.4)
Staatsangehörigkeit	*f*.-en	国籍	(1.4)
Staatsbankett	*n*.-e	国宴	(1.7)
Staatsmann	*m*.⸚er	政治家	(4.5)
Staatsoberhaupt	*n*.⸚er	国家元首	(1.5)
Stammplatz	*m*.⸚e	固定位置	(5.5)
Standard	*m*.-s	标准	(10.8)
Startchance	*f*.-n	起步机会	(6.1)
Steilwandzelt	*n*.-e	支撑式帐篷	(9.5)
Stereotyp	*n*.-e	刻板印象	(10.5)
Stillstand	*m*.unz.	停顿;停歇	(9.7)
stimulieren	*Vt*.	刺激,使兴奋	(8.8)
straff	*Adj*.	严厉的,严格的;拉紧的,绷紧的	(6.2)
straffällig	*Adj*.	犯有刑事罪的,应予惩处的	(10.3)

Strand *m*. -e 海滩,海滨	(2.4)
Straßenauflauf *m*. 马路上人群扎堆(凑热闹)	(4.6)
Straßenbahn *f*. -n 有轨电车	(1.6)
Streichquartett *n*. 弦乐四重奏;弦乐四重奏乐队	(7.2)
Strudel *m*. - 旋涡,涡流	(2.3)
strukturieren *Vt*. 使具有某种结构,组织	(8.7)
Studentenausschuss *m*. 大学生委员会	(6.5)
Studiengang *m*. ⸚e 大学课程;专业(课程)	(6.5)
Studiengebühr *f*. -en 大学学费	(6.2)
Stufenland *n*. -er 梯地	(2.1)
stufig *Adj*. 阶梯形的	(1.3)
Subkultur *f*. -en 亚文化	(10.7)
sukzessiv *Adj*. 逐渐的,逐步的	(1.3)

T

tagein tagaus (短语)天天(如此)	(8.5)
Tagesetappe *f*. -n 一日行驶路段	(2.8)
Tanne *f*. -n 冷杉(属)	(2.2)
Tannenzweigen Pl. 冷杉(俗称:枞树)树枝	(9.1)
Teilchenbeschleuniger *m*. - 粒子加速器	(5.5)
Teilhabe *f*. -n 参与,分担,共享	(7.5)
Tempolimitzone *f*. -n 限速区	(1.6)
Terrain *n*. -s 地域,地带	(7.6)
Therapie *f*. -n 治疗,疗法	(5.6)
Therme *f*. -n 温泉	(2.6)
Thingstätte *f*. -n 露天大会会场	(3.8)
thronen *Vi*. 端坐,庄严地坐,正襟危坐	(2.5)
Tiefland *n*. -er 低地,平原	(1.3)
Tischsitte *f*. -n 餐桌上的规矩,"吃相"	(10.1)
Tomatenstrauch *m*. "番茄家族"	(5.3)
tosen *Vi*. 怒号,咆哮	(2.2)
Touristenattraktion *f*. 对旅游者有吸引力(的景点),旅游胜地	(2.1)
Toxikologie *f*. unz. 病毒学	(5.6)

Trabi *m.* -s （原民主德国生产的小汽车品牌名）卫星车 (9.5)
Tracht *f.* -en （具有民族、地方、时代、职业等特色的）服装 (7.4)
Trachtenumzug *m.* ¨e 着民族盛装的游行 (3.2)
traditonsgemäß *Adj.* 按照传统的，根据习惯的 (3.2)
trampen *Vi.* （在路旁翘大拇指）搭车 (6.6)
transgen *Adj.* 基因转移的，基因迁移的 (5.3)
Transporter，*m.* - （远途）运货车 (8.5)
trauen *Vt.* 给……举行结婚仪式 (9.3)
trennen *Vi.* 分居 (4.4)
trotz *Präp.* 不管，不顾，尽管 (8.4)
tummeln *Vr.* （儿童等）嬉闹玩耍 (9.3)

U

Übelkeit *f.* -en 恶心，不舒服 (10.8)
überdenken *Vt.* 仔细考虑，反复思考 (6.1)
Übergewicht *n.* unz. 超重 (10.6)
Übernahme *f.* -n 接收，接管；承受 (6.8)
überreichen *Vt.* （比较郑重地）递交，呈递；授予 (10.2)
übersehen *Vt.* 忽视，忽略，放过 (10.4)
übersiedeln *Vi.* 迁居，迁移 (4.1)
übertragbar *Adj.* 可移植的，可传递的 (6.7)
überwiegend P.Ⅰ 主要的，大多数的，占优势的 (6.3)
Ulk *m.* -e 玩笑，戏弄，恶作剧 (9.2)
umfassen *Vt.* 包括，包含 (1.1)
umsatzstark *Adj.* 销售额强劲的 (8.1)
Umschlagplatz *m.* ¨e 转运地 (3.4)
umschlagstark *Adj.* 货运量大的 (1.6)
umsetzen *Vt.* 使转换，把……付诸实施 (6.4)
umständlich *Adj.* 麻烦的，费事的；烦琐的 (6.6)
umstritten *Adj.* 有争议的 (3.7)
unbeeinträchtigt *Adj.* 不受（不利）影响的 (5.1)
unbegründet *Adj.* 无理由的 (10.8)
unerheblich *Adj.* 不显著的，微不足道的 (8.4)

ungebrochen	Adj.	不气馁的,坚强的,不动摇的	(2.8)
ungezwungen	Adj.	不拘束的,自然的	(1.8)
Universalgenie	n.	全才,多学科巨匠	(4.5)
unnütz	Adj.	无用的	(9.8)
unpersönlich	Adj.	非个人的,(与人)有距离的	(10.2)
unschicklich	Adj.	(举止)失礼的,不合礼仪的	(10.1)
Unterfangen	n. unz.	大胆行为,冒险	(5.3)
Unterhaltung	f. -en	娱乐	(7.1)
Unterlassen	n.	不作为	(10.8)
untermalen	Vt.	给……配乐;给……着底色	(7.7)
untermauern	Vt.	〖建〗从下面砌墙;〈转〉论证	(8.1)
Untermieter	m. -	转租房客,二房客,次租户	(6.6)
unvermindert	Adj.	不减少的;持续的	(8.6)
unverzichtbar	Adj.	不可缺少的	(9.8)
Unwägbarkeit	f.	无法衡量;难以领会	(4.8)
Unwesen	n. unz.	破坏,捣乱,胡作非为	(2.2)
Upcycling	n.	升级循环	(5.7)

V

Vandalismus	m. unz.	破坏行为	(10.7)
Ventil	n. -e	阀,活门,气门;(文中引申为)发泄、出气的门	(9.2)
Veranda	f. ... den	阳台,走廊	(2.7)
verankern	Vt.	使停泊,使固定	(3.6)
veranstalten	Vt.	举行,举办	(3.3)
verbannen	Vt.	驱逐;放逐,驱除,排除	(9.1)
Verbilligung	f. -en	降价,减价,优惠	(6.6)
verbleibend	P.I	剩下的,余下的	(6.5)
Verbreitung	f. -en	传播,散播,扩散	(8.7)
veredelt	Adj.	改良的;纯化的	(4.6)
vereinigen	Vt.	联合,团结,使一致	(8.4)
vereinsamen	Vi.	变得孤独	(9.7)
vergeben	Vt.	给予,授予	(4.2)
vergleichsweise	Adv.	相对而言,比较而言	(6.4)

Vergütung	f. -en	报酬	(6.3)
Verhängnis	n. -se	厄运,灾难	(2.3)
Verkehrsaufkommen	n. -	交通流量	(1.6)
verkehrsgünstig	Adj.	交通便利的	(1.6)
verklagen	Vt.	控告	(10.8)
vermiesen	Vt.	损坏,弄糟	(9.5)
vermindert	Adj.	减少的,消减的	(10.6)
vermitteln	Vt.	使获得,传授,促成	(6.7)
Vermögen	n. unz.	财产,资产	(8.5)
Vermögensaufbau	m.	财产积累	(8.5)
Vernetzung	f. -en	联网,网络化	(5.5)
Vernunft	f. unz.	理智,理性	(4.8)
Verpackungsmüll	m.	包装垃圾	(5.7)
Verpflegung	f. unz.	膳食,伙食	(7.8)
verpönt	Adj.	禁忌的,被厌恶的	(10.1)
Verschleiß	m. -e	损耗,磨损	(4.8)
vertiefen	Vr.	埋头/专心于	(4.1)
vertikal	Adj.	垂直的	(5.2)
verwerfen	Vt.	拒绝,摒弃	(1.2)
verwerten	Vt.	(废物)利用	(5.7)
Verwirklichung	f. -en	实现	(8.8)
verwöhnen	Vt.	溺爱,宠爱;使满足	(2.6)
verwüsten	Vt.	使成沙漠,使荒芜	(1.2)
verzehren	Vt.	吃,喝	(10.6)
verzeichnen	Vt.	记录,记载,记下	(2.6)
vielfach	Adj.	经常的	(10.6)
Vielfalt	f. unz.	多样性	(9.7)
vielfältig	Adj.	各式各样的,多种多样的	(6.7)
Viergespann	n.	四驾马车	(3.1)
Vierzylinder	m. -	〖机〗四个汽缸	(3.2)
vorab	Adv.	提前,事先	(4.4)
vorgelagert	Adj.	位于……之前的,上游的	(9.6)
Vorläufer	m. -	先驱,前身	(5.1)

Vorliebe *f*. 偏爱，嗜好，爱好	(7.2)
Vormachtstellung *f*. 统治地位，优势地位	(6.7)
vorrangig *Adj*. 占优先地位的，特别重要的	(6.4)
Vorschrift *f*. -en 规定，准则	(1.8)
vorweisen *Vt*. 出示	(8.8)
vorwerfen *Vt*. 指责，责备，批评	(6.2)
vorzeiten *Adv*. 昔日，往时	(2.2)

W

wachrütteln *Vt*. 摇醒	(1.7)
wackeln *Vi*. 摇动，摇晃	(9.2)
Wahrheitsmaschine *f*. -n 说真话的机器，测谎器	(5.4)
Wandel *m*. unz. 变化，转变，变迁	(8.7)
Wandertrip *m*. -s 漫游的欲望	(9.6)
Wappentier *n*. 绘制在纹章上的动物	(2.5)
Wasserkollektor *m*. -en 水集流器	(5.2)
Wattwanderung *f*. -en 浅滩徒步	(7.6)
Wechselkurs *m*. -e 汇率	(3.3)
Weiche *f*. -n 〖铁〗道岔，转撤器；〈转〉变换道路	(6.1)
weihnachten *Vi*. （无人称）要过圣诞节了，充满圣诞气氛	(9.1)
Weihnachtsmarkt *m*. ⸚e 圣诞市场	(9.1)
weitaus *Adv*. （与形容词最高级连用）最……	(9.6)
Wellnesshotel *n*. 疗养酒店	(2.6)
welsch *Adj*. 罗曼国家的	(1.1)
Welterbe *n*. unz. 世界遗产	(2.6)
Weltgeltung *f*. 世界意义，受到全世界重视，享誉世界	(7.2)
Welthandelsvolumen *n*. - 世界贸易额	(5.5)
Weltkulturerbe *n*. unz. 世界文化遗产	(3.5)
Wende *f*. -n 转折时期	(3.6)
Wertschöpfung *f*. 价值创造	(6.3)
Wettbewerbsfähigkeit *f*. -en 竞争力	(8.3)
WG (Wohngemeinschaft 的缩写) 几人合租房子居住	(8.5)
widerspiegeln *Vt*. 反照，反射；〈转〉反映	(7.4)

Windrad *n*. ⸚er 风车,风轮   (5.7)
wirbeln *Vi*. 旋转;起旋涡   (9.4)

Z

Zauber *m*. 魔术;魅力   (3.8)
ZDF （Zweites Deutsches Fernsehen 的缩写）德国电视二台   (8.5)
zeitgenössisch *Adj*. 同时代的   (3.7)
Zeitzeuge *m*. -n 时代证人,时代见证人   (1.7)
zerklüften *Vt*. 劈开,使分裂,裂开   (2.5)
zerstreiten *Vr*. 关系破裂;闹翻   (4.6)
zertrümmern *Vt*. 捣毁;毁灭   (4.6)
Zeuge *m*. -n 证人,见证人   (3.1)
Zins *m*. -en 利息   (3.3)
Zug *m*. ⸚e 特征,特色   (2.5)
Zugangszulassung *f*. unz 入学准许   (10.5)
zugrundelegen *Vt*. 用……作基础   (4.6)
zurückführen *Vi*. 追溯到;把……归因于   (6.7)
zurückliegen *Vi*. 在后面,发生在过去   (10.8)
zurücktreten *Vi*. 往后退;辞职,收回   (6.8)
zurückversetzen *Vt*. 使恢复到,使重新回到   (3.8)
zurückweisen *Vt*. 驳回,拒绝   (6.8)
zusammenfallen *Vi*（s.） 倒塌;恰好相合;〚数〛叠合   (1.1)
zusammenschließen *Vt*. 把……结合在一起   (9.7)
zuschreiben *Vt*. 认为……具有(某种性格或特征)   (10.6)
Zuständigkeit *f*. -en 主管,职权   (6.1)

附录 6

80 篇短文的参考译文

第 1 章　国情纵览

1.1 "德国"一词从何而来？

　　凡学习和研究德语的人，也许常常想问："德国"这个词从何而来？要回答这个问题并不容易。这里先说说三个概念：deutsch（德意志）、Deutsche（德意志人）和 Deutschland（德意志国家），以及它们之间的联系。

　　德意志民族的诞生历时几个世纪，是一个艰难的历程。这也体现在 deutsch 一词的含义及其来历中。与其他民族及其语言名称截然不同的是，deutsch 这个词并非从某一个部族或某一个国家的名称派生得来，而是逆向发展的：deutsch→Deutsche→Deutschland（德意志→德意志人→德意志国家）。

　　最早发现日耳曼各部族语言具有某些共同点的，是居住在德语、法语区交界地的居民。那时，在查理大帝统治下的帝国里，既有讲日耳曼方言的部族，也有讲罗马方言的部族。生活在这个法兰克帝国东部地区的人，与讲 welsch（罗曼语）的人不一样，他们称自己的语言为 deutsch（德意志）。而这个词的本义则是"属于人民或部族的"。具有上述意义的"德意志"一词，可能是在公元 8 世纪才出现的。

　　公元 814 年，查理大帝去世后不久，法兰克帝国随即分崩离析。在瓜分各种遗产的过程中，形成了西部和东部两个王国。在此期间，其政治上的分界线几乎与德语和法语区的分界线相吻合。后来在东部王国百姓的心目中，逐渐产生了一种"同属一家"的情感。

　　于是，deutsch 一词不仅指语言，而且还指说这种语言的人，即王国中所有讲日耳曼语的部族。当这些部族后来建立自己的王国，也就是德意志国家时，他们不但开始用这个词命名自己的国家和人民，而且还用它来称呼自己生活的国家。

　　deutsch 一词从它诞生之日起，主要是一个语言和文化的概念，这一概念又涉及所有讲德语的民族。因此，其他国家的人往往只用某一个部族的名称来称呼德国人，也是可以理解的了。法国人称德国人为 Alemannen(阿雷曼人)，芬兰人称他们为 Sachsen(萨克森人)，只有意大利人和荷兰人接受了 Deutsche(德意志人)这一称呼，英国人称德国人为 Germanen(日耳曼人)。在俄语里，把德国的国名叫作 Germanien(日耳曼尼亚)；而对德国人的称呼，俄国人同其他斯拉夫语一样，用的是完全不同的一个词，这个词的本意则是"外国人"。

1.2　德国历史上的沉浮

　　法兰克国王查理大帝把德意志各民族联合起来，组成了一个幅员辽阔的法兰克王国。而他的继承人却把这个王国分成了东西两个法兰克王国。在鄂图一世的统治下，东法兰克王国变了样，后来又被称为德意志民族的神圣罗马帝国。该帝国当时统一了中欧地区的各个民族。

　　1517 年，马丁·路德倡导了宗教改革。宗教改革不仅在整个欧洲引起了极大反响，而且还导致了德国的宗教分裂。赞同宗教改革的人被称为抗罗宗或福音派。宗教分裂以及社会和经济上的严峻局势，导致了 1525 年的伟大农民战争和 1618—1648 年三十年战争的爆发。后者最后发展成了全欧范围内的大纷争，并使德国大片土地荒芜，人烟绝迹。

　　1862 年，俾斯麦被任命为普鲁士王国首相。1862 年至 1867 年，他不仅用"铁血政策"执掌德国，而且还施展外交阴谋，对邻国发动朝廷战争。1871 年，由他建立起来的帝国成了德意志第二帝国，他自己则担任宰相。奇怪的是，该帝国并不是在德国，而是在法国诞生。1890 年，俾斯麦下台，其原因更主要的是其国内政策遭到了失败。

　　俾斯麦下台后，威廉二世推行扩张政策，废弃了俾斯麦的联盟政策。德国因此陷入孤立，并与邻国发生了冲突。1914 年 8 月 1 日，德国政府向俄国宣战，第一次世界大战便告开始。这一战争持续了 4 年。1918 年 11 月，德国及其盟国战败，德国国内爆发了十一月革命。德意志帝国变成了魏玛共和国。它受到通货膨胀、内部纠纷以及动乱等的困扰。

　　1932 年，德国经济上的混乱状态以及 600 万人失业，为极端主义的产生创造了有利条件，并且最终将希特勒和纳粹推上了台。希特勒变民主共和国为专制政权。他清除了所有的政治敌手，建立了一个极权主义的警察国家。这一警察国家对在德国境内以及在被占领国家的犹太人采取了肉体上灭绝的政策。目无法纪和民族狂妄症统治着当时的德国，达到了前所未有的地步。这个国家大规模扩军备战，其目的是想征服欧洲。1939 年，纳粹德国挑起了第二次世界大战。

1945 年 5 月，第二次世界大战以德国的彻底崩溃而告终。

1.3　德国的地形和气候

德国的地形多样且呈阶梯形。从北向南德国被划分为四大地形区，即北德平原、中德山地、西南德梯地和山地以及南德阿尔卑斯山前沿地带和巴伐利亚地区的阿尔卑斯山。这些地形带从南到北像屋顶一样倾斜下来。

北德平原在北面以北海和波罗的海的海岸为界，南面则以中德山地为限。在北海和波罗的海海岸前有许多著名的岛屿，这其中有诺德尼岛、济耳特岛和德国最大的岛屿——吕根岛。位于汉堡和汉诺威之间的著名的吕内堡灌木林是德国的一个非常受欢迎的疗养和漫游区域。

中德山地把德国的北部同南部隔开。洪斯吕克山脉、艾弗尔山脉及哈尔茨山脉等都属于中德山地。传奇性的布罗肯峰以其 1142 米的高度成为这一地区的最高峰。这些山脉风景秀丽，如今主要是城市居民在假期中的疗养胜地。在这里也产生了许多如"罗蕾莱"那样的美丽的德国民间传说和童话。

许多巨大的森林都在西南德梯地和山地，其中黑森林尤其值得一提。它主要为针叶林所覆盖，如今主要被用作疗养及体育运动的场所。由于其拥有秀美的风景，黑森林也是德国最受国内外游客青睐的度假目的地之一。

南德阿尔卑斯山前沿地带在多瑙河以南延伸。该地形区的典型特征是既有沼泽地，又有带有湖泊的丘陵带和小村庄。这里的博登湖面积为 538.5 平方公里，是德国最大的湖泊。德国境内的阿尔卑斯山只是这座欧洲最高山脉的狭窄的一部分。这一区域内高度为 2964 米的楚格峰是德国的最高峰。因为有像国王湖那样风景如画的众多湖泊，以及许多如新天鹅堡那样的浪漫城堡，所以阿尔卑斯山的群山世界也是德国的一个很受欢迎的度假地。

德国处于西欧海洋性气候和东欧大陆性气候之间的过渡区域，全国气候温和。年均降雨量为 789 毫米。七月的平均气温为 16.9 摄氏度，一月份的平均气温为零下 0.5 摄氏度。作为全球变暖的后果，最近几年德国的冬天特别温暖，夏天则极其炎热。

德国在国际上是环保先行者和扩大使用可再生能源的先锋。在通往可持续能源未来的道路上，德国大幅领先。其中就包括到 2022 年为止逐步退出使用核能和到 2038 年停止使用燃煤发电。

1.4　德国的人口和少数民族

2019 年底德国的人口大约为 8320 万人。整个德国的人口密度是每平方公里 232 个居民。在这个国家内部,慕尼黑是统计上所显示的人口最稠密的大城市,每平方公里有 4736 位居民,排在柏林和斯图加特之前。与此相对,汉堡作为德国面积第二大的城市,每平方公里只有 2438 位居民。

在联邦州层面上,北莱茵-威斯特法伦州凭借其 1793 万居民而成为人口最多的联邦州。三个市州一如既往地显示出最大的人口密度:在柏林,每平方公里生活着 4090 人,在汉堡是 2438 人,在不来梅总还是有 1629 人。在面积最大的联邦州巴伐利亚州平均每平方公里上生活着 185 人。梅克伦堡-前波莫瑞州的人口密度最小,在这里平均每平方公里上只生活着 69 人。

德国人口发展的三大趋势是:低出生率、不断攀升的期望寿命以及社会的老龄化。2019 年的出生数据是平均每个妇女大约生育 1.54 个孩子。同时期望寿命进一步提高——对于一个在德国刚出生的男孩来说,他的期望寿命在 78.5 岁;而对于一个刚来到世界的女孩来说,其期望寿命在 83.3 岁。28.5% 的人口超过 60 岁。德国早已是一个老龄化的社会。

目前在德国有四个受到法律保护的并在经济和文化方面受到优待的少数民族:索布人(6 万)、丹麦人(5 万)、弗里斯人及德国的辛提和罗姆人(7 万)。

作为斯拉夫部族的后裔,索布人从大约公元 600 年起就移居到易北河和萨勒河以东的日耳曼人大批远离的地区。今天他们主要生活在勃兰登堡州和萨克森州。大约 5 万名有德国国籍的丹麦人居住在石勒苏益格-荷尔斯泰因州,并且自 1864 年起在那里成为了一个少数民族。弗里斯人是生活在荷兰和德国的北海边的一个少数民族。作为日耳曼部族的后裔,弗里斯人除了自己的语言外,还保留了很多传统。大约 7 万名德籍辛提和罗姆人如今主要居住在大城市的人口稠密地区。

数年以来,德国被视为一个移民国家。2019 年,德国人口中有 2120 万人,即 26% 的人有移民背景。在德生活的外国人的最大的三个来源国是土耳其、波兰和叙利亚。2015 年难民危机以来,大量的难民涌入德国。如何帮助他们尽快地融入德国社会,是德国政府的一个重要议题。

1.5 德国的政体和政党

德国的政治体制是联邦制国家和议会民主制。相互之间激烈竞争的各个政党具有重要意义,因此德国也被称为政党民主制国家。联邦总统由联邦大会选举产生,任期 5 年,可连任一次。作为国家元首,他代表德意志联邦共和国,对外代表国家。他签字后法律才能生效。他也可以解散政府并能够在特殊情况下提前解散议会。

联邦议院和联邦参议院属于联邦层面的立法机构。联邦议院通过联邦法律，选举联邦总理，并作为联邦大会的一部分选举联邦总统，监管联邦财政收支和联邦政府。它由国民每4年选举一次。联邦参议院由各联邦州政府的成员构成，代表16个联邦州。根据人口数，每个联邦州有3~6票。各联邦州通过联邦参议院在立法和联邦管理等方面参与发挥作用。

联邦政府行使联邦层面的行政权。根据基本法，它由联邦总理和联邦各部部长组成。联邦总理是联邦政府的首脑，他由联邦议院的议员们选举产生，并根据基本法拥有制定政策方针的权限，即由他决定政府政策的基本特征并对此负责。联邦各部部长是在联邦总理的提议下由联邦总统任命或罢免的。

2017年联邦议院选举之后，联邦议院内有6个政党。集中到只有少数几个政党首先可归因于"百分之五限制条款"。根据这一条款只有那些在联邦议院选举时至少获得选民所投的有效第二票的5%或3个直接议席的政党才能进入议会。该规定的目的是避免政治上四分五裂的情况，并产生有执政能力的赢得多数票的党派。

在德国各地——除了巴伐利亚州是例外——联盟党都是以基督教民主联盟（简称基民盟，CDU）的形式出现的。在巴伐利亚州只有同其紧密相连的基督教社会联盟（简称基社盟，CSU）执政。在联邦议院中这两个党派的议员长期组成一个议会党团联盟。德国社会民主党（简称社民党，SPD）是德国党派体系中的第二大力量。自由民主党（简称自民党，FDP）是德国一个自由主义的党派。联盟90/绿党的纲领性特征是把市场经济与自然保护及环境保护的信条结合起来。左翼党特别是在5个新的联邦州中发挥着作用。德国选择党（AfD）是在2013年成立的一个右翼民粹主义政党，在2017年联邦议院选举后，以12.6%的选票进入联邦议院。

1.6 德国是交通便利的国度

德国地处欧洲的中心，人口居住密集，因此德国有很高的交通流量。每个人都有许多参与公共交通的可能性。由于拥有成熟而宽广的交通网络及各种高度发达的交通形式，德国是一个交通便利的国家。

在20世纪下半叶，道路交通接替铁路成为了最重要的交通载体。德国是世界上拥有最稠密的道路网络的国家之一。2019年，联邦远程交通道路网拥有13141公里的高速公路和37879公里的联邦国道。

第二次世界大战后，有轨电车逐渐被公共汽车交通替代。20世纪，在最大的一些城市中建造了地铁，它们同市内高速铁路组合在一起构成了城市及其周边地区的快速铁路网络。如今在几乎所有德国城市中都设立了步行区和限速区,来减少道路交通的危险和负担。越来越多的德国人骑自行车去上班,因此自行车交通在德国起着越来越重要的作用。

德国铁路网络的长度大约为 38500 公里,每天最多有约 50000 辆客运和货运列车行驶在这一网络上。德国铁路股份公司于 1994 年成立之后,目前组织着德国国内大部分的铁路交通。此外还有大约 350 家铁路交通企业参与使用德国的铁路网络。地区性交通[如地区性列车(RB)、区间快车(RE)以及(大城市内和市郊的)市内高速铁路(S)]以及长途交通[如城际快车(IC)、欧洲大站快车(EC)以及城际特快列车(ICE)]的列车都尽可能地按照行车时刻表行驶。还有总长约为 2000 公里的快速行车路段供长途快速列车使用。

德国拥有大约 700 个机场,是世界上起降跑道密度最大的国度之一。以运送的乘客数计算,美因河畔法兰克福机场是德国最大的机场,是欧洲第四大机场;而以运载的货物量计算的话,法兰克福机场是欧洲最大的机场。它也是世界上最重要的航空枢纽之一。于 1953 年新成立的汉莎航空公司是德国最大的航空公司,其总部位于科隆。

由于对外贸易的份额较高,德国特别依赖海洋贸易。德国拥有一些现代化的海港,货运量最大的三个海港是汉堡港、威廉港和不来梅港。最重要的波罗的海港口是罗斯托克、吕贝克和基尔。在德国还有一张扩建得很好的、用于内河航运的水路网络。最重要的可通航的河流是莱茵河、美因河、摩泽尔河、威悉河和易北河。

1.7 对"倒墙"的回忆

第二次世界大战之后不久,柏林被分成四个占领区。于是就产生了西柏林和东柏林。为制止某些民主德国公民逃到西边去,民主德国政府于 1961 年 8 月 13 日建造了"柏林墙"。如今,"柏林墙"成了德国分裂和重新统一的象征,所以它变得举世闻名。1989 年 11 月 9 日,东西柏林的边界开放,"柏林墙"随之"倒塌"。德国人是怎么经历这一天的呢?这里是三个有代表性的见证人在 1999 年的回忆。

赫尔穆特·科尔(1982—1998 年德国联邦总理):
晚间,在波兰总理马佐维奇邀请的国宴前和宴会进行过程中,我接到了最早的传闻。在以后的几小时中,柏林发生的扣人心弦的事情得到了证实。总理府不断地向我们传送消息。后来,我们也收听到了来自西方各国首都的首批新闻。这无疑是近代史上最扣人心弦的时刻之一。而此时此刻,我们却置身于这个重大事件之外,感到好像在另一个星球上。

瓦尔特·莫姆佩尔(1989—1991 年柏林执政市长):

在边境通道站前,人们就已经明显地觉察到,人流正在涌向因瓦利登大街。想挤过人群实在太难了。边境通道上全是黑压压的人群。我担心会出现流血和枪击事件。当我越过白线时,陪着我的警察说:"天哪,又要出事了。"所以我就爬上了过去退休人员在上面打开行李接受检查的桌子,作了简短的讲话。然而,它被淹没在高兴的喧哗中。许多人已经喝了不少酒,无论我说什么,他们都一个劲儿地欢呼、大笑和鼓掌,兴高采烈地拥抱在一起。

雷吉娜·希尔德布兰德(原民德民权主义者,现社民党政治家):

10 点半的时候,电话铃响了。我们的熟人想带我们的女儿艾尔丝克去"西边",因为他们听说,柏林中心的边境通道开放了。我丈夫不相信地拒绝了。我在厨房里也顺便听到了电话——我就警觉起来:如果柏林墙的什么地方打通了,我一定要在场。我当机立断地把男孩们从床上拉了起来,摇醒了女儿,告知了房子里的亲戚。于是,我和丈夫、他的兄弟、三个孩子坐了一辆沃特堡小汽车——违反交通规则地超载了——就出发了……然而,人和汽车都挤在了一块儿。我们一步步地往前爬,一米米地向前移——从东部到西部,没有任何检查。

1.8 德国的典型特征

有人常常问作客德国的许多外国游人:什么是德国的典型特征?对此作出评判总要受到观察者本国文化的影响,因此这种评判取决于其成长之地及其生活方式。当然,一个特定的民族具有的某些基本特征总不免为其他民族所注目。那么,什么是维系一代又一代所有德国人的典型特征呢?

首先,德国人无疑是一个讲究秩序的民族。他们认为:每个人都有自己的"归属",即应该在的地方。甚至连每样东西也都有其"正确"的位置。外国人在德国旅游,第一个感觉是那里的空间、田地和建筑物分布得井井有条。维持秩序的标志牌和禁令牌到处可见。"禁止"这个词是许多外国人在那儿最早学到的单词之一。讲究规章制度还表现在时间安排上。许多德国人认为准时不仅意味着准点。他们不仅有明文规定的工作和学习时间,而且还有规定得很严的商店营业时间。家庭妇女在家中也有各自的日程安排,上面清楚地写着什么时候应该做什么。

当德国人出现在公开场合以及与人交往时,他们的目的是尽显举止"端庄"。他们尽其责任,对人敬重适度,事事循规蹈矩。尽管德国人在传统的人际交往中显得非常拘泥于形式,但他们并不视这种礼貌有多大价值。与此相反,诚实和真诚对他们来说比其他任何东西更重要。

在私人交际圈内，德国人喜欢无拘无束。在这种场合，他们不再感到自己是"官员"，而是"常人"。他们很乐意同朋友聚会，因为朋友在他们眼里完全不同于熟人。称呼朋友时，他们都用小名，并以"你"相称。他们还与朋友开诚布公地谈论自己的烦恼，而与熟人们保持一定的距离。

德国人办事仔细认真，这在职业生涯中表现得尤为突出。根据传统，"职业"不同于单纯的"工作"。工作仅仅是为了挣钱，而职业是学来的，犹如一门专业。每一个德国人为能掌握一门专业技术并能出色地工作而感到自豪。出色地工作的感觉，对德国人的自尊心十分重要。现在，因为现代化分工和自动化操作的关系，他们已不再能看到自己的劳动成果了，所以德国人的劳动热情也有所降低。许多德国工人对此表示非常不满。

总的来说，德国人给人的印象是：能干、仔细、可靠、严肃，但也有点慢条斯理、刻板和固执。许多外国人要求他们多一些活泼和轻松。

第 2 章　山水风光

2.1　德国的最高峰

从空中放眼看去，德国是一个既小又五彩缤纷的国度。那里，森林与湖泊、草地交织在一起，中间又总夹着块块耕地。由北向南望去，大海连着低地和中部山地，最南是阿尔卑斯山，真可谓景色多变。从北边海岸到南边阿尔卑斯山山峰的积雪，整个航程只需要一个小时。

德国的景色极为多彩和迷人。低矮和高耸的山峦交织着高原、梯地、丘陵、湖泊以及宽广辽阔的平原。从北到南德国分为五大地形区：北德的低地、中部山脉地区、西南部的中部山脉梯地、南德阿尔卑斯山北麓地区以及巴伐利亚阿尔卑斯山。

德国南部巴伐利亚被发现是旅游胜地，迄今还不到 200 年，可它一直是旅游者心驰神往的地方。很难说还有什么景观比它更能引人入胜：那儿有神奇的、变幻莫测的丘陵山谷和森林湖泊，那儿有美丽的田园村庄和有葱头状尖顶的教堂，那里有巴洛克式的修道院和梦幻般的宫殿。这一切人们只能在阿尔卑斯山北麓地区观赏到。

阿尔卑斯山连绵不断，十分壮观，但在德国境内的部分却不长：在萨尔茨堡和博登湖之间，放眼望去，近在咫尺。这段山峦由阿尔高、卡尔文德尔、维特斯坦、基姆高和贝希特斯加登诸山组成。巴伐利亚阿尔高山区就有 225 座大多白雪皑皑的山峰。在滑雪和漫游者的天堂贝希特斯加登山，瓦次曼山峰的悬崖峭壁突兀在闻名遐迩的国王湖畔。那儿的许多地方早已成了国际旅游中心。它们或作为夏天的避暑胜地，或作为冬季的运动场所，久负盛名：加米施-帕滕基兴既是人们度假的地方，又是 1936 年冬季奥运会比赛的场所。虽说阿尔卑斯山在德国境内的这一段并不长，可它使南巴伐利亚成了吸引游客的旅游胜地。

楚格峰是维特斯坦山脉的主峰，海拔高达 2964 米，是全德最高的山峰。当天空一片晴朗的时候，登上楚格峰的峰顶，极目远眺，便能看到 200 公里以内的景色。峰顶平台为增生石灰岩，有 2300～2600 米长。平台西侧是两个积雪冰川，可看到一间冰川小屋。其西峰（海拔 2963 米）是阿尔卑斯山协会慕尼黑之家，一座气象站也坐落在这里。去峰顶平台和峰顶地区，有 3 条空中缆车道，十分方便。巴伐利亚楚格峰缆车道于 1931 年竣工，是电动齿轨索道。它把加米施-帕滕基兴同冰川小屋连接了起来。

2.2 神秘的森林地区

几乎没有一个德国的传说或民间童话中的故事，不是发生在神秘的大森林里。如今，山区里的这些森林地带，或者说树木茂密的山区根本没有消失。从高空中鸟瞰，德国国土很小，但是景色秀丽。那里有森林、湖泊和草地，耕地不时错落其间。农业用地占全国土地面积的一半，森林覆盖面积将近占 1/3。

连绵起伏的森林带始于帕绍直到拜罗伊特，途中可以看到巴伐利亚大森林。无论从哪种意义上来说，它都是德国最大和最高的森林，因为它有其最大的阿贝尔山峰，海拔 1457 米。有些地方还是名副其实的原始森林。巴伐利亚森林的西北面与上普法尔茨森林、菲希特尔山脉、弗兰肯森林以及瑞士的弗兰克等较小的山脉相连。过去，人们称菲希特尔山脉为"德国的天堂"。而如今，瑞士的弗兰克成了垂钓者和登山运动员的天堂。

另一个向西北方向伸展的森林山地带穿过勒恩山、福格尔斯山和陶努斯山区，最后到达藻厄兰山区的威斯特尔森林。特别吸引游客的是陶努斯山中莱茵-美因地区的"度假花园"。它拥有"一切"山水美景：有树木茂密的山峦，有一望无垠的草地山谷，有无数葡萄山坡，有富裕的城镇和美丽的村庄，还有 6 处世界闻名的国际疗养地。赖恩哈茨森林在威悉河的西侧，属威悉山区。格林兄弟在那里写出了德国最美丽的童话：享有盛名的谎言大王冈希豪森的家乡就在威悉河两岸的博登韦尔德，而哈默尔恩城有作弄其居民的捕鼠人——这确实是德国一片童话般的森林。

黑森林名副其实,的确是一片黑色的森林。茂密的冷杉树林、狭窄的峡谷、湍急的溪流、咆哮的瀑布组成了一幅完美的山水风景画。今天,来自其他国家的疗养者慕名来到巴登-巴登,这要感谢这里拥有疗效很好的温泉。是制造帆船的先驱荷兰人发现了黑森林中的无穷宝藏,即那些长得笔直的参天冷杉。从前,在冬天的夜晚,山区农民守在家中雕刻木制人物及器具,其中最出名的便是那杉木布谷鸟挂钟。当年黑森林地区的这种家庭手工业,如今已发展成了大大小小的厂家。现在,在世界各地都能看到黑森林的布谷鸟挂钟。

2.3 浪漫的莱茵之旅

多年来,德国是人们热衷的旅游目的地。旅游是德国人最喜欢的业余活动之一。2017 年,约有 60% 的德国人进行了为期至少 5 天的度假旅游。不少德国人(34.2%)喜欢在本国度假。很久以来,阿尔卑斯山、海滨、湖泊、自然公园、河谷等总是国内旅游的目的地。但大部分德国度假者还是向往温暖的欧洲南部国家。据民意调查,如今一个普通德国家庭差不多把年收入的 1/5 用于业余活动,平均旅游支出约 1200 欧元。很长时间以来,莱茵之旅一直是最受国内外旅游者欢迎的旅游项目之一。

在波恩到美因茨之间的莱茵河上,来自世界各地的游客乘坐着华丽的白色游艇。他们深深陶醉于这富有浪漫情趣的景色:一个个种满葡萄的山坡,一座座以桁架结构建筑而引人注目的小城,50 多座古堡及古堡遗址,把莱茵河两岸装扮得多姿多彩。

为纪念 1871 年帝国诞生而建造的尼德瓦尔德纪念碑,正从高处向游客招手致意。而在宾根城外的莱茵小岛上屹立着一座"鼠塔"。传说当时的哈托·封·美因茨大主教不顾百姓饥饿,在塔里储藏了大量的粮食。但是,这位主教好日子不长,因为成群结队的老鼠也把他一起吃掉了。因为从前"关税塔"一词的发音与"鼠塔"差不多,于是就拼凑出了这个传说。后来,它成了船夫们从远处就能看到的行船信号塔。今天,每当游艇经过这里,导游总要把这个传说讲述一遍,让游客沉湎于回忆之中。

考伯城外有一座酷似城堡的"行宫"。它是 14 世纪的建筑,也是艰难岁月的见证。"行宫"建在四周是岩石的岛上,用来控制水上交通。如今,人们难以想象的是,在从 1813 年进入 1814 年的这一新年之夜,由布吕歇尔元帅率领的追击拿破仑溃军的部队是如何经过"行宫"顺利渡过冰封的莱茵河的。是夜天气寒冷,河水结成了冰。莱茵河两岸的每座城堡都有自己的名字:有叫"荣誉石"的,有叫

"善良岩"的,也有的叫"莱茵石",还有的叫"钢铁角""鹰堡"或"莱茵岩",甚至也有叫"猫堡""鼠堡"的。有些名字表示了对剽悍和骄傲的骑士精神的尊崇。

顺莱茵河而下,地处圣哥阿和圣哥阿斯豪森之间有个地势特别险恶的狭窄地段,右边有巨岩赫然突起,直刺云天。它就是"罗蕾莱山崖",是莱茵河全部浪漫色彩的象征。这座别具特色的岩石屹立在科布伦茨与科隆间莱茵河的弯道上。自古以来,这里河中暗礁林立,旋涡四起,给许许多多船夫带来了灾难。"我不知道,我究竟为何如此悲伤"——罗蕾莱的歌声一直回荡在莱茵河的上空。

2.4 迷人的海滨

在德国东部波罗的海海岸线上,大大小小的岛屿、潟湖、浅海湾星罗棋布,形成了独特的魅力。普尔岛、黑登湖岛、吕根岛和乌泽多姆岛等岛构成了时而陡峭、时而平缓,沙丘海堤和滨外沙洲纵横交错的海岸。在这里,浅海湾和潟湖上巨大的芦苇丛在欧洲是独一无二的。由约340公里长的外围海岸线和1000多公里长的浅海湾、潟湖海岸组成的当地风景已发展成为人们度假的胜地。

维斯马紧靠天然屏障普尔岛保护下的维斯马湾。它与罗斯托克都是当地最重要的海港城市。自1229年以来,这座昔日颇有影响的汉萨城市就有了城市法。早在1259年,维斯马就与吕贝克、罗斯托克联合起来,共同抵御海盗。后来依据公约建立了强大的汉萨同盟。维斯马古老的集市市场使人想起其昔日繁华的年代:这市场占地约10000平方米,堪称北德最大的市场之一。15至18世纪的三角墙住宅建筑也值得一看。此外,市场旁边的那座哥特式的民房建于1380年,有"老瑞典人"之称,是维斯马最漂亮的建筑物。它使人想起这座港口城市在1648~1803年间曾经隶属于瑞典王国。

北欧第一座大学城(建于1419年)罗斯托克曾是繁荣昌盛的汉萨城市,位于梅克伦堡瓦尔洛河流向波罗的海的地方。它拥有最大的国际海港,是波罗的海沿岸地区的中心。当您身处这座城市里,虽然还看不到大海,但远处高耸的大吊车和密密麻麻的桅杆让您知道,这是一个充满活力的工业中心,且与世界各地紧密相连。

走进克吕帕林大城门,沿着克吕帕林步行街一直往前,穿过罗斯托克老城,可以径直来到市政大厅。石头城门和新集市广场旁重新修建的民房是人们常常拍照取景的地方,而那座花了400年时间才建成的规模宏大的哥特式圣母大教堂便是令人神往的市中心的中心。乘坐环城火车只需几分钟时间,您就可来到海边,来到瓦尔那明市。

具有瑞士风格的梅克伦堡,山丘平缓、乡村如画,无疑是最诱人的疗养度假之地。那平坦如镜的湖面是水上运动员、漫游者,尤其是垂钓人最理想的天地:除了低地的格洛斯湖和占地 115 平方公里的最大内陆湖米里茨湖以外,这里还有 1000 多个小湖泊和小水渠。

什未林曾是许多梅克伦堡大公爵的寝宫所在地,坐落在环境幽雅的什未林湖西岸。什未林城堡就在布尔克岛上。如今见到的城堡建于 1843 年至 1857 年间,仿照法国奥尔良尚博宫的式样。它装修得富丽堂皇的内室现在已经成为博物馆。

2.5 新天鹅城堡

新天鹅城堡是路德维希二世最著名的城堡,也是德国最著名的名胜古迹之一。新天鹅城堡在南部巴伐利亚州富森附近的霍恩施旺高的上方。这个"童话国王的城堡"坐落在幽静之处,巍然耸立于山谷之上 200 米的一块裂开的岩石上,让人印象深刻。

从 1869 年起,工匠们就在为巴伐利亚国王路德维希二世开工建造新天鹅城堡,把它作为中世纪骑士城堡理想化的化身。这位不爱交际的国王为了避开众人而为自己建造这个城堡。根据这位国王的愿望,该城堡应该成为一个中世纪的城堡,在这个城堡中人们可以把理查德·瓦格纳的音乐世界作为一种可居住的剧院背景来感受。

为了突出所向往的城堡的特点,新天鹅城堡最初被路德维希二世称为霍恩施旺高新城堡。从 1886 年起,这座德国最著名的城堡便叫做"新天鹅城堡"。天鹅是一个连续的象征,它在宫殿的装饰中表现出来。它是施旺高伯爵刻在印章上的动物,这对于路德维希二世来说是一个纯洁的基督教的象征。路德维希二世在室内也非常重视华丽的装饰,他创造了一个有着舒适现代化设施的隐退之地。所有楼层有自来水、热气集中供暖和电力呼叫系统,电梯和电话连线证明他(指路德维希二世)采用了当时技术上先进的舒适的设施。"它的每一个细微之处都映射出这位国王的愿望。辉煌的壁画讲述着来自中世纪的故事和传说,人们在壁画上一再看到作为主题的天鹅。

这位国王——在 18 岁那年登上国王宝座,可惜毫无治理国家的经验——在宫殿里只生活了几个月,在整个工程完工之前他就离世了。在他神秘死亡之后不久,新天鹅城堡便向游客开放,并随着时间的推移,对于许多人来说已经发展成为"德国的标志"和"世界第八大奇迹"。

豪华的新天鹅城堡是欧洲参观者最多的城堡之一。帝王般装潢的居室以及田园般的环境每年吸引大约 130 万游客来到路德维希二世国王的童话宫殿。在夏季，每天有来自世界各地的几千游客拥挤着，走过新天鹅城堡的各个房间。这些房间曾经只不过是为了一位居住者设计的。来自欧洲、亚洲和非洲的旅游者来到富森附近的巴伐利亚的霍恩施旺高，以一睹这座"童话国王宫殿"的风采。该新天鹅城堡也有瓦特堡和其他不同城堡的特征。

2.6　旅游胜地博登湖

在阿尔卑斯山北麓有德国最大的湖——博登湖。博登湖也更多地被人称为施瓦本海，以其536平方公里的面积而成为中欧第三大内陆水域。它由上湖、下湖和于波林根湖组成。

博登湖连接三个国家，即德国、奥地利和瑞士。瑞士的图尔高州和圣加仑，奥地利的福拉尔贝格州以及德国的巴登-符腾堡州和巴伐利亚州都与博登湖毗连。在博登湖南侧是列支敦士登诸侯国。在博登湖畔约270公里的自行车道上，人们骑车穿过德国、奥地利和瑞士。在此过程中，人们沿着整个湖岸行驶，全程有阿尔卑斯山全景陪伴。在德国这一侧，人们从康斯坦茨出发可以看到许多有名的城市和秀丽的名胜古迹。

在博登湖的三大主要岛屿中，玛瑙岛或许是最吸引人的。45公顷大小的玛瑙岛是博登湖的第三大岛屿。在精心打理的花园里有成千上万种植物，其中有差不多10000个随着季节变化而开放的玫瑰花丛。赖兴瑙岛在博登湖的西部。它是博登湖上最大的岛屿。在这座岛上有保留下来的公元前724年建造的本笃会修道院遗迹，因此这座岛于2000年被写入联合国教科文组织世界遗产的名单。博登湖东部是林道岛。林道古城处于建筑文物保护之下。街道两旁中世纪的桁架结构房屋以及历史性的城墙遗迹散发出中世纪的气息。

蓝色的湖水，温和的气候，新鲜的湖边空气，特别的地方和天堂般的享受。由于温和的气候，博登湖在七月和八月的仲夏期间水温可高达25℃。不管是游泳、滑翔、滑水、驾驶独木舟，还是风筝冲浪或者潜水，博登湖都能满足非常多的愿望。在博登湖周围的任何一个地方，游客的眼睛都会好奇地看到有趣的教堂、古老的城堡和宫殿。

在度过让人兴奋的一天后，身体呐喊着要放松。已经有很多温泉、桑拿、健康酒店和经典的美味菜肴在此恭候，以满足人们的需求。众所周知，在湖边的一切都比在"压力山大"的大城市里进行得慢一些。这样很好，因为人们在博登湖需要的仅仅是时间——远离喧嚣的时间和放松的时间，也就是供自己支配的时间。

2.7　北部诸岛

如果您想远离噪音和纷乱，寻求放松，可以了解一下德国的下列岛屿：聚尔特岛、吕根岛、乌泽多姆岛、费马恩岛以及赫尔戈兰岛。

尤其是威斯特兰、卡姆普河和韦宁格斯特这几个疗养地使得聚尔特岛闻名世界。一条超过200公里长的自行车道像网络一样遍布这个岛屿。这个岛屿因其沙丘和沙滩而出名。每一处小而精美的地方都有其独有的特征,绕道去购物、大快朵颐或者去散步都是值得的。例如,威斯特兰可以因其古老的东部地区而加分。乡村教堂"圣尼尔斯"看起来很漂亮。在卡姆普河中,著名的红色悬崖是每个参观者必须到访的。

半岛和内陆湖、山毛榉林、用松树点缀的沙滩以及波涛起伏的麦浪——吕根岛所呈现的风景比不了解这儿的人所想象的要多得多。准确地说,吕根岛以其926平方公里的面积成为德国最大的岛屿。重要的疗养地密集分布在南部。在宾茨,那些壮丽的别墅以其经典的木制雕刻走廊闪烁如新。在吕根岛有很多可看的事物,例如普特布斯马尔特诸侯的风格忧郁的官邸。经过白色的白垩岩和令人印象深刻的笔直海岸时,人们都会经历神奇的时光。

没有哪个地方的海滨浴场和农舍像在乌泽多姆岛这样紧紧挨在一起。因丘陵、森林和内陆湖而出名的岛屿面积为445平方公里——在德国这边的面积为373平方公里,其他72平方公里在波兰。古代辉煌的气息可以在黑灵斯多夫和阿尔贝克的皇帝温泉宫感觉到。对于游客来说,主要吸引人的地方是阿尔贝克的东海大桥:一座水上的木制小型宫殿。水手们用花花绿绿的渔船分占了80米宽的海滩。

在石勒苏益格-荷尔斯泰因的东海海岸前有德国的第三大岛屿费马恩岛。纯天然的沙滩、笔直的海岸或自然保护区,一切都非常吸引人。田间道路吸引人们去散步或者骑自行车。农舍为大人小孩提供过夜的机会。此外,小岛为每个游客提供从带有健身设施的豪华宾馆到带有公共淋浴的露天宿营地这样一些不同价位的方案。风筝冲浪、潜水和摩托艇都属于来这个东海岛屿的游客中最受欢迎的活动。

赫尔戈兰岛离大陆约70公里远,只有1平方公里大小。不管是坐轮船、双体船还是乘飞机,刚到达的人第一眼目光就会落到那些色彩鲜亮的小房子上——这些房子曾经被渔夫用作工具室。在此期间,这些五颜六色的房子已经变化成小小的画廊、商店和小酒馆。这里禁止驾车。在小岛最外边的顶部矗立着狭长的、名为 Lange Anna(长安娜)的红色岩石,它醒目地耸立着,直指云天。赫尔戈兰岛的这一标志在1860年的一次海啸中被分隔开。

2.8 "浪漫之路"

建于1950年的"浪漫之路"因其风景和文化成为德国最受欢迎的度假路线

之一。这是一条特别的远程徒步路线,从美茵河通向阿尔卑斯山。该线路可谓"浪漫之路",它把从维尔茨堡到富森一路上一系列"不屈不挠"的浪漫地点和风景联系在一起。人们追随的是一条南北走向的带领人穿越巴伐利亚州的道路。浪漫之路上已经存在一段时间的自行车道也很有名,而徒步之路因巴伐利亚州的浪漫也同样漂亮。该徒步之路通向著名的漫步小道中几段如同精心挑选的最美路段。专家估计,德国目前约有 150 条像"浪漫之路"这样的度假线路。

一次徒步旅行,大约花费三个星期的时间,如果想要轻松一点的话,也可花费四个星期或者更多时间。在这足足 480 公里的路段上每日行走长达 25 公里,以领略这条特征极其不同的路线的两个基本魅力:魅力之一为古城和帝国城市的文化,它给这条道路配备了无数艺术和建筑纪念馆;魅力之二为自然美景,它富于变化地体现出这条路线的整体特征。一路上自然和文化以特别的方式互相补充,它们凭借各自的特色散发出可感知的浪漫气息。

像维尔茨堡、陶伯河上游的罗腾堡、奥格斯堡、富森,以及较小的城市和乡镇,例如希林斯福斯特、丁克尔斯比尔或者克雷格林根,不仅以其热情好客,而且通过参观博物馆和展览馆,特别是通过观看这些城市所感受的丰富历史,来满足游客的各种愿望。例如哥特式和巴洛克式教堂建筑,旧的木桁架结构建筑,配有喷泉并生长着古老的菩提树的寂静广场,以及一系列城堡和节日,最后还有路德维希二世的梦想宫殿新天鹅城堡——这条浪漫之路的最佳景点之一。

另一个最佳景点是天然生成的,最初是由一系列人们会游逛经过的河谷形成,始于美茵河河谷以及它的由葡萄藤构成的斜坡。这条远程徒步的路线通向陶波尔河河谷,之后通向会激起人们对阿尔卑斯山快乐期待的莱希河谷,最终到达阿尔卑斯山北侧山麓地区。人们可以放眼南部,眺望雄伟的连绵起伏的阿尔卑斯山。这一路上尽是牧场和草地,经过福尔根湖、舍恩高,沿着由新天鹅城堡和阿尔卑斯湖形成的无与伦比的背景,走向富森。

第 3 章 名城特色

3.1 漂亮的首都柏林

柏林曾经是德国的旧都,1990 年两德重新统一后是联邦共和国的新首都。因为她处于欧洲地理和政治的中心位置,所以无论是过去,还是现在,柏林始终是德国和欧洲历史的大舞台,充满了鲜明的对比和特色。然而,柏林这个拥有

300 多万人口的大城市，也是一个漂亮的、极富人情味的具有特殊魅力的大都会。柏林有许多东西是来去匆匆的人难以发现的。

如果您想发现和认识一个全新的欧洲大都市，那您不妨参加一次柏林之游。其时导游会推出和介绍柏林重要的旅游景点。来自世界各地的游客将被引向柏林的既有老的，也有新的值得一看的地方。他们可能首先来到柏林墙遗址，因为柏林墙成了一段德国历史的重要见证人，因为对这个话题大家有许多话要说。然后穿过联邦政府区，游客可以看到包括联邦政府、议会和政府各部在内的最重要的设施。在政府区附近的原帝国国会大厦也是柏林最受欢迎的参观之地。

对每个游客来说，长 65 米、高 26 米的勃兰登堡大门有着特殊的魅力，因为在此期间它已成为著名的德国标志之一。该大门于 1788 年至 1791 年建成，原是海关之门。大门上高达 6 米多、载有胜利女王的四驾马车价值不菲，还有很大的历史意义。现在的四驾马车是 1956 年依照原样重新浇铸的。

还有威廉纪念教堂也吸引许多游客去参观。该教堂于 1891 年至 1895 年建成，意在纪念由俾斯麦及其皇帝建立的德意志帝国。第二次世界大战中它遭到严重破坏，只留下教堂西塔楼的遗址。1959 年至 1961 年，该教堂得以重建：这是一个由蓝色玻璃幕墙构成的八角形建筑物。从此以后，它就成了德国人的纪念碑。

别忘了灯光节将使柏林魔术般地重放光彩。今年（文中指 2020 年）有将近 90 个地方变成灯光艺术品。灯光映射的是许多象征性建筑、历史胜地、街道、广场和展示柏林最新历史的小区和有趣之地。灯光节邀请每个来客坐在参与灯光节的某一幢建筑前，一起经历灯光节的开幕盛典。

对某些熟悉柏林的人来说，柏林不仅是值得一游的去处，而且也是度过整个假期的好地方。柏林有 70 公里长的漫步路线，游客可以徒步畅游几个小时。柏林整个城市在森林和草地的环抱之中，湖泊河流如哈韦尔河和施普雷湖纵横其间，诚如一个绿色的城市，适宜人们更好地和健康地生活。

3.2 "百万乡村"慕尼黑

这是哪一个城市？它有约 150 万人口，是德国的第三大城市。有些熟悉它的人也称它为"百万人口的大乡村"，因为这个城市与其他"世界城市"相比，在外观上有颇多不同：它没有用玻璃和钢铁建成的高层办公大楼，它禁止在市中心建造高于 36 米的高楼，以便保持由众多教堂塔楼组成的城市剪影。它就是德国巴伐利亚州的首府慕尼黑。

慕尼黑也是个文化名城，给人们提供丰富的教育和娱乐的场所。它拥有 43

个剧院、一个规模巨大的国家图书馆、30个著名的博物馆和艺术展览馆,以及一所拥有8万多名学生的大学。由博物馆组成的风景线也是慕尼黑的一大特色:首先要讲到的是由四个互相独立的博物馆组成的新老绘画展览馆。它们以全世界独有的方式向游客展示着各个艺术领域,甚至是跨领域的杰作。供人娱乐的还有每年举行一次的世界上最盛大的民间节日——拥有500万名宾客的慕尼黑十月节或啤酒节。此外,发动机也使慕尼黑举世闻名。人们从远处就能看到巴伐利亚发动机制造厂(简称BMW)的主楼,其外形犹如四个气缸的发动机。

慕尼黑的德意志博物馆是年轻人最喜欢参观的去处。这个特殊的博物馆于1925年完成布展,它主要是一个自然科学和技术博物馆。该博物馆的目的在于:将大千世界的自然现象回归到朴素的自然规律之中,并且将多姿多彩的技术世界,按其本来的面目进行分类和展示。该馆的藏品,如世界上的首批汽车和最先进的可变马达,在33个展厅中展出;这里还能看到最早的飞机和第一个喷气推进器;这里也展示古老的乐器和最初使用的电话。若要仔细观看该馆所有展厅中陈列的最重要的展品,则需要几天时间。因此,许多参观者称德意志博物馆是一个"科技迷宫"。

如今的十月节仍按照传统由慕尼黑市市长开桶,揭开庆典序幕。慕尼黑6大啤酒厂搭起的7个大啤酒棚构成了十月节的中心。最大的啤酒棚可容纳10000人。此外,游客还可看到无数中、小饮食企业搭起的摊棚,其中有葡萄酒棚、香槟酒馆和出售烤鸡的摊点。节日期间有很多特色风味品,第一位的当然是只用一种叫"克鲁克"大啤酒杯零售的啤酒了。啤酒厂为十月节特别酿制一种浓烈的啤酒,好使人喝了以后很快地"快活"起来,随后就大吃一顿。为了隆重庆祝这一民间节日,还举行身穿五彩缤纷民族盛装的大游行。成千上万的游人来到这里,尽情玩耍,大部分人都喝很多啤酒。

3.3　金融要地法兰克福

自中世纪起,法兰克福这个位于莱茵河畔、昔日帝国的自由之城发展成了欧洲最重要的贸易和金融重地之一。曾经有几百年时间之久,法兰克福是德国选举和加冕皇帝和国王的地方。她也是歌德(诞生)之城,是召开1849年3月28日通过"帝国宪法"的德国国民议会的地方。法兰克福还是个会展城市(始于1240年)和证券交易之城。

1999年1月4日星期一,欧元时代开始了。注视法兰克福的不仅仅是金融界。欧洲央行首次公布了欧元兑换率。法兰克福成了欧洲货币的首府。设在市中心的"欧元指挥部"决定着整个欧元通行区的利率。如果欧洲中央银行委员会定期开会的话,法兰克福也就定期地处于国际金融市场风风雨雨的中心。

　　法兰克福驻有德国各大银行,还有大多数外国银行的代理行。如今这里共有 300 多家银行,200 多个金融研究所。约有 56000 人在法兰克福所有开业银行中工作,3500 人在联邦银行和黑森-图林根州总银行工作,约有 300 人在欧洲央行——当时叫欧洲货币研究所——工作。这就不难理解,为什么说法兰克福是德国金融要地的代表。

　　有着莱茵-美因机场的法兰克福是德国最重要的开放城市之一。当这个航空港于 1936 年 7 月 8 日正式启用时,它还谦虚地叫做"莱茵-美因飞船港"。如今法兰克福机场是仅次于伦敦希思罗机场和巴黎查理机场的欧洲第三大机场。

　　法兰克福也是一个拥有 800 年历史传统的博览城。这里每年举行许多不同的专业会展,比如每年于春季和秋季举行两次的法兰克福国际博览会、汽车博览会、图书博览会和烹饪技术博览会,以及其他 9 个特殊博览会。在博览季节,法兰克福一片繁忙,因为每年到访博览会的客商多达 1200 万。

　　如果客人想看看法兰克福的全景及其有名的高层建筑轮廓,那最好来一次环城周游。其时,他们可以造访法兰克福的最值得一看的景区,在那里能远眺特别养眼的景色:从美因塔到教堂塔楼的远眺平台和火灾后于 2020 年秋天重建的旅游热点歌德塔,再到为数多达约 20 座的美因河桥。最后来到城市轮廓广场的远眺平台:从展馆区附近的购物中心,客人们能看到印象特别深刻的高楼大厦和欧洲新城区。

3.4　汉萨城市汉堡

　　汉堡,这个拥有 170 万左右人口的港口城市,是仅次于柏林的德国第二大城市。它也是一个向世界开放的、丰富多彩的城市,还有数量众多的旅游景点、文化活动和休闲生活。从港口到制绳场街和阿尔斯特河,再到城市公园,有很多可以游览的景点。汉堡是海洋的,汉堡是绿色的,汉堡是古老的——让我们一起探寻这个汉萨城市最美丽的角落吧!

　　汉堡是德国最重要的海港,而且也是德国最大的对外贸易和进出口地区。凭借着海关和经济方面的优势,早在 1189 年汉堡就晋升为重要的贸易城市。

　　汉堡还是上海的"伙伴城市"或"姐妹城市",因为它们都属于世界上最著名的海港城市,相互间的经济交往非常频繁。汉堡港是欧洲最大港口之一,传统上也是为世界贸易服务的。汉堡港一半以上的航线是远洋航线。汉堡港是德国最大的集装箱转装中心。每年约有 16000 艘船只在这里装卸货物。

　　汉堡的新音乐厅是这座汉萨城市最热门的景点。但这座易北爱乐厅不仅仅是一个音乐厅。它的大厅有2150个座位,是根据葡萄园的结构原理建造的,指挥台和乐队几乎位于大厅中央,周围环绕着逐渐升高的、梯田状的观众席。

该易北爱乐厅在追求声效方面花费巨大。一般音乐厅的每个角落和每个棱边对于声学家来说都是一个"恐怖",因为声音在那里会破裂,然后无法估计如何传到大厅的空间。因此,易北爱乐厅研发出独特的"白皮肤",使声音能在大厅的每个位置都能以最佳方式爆发。它由一万多块石膏纤维板组成,每块纤维板都经过单独的铣切,并带有波纹和凹槽。

汉堡人爱骑自行车!该市希望在汉堡的骑行更加愉快和安全,汉堡的自行车道网络也正在不断扩大。例如,为了鼓励骑自行车上班,汉堡提供了自行车线路和区域线路。为了更好地将都市区附近的乡镇和汉堡联系起来,汉堡还建立了一个快速骑行路网。而且,如果要来一次丰富有趣的自行车旅行,您也不必从家中带上自行车,您可以在汉堡地区的200多个车站借用一辆自行车。简单的在线注册后,5欧元的注册费将记为账户余额。最妙的是,每次骑行的前30分钟是免费的!

3.5 第四大城市科隆

科隆是人口最多的北莱茵-威斯特法伦州的最大城市,也是德国的第四大城市。科隆人口超过100万,也是莱茵河畔最大的城市。

科隆大教堂一直是游客向往的名胜景观。到科隆的人一定想要去参观大教堂。科隆大教堂有两座高达157米的哥特式塔楼,它不仅是科隆市的象征,而且从某种意义上说也是整个德国的象征。

1248年,大主教康拉德为今天的科隆大教堂奠定了基石,但是直到1880年,大教堂才借助现代技术完工。科隆大教堂曾经被认为是民族纪念碑,目的是促进德国天主教徒与主导国家的普鲁士新教的和解。1943年,大教堂遭到英国炸弹袭击,经历了它最艰难的时刻。这座建筑经受住了轰炸,但战争结束后,许多损坏的地方必须被修复。1996年,联合国教科文组织宣布科隆大教堂为欧洲哥特式建筑最伟大的杰作之一和世界文化遗产。

如果您乘坐火车或步行通过霍亨索伦桥,跃入眼帘的不仅是科隆大教堂,而且还会首先看到成千上万把彩色的小挂锁:热恋中的情侣将他们的名字和日期写在挂锁上,然后把锁固定在桥栏上,并发誓永远忠贞相爱。按照传统,钥匙要两人一起扔进桥下的莱茵河中。

最初,德国铁路公司决定清除这些数量众多的爱的证明,因为它们据说会对桥结构造成不必要的压力。最终,该公司被支持这一风俗习惯的许多粉丝说服了,还是让这些锁挂在桥上。如今,爱情锁属于科隆城市景观的一部分,是成千上万游客参观的热门景点。

科隆作为德国狂欢节之都不是没有理由的。在"第五个季节"里,科隆人可以尽情享受生活,人与人的差异变得不再重要,人们一起庆祝,一起痛饮。在狂欢节的高潮时,全德国最大的玫瑰星期一游行队伍经过科隆市中心,长度约为7公里。

上午10点,科隆的玫瑰星期一游行准时开始了。大约有12000名参与者步行5个多小时,沿途分发了300吨糖果、30万束鲜花和许多其他礼物。来自政治和社会的最新事件也被许多造型既富有想象力,又具有嘲讽意味的花车采用。

3.6 文化名城德累斯顿

德累斯顿,这个拥有50多万人口的城市,具有神奇的魅力,每年吸引400万游客。诚然,他们不仅是来欣赏美景的,也会从某些遗址废墟中回忆起德累斯顿在战争中所经历的艰难岁月。

德累斯顿最初建立在斯拉夫渔村的土地上,是商人定居点和领主城堡。自15世纪以来一直是萨克森公爵、选帝侯和后来国王的都城所在。

德累斯顿的心脏和旅游磁铁是位于老城区中心重建后的圣母教堂。这座神圣的建筑是乔治·拜尔在1726年至1743年间建造的。以"石钟"闻名的圆顶,不仅是城市剪影的光辉顶峰,也是建筑上的挑战。在1945年2月13日德累斯顿空袭之后,圣母教堂还保持了整整一天,然后由于砂岩无法承受高温而倒塌。德国统一后,重建的机会出现了,重建工作于2005年完成。从那时起,圣母教堂作为开放式教堂,为这座城市带来了众多游客。由于被战争毁坏的命运和成功的重建,德累斯顿圣母教堂已成为全世界宽容与和平的象征。

德累斯顿的音乐文化在全球享有盛誉。萨克森州乐团和德累斯顿爱乐乐团,两个享有国际声誉的乐团都在这座州府城市中。离茨温格宫不远的塞姆帕尔歌剧院是德累斯顿的观光目的地。建筑师塞姆帕尔以意大利文艺复兴时期的风格建造了这座大型歌剧院。大批意大利石匠为此被要求来到德累斯顿。瓦格纳是这里的乐队指挥,施特劳斯的许多伟大作品在此首演。如今,塞姆帕尔歌剧院还是欧洲最重要的歌剧舞台之一。顶级国际艺术家会汇聚在一年一度的德累斯顿音乐节上。

您是否知道过滤纸袋和牙膏是在德累斯顿发明的?这里还有许多其他改善世界各地人们生活的想法,因为发明精神根植于这座城市中。由国内外顶尖科学家推动的德累斯顿理工大学的科研为解决社会和全球挑战指明了方向。它是德国中部唯一拥有卓越大学称号的高校。对于在德累斯顿扎根的企业而言,其开拓精神是感觉得到的和看得见的——德累斯顿理工大学是德国专利最多的大学之一,每年拥 200 多个注册保护权。

3.7 花园之城斯图加特

斯图加特是巴登-符腾堡州的首府,是一座热情洋溢的城市。它有约 60 万人口,面积为 207.3 平方公里。这里有许多民间节日,奇妙的汽车博物馆,美丽的葡萄园和许多文化展会。它也以其优越的地理位置、漂亮的广场、华丽的王宫和不同建筑风格的建筑而闻名。

在德国,可能没有哪个城市的宫殿建筑能像斯图加特的新宫殿一样主宰城市中心的形象。18 世纪末,符腾堡公爵在这里建造了德国最后一个大型巴洛克式住宅宫殿建筑群,而他的脑海中只有第二个凡尔赛宫。后来在斯图加特的王宫广场上有了现代艺术的凡尔赛宫,即收藏了 15000 幅经典现代主义和当代艺术作品的斯图加特艺术博物馆。

斯图加特 217 米高的电视塔曾经是全世界的典范。经过 20 个月的建造,这座电视塔于 1956 年 2 月 5 日落成。从法兰克福到多特蒙德,再到约翰内斯堡和中国的武汉,斯图加特电视塔曾作为原型在全世界被仿造,被改进。最初引起争议的这座钢筋混凝土结构现在是州府的地标建筑。为了使风的袭击面积最小,突出的"篮子"做成了圆柱形状。参观者可以在其两个观景台上欣赏远处的景色。

在斯图加特,总有活动举办。一个文化活动或者一个节日追逐另一个。大约 80 个国内和国际节日和重点活动丰富了斯图加特文化机构提供的常规内容。令人瞩目的年度盛事无疑属于斯图加特的春季之节和每年都会吸引大约 400 万来自德国和国外的游客的民间节日——坎施塔特节。斯图加特的葡萄酒酒庄、斯图加特的圣诞市场和夏季文化节也游客众多,很受欢迎。

想仰望星空,扩大自己的知识视野?卡尔·蔡司天文馆使之成为可能。天文馆的圆顶直径为 20 米。超过 9000 颗恒星可以通过现代投影系统在圆顶表面上显示出来。无论成人还是孩子都可以躺在舒适的扶手椅中,就像躺在太空舱里穿越时空旅行,发现宇宙的奥秘。花费不菲的图像和视频技术以及音响系统共同营造出一种独一无二的氛围。但是,天文馆不仅作为一种教育设施而受到欢迎。卡尔·蔡司天文馆的星空圆顶也是举办讲座、音乐活动和朗诵会的理想场所。

3.8 迷人小城海德堡

　　早在1226年,海德堡的历史就已正式开始了。如今海德堡有近16万人口,年年都吸引着来自世界各地的几百万旅游者寻访这座古城。海德堡是一座小城,但她有很多名胜古迹和文化纪念物。历史建筑和教堂及修道院邀您游览昔日的时光。最受人喜爱和最吸引游客的景点是海德堡王宫(古堡)、老桥、老城中的斜屋,还有那建于1386年的海德堡大学。

　　用红色沙石建成的海德堡王宫成了这座小城的"皇冠",也使其城市形象誉满世界。海德堡王宫遗址雄伟地高高屹立于老城图画般的屋顶群体和窄小的老巷之上。韦特尔斯巴赫王朝的普法尔茨的历代选帝侯们在这里居住了500年之久。1400年,海德堡王宫建成,1622年和1693年先后两次被战争毁坏。每当节日夜晚,矮人波尔凯奥,即宫廷小丑和大酒桶的看守在王宫庭院中诙谐逗人地欢迎游客光临,不禁让人感到仿佛回到了昔日宫廷生活的时光。在这里,参观者所到之处都能够领略到这座王宫饱经沧桑的历史。

　　坐落在内卡河上的浅拱形老桥,至少是在原址上建造的第五座桥梁了。它于1945年被炸毁,不久之后又重新建成。两端圆塔形的桥门是1786年至1788年在选帝侯卡尔·特奥多尔策划下建成的,因此这座桥也以他的名字命名。

　　在海德堡王宫对面海里根山上有一个最受人欢迎的观景点。在那里能看到昔日"露天大会"的遗址,这是纳粹时代的一个巨大的露天剧场,也是山顶区域的标志。从山南斜坡上的"哲学家之路"远眺,可以看到引人入胜的海德堡城的全景、河流和群山。当你漫步在海德堡城市中,开放的广场和公园绿地会邀请您稍作停留,感受一下到处都有的大学生活气息。大学的建筑散布在老城、贝克海姆区和诺伊海姆校区。在诺伊海姆那里有海德堡动物园——也是一个受人欢迎的郊游去处,还有海德堡最新建成的城区——班恩新城,德国最大的城市发展项目之一,也是值得绕道一看的地方。

　　因此,浪漫主义诗人对海德堡的喜爱甚于对其他任何一个德国城市也就不足为怪了。马蒂逊1786年写的《挽歌》和荷尔德林1799年写的《海德堡颂歌》,都是献给海德堡的。艾辛多夫在这里创作了他的许多抒情诗。歌德曾经8次造访这座美丽的小城,并把他的心遗忘在这里,深深地爱上了玛丽安娜·冯·维莱默尔,即他的《东西诗歌合集》中的舒莱卡。许多世界闻名的作家,如耶安·保罗、维克多·雨果和马克·吐温也对海德堡的迷人景色倍加赞赏。

第 4 章 名人剪影

4.1 马克思如何学习和钻研

卡尔·马克思是德国哲学家、伟大的经济学家和科学社会主义的创始人。他于 1818 年 5 月 5 日出生在特里尔。他生活和工作的年代正是 19 世纪中叶，德国和英国处于工业化和资本主义早期。身为"实用哲学家"和科学社会主义创建人的卡尔·马克思对近一个半世纪以来的国际政治和社会发展起着决定性的作用。与其他同时代的理论家一样，他的思想也是在与黑格尔的理想主义辩证法的争辩中产生的——他要唯物主义地把它"再颠倒过来"。他的思想受到法国空想社会主义者、唯物主义哲学和英国政治经济学家的影响。

在特里尔中学毕业后，马克思先后在波恩和柏林攻读法律。但是，他特别感兴趣的却是历史和哲学。他在柏林钻研了德国著名哲学家黑格尔的著作，从中认识到社会本身存在的矛盾是如何促使世界发生变化和推动世界向前发展的。然而，他也越来越认识到，真正的哲学不仅要解释世界，而且要改造世界。

与马克思同时代的人都谈到，马克思是怎样似饥如渴地博览群书、做读书笔记和将心得写成文章的。他翻译经典作家的作品，研究历史的发展。他夜以继日地，甚至一边走路一边做笔记，仔细准备各门课程。

23 岁时他已大学毕业。1842 年，他的第一组有关现实政治问题的文章在《莱茵报》上发表。从这时起，该报的领导工作就交由他担任。他写的文章中有一篇谈的是(1840 年—1942 年的)第一次鸦片战争。该文实质上是对英帝国主义的控诉。马克思指出，英帝国主义为了牟取利润，不惜毒害和毁灭中国人民。他的许多文章遭到封杀。

为了能够自由写作，他同妻子于 1843 年前往巴黎。而后普鲁士政府要求把马克思驱逐出巴黎，于是他在 1845 年移居布鲁塞尔。1848 年，他和弗里德里希·恩格斯共同发表了《共产党宣言》。从 1849 年起，马克思居住在伦敦，直至 1883 年逝世。在伦敦流亡期间，他从 1867 年起发表他的力作《资本论》的第一卷，剖析和批判了资本主义。如今在他的出生地特里尔有一座博物馆，纪念这位伟大的科学社会主义创始人。

4.2 物理学家爱因斯坦

是谁通过对物质结构、空间和时间的研究以及对万有引力本质的研究显著地改变了物理学的世界观？是谁因此而无愧为所有时代最伟大的物理学家之一？是谁极大地丰富了我们对自己所在世界的构成的认知？是阿尔伯特·爱因斯坦。他也是一位伟大的思想家。他在没有做任何实践试验的情况下，仅通过冥思苦想和不断思索就得出了他的这些伟大发现。爱因斯坦还是一位举足轻重的民主主义人士。

1879年3月14日，阿尔伯特·爱因斯坦生于乌尔姆，1955年4月18日在美国普林斯顿逝世。孩提时代，他的智力发展似乎很慢。他于1896年开始大学学业，四年后大学毕业。失业了几个月后，他在瑞士专利局找到了一份小职员的工作。然而，他利用晚上和周末的时间研究物理学。

他最伟大的功绩在于1905年树立了物理史上两大里程碑：一个是以马克斯·普朗克量子论为基础的光子学说（他因此获得1921年诺贝尔奖），另一个是狭义相对论。他的狭义相对论使人们对世界有了新的认识，并且替代了牛顿的体系。几年之后，这位物理学家创立了广义相对论。广义相对论为人们带来了认识宇宙构造的全新视角。

1921年的诺贝尔物理学奖直到1922年11月9日才被补授予爱因斯坦，因为他于1921年10月7日乘船去日本作了一次演讲。当时，他的相对论对于斯德哥尔摩的评委们而言还太超前了。这一理论不仅是一门全新的学说，而且还改革了物理学，简直是天才的创造。有一次，爱因斯坦将他的相对论运用到自己身上。他说："如果我的理论是正确的话，那么德国人会说我是德国人，而法国人会说我是世界公民。如果我的理论是错误的，那么法国人则会宣称我是德国人，而德国人则会说我是犹太人。"

他先后在苏黎世、布拉格和柏林的权威研究机构任职。这充分证明爱因斯坦是典型的欧洲知识分子。20世纪初，爱因斯坦在柏林一如既往地继续研究他的理论。然而在1933年，他不得不由于他的犹太血统离开德国，在美国普林斯顿找到了一家新的工作单位。他对空间和时间结构的认识，以及关于质量和能量之间关系的认识在发明原子弹的过程中发挥了极为惊人的作用。这位坚定的和平主义者和世界公民，虽然终生不懈地反对使用原子弹，可惜无力回天。但他所做的不仅仅是这些。当反犹太主义思想影响遍及整个欧洲之时，他也积极地为建立一个犹太国家而开展斗争。

4.3 康拉德·阿登纳

康拉德·阿登纳被视作德意志联邦共和国的总设计师。他祖籍科隆，并在那里担任过市长。作为联邦德国第一任总理，他为新共和国未来的政治和经济走向制定了决定性的方针政策。

1876年,阿登纳出生于科隆,是父母四个孩子中的第三个。他从小家境贫寒,就读于人文高级中学,在大学攻读法律专业。其成绩一般,高中毕业之后,从1902年起在科隆一家律师事务所工作。1904年,他与埃玛·魏尔喜结连理。埃玛出身于一个富裕的家庭,背景显赫。这帮助他进入了仕途升迁的快车道。1909年,阿登纳晋升为科隆市长马克斯·瓦尔拉夫的副手,马克斯·瓦尔拉夫是他妻子的一位舅父。1917年,42岁的阿登纳成为科隆市长,是德国最年轻的大城市市长。作为普鲁士最年轻的市长,他把科隆扩建为一座现代化的大都市,因此声名鹊起。他的市长任期在1933年结束:其时,纳粹党徒篡夺了德国政权。像阿登纳这样的民主政治人士被罢了官。阿登纳不得不下野了一段时间,甚至被逮捕入狱。

1945年,第二次世界大战结束。解除政党禁令之后,阿登纳将全部精力投入新成立的基督教民主联盟(基民盟)的建设中。他当选为英国占领区的基民盟主席,并进入北莱茵-威斯特法伦州议会担任议会党团主席。

1949年,德国西部地区建立了一个国家,即德意志联邦共和国。阿登纳当时想在整个德国政界施展抱负。当时,阿登纳已经73岁高龄了。因为他所在党派的其他政治家认为阿登纳不会长期执政,所以他们选举他为总理、政府首脑。但阿登纳政府制定的政策大获成功,这为他带来了三次连任(1953年、1957年和1961年)。1957年,在他的领导下,基民盟和基社盟甚至在联邦选举中赢得了绝对多数(50.2%)。

阿登纳被公认为是一个非常睿智的政治家。对他来说,重要的是让西欧其他国家重新信任德国。为了实现他的最重要目标——将德意志联邦共和国融入西方,阿登纳将外交政策放在了所有政策的首位。他竭尽全力实现联邦共和国的主权独立,从而成为强大的西方的一部分。

1963年,他宣布辞职之后,由路德维希·艾哈德接任联邦总理职务。1967年,康拉德·阿登纳在波恩附近的勒恩多夫辞世。为了纪念他,康拉德·阿登纳基金会以他的名字命名,致力于促进基督教民主政治和欧洲统一。

4.4 联邦总理安格拉·默克尔

自2005年起,安格拉·默克尔便担任德国联邦总理。在2013年12月的联邦议院选举中,她以高票再次当选联邦总理,先前还没有一位联邦总理能以如此高票当选。她在联邦政府中起着主导作用。还不止这些:基民盟在联邦议院选举中大获全胜后,法国《世界报》如此写道:"安格拉·默克尔现在是欧洲的领导人。"她确实成了世界上最有影响力的政治家之一。然而,对安格拉·默克尔来说,成为国际认可的顶级政治家的道路是漫长的。

默克尔于1954年7月17日出生在汉堡,但她是在德意志民主共和国长大的,更准确地说,是在今天的勃兰登堡州的滕普林,她父亲在那里的一个教堂里当牧师。中学毕业后,安格拉·默克尔在大学里攻读了物理学,之后在东柏林从事研究工作。

安格拉·默克尔在大学学习期间结识了她的第一任丈夫乌尔里希·默克尔。两人于1977年在滕普林的教堂里举办了婚礼。仅仅4年后,两人就分居了,1982年,他们在当时的东柏林离婚。这是一段没有孩子的婚姻。两年后,安格拉结识了她未来的丈夫约阿希姆·绍尔。当时她在位于柏林-阿德列尔肖夫的民主德国科学院工作,约阿希姆·绍尔被聘为该科学院的量子化学家。

1998年12月30日,安格拉·默克尔和约阿希姆·绍尔结婚,他们曾经一起居住在柏林路易斯大街。他们可以从家中直接眺望到国会大厦。他们的婚姻也没有孩子,但约阿希姆把第一次婚姻中的两个儿子带入了这一家庭。在她当上联邦总理之前,夫妻俩就搬到了洪堡大学附近的库普费格拉本。他们如今还居住在那里的公寓内。

夫妻俩多年来一直喜欢在同一个地方一起度假。复活节时,这对夫妇总是去那不勒斯湾的伊斯基亚岛,夏天他们去维诺斯塔河谷(属南蒂罗尔)的索尔达徒步旅行,冬天他们去瑞士恩加丁的蓬特雷西纳进行长距离滑雪。夫妻俩还喜欢歌剧,定期观看拜罗伊特瓦格纳音乐节的首演。

1990年,她加入基督教民主联盟。出人意料的是,默克尔被当时的大选获胜者赫尔穆特·科尔提名为其内阁部长,但他事先邀请她到波恩联邦总理府进行了面谈。她一开始担任了妇女和青少年事务部部长,之后又担任了环境部部长。2000年,她成为所在政党——基民盟的主席。她担任基民盟党主席职务直至2018年底。

安格拉·默克尔于2005年11月22日首次当选总理。在随后的2009年和2013年,她又两次当选,最近一次当选是在2018年3月14日。她已宣布,在本届任期结束后,她不想在政界再担任重要职务。所以在2021年,定然会另有一人当选为德国新的联邦总理。

4.5 约翰·沃尔夫冈·冯·歌德

约翰·沃尔夫冈·冯·歌德(1749—1832),德国最伟大的诗人和思想家,是一个全能型的天才。作为一名自然研究者,他知识丰富。此外,这位"诗圣文豪"

还是一位政治家,对他那个时代的艺术产生了影响。

1749年8月28日,歌德出生于美因河畔法兰克福一个德高望重的资产阶级家庭。约翰·沃尔夫冈是他父母的六个孩子中的老大。在他的兄弟姐妹中,只有比他小15个月的科尔内利(1750—1777)长大成人,其他人都先后夭折了。父亲约翰·卡斯帕·歌德(1710—1782)和母亲卡塔琳娜·伊丽莎白·歌德(1731—1808)家里都很富裕,受过良好的教育。歌德的父亲虽然是一位法学家,但并不从事法律工作。

在歌德的幼年时期,文学已经起到了一个重要的作用。在父母家里有一个藏书领域广泛的图书馆,歌德博览群书。孩子们睡前有晚安故事听,不久小歌德自己也开始讲故事、编故事。四岁时,他开始排练小话剧,并以木偶戏的形式表演。

1765年秋,歌德开始在莱比锡学习法律学。他此前生活的法兰克福当时还是个偏僻地区,这位年轻人在这里见识到了一个世界性开放的现代社会。除了大学学业,歌德还在莱比锡上绘画课,学会了各种艺术技巧,包括木雕和刻画。他观看戏剧表演并创作诗歌。在斯特拉斯堡,他碰巧遇到了年长一点的约翰·哥特弗里德·赫尔德(1744—1803)。在他的自传体作品《诗与真》中,歌德采用回顾手法把这次相识描述为当时最重要的事件。赫尔德成了歌德的支持者和良师益友。

1774年初,歌德在经历一次令人失望的爱情之后创作了《少年维特之烦恼》。这部小说使他在短时间内蜚声欧洲。此外,他还研究了浮士德素材,并创作了大量其他作品。

魏玛古典主义时期的代表人物是歌德和席勒。魏玛古典主义时期一直延续到1832年歌德去世。在1795年,这两位诗人共同创作了格言警句,即讽刺短诗,用以针砭当时的文学创作。在所谓的叙事谣曲年——1797年,涌现了歌德的《神与舞女》、席勒的《手套》等著名作品。1805年,朋友席勒的去世对歌德来说是一个痛苦的损失。

1823年,约翰·彼得·爱克曼(1792—1854)开始进入他所景仰的诗人歌德的生活,并成为他的知己好友。后来,歌德在遗嘱中指定爱克曼出版他的文学遗著。约翰·沃尔夫冈·冯·歌德于1832年3月22日在魏玛与世长辞。他被安葬在魏玛大公国王侯墓室中。

4.6 弗里德里希·威廉·尼采

弗里德里希·尼采是迄今为止最负盛名的哲学家之一。1844年,尼采在洛肯出生，洛肯是普鲁士萨克森的一个偏僻乡镇，其父为一名新教牧师。他父亲于 1850 年去世，这也是全家搬迁的原因。作为一名大学生，尼采才华横溢令人印象如此之深刻，以至于他在 24 岁时就成为了一名教授。他在巴塞尔大学教授拉丁语和希腊语。但十年之后，他罹患重病，不得不被照料。直到 1900 年去世，他母亲一直在照顾他。

尼采四处打探，寻找一个能治愈他胃疾和头痛的地方。引人注目的是，他与朋友断绝往来，宁愿在许多不同的地方（如尼斯、西西里岛和威尼斯）单身独处。尼采还患上了一种严重的精神疾病。因此，他不再能够清醒地意识到自己的声誉。

在精神崩溃的前几天，尼采引发了一大堆人在马路上看热闹：原来他非常同情一匹疲倦不堪、拉着马车的老马，以至于身体倒在马脖子上失声痛哭了起来。

尼采被视作"带着一把锤子的哲学家"。他粉碎旧的价值观，树立起新的理念。他把道德区分为"主人道德"和"奴隶道德"。"主人道德"由一对反义词"好与坏"界定；与此相反，"奴隶道德"由"善与恶"这对反义词限定。

对尼采而言，音乐非常重要。他曾说过："没有音乐的人生将是一场错误。"他曾是作曲家理查德·瓦格纳狂热的仰慕者。他甚至本人面见了瓦格纳。尼采把他描述为一位教育家，引导人们接纳一种新的改良文化。但不久之后，他就和瓦格纳分道扬镳了。在一家书店里，尼采找到一本哲学家亚瑟·叔本华的书，为此他兴奋不已。

此外，尼采还以构想出来的超人的人物形象为基础，他把这一超人视作摆脱自己利益羁绊的胜利者。按照他的看法，只有超人能体验到最永恒的虚无主义。但是，这些概念已经显露出他愈加严重的精神疾病的初步迹象。

尼采是一位卓越的作家。大家可以好好地阅读他的作品《查拉图斯特拉如是说》。它讲述了波斯宗教创始人查拉图斯特拉，经过十年的隐居生活，决定与人们分享他的智慧。因此，查拉图斯特拉启程出发去宣扬"超人"理论。可是，人们却嘲讽尼采。后来，纳粹曲解并滥用了尼采的"主人道德""超人"和"权力意志"等概念。这也是尼采如今那么有争议的一个原因。

4.7 举世闻名的童话兄弟

格林兄弟的童话往往用这样的或类似于这样的话开头："在一座广阔的森林前，住着一个穷苦的伐木工和他的妻子，还有他们的两个孩子。"而结局总是美好的。雅各布·格林与其胞弟威廉·格林毕生从事于收集轶事、趣闻和传说，特别是童话的工作。1812 年至 1815 年间，他们发表了德国文学中最为普及的作品——《儿童与家庭童话集》。这部杰作被译成140种文字,而且现在还像以前那样,70多个国家的读者依旧怀着浓烈的兴趣在阅读它,其吸引力之大由此可见一斑。

格林兄弟出生在哈瑙——这是坐落在法兰克福以东不远的一座小城。雅各布生于1785年,威廉生于1786年。在他们还很年轻的时候,身为政府机关公职人员的父亲不幸去世了。因此,他们家中的几个孩子,除了雅各布和威廉之外还有三个儿子和一个女儿陷入了困境。当时他们只能艰难度日,尝尽了艰辛。1798年至1802年,格林兄弟在卡塞尔上中学,毕业后在马尔堡大学攻读法律。后来,他们兄弟俩回到卡塞尔,为那里的市图书馆工作了近30年。

早在1806年,格林兄弟就已着手在家乡收集童话。他们的工作并不是纯粹的编纂,而是怀着很大的兴趣去探寻和研究那些故事的历史渊源。在德国,童话历来通过口述代代相传,但从未有人尝试过将它们写在纸上保存下来。因此,这项工作对格林兄弟很是艰难。所幸,他们结识了一位卡塞尔裁缝的太太。这位太太是法国胡格诺教派的后裔,她脑袋里装着说不完的童话故事。这激发了格林兄弟编纂童话书的热情。后来,人们还发现,这位太太可能将许多法国童话也一起加进她所讲的童话之中。正是她讲的那些故事,为格林兄弟的《儿童与家庭童话集》打下了基础。

除了世界闻名的童话之外,雅各布和威廉还有其他重大功绩,比如他们耗时多年编纂《德语大辞典》。1829年,他们离开卡塞尔来到哥廷根。在那里,雅各布和威廉先后获得了哥廷根大学的教授职位。作为语言学家,这一对童话兄弟为德语语言文学奠定了基础。在政治动荡的年代,他们也是爱国者。尤其是雅各布·格林,从政时间更多。然而,1840年,普鲁士国王弗里德里希·威廉四世召请格林兄弟去柏林"科学院"工作。1859年12月16日,威廉·格林逝世。4年之后,雅各布·格林也与世长辞。格林兄弟主要是以他们的童话闻名于世。但他们编纂的于1961年才出版的《德语大词典》对德语语言研究具有重大意义。

4.8 足球皇帝的自述

弗朗茨·贝肯鲍尔是1974年德国世界冠军球队队长,且毫无疑问是当代最优秀的足球运动员之一。他还于1990年作为德国国家队的教练员赢得了足球运动可以达到的最辉煌成就。这位103次代表国家队参赛的球员以队长的身份率领德国国家队参加意大利世界杯赛,使其获得德国足联历史上第三次世界杯冠军头衔。他是被正式命名的"弗朗茨皇帝",是迄今为止最富成就的德国足球运动员。正是他,先是作为足球队员,后来又作为教练员,为改变足球运动低微的形象而不遗余力,并使其成为继网球和高尔夫球这样的顶级体育项目之后,得到广泛普及和推广的运动项目。以下文字摘自他所著的《我是个怎样的人》一书:

"踢足球?这也是一种职业?靠踢足球也能养家糊口?如果说可以,不知这日子会过得怎样,并且能维持多长时间?这是在1964年,我刚刚18岁。因为还未成年,所以我既不能选择职业,又无权签订协议。我的未来,我的前程,因此全操在我父亲的手里。他是个邮政官员,具体职务是邮局总管。他希望我这个最小的儿子也能选择一个比较保险的职业。

"时至今日,我扪心自问:当时我父亲做出必须与慕尼黑拜仁足球俱乐部签约的决定是何等地艰难!对他来说,一个人选择职业是事关终身的大事。一个人选择的第一个职业,一个人从这个职业得到稳定的收入,将是他安排自己一生的基础。但是,踢足球能成为这样的职业吗?这是个什么样的职业?"

……

"那是1981年4月1日的前夕,我没有料到会伤得那么厉害。我服了药,第二天早上感觉又十分好。于是我起床想去散散步。没走多远,我撞到一位年龄稍大的护士怀里。她惊讶得脸色发白:'你疯了?你动都不能动,更别说起床了。'我刚躺到床上,主管我的教授就来了,他把真实病情告诉了我:'你静躺两周,一切听从我们安排。这样,也只有这样,您才有可能保住您的肾脏。'……我显然低估了近几年来自己体力的损耗。

……

"我在13岁,还是个中学生的时候,就进了拜仁慕尼黑俱乐部,迄今已经整整37个年头。拜仁俱乐部既是我的家,又是我的生命。在俱乐部危急的关头,我不能临阵脱逃,即使我的理智反对我这么做。当我在这个艰难的星期六晚上回到家对妻子说,以后三个星期我又要重执教鞭。她一听我的话,先是吃惊得变了脸色。但她很快镇定下来,因为她知道足球和慕尼黑拜仁俱乐部在我心中的分量。最后,她对我说:'我的弗朗茨爱足球胜过一切,因为足球不听他的话。'这句话是有点意思的……你在球场上卖力地踢90分钟,就为了进球。虽然你有不少进球的机会,但如果对手有那么一次突破己方破了门,你的球队就输了。这里确实有无穷的魅力。足球是少数几种根本无法预料的事业之一,所以它能吸引那么多人,几乎没有一个别的运动项目可以与之相比。"

第 5 章　科技世界

5.1　诺贝尔奖的摇篮

德国共有 800 多所公立的研究机构，以及由工业康采恩运营的不同的研发中心。其中有无数各不相同的研究场所，比如综合大学、专科高校、大学外的科研机构、企业以及联邦和州的研究所。"马克斯-普朗克研究院"是德国最卓越的大学外研究机构之一。

20 世纪初，即威廉二世皇帝时代，成立了一个"促进科学联合会"，其目的是在国际上巩固德意志帝国在自然科学方面的地位。在威廉二世的庇护和支持下，这个联合会发展成"超越高校，不受教学目的影响，但和研究院、高校保持密切联系，纯粹为研究服务的机构"。这就是马克斯-普朗克研究院的前身。

从 1946 年 9 月 11 日起，该研究院定名为"马克斯-普朗克研究院"。现在它拥有 1000 多家会员单位，并在下属的 80 多个研究所里有 1 万多名工作人员。它的年度预算开支为几十亿欧元，并拥有许多大型研究用的仪器和设备。它的研究重点是医药生物领域、各种物理和化学研究方向——从金属研究到天体物理学——以及一系列社会科学学科。该研究院自成立以来，虽然历经两次世界大战、国内和国际经济危机及德国政权的多次更迭，却能毫不间断地完成其任务。

马克斯-普朗克研究院要研究的是各方面的问题，比如：在宇宙中我们处于什么位置？宇宙中的星球是如何生成的？是什么稳固着世界的内核？该院既不是德国历史最悠久，也不是规模最大的科研组织。但是，它却是最著名的科研机构，因为它是德国大学之外的在自然、生物、人文和社会科学等领域进行基础研究的"中心"。该院在众多科研领域处于顶级水平——从德国东部格莱斯瓦尔德的马克斯-普朗克等离子物理研究所，到佛罗里达的马克斯-普朗克神经科学研究所。其科研专家，如马克斯·普朗克（1858—1947）和阿尔贝特·爱因斯坦（1879—1955）等都是国际上最有名望的科学家。该研究院旗下有 78 个马克斯-普朗克研究所在德国，另外 5 个则在荷兰、卢森堡、意大利和美国。这些研究所的约 5500 名科研人员没有授课义务，可以完全专注于研究各自的课题。自该院成立以来，已有 30 多项诺贝尔奖颁发给它的科研人员，因此它被誉为"诺贝尔奖的摇篮"。

5.2　太阳能屋什么样？

保护环境与气候是 21 世纪全球面临的诸多挑战之一。这在德国享有很高的地位。在气候保护方面,联邦共和国是全球先行国家之一,同时它也被视为扩大可再生能源领域的先锋。在德国,能源及环境技术行业受到这一政策目标的深刻影响,并得到联邦政府和欧盟的有力支持。该领域的专家们计划,到2050年,80%的发电将转向由可再生能源完成。早在1986年,在德国巴伐利亚州有个名叫埃贝尔斯贝格的小镇上,就建起了太阳能屋。这些太阳能屋是根据由当时欧共体资助的一个叫做"太阳能利用和节能"的示范性计划设计的。

太阳能屋是什么样子的?过去,人们对它只有大胆的想象,但几乎没有具体的概念。埃贝尔斯贝格的太阳能屋是德国首批几乎完全从太阳能获取所需能源的多家房屋。即使天再冷,这种房子里也会温暖舒适。这是为什么呢?

首先,在这种太阳能屋的房顶上安装了水和空气的集流环以及硅太阳能电池。此外,在这种房子朝阳的那面屋顶上,开有很大的"天窗"。太阳光透进这些大"窗"可以直接照进室内。6幢多层太阳能屋(每幢有3套住房和4间办公用房)或竖或横地围着一个公用的大厅。由于中间的房子是凸出的和另外再嵌入了一层夹层,所以楼顶景观看起来很养眼。屋顶倾斜45度,既美观又有实用意义,对太阳能屋至关重要的太阳能电池就安装在这里。太阳能屋的所有卧室都向阳,都有起着"缓冲地带"作用的暖房和走廊。在由木头和玻璃组成的外墙里边,墙体有着储藏热量的功能。

设计人员特别考虑到外墙要易于散热,因此他们不仅用厚达36.5厘米的保暖砖砌墙,而且在最外面贴了一层掺有镁石的轻型木质纤维板,以增强保暖性能。埃贝尔斯贝格的太阳能房子还有一种完全不同的新式卷帘百叶窗。这种百叶窗厚5厘米,中间填以聚苯乙稀泡沫,因而特别保暖。即使在寒冬腊月的夜晚,寒气也透不过这种百叶窗,房间里彻夜暖融融的。自1986年太阳能屋建成以来,慕尼黑附近的埃贝尔斯贝格成了利用太阳能的先驱和新闻记者的访问热点,这里的人被称为"太阳能先锋"。联邦研究部长曾经强调过:"从阳光中获取电力,能使人类有一个取之不竭的能源。"

5.3 基因无处不在

基因技术,这是怎么回事?谁听到或读到这个词,往往会想到新的药物和诊断方法。事实上,它指的是借助基因技术进行疾病的诊断和治疗。另外,近20年来,主要也在利用基因技术优化和改良我们的食品。伴随这一发展过程的是激烈的讨论,而且讨论双方的意见不断相左。赞成和反对绿色基因技术的双方有什么可说的呢?

生物技术、利用基因技术改良的植物、"基因烟雾"——这些最时兴的,同时也是通胀式地冒出来的概念，几乎每个人都听说过。还听到的是，它同食物有关。但也就到此为止了。若要问还有什么，那就是相左的观点和种种不安。谁只要哪怕同生物学打过一点点交道，就会明白基因是无处不在的。不仅仅在用基因技术生产的食品中含有基因，而且每种生物都天生地含有由遗传因子组成的基因。一个单细胞，比如说番茄的单细胞就含有整个"番茄家族"的全部遗传因子。而这种由所谓的脱氧核糖核酸组成的遗传物质，在我们吃每一口东西的时候（不管是在家里，还是在食堂里，或是在饭馆里）就一起吃到了肚子里。以一客醋焖牛肉为例，它含有大约一克脱氧核糖核酸，大概相当于满满的一茶匙。

世界上有很多很多蔬菜和水果品种。既然已经有了这么丰富的蔬菜和水果，难道我们还需要新的品种？许多基因技术人员却回答：是的。

重要的是，要了解基因活动的作用和找到这种已编码的基因的特性。尽管这听起来很有趣，但要做到这一点既须大胆冒险，又不是轻而易举，因为一种植物内含有约25000种基因。不过，这在科幻电影中或许是可以做到的。因此，在遥远的将来也能培育出"四角形的番茄"来，因为决定番茄形状的不单单是一个基因——可用它同另一个具有"多角"特性的基因交换。目前"基因技术"能做到的就是：改变个别基因，并由此改变由它决定的特性。

作为似乎会影响到人类生活最深处的先进技术，"基因技术"也是令人怀疑的。种种害怕和轻率的判断是其结果。首先引起激烈争论的是在露天植物园进行基因移植的试验。这种自由移植带来了无法预见的意外后果，因为通过基因技术改变的植物会由于花粉传授同野生植物进行杂交。联想到对除草剂产生抵抗力的芸苔，"基因技术"的反对者认为，野生植物因此会变成"超级野草"。还有一个担心：人们在吃由基因技术改变的食物的时候会产生强烈的变态反应。最终，人们看看第三世界，就会如此责备：这将会使第三世界国家依赖"基因技术发达国家"生产的种子和植物防护剂产品。

5.4 测谎器真有用吗？

测谎器也叫"说真话的机器"。它听起来与冷酷无情地探问真情、准确无误地排除谎言有关。简单说，它是一种法律所允许的刑讯机器。它肩负的使命是迫使罪犯招供。反正，这东西给人的印象有点阴森可怕——有人早就这么说过。

把一个要查问的可疑对象直接连在一台测谎器上，向他提出一些经过深思熟虑的、难以回答或不难回答的问题。这时，他的神经开始动摇，心跳加快，指尖充血，在将被证明有罪的压力下瞳孔放大，然后冷汗直冒！从他们的冷汗、加快的脉搏和呼吸频率，你应该能辨认出他们是作案人。测谎器记录下一切变化，谁也别想侥幸逃脱。这里不再有"这我已经给您说过5遍了,警长先生"这样的遁词。否认毫无用处,不管他是什么样的作案人。

测谎器,具体说来,上述这种想法是非常吸引人的。但它也有不够聪明和危险的地方。因此还有必要对这种机器做一点"非神秘化"的工作。当然,这绝对不是因为测谎器能揭露谎言。在被测者被问到某些与作案——他可能在什么地方作了案,也可能没有——有关的问题时,测谎器能测出其激动、紧张、不安等情绪的变化。但测谎器能测到的就是这些心理状态,仅此而已。其他的一切都是对这种机器的赞誉之词。我们倾向于认为,测谎器也有这样的功能,把已经掌握的具有一定程度科学权威性的信息变为可用的答案。实际上,测谎器充其量只是记录人内心震动情况的"震动仪",而不是这种情况的"解释仪"。所以说,测谎器的作用被无限夸大了。

而心理学家想从其答案中得到的东西,纯粹是通过对介于躯体和精神之间的某种联系进行推测的结果。结实的身材、咄咄逼人的目光、抽动的嘴角这样一些躯体特征和动作,总是足以通过简单的逻辑分析,就能可靠地从守法公民中分辨出刑事犯罪分子来。但是,现在是通过测谎器来进行这些工作,从被测试者热血沸腾、大汗淋漓、呼吸困难等情况断定口供是真的,并由此断定他是不是作案人。这是生物学主义在查找罪犯领域的一种新形式。况且,尽管谎言可能"腿短",但说谎者不会因此而大汗淋漓和呼吸急促。通过对一个"逼人"的问题作出的特定的躯体反应就能识别说谎者,这是科学上的胡说八道。某个把罪责感不知放到什么地方,或者根本不知罪的系列杀手,很可能会冷静地不理睬测谎器;相反的是,一个无罪而被捕的人在被如此审讯时会被吓得尿了裤裆。

5.5 德国科研面向世界

作为公认的科研及知识所在地,德国是全世界最受欢迎的科研和学术教育地之一。德国科研重视国际性,向世界各国的精英人物开放。德国政府以各种战略计划促进联网与卓越科研发展。

在今天这个全球化的世界里,知识被视为重要的"原材料",德国以其在研究和开发方面的传统在争取最强精英的国际竞争中做好了充分准备,在很多领域甚至占明显优势。德国丰富多样的科研界活跃着三大行为体的身影:约400所高校结成的密网、4个享誉国际的高校外科研组织以及强大的工业研究。德国以占全球贸易12%的份额无愧为出口高技术产品的全球冠军,并在欧盟内稳居"创新领先国"之列,这些都与它强大的科研能力密不可分。在国际上,德国属于把国内生产总值2.5%以上用于研发的少数国家。在过去几年里,无论是贡献了

2/3科研支出的经济界,还是政界,对科研工作的投入都在持续增长。

国际化是一个非常好的关键词:今天德国科研界就已经联网全球了。近半数的学术出版物都是在国际合作中撰写而成。同时,获得资助来德国居留的外国科研人员的数量急剧上升。在国际学生眼里,德国已成为继美国和英国之后最受欢迎的留学国家。而德国学生向国外流动的比例也相当高,达到30%。许多外国顶尖科学家也为德国良好的研究基础设施所吸引而来到德国。这包括使用独一无二的大型设备的机会,如粒子加速器、研究天体粒子物理学的天文台以及用于材料研究的独一无二的光源或中子源和离子源等。

在未来年代里,国际化对于德国而言将越来越重要。2014年联邦科研部长约翰娜·万卡推出了一个"国际合作行动计划"作为科研国际化战略新动向的基础。"德国未来要更好地在国际竞争中立足,"她说,"我们要成为创新世界冠军。为此我们不仅要深化与其他国家的合作,还要把这种合作推上一个新的质量层面"。

5.6　充满创新活力的医疗技术

医疗技术是德国卫生产业中最大且极有前景的产业之一,德国的人口变化和卫生事业的高水准大大激发了对高质量医疗技术的需求。一方面,德国迄今为止的医疗成就在国际上占有重要地位,另一方面德国正积极地对未来医疗进行研究。

医疗技术潜力巨大,是德国经济一大优势领域。该行业不仅对医疗进步意义重大,它的成功也能反映出一些德国的技术能力。这一点仅从众多世界知名的机构上就可以看出。在癌症研究及抗癌领域,德国带来了令人印象深刻的成绩,这主要归功于两家研究机构:一家是德国癌症研究中心(DKFZ),该中心在过去的50年里,在对各种癌症的深入了解和新疗法的研发上,作出了重大的贡献;另一家为国家肿瘤中心(NCT),它的个性化癌症研究在欧洲乃至全世界都处于领先地位。在这里,临床研究和病人护理已然成为一体。此外,德国糖尿病中心是德国研究界的顶级研究所,被视为国际糖尿病研究领域的一座"灯塔"。在艾滋病及肝炎的研究方面,德国也居世界顶尖技术国家之列。

为了在未来的全球竞争中保持不败之地,德国为创新提供了优越条件。因为医疗技术行业很大程度上受创新驱动,并对精确性和质量的要求越来越高。德国的医疗技术研究范围广、多样化,而且跨学科。最新发展可以用三个概念来概括:计算机、人工智能和新材料。比如,目前在斯图加特大学正运行着一个名为"生物医学微系统"的项目,研究的是微型机器人的传感器和控制系统。未来这种机器人可以把药物精准地送到体内所需的部位。波茨坦哈索-普拉特纳研究院（HPI）的"数字健康-个性化医疗"专业部门正在研究未来医疗数字化的新可能。初步的试点研究已结束，结果令人鼓舞。而"新材料"主要指的是医学植入体。汉诺威弗劳恩霍夫毒物学和实验医学研究所（ITEM）的专家们正专注于这一领域的研究。他们开发了一种工艺流程，首次成功实现使用3D打印技术来生产医学硅树脂。德国医疗技术正充满活力地迈向未来。

5.7 环境保护的先行国

在环境保护方面，德国在众多领域凭借领先技术都作出了辉煌的贡献，当之无愧地成为欧洲乃至世界的先锋。其中首先要数德国全球有名的垃圾处理体系和可再生能源的扩建。现在就来看看吧。

提到环境保护，垃圾分类这个词几乎就自然而然地第一个跳了出来。循环利用早已在德国人的环境意识中根深蒂固。在循环利用方面，德国是公认的世界冠军。在德国，约65%的垃圾得到了利用，其中循环利用比例为47%，堆肥处理垃圾占18%。在垃圾利用和清理方面，德国运用了各种不同且复杂的处理方法，技术上也处于领先地位。

如今这个循环之国迎来了两个新潮流：预循环和升级循环。前者起源于一个叫"避免垃圾"的理念，即最好的垃圾就是根本不产生垃圾。这包括如"原始无包装"超市，在那里包装垃圾彻底得到避免。第二个趋势"升级循环"指的是与"丢弃传统"相对应的"再利用"。在这里，旧的或过时的东西有了新功能，从而实现了增值。与循环利用不同，在升级利用中原料的价值得到提升，方法就是让原料重新进入商品和贸易循环。

在从垃圾处理到避免垃圾这一转型的同时，德国在扩建可再生能源和绿色技术研发的道路上也以瞩目的成绩不断前行。德国可再生能源占总能耗的比例超过10%。德国的风能产量占全球风能利用的14%左右，继中国和美国之后居世界第3位。在把太阳光转化为电能的光电学方面，德国总装机容量达到17300兆瓦，甚至居世界首位。

此外，在环境技术领域，如水净化、过滤技术、循环利用和返自然化等领域，德国还提供了约100万个工作岗位。借助先进的环保技术和可持续的资源利用，这些经济部门对在经济循环中尽可能长久地，并有生态意义地使用原料作出了贡献。德国被视为通过低能耗创造高效益，且多年来在环境保护方面一直保持先锋地位的顶尖国家。

5.8 充满魔力的3D打印

3D打印是数字工业时代最伟大的创新之一，将发展成为21世纪的一项关键技术。作为创新驱动力,德国占据着许多领先3D打印应用技术的顶尖地位。然而,3D打印究竟是怎样一种神奇的技术呢?德国迄今又取得了哪些惊人的成就呢?

专业的3D打印或增材制造,指的是以叠加形式生产构件。在工业领域,3D打印已经处在改变生产过程的最佳道路上:高效的三维打印机发展成了一种人们用它可以制造复杂的三维产品与物品的工艺技术。该工艺可以打印出各种任何形状的结构和几何体。比如,用相应的大型设备,可以打印出汽车零件或者甚至单层的房屋。在诸如汽车、航空、工具制造、医学技术等行业,借助精密激光的数字制造在德国也变得越来越重要。

例如,多家研究中心就在研究这个被认为很精确、高效能又成本低廉的工艺技术。尤其是飞机与汽车的生产商可由此生产精密部件。当设计师和建筑师想要做可塑性的草案时,他们会考虑用3D打印。而工程师们则让人打印出他们想要在风洞中测试其空气动力的部件。而且,在牙医学中,这项技术被用于制作牙齿模型。对私人用途而言,3D打印也会变得越来越令人感兴趣。越来越多的业余设计师在运用此项打印技术。传说中3D打印几乎拥有神奇的能力。"它终结了流水线生产时代,开启了一个新纪元。"专家们如是说。因为借助这一技术可以生产大量个性化产品,耗时短、材料省、费用低,而且使用领域几乎无穷无尽。

2020年是人类异常艰难的一年。蔓延全球的新冠危机搅乱了我们的日常生活。在与冠状病毒的抗争中,欧盟委员会开始呼吁,也借助3D打印生产那些急需配件,如口罩或呼吸机的零配件。该倡议在德国反响热烈。短时间内就有约300家公司报名:有的提供打印数据,另一些立即自行打印口罩等产品,还有一些公司则提供自己的3D打印生产能力。越来越多的人们认识到了这一神奇技术的地位。应用范围正在跨行业、跨产业、跨领域延伸。借助3D打印技术,现实及想象中的一切都可以被复制。随着向新维度的突破,我们的生活也将达到新的境界。

第6章 教育天地

6.1 德国中小学体制一瞥

在德国,中小学教育和高等教育都归各联邦州政府管辖,因此教育体制的各个部分可以有很大不同,并被冠以不同名称。尽管如此,各州的教育体制必须遵循全国适用的基本架构。比如义务教育从6岁到18岁,共12年;其中前9年是全日制学校,后3年是半工半读的职业学校。所有公立学校都不收学费。

小学——德国的儿童6岁上小学,学制一般为4年。在柏林有些不同,要上6年小学。小学毕业后,孩子们就要走不同的道路。他们有许多选择。如今许多学生都先进行2年定向阶段的学习(5年级和6年级)。在这段时间里,他们还可仔细考虑,进何种学校继续就读,并改变他们的决定。

普通中学和实科中学——大部分小学生,即这个年龄段将近一半的孩子小学毕业后进普通中学。普通中学的毕业生大多15岁,他们中大部分进入职业教育。实科中学学制6年,即从5年级到10年级。它培养的是"中等教育毕业生"。它是介于普通中学和文理中学之间的一种中学。实科中学的毕业生才有资格就读专业学校或高等专科学校。实科中学毕业也是从事中级经济和行政管理工作的前提,其毕业生的就业形势一般很好。实科中学毕业生占全部中学毕业生的三分之一。

9年或8年制的文理中学——文理中学(一般是5至13年级)是德国传统的"高级中学",因为只有获得它的毕业证书(有三种不同叫法)才有资格进入高等学校学习。文理中学至毕业的正规学习时间是9年(13年级结业后毕业,简称G9)。从2004年开始,联邦各州小学毕业生都有了上8年制文理中学(12年级结业后毕业,简称G8)的可能。

特殊学校和综合学校——除了上述三种从事普通教育的基本中学形式外,还有许多特殊学校。例如,身体或精神残疾的儿童可就读特殊学校。在这里,学生的残疾情况可以得到照顾,而且还促进他们现有能力的提高。

这种"三级学校体制"受到了批评,因为对许多孩子来说,"分道"似乎来得太早了,以后往往难以纠正已经作出的错误决定。所以有人创建了一种新的学校形式,即综合学校。它综合了现有分开的三类中学,一般接收5~10年级的学生。学生可以根据自己的能力,选择就读要求或高或低的课程。综合学校的毕业证书在各联邦州都得到认可。

6.2 高校改革的主要任务

德国高校有特定的质量标准,且适用于全德国范围。这是德国高校体制的一个传统的重要特征。十多年来,联邦和各州拿出几十亿欧元打造所谓的"精英大学",目的在于能够在世界范围的竞争中,为德国吸引最优秀的人才。因此,有必要对德国高校体制进行改革,而且其改革首先要解决三个主要任务。

第一,要不要收学费?

高校校长联席会议(HRK)要求在德国所有高校中收取学费。但是,反对党批评执政党派单方面把必要的高校改革变成了加重大学生的负担。绿党的一个代表说,收取学费是在破坏接受教育的权利。不同的调查得到的结论各不相同,致使有关是否收取大学学费的争论无休无止。2007年,巴登-符腾堡、巴伐利亚等7个联邦州开始收取学费,大多为每学期500欧元。后来由于大学生抗议反对,各地又取消了收取大学学费。尽管如此,大学生得按照高校所在地的情况,向所读高校支付一笔管理费。

第二,高校如何"国际化"?

新的"高校通则"(HRG)也列入了受到各方欢迎的有关高校国际化的内容:它们现在也可以颁发全世界公认的"硕士学位"和"学士学位"毕业证书。像其他国家一样,德国高校也有权自主选择至少一部分学生。与此同时,在传统的、由全国分配中心统一分配学额的过程中,高中毕业考试成绩好的高校入学申请者有更多的机会选择自己想就读的高校。各高校在科研和教学方面取得的成绩,也是分配高校经费的依据之一。加强同世界150多个国家伙伴机构的合作,仍然是德国高校国际化的一个重要议题。

第三,大学学习应该更有效更快?

新的"高校通则"对学制作出了新的规定:专科大学的学制最长是4年,综合性大学则最多为4年半,进修班和辅修班的时间最长为2年。由此可见,大学学制略有延长。

新的综合性大学本科(Bachelor)和硕士(Master)文凭应使大学学习变得更加高效。大学专业严格的时间安排也应促使大学生循规蹈距地努力学习。学士和硕士体系使得大学学习更快完成。以前那些就读学期的数目甚至要比他们的年纪还多的"马拉松大学生",如今或许再也看不到了。人如果有所节制,就可以在缩短的时间内完成大学学业。

6.3 双元制职业教育

对于大多数德国人来说,职业教育是迈入职业、事业和社会生活的保障。从学徒到师傅,到技术员,亦或到独立经营的企业主——上升机会是巨大的。职业教育如此成功地帮助年轻人融入工作世界,是欧洲其他国家所难以企及的。因此双元制教育体系在国际上得到高度认可,也就不足为奇了。

双元制职业教育主要是在工作岗位上,也就是在工作过程中展开的。企业培训内容和实际工作过程得到了极其紧密的结合,这是它与其他国家以学校为主的职业教育的本质区别。两大合作伙伴共同承担起职业教育的责任:一方是企业,另一方是职业学校。企业和年轻人签订培训合同,并以此承担起传授职业培训内容的任务。企业按照培训计划，每周安排3到4天组织培训。职业学校则承担起传授专业理论和实施普通教育的任务。它既提供包含具体职业内容的课程，也提供跨职业的课程，或者开展政治教育和通识教育。学徒每周有1到2天去职业学校学习。

在德国，双元制职业教育占据主导地位。其主要原因则在于，双元制职业教育的各个参与方都能得到诸多好处。通过自主培训，企业可以系统和长期地开发人力资源。招聘不当的风险以及由此产生的损失得以降低到最小。而且学徒在企业培训的过程中，就已经为企业创造了不少生产价值。年轻人同样受惠于双元制职业教育。由于与企业实践结合极其紧密，双元制职业人才在和其他人才竞争时拥有优势。另外，学徒在接受职业教育期间能够领取学徒报酬，这使他们能够在一定程度上实现经济自立。

依据牛津大学科学家2013年的一项研究，美国就业市场上47%的工作都存在被进步的自动化技术取代的高风险。在德国，数字技术对劳动力市场的影响也同样得到越来越多的讨论。人们担忧的是，数字化将会取代职业教育所培养的专业工人和职员，但这并未得到德国本土科学研究的证实。数字化技术取代的——与所有迄今为止的技术路线一样——主要是简单的工作，与此同时复杂的任务领域富有挑战的工作仍将得到继续发展。

6.4 双元高等教育受青睐

谁如果能在简历中附上高等教育毕业证书，那么求职过程将顺利得多——这一说法首先适用于德国。毕业一年后，在德国有93%的高校毕业生能够找到工作，而欧洲平均数据仅为74%。依据工作世界所面临的变化，尤其是数字化带来的挑战可以推测，劳动者需要满足更高的资质要求，只有接受高等教育才能胜任工作。

借助竞赛项目"通过教育实现上升：开放的大学"的形式，德国联邦和各联邦州共同致力于加强职业教育与高等教育之间的融通，以此来确保专业劳动力需求获得满足。联邦教育科研部为高校提供资助，以研究、开发和尝试不同的、贴近实践以及职业伴随的大学课程。

近年来，双元制高等教育获得了真正的快速发展。什么是"双元制高等教育"？从根本上来说，它是高校和企业以及学生之间的一种合作。它将双元制职业教育这一成功模式引入高等教育领域。学生和企业签订培训合同。依照合同，学生在课余时间去企业工作。在双元制高等教育中，实践和理论得以实现无缝连接。

口袋里同时拥有两张证书：一张职业类的毕业证书，一张学术类的毕业证书，这样的可能性对于很多具有就读大学资格的高中毕业生来说十分有吸引力。具有突出的实践特征，与常规大学相比具有高度的经济保障，以及良好的就业前景，这些是高中毕业生选择这种大学形式最为突出的动机。

主要是应用科技大学，但也包括一些综合性大学，它们识别出时代的特征，并展开与企业、行会和职业学院的合作，共同开发这种跨界的混合教育模式。同时，双元制大学生的数量得到增长，提供职业教育和社会实践的企业数量也得到增长。

目前共有大约 1600 门双元制大学课程，主要集中在经济和工程科学专业方向(参见德国联邦职业教育部 2018 年提供的资料)。但在健康和教育相关的专业方向，也有一系列双元制大学课程。这也是大学针对企业和高中毕业生对这类大学模式不断增长的需求和强烈兴趣所作出的反应。

6.5　德国的大学学习

2016/2017 冬季学期，德国大学注册的学生数约为 280 万。在学习安排上，大学生历来都比较自由。这是说他们可以从大量课程中选择自己要听的课程，自己制定学习计划。在大部分联邦州，由大学生委员会管理大学生的事情。德国大学将一学年分为冬季和夏季两个学期。冬季学期的课程从 10 月中旬开始，到下一年 2 月中旬结束；夏季学期课程从 4 月中旬到 7 月中旬。在剩下的 5 个月，即不上课的时间里，要求大学生独立地消化课程内容，并努力准备考试。

大学学习分为很多专业，几乎所有专业的第一阶段都以中期考试结束。在中期考试之前，大学生须得到足够的学分——许多高校是 10 个学分，然后才能参加中期考试(现在大多是学士学位考试)；通过中期考试后，他才能开始第二阶段，即主修阶段的学习。这一阶段又至少需要 2 年。如果大学生又能获得足够的学分——大多也是 10 个学分，就可以参加大学毕业考试(如今大多是硕士学位考试)。一个学分的意思是，学生已获得所期望的专业知识，具体地说就是由任课教师签名的一纸证明。

德国大学里有两种基本授课形式：讲座课和练习课。讲座课的特点是教师就已确定的题目作报告，学生只是听讲，最多在讲座结束前学生可以提问，教师进行回答。练习课传授的是与所学专业有关的知识和技能。大学生通常也有作业，以加深领会讲座材料所涉及的命题。他们还要写专题报告、做回家作业和参加闭卷考试题等。实际上，这些都属于大学考试的内容。

上大学读书，就得不断接受测试，而且所有的测试结果都计入最后的成绩。

德国高校有许多考试类型，其中最重要的是：闭卷考试（Klausur），这是最常见的考试形式，是对你从某一课程获得的知识的书面考核；讨论课作业（Hausarbeit/Seminararbeit），即就某一命题进行研究和论述的书面作业；专题报告（Referat/Präsentation），即对某一大多事先给出的题目找出最重要的内容，并进行加工整理后在课上作报告；中期考试（Zwischenprüfung），即用该成绩证明你结束了一个较大的学习阶段；毕业论文（Abschlussarbeit），即书面论文，以此结束你的大学学业（学士或硕士）。不同高校还有其他考试类型。

6.6 德国的大学生活

德国的大学生是如何和靠什么生活的？这里主要说一点德国本国的大学生（他们占全部在德国大学就读的学生人数的80%以上）的生活情况，确切地说，就是他们的生活费用问题、对大学生的许多优惠和他们的住宿可能，还有他们少花钱的旅游机会等。

德国高校是不收学费的，一笔小小的"管理费"除外。如果学生及其家长负担不起学生的生活费用，可以按照"联邦教育促进法"（德语缩写：BaföG，音译简称"巴弗克"）得到资助，即得到国家发放的贷款。贷款数额视父母的收入而定。为了改善生活，甚至为了养活自己，许多大学生在假期里打工。正常情况下，德国大学生不可能在学习之余再从事一个全职工作，因为在德国无论是职业工作还是大学学习，都要求投入全部时间和精力。

德国大学生大多没有多少钱，所以他们享有很多优惠。在大学的学生餐厅——大学生一般称它为"学生食堂"——里，他们能吃到既可口又便宜的饭菜。从住处乘车（乘公共汽车、有轨电车或地铁等）到大学上课，大学生可享有便宜的月票或很优惠的学期票。看戏、看歌剧或听音乐会，大学生的门票也比其他观众便宜得多，大多只有全票的50%。

德国大学生有下列5种住宿可能：(1)住在父母家里（约占20%）；(2)当"二房客"租住私房（约占30%）；(3)自己买房子住（约占20%）；(4)住大学生宿舍（约占10%，但租住时间有限制）；(5)住私人出租的"集体宿舍"（约占20%）。大部分大学生都愿意住在大学生宿舍里或自己买房住。对他们来说，要找到一间满意的私房是相当困难的。

在德国，谁都喜欢旅游，因为旅游是件特别开心的事。但大学生往往没多少钱花在旅游上。所以，对他们来说，只要能少花钱又能旅游就行。若能"搭车"，那花费就特别少。只是"翘大拇指搭车"既麻烦又不舒服，而且事先也不知道可搭的车什么时候来和究竟来不来。于是就出现了两种新的搭车方式：一种是有汽车的大学生让没有汽车又想去旅游的大学生搭车,另一种是想去旅游的大学生通过"搭车中心"找到车主去旅游目的地。车主一般只收搭车者一点费用,大多只有火车票的 10%~20%。

6.7 德国教育是出口热门

教育方面的"德国制造"在全世界享有盛誉。它正受到前所未有的欢迎。从几年前开始,世界上很多国家都对德国职业教育体系表现出浓厚的兴趣。对德国教育需求持续增长的一个原因是,人们认为德国强大的经济实力也与专业人力资源具有很高的素质有关。

其中特别受外国欢迎的是德国富有特色的双元制职业教育。双元制职业教育作为成功的模式在国际上得到认可。它是德国最为普及的职业教育模式,拥有两个学习地点,即企业和职业学校。职业教育的实践部分在企业中完成,理论部分则由职业学校承担。

2001 年德国联邦教育研究部成立了一个名叫 iMOVE(职业教育国际市场开发)的机构。该机构旨在为德国教育提供者开拓国际市场提供各种服务。

德国的职业教育和继续教育出口到国际市场,其形式是多样化的。除了初始职业教育和继续职业教育以外,教学用具和学习用品以及与教育相关的咨询服务也包含在"教育出口"这一上位概念之中。

在世界范围内,已经不存在德国职业教育和继续教育经济尚未涉足的地区。目前最活跃的市场有哪些呢?欧洲市场占据明显优势地位。提到最多的欧洲市场是瑞士和奥地利。其原因可能是,德国南部地区的职业教育和继续教育措施涉及(能提供)跨越国界的教育服务。第二大市场来自于亚洲三个地区,主要是东亚(尤其是中国)、南亚和西亚。

德国教育提供者主要活跃在"企业对企业"或者"企业对政府"服务领域。对于出口行业来说,外国企业和国家机构是最常见的顾客群体。从企业经济学的角度来看,这一顾客群体也是最为重要的。

不过,德国双元制职业教育体系常常不能复制到其他国家。主要问题在于,这些国家往往缺乏统一的框架决议,教育中心和企业之间也缺乏合作。另外,职业教育的形象在社会上一直不佳:与高等教育相比,职业教育被认为是低质教育。

6.8 德国的博士论文抄袭

博士头衔可以写到身份证上,这在世界上只有少数几个国家才有这样的可能,除了德国以外,还有奥地利和捷克。在德国,博士头衔对于事业发展来说一直有用，而且这并不仅限于学术生涯。以联邦议会为例，每 5 名联邦议员中就有一人拥有博士头衔，对联邦议会主席团成员来说，甚至每两人中就有一人的名字前面加注博士称号。

但是，如果被论文打假者盯住，并在网上公开论文中的引用错误、缺乏文献出处和与其他文章的内容相似度，拥有博士头衔的政治家就会面临很大麻烦。一旦陷入论文抄袭丑闻，他们就得担心自己的声誉和仕途。越是有名的人，遭受的危险就越大。

自 2011 年 2 月 16 日开始，几乎所有德语媒体铺天盖地都是关于时任国防部长卡尔-特奥多尔·古藤贝格的博士论文涉嫌抄袭的报道。后来拜罗伊特大学宣布取消古藤贝格的博士头衔。据称，古藤贝格的博士论文涉嫌大段的抄袭。这些原封不动或者内容相似的引用，都没有清晰地注明文献出处。这违反了知识产权和科学研究的基本原则。最终古藤贝格不得不从国防部长的位置上下野。

在涉嫌博士论文抄袭的人中，恐怕没有人能像教育部长安奈特·沙万那样，引起民众这么持久和广泛的议论。2012 年在英特网上首次出现匿名打假者对她的博士论文涉嫌抄袭的指责。一年后沙万的母校杜塞尔多夫大学最终决定：沙万必须放弃她的博士头衔。随后，沙万宣布辞去教育部长一职。不过沙万本人坚决否认故意抄袭。到她辞职的那一刻，时任教育部长的沙万距离获得博士学位已有 33 个年头。

"VroniPlag Wiki"（维基论文打假网站）是德国最大的曝光网站。它揭露了那些政治家的欺骗行为，并公之于众。对"弄虚作假博士"的搜寻一直没有停止。2019 年 2 月该打假网站公开了对家庭部长弗朗西斯卡·吉费的指责。吉费在柏林自由大学政治学专业长达 205 页的论文中，有 76 页涉嫌抄袭。2019 年 10 月 30 日，柏林自由大学公布了复检结果：吉费的博士头衔可以保留，但因为"吉费博士在其博士论文中并未完全遵循学术工作的标准"，所以受到了该大学主席团的批评。

维基打假网站的目标是，确保德国博士头衔的学术纯洁性。这样，人们能够依旧相信那些拥有博士头衔的人具备了正确的学术工作方式。

第 7 章 文体拾零

7.1 读书兴趣浓

在图书出版领域,德意志联邦共和国也名列世界前茅。德国每年总有 8000 种左右新书和新版图书推向市场,其中十分之一以上是手册读物。几年来,书籍和专业杂志的年平均营业额约为 90 亿欧元,其中最大的份额是由拥有 5000 多家书店的零售业完成的。虽说网购图书的数量一直在增加,但其市场份额目前还只能达到 15% 左右。

书本是精神食粮,阅读对德国人来说就像每日的食物对身体一样重要。很多人说,他们在空余时间最乐意做的事就是读书,并希望拥有自己的藏书。那些必读书都成了最好的礼物。人们常常谈书论书。地方报纸也定期刊登一些大家爱读的书评。德国人不仅一个人读书,而且也在读书联合会(简称"读书会")和别人一起读。读书会由书友组成,定期聚在一起读书。

许多德国人不在书店里订购书,因为他们是读书会的成员。德国的读书会是销售图书的一种非常重要的形式。它们不断为图书赢得新的读者。现在德国有很多读书会,会员多达几百万人。"贝塔斯曼读书会"的会员最多,它为读者提供优秀的消遣读物和易懂的文学作品,其图书的价格也因为发行量大而十分低廉。

书店在德国随处可见。它不仅是商店,而且也是文化设施。许多大书店还举办报告会,请作家朗诵作品,有的甚至举办音乐会。书店的仓库一般很大,可以提供各个领域和不同读者所需的图书。但为低层次读者供书的主要是火车站书店和某些百货商店。书商不仅应该为顾客提供咨询,还要想办法影响读者的趣味,引起他们对新书的关注。

德国计有 2000 多家出版社,其中 100 家的年销售额超过 1500 万欧元。但没有一家出版社能垄断市场。最大的出版企业是贝塔斯曼出版集团。它由中小型出版社联合组成,年销售额约占全国的 5%。除了大型出版社外,还有许许多多小型出版社。它们出版的图书为丰富人们的文化生活作出了重要贡献。在每年秋天举行的"法兰克福国际图书博览会"上,德国和许多其他国家的出版社都会展出它们的新书。

7.2 德国人酷爱音乐

在德国,以音乐为生的人有好几十万。他们或是作曲者、演奏者、音乐教师,或是在科研或国家音乐机构,在新闻媒体或音乐行业工作的专业人员。音乐是没有国界的,因为它是一种"世界语言"。然而,也有与乡土密切相关,并能反映特定区域文化的音乐。德国音乐享誉世界是无可争辩的。世界上几乎没有第二个国家能在其历史发展进程中造就出如此之多世界著名的作曲家。

在德国音乐史上,传统的管风琴音乐意义重大。此外,还有传统的教堂音乐。在17世纪行将结束的时候,德国最杰出的作曲家中的两位——巴赫和亨德尔根据这一传统创造出了他们的杰作。在谈到德国音乐历史时,奥地利总是也包括在内,因为奥地利也属于德语语言文化范畴。维也纳曾经是领导德国音乐生活的中心。海顿、莫扎特和贝多芬,这三位伟人被称为维也纳古典音乐大师,尽管他们中没有一个人在维也纳出生。德国歌曲之王舒伯特是第四位伟人。舒伯特和舒曼是19世纪德国浪漫派音乐最杰出的代表。19世纪下半叶,德国音乐生活的中心人物是瓦格纳,是他决定了整个欧洲音乐发展的进程。与擅长歌剧的瓦格纳不同,勃拉姆斯创作的是器乐作品。

德国共有1000多所公办的音乐学校和许多私家的音乐教员。此外,还有25000多个业余和半专业的乐团,以及为数众多的歌舞团。在众多的歌剧院中,最著名的是汉堡、慕尼黑、斯图加特和其他一些大城市中的歌剧院。汉堡目前称得上是德国的芭蕾舞之都。很久以来,斯图加特的芭蕾舞也享有世界声誉。曾由卡拉扬指挥的柏林爱乐乐团是德国最有名望的乐团。此外,慕尼黑爱乐乐团、班贝克交响乐团和巴伐利亚广播交响乐团也享有盛名。

德国人对室内乐团与室内音乐的偏爱特别引人关注。弦乐四重奏不仅在音乐厅里倍受欢迎,而且也作为家庭音乐得到喜爱。合唱也是德国的音乐传统。所有合唱团,乃至儿童合唱团,都是由音乐爱好者组成的。比起在19世纪非常典型的男声合唱团,如今人们更喜欢混声合唱团。爵士乐在德国被人接受是不容易的。尽管如此,德国的爵士乐现在已有它自己的风格。德国的轻音乐、流行音乐和舞曲一般都倾向于伤感的色彩。和其他国家一样,德国的年轻一代也热衷于摇滚乐。他们除了喜欢国际摇滚乐明星之外,还喜欢大多用英语演唱的德国歌星。柏林是德国现代摇滚乐的中心。

7.3 德国足球协会

1873年,足球从大不列颠岛来到了德国。随着1954年德国第一次获得世界杯足球冠军,这项体育运动的巨大成就便从此开始。现在足球是德国最受欢迎的运动项目。德国有超过27000个足球协会,有近700万名成员。他们是由世界上最大的足球协会——德国足球协会组织起来的。另外有400万人在业余球队踢球。

从最小的起步到成为世界最大体育专业协会之一,德国足协在这一发展过程中恰恰示范性地展示出足球在各大洲获得的成功。1900年德国足球协会在莱比锡"玛利亚花园饭馆"里成立。这为足球迅速发展成为大众运动奠定了基石。

德国足协自1903年起举办德国足球锦标赛。1904年德国足协正式加入国际足联。60年之后,德国足协引入职业足球联赛体制。德国足球甲级队联赛是德国最高级别的足球赛事。根据联赛体制,在联赛中每个俱乐部的球队将与另一个俱乐部的球队进行主客场两个回合的比赛,争夺德国足球冠军以及欧洲杯赛的参赛资格。

德国有一个甲级联赛,有18支球队为争夺冠军而参与比赛。最佳俱乐部将成为德国冠军。德国最成功的参赛球队是获得30次冠军的拜仁慕尼黑队,它也是目前的冠军。除德国足协杯外,德国足球锦标赛也是德国最重要的两大足球赛事之一。德国足协还负责组建国家足球队和组织各类在其名下承办的国内足球赛事。

德国国家男子足球队是由德国足协选拔的球队,代表德国足协参加对其他国家足协球队的国际足球赛事。这支国家队属于世界上战绩最辉煌的球队之列。它曾经四次获得世界杯冠军和三次欧锦赛冠军,并且在世界杯赛和欧锦赛中多次获得半决赛和四强赛资格。德国媒体常将这支球队称为"国家队11人""足协11人""足协队"或者"足协选拔队"。

德国足球的历史上充满了各类奇特的、突发的事件和不可思议的故事。德国男子足球队在世界杯赛上的成就始于"伯尔尼奇迹",这属于德国战后的历史。1954年德国队第一次赢得世界杯冠军。1974年德国队第二次夺冠,使其成为第一支在夺得欧洲杯冠军之后随即又夺得世界杯冠军的球队。1990年这支球队在意大利第三次获得世界杯冠军。2014年德国队在巴西第四次成为世界冠军。

7.4 多姿多彩的博物馆

德国博物馆众多,收藏范围各不相同。它们是德国社会和文化发展的产物。德国有3000多家博物馆,分为州博物馆、市博物馆、协会博物馆、家乡博物馆和私人博物馆等,另外还有珍宝博物馆、教区博物馆、教堂博物馆、城堡博物馆、宫殿博物馆和露天博物馆等。这些博物馆忠实地反映了德国的联邦机制。它们中大部分开放时间为上午10点到下午4点,个别的也在特定的晚上开放,星期一很多博物馆不开放,星期天则免费入场。

德国最早的几百年历史和德国帝王紧密相联,是他们让人建造了第一批大教堂和修道院，编写了珍贵的福音书和制作了保存圣人遗物的储器及圣坛器具。由此而形成的珍宝一部分至今仍收藏在原来的地方，如在亚琛、奥格斯堡、班贝克、不伦瑞克、科隆和雷根斯堡。其他珍宝后来成为选帝侯和帝王的收藏。例如在慕尼黑的京都珍宝博物馆里，除了首饰和贵重物品外，还收藏着中世纪和近代的王冠和统治者的象征物。古代精美的手抄本，有些在纽伦堡的日耳曼民族博物馆中展出，有些在大型图书馆的陈列室里，还有的则保存在它们的诞生地供人参观。纽伦堡的日耳曼民族博物馆的藏品丰富，除了很多名画，还有收藏自各个世纪和德国各地的家具、服装、器具和玩具。

值得一看的不仅有那些著名的大博物馆，还有许多在每个稍大的城市里几乎都有的家乡博物馆。它们和当地的历史紧密相连，收藏着能使人更好地了解该城市及其居民的一切东西。在这些博物馆中，还常常可以看到重要的特殊收藏品。德国人向来喜欢饮酒、打牌和打猎，因此就有了啤酒博物馆、葡萄酒博物馆、纸牌博物馆和狩猎博物馆。在乌尔姆甚至还有个面包博物馆。值得参观的还有纽伦堡的德国交通博物馆，以及法兰克福和汉堡的大型邮政博物馆。

科隆的罗马-日耳曼博物馆是德国最出色的新型博物馆之一。它把现代博物馆的工艺要求和迎合观众心理的展示理念巧妙地结合起来。在那里，参观者不会像在19世纪的传统博物馆里那样感到寂寞，而是可以通过操纵按钮使用许多器具。

现代博物馆的展示理念是试图通过把博物馆变成人们可以聚首、讨论的场所，从而消解传统博物馆的那种沉闷气氛。如今大部分新型博物馆内都设有咖啡座，有免费导游，有的还开设了儿童乐园。这一切的目的都在于使博物馆更有吸引力。

7.5 柏林电影节

柏林电影节是一个开展艺术论争和交流的独特场所。它是世界上最大的电影节之一，每年吸引来自全世界数以万计的来访者。对于电影业和新闻界来说，每年二月的这11天同时也是年历中最为重要的事件之一。它还是一个不可放弃的交易场所。

柏林国际电影节拥有一个多变的发展历史。在冷战初期的1951年，该电影节作为"自由世界之窗"，是为柏林的观众创办的。该电影节深受动荡的战后时期和身处一个被分裂城市的独特状况的影响，所以它发展成了一个不同文化交汇的场所和一个围绕电影中出现的重大社会主题展开论争的平台。直至今天，它一直被视为所有大型电影节中最具政治性的电影节。

柏林电影节的节目单有着多样化、独立性和不怕风险的特点。在柏林电影节不同部门和特殊系列里,每年展示大约400部电影,涉及所有电影类型、片长和规格。从故事片到纪实片,再到艺术类探索影片,电影节邀请观众认识不同的社会环境、生活形式和生活态度,检验自己的评价和先见,在传统叙述形式与不同寻常的美学手法对峙的领域中得到全新的感官体验。

该电影节的主要活动是影片竞赛单元。每年约有20部影片参赛。获奖者是由一位主席带领的国际评审团选出,并在电影节临近尾声时公布。在竞赛单元颁发主要奖项:"金熊奖"和"银熊奖"。

"金熊奖"是柏林电影节的最高奖。它从参赛影片中评选出来,参赛影片必须是在电影节开始前的12个月内制作完成。在参赛之前,这些影片不允许在原产地之外的国家或者在其他电影节上放映过。从1951年开始,"银熊奖"分不同的类别颁发。目前除了评审团大奖之外,还会对最佳导演、最佳女演员、最佳男演员和最佳剧本颁发"银熊奖"。

柏林电影节将国际电影界的巨星带到柏林,并发现新的电影人才。它陪伴着该行业中所有的电影工作者走到聚光灯下,促进事业的发展,推动项目、梦想和愿景的实现。该电影节以与观众积极对话交流为本。电影节上有很多活动,还与观众对话。这使人们积极参与电影节成为可能。通过大量的行业倡议,柏林电影节不仅在国际上,而且对于德国和柏林的企业来说,既是一个推动创新的动力,又是一个重要的经济要素。

7.6 德国是徒步乐园

谁如果认为德国大部分地区是由城市和工业区构成的话,那么他就大错特错了。数量众多的休闲公园和自然公园,波罗的海和北海上迷人的岛屿,宏伟的世界遗产——所有这些自然宝藏诚邀人们来进行一次有趣而放松的徒步旅游。16个联邦州,超过357000平方公里的面积,最具差异的自然空间,都值得人们去徒步探寻。所有这一切,还有其他很多方面,使德国成了一个徒步乐园。

在你在德国进行的最美的业余活动中,徒步穿越大自然是其中一项。徒步乐园就在家门口!多亏有将近20万公里固定的步行道,使德国的徒步花样繁多、变化多端。从北海海岸的浅滩徒步,到中部山地间的文化徒步,再到巴伐利亚阿尔卑斯山中的高品位旅游,徒步爱好者们可以找到合适的区域,游历最不同的自然地带。除了享受亮点景致外,在道路周边还能看到很多名胜古迹。

德国拥有100多个自然公园。它们的总面积相当于国土的四分之一。为了让徒步者有机会享受大自然带来的乐趣和得到放松,大部分给人印象深刻的德国公园里都设有一个宽敞的步行道系统。这使散步者可以在自然风景保护区内悠闲地到达最漂亮的观景点。

在很长一段时间里，徒步运动被视为老年人的运动。一切都在这段时间里发生了变化。目前徒步运动能够引起各个年龄段人们的兴趣，因为越来越多的人发现，面对美妙的风景和清新的空气，可以将日常生活抛于脑后。同样在健康方面，徒步能够带来明显的益处：在清新空气中的大量活动还能够延缓衰老过程，人体器官可以长时间地保持良好运作。有向导带领的徒步运动，不会让身体达到极限，也能使人们在任何一种天气和在不同的海拔高度时选择正确的速度。徒步运动将与美妙风景和尽情享受联系在一起。

徒步活动火了！由于受到外国旅行的限制，德国境内徒步旅行度假的需求明显上升。这是目前德国徒步协会通过一项民意调查确认的。为了在徒步中近距离地体验大自然，人们不需要长途驱车。在平原、中部山地、海岸和阿尔卑斯山之间，在变化多样的地带里，有不同需求的人都能找到徒步小路、登山小道、赏景徒步之路和长途徒步路线。从海岸徒步到文化徒步，再到徒步游山，所有这些都能够在一个徒步假期中做到。

7.7　德国首部肥皂剧

电视剧《菩提树大街》最后一集在首集开播 34 年后的 2020 年 3 月 29 日播出。在德国电视节目中，没有其他任何一部家庭连续剧可以像它一样，播放了那么长的时间，也没有其他任何一部连续剧像《菩提树大街》那样把德国人的日常生活如此认真、坚持不懈和不讲情面地拍摄下来。该剧是由汉斯·维·盖申芙创办制作的，归属于德国西部广播电台的一部德国电视连续剧，被视为德国第一部肥皂剧。

《菩提树大街》于 1985 年 12 月 8 日星期六晚上进行首播。故事发生在慕尼黑。在这条大街的多户住宅楼里居住着带孩子的家庭、没有子女的夫妻和合租群体。那里还有伊利斯·布鲁克斯医生的诊所、一家名为"雅典卫城"的希腊餐馆和一家超市。

街道居民的生活被如实地展现出来。在持续多年的情节线路里，人们真实生活中各式各样、大部分充满问题的侧面被拍摄下来。看似迄今幸福美满的家庭中逐渐产生的婚姻危机、大批年轻人物的青春期问题，还有政治或宗教极端主义，都是该剧的内容。剧情中有为了实现生育愿望的长时间尝试、复杂的患病过程、更年期和年龄危机，但也有参与职业和基础民主建设的活动。

每一集的片头都有主题曲配乐，先是展示一幅包含圣女教堂的慕尼黑市内全景图，之后镜头摇向菩提树大街，整个过程使用推拉镜头，结束时呈现的是一个住宅入口的镜头。最后屏幕上显示每一集的标题。同样的乐曲也出现在大部分片尾。一个重要情节结束后，紧随的是一个人物的特写，或者是一个与其演对手戏人物的惊恐张望的近镜头，片尾曲随即响起。由此唤起观众对下一集的好奇。

为了让剧情在一定程度上保持与当下时代的联系，在播放日期即将到来之前，《菩提树大街》的制作者们一再加进含有时事新闻内容的镜头。几乎是每日发生的事件，比如飞机失事和地震，或者政治事件，如联邦议会决议或者国外的政治变革——与这些内容有关的对话都可以在大部分剧集中找到。该剧背景中常常能听到摘自相关时事广播报道的片段。比如1998年联邦议会选举时，对最终结果准备了四个版本。甚至全剧制作结束后，在将于2020年3月8日播出的第1755集中，还补充采用了德国电视一台每日新闻中关于2019新冠病毒大流行的报道。

在2020年3月热播连续剧结束后，许多关于《菩提树大街》的纪念物将会陈列在博物馆里。花费巨资制作的画册《菩提树大街——编年集》不久将问世。它记载着德国电视史的一个时代。7个配有大量图片的章节讲述了30多年的电视剧制作。珍贵的档案资料使人们对制作人、剧组和团队的工作有所了解。

7.8　盛大的街头画师节

联邦体制在文化生活方面所遗留下来的痕迹比在任何其他方面都要明显。在德国历史上从未有过像法国巴黎和英国伦敦那样的文化大都会。联邦各州特色独具的文化生活构成了大小不同、特色各异的文化中心。即使在小城镇和乡村中，也有属于自己的文化和科技生活。莱茵河下游小城格尔德恩的"街头画师节"——"粉笔画艺术家国际比赛"便是一个很好的证明。

直接在马路上画一幅画——谁不愿意一试身手？在莱茵河下游的格尔德恩市，无论怎么样的街头画师都很受欢迎。每年9月份，那里的街道便变成了色彩斑斓的"画廊"。来自欧洲各国的粉笔画艺人聚集在这里参加一场国际比赛。

格尔德恩的"粉笔画艺术家国际比赛"历时两天。在这两天里，整个格尔德恩市中心禁止汽车通行。参赛的街头画师大约有200名，年龄最小的才4岁，最大的高达70岁。晚上，给这一幅幅画喷上特制的保护液。这样，所有的作品就能不怕雨淋，可保存6个月。参赛期间，艺人们住在湖边的一个帐篷村里。他们可以在那里相互探讨和尽情欢乐。格尔德恩市只负担参赛者的膳食。他们的"报酬"是绘画带来的乐趣。然而，如果有人往艺人们放在地上的帽子里投几枚硬币的话，他们也不会介意。

比赛分成5组："自由艺人组"和"临摹画师组"，在这两个类别里各分一个成年人组和一个青少年组；"儿童组"则是一个独立的小组。评委由3位艺术家和3个格尔德恩市民组成，负责评判参赛图画和颁发总值为3500欧元的奖品。每年画赛期间前来格尔德恩的观众近5万，他们也给自己最喜爱的画颁发200欧元的奖金。

街头画师的比赛，同时也是一次盛大的街头联欢节。届时，街头随处可见演奏艺人、各种剧组、卡巴莱小品演员、哑剧演员、小丑等等。这些街头的音乐、戏剧和图画魔术般地营造出一派往常在格尔德恩难以见到的艺术气氛。其时，艺术成了既是共同创造的，又是共同欣赏的东西。人们可以享受到南方各民族轻松愉快的生活情趣。街头画师节尤其受到青少年的欢迎。参赛者中18岁以下的占半数以上。用五彩的粉笔画画给人带来了乐趣。由一幅幅绚丽多彩的图画构成的格尔德恩画廊表明：街头艺术在德国文化宝库中也占有一席之地。

第8章 经济点滴

8.1 德国经济概览

德国是欧盟最大的国民经济体，并是仅次于美国、中国和日本的全球第四大经济体。德国经济的竞争力和全球网络源于其强大的创新能力和极高的出口导向。在汽车制造、机械和装备制造、化工和医疗技术等销售强劲的行业，有远远超过一半的销售额来自出口。2016年，只有中国和美国的出口额高于德国。德国每年在研发上投资约920亿欧元。许多企业正在进行工业4.0革命的路上，借此专门推进制造技术和物流的数字化进程。

积极的经济活力带来了劳动力市场的良好发展。德国是欧盟就业率最高的国家之一，并且还是青年失业率最低的国家。这也凸显了双元制职业教育的价值，它也已经成为德国稳固的出口产品，被许多国家采纳。充足的技术人才、基础设施和法律保障等因素也是使德国在许多国际排名中名列前茅的特点。

1949年以来，社会市场经济模式构建起德国经济政策的基础。社会市场经济体制保障了企业自由的运营，并同时致力于社会平等。这个在战后由后来出任联邦总理的路德维希·艾哈德提出的理念，使德国走上了一条成功的发展道路。德国积极投身于全球化的构建，并致力于建立一个机会人人均等的可持续的全球性经济机制。

德国是2002年引入欧元的12个国家之一。2008年的金融市场危机和随后发生的债务危机波及包括德国在内的整个欧元区。因此,联邦政府通过实施一项双重战略阻止了新增负债,并采取了措施增强创新能力。借此2014年联邦财政得以实现自1969年以来的首次平衡。

德国经济的结构性支柱是数量占比超过99%的中小企业,它们是对大型企业集团的补充,后者大多在欧洲大陆最重要的金融市场——法兰克福证券交易所上市,计入德国股指DAX。欧洲中央银行(EZB)位于美因河畔法兰克福,维护欧元币值的稳定也是这家欧盟机构的目标。

8.2 社会市场经济

这一点也不假:在市场经济中,每个人首先要寻求的是经济利益。然而,市场的运营规则关注的却是,不让私人利益和公共福利成为对立的矛盾。恰恰相反,作为市场经济发动机的"竞争"关注的是:利己行为的结果不仅要给市场直接合伙人带来利益,而且还要普惠大众——用的方式起先似乎很神秘,但后来却不难解释。

利己促进人的可靠性和真诚性:谁证明自己不是可靠的合伙人,他就会被淘汰,倒霉的是他自己。利己也促进公共福利:谁在经济上取得卓著成就,他就能给其合作伙伴带来良好业绩,并且作为纳税人也参与了资助社会福利事业……参与竞争的意思是,在其市场环境中,作为公正和诚实的合伙人,他通过资本、劳动、技术知识和有限的土地资源等手段,把事情做到最好,并且不断地追求创造新的产品和生成流程。这一切的动力就是利润,其结果是对大家有利。琳琅满目的橱窗总要比空空荡荡的橱窗好看。一个成功的企业也是一个好雇主,因为它能保障就业岗位……

竞争就是,不使用暴力实现其要求,不通过特权达到其目的,而是使自己的愿望与合约伙伴的愿望协调一致。在市场经济中,也会出现不一样的收入和不平等的财产分配。但在市场法则面前,任何人都是平等的。竞争的结果如何是难以预料的。竞争会带来风险,主要是对那些原本想要躺在其已有资产上安逸享受的人。其原因是竞争的惩戒性作用:不产生效益的收入是不能持久的;谁要求过分,他就会被市场淘汰出局;谁想一直保持高位领先,就必须拿出新的精品和服务,就必须提供比其竞争者更为价廉质优的产品。

常常有人问:为什么要用一个"社会的"定语来限制"市场经济"这个概念?有人甚至宣称——在我们联邦德国也不例外——"社会市场经济"这个名称是一

种"标签性的欺骗",因为在一种人人都追逐一己之私利的经济秩序中,冠以"社会的"究竟是什么意思?然而,如果仔细探究,可以发现市场经济实际上具有一系列"社会元素",即为所有人服务的因素。所以,我们完全可以把它称为"社会的":市场经济迫使每个消费者用支付物价的方式为其消耗的社会资源进行补偿。弄虚作假不适用于市场经济,谁经历过计划经济或分配经济,他就知道这是怎么回事。

8.3 德国的两次经济奇迹

众所周知,德国是欧盟最大的国民经济体,在经济上是在美国、中国和日本之后居全世界第四位。德国强劲的经济要归功于它的竞争力及其与全球的关联性,具体说是要归功于强大的创新能力和高度的出口导向。社会市场经济模式(1949年以来,联邦共和国各届政府,包括现任政府都积极地贯彻执行该经济模式)构成了德国经济政策的基础,是该经济政策把德国带上了一条成功的发展道路。

第二次世界大战后德国经济陷于危机。从20世纪50年代开始,德国经济再次复苏并在公众中出现了"经济奇迹"这一概念。在经济腾飞之初,工业生产得到了推动和支持。作为工业重地的联邦德国吸引了许多国外的投资商,对外贸易蓬勃发展。"德国制造"成了出口商品的质量标志。50年代末甚至出现了劳动力供不应求的情况。从50年代中期开始,私人购买力也不断上升。越来越多的钱用于消费。每三个德国人中就有一个人每年旅游一次。

在20世纪50年代,社会保障和充分就业构成了在如今看来是理所当然的生活质量的标准。联邦德国之所以能如此迅速地从战争创伤中得以复原,也要归功于马歇尔计划和1953年达成的"伦敦债务协定",以及德国人民的辛勤劳动和重建工作。

2008年金融危机爆发,包括德国在内的整个欧元区都未能幸免。联邦政府于是通过实施一项双重战略来阻止新增负债并增强创新能力。2011年德国的国民生产总值已再次增长了3%。德国跻身欧盟就业率最高的国家之列,并且青年失业率是仅次于捷克最低的国家。这也凸显了双元制职业教育的价值。2018年,德国的研发投入为1048亿欧元。在汽车制造、机械和装备制造、化工和医疗技术等销售强劲的行业,有超过一半的销售额来自出口。2018年,只有中国和美国的出口额高于德国。德国经济借此发展到了一个新的高度。专家们认为,将此称为德国的新经济奇迹毫不为过。

2010年代,积极的经济活力带来了劳动力市场的良好发展。相对稳定的社会环境、充足的技术人才、基础设施和法律保障等因素,也是促使德国在许多国际排名中名列前茅的亮点。

8.4　德国经济的核心

手工业是德国最多样化的一个经济领域,构成了德国经济的核心。2017年,德国共有近100万家手工业企业,至少550万人靠手工业生活。2016年,德国手工业的总营收约为5800亿欧元,由此产生的总增加值超过2250亿欧元。德国2017年的国内生产总值约为3万亿欧元,其中手工业的贡献额约为7.7%。

不论是从员工人数、还是从平均营收额来看,德国手工业的中坚力量一直都是中小企业。5家手工企业中有4家的员工数少于10人,不到18%的手工企业雇有10~49名员工。只有极少数,即45家企业中仅一家企业拥有50名或者更多的雇员。并不令人感到意外的是,与此相反的是,这些"大型手工业企业"却贡献了大部分营收额。但是从营收额的规模等级来看,很清楚德国手工业显然是以中小企业为典范的。

此外,德国手工业在职业培训方面也是遥遥领先:与在营收额和员工人数上都要多几倍的所有其他经济部门相比,德国的手工业企业以一种典范的方式承担着培训年轻员工的任务:在130万个培训岗位中,手工业占了365000个。这相当于27.6%的比率,因此比相应的就业人数高出几倍。培训以双元制体系为基础:一方面,学徒在职业学校能学到必需的理论知识;另一方面,他们在企业能获得其职业所需的具体实践技能和知识。

在过去的一百年里,有人常常预言德国手工业要消亡。近年来,数字化对许多人而言似乎是一个可怕的鬼怪,它有可能威胁到本国手工业企业的生存。但是,众所周知"被宣告死亡的人活得更长"。因此,尽管消极言论满天飞,德国手工业仍然可以定期创造新的销售记录,这一点也不足为奇。在这方面,最重要的成功因素是产品和服务的质量。凡是在这里经营的企业不必害怕新老竞争者,不管它们来自国内还是国外。对顾客而言,最重要的是:在质量上坚持标准不放松,在产品和服务方面让人放心。

8.5　又富又贫的德国

我们生活在一个富裕的国家。但是,财产的分配是不公平的,而且这种不平等的感觉越来越普遍。谁从富裕中得益?这次新冠病毒危机又会对此产生什么样的影响?早在这次危机之前,就有人讨论,德国的贫富差距是不是会继续扩大。现在,更多的人害怕自己"下滑"。德国电视二台的"时代"节目对德国人如何面对这种新形势下的极为不同的财产状况作了描述。

"我对钱不感兴趣。我把我的一切投资到我这里所有的想法中。"这一点也不奇怪,因为百万富翁企业家伊斯梅特·科荣是用安全软件赚钱的,他属于德国人中10%的富裕阶层。他们财富的占比要超过的全国总资产的一半。

人类必须对明显少于他们的财产感到满足。约40%的德国人也在其中,他们的财产净值至少为22800欧元,属于中产阶层。他们大多以雇员或独立经营者身份赚钱。仅仅凭借这么点收入他们是不可能富裕起来的,而且靠省吃俭用存钱的办法早就无利可得了。

温塞特·威尔康门是航空技术员,但他每周只要上两天班。其余的时间,这位44岁的男子就用来进行体育活动和旅行。他怎么会有这样的能力呢?25年来,他把多余的每一分钱都去进行投资。他说,就这样他积攒了140万欧元的财富。当然,这也要付出代价:生活必须格外节俭。他住在一套合租住房的一个小房间里。如果他外出旅游了,他就把这个房间租出去,而且经常这样做。他大多开着一辆经过改装的货运汽车出去旅游。就是这辆车,不用时他也会出租。他就是喜欢这样付钱给他。假如他的这辆货车没有租客,他就开着它去晒太阳,比如到圣彼得-奥丁去。他的账务管理独立于地方政府。到海滩边慢跑,用不着天天坐在办公室里——温塞特·威尔康门对此深信不疑。每个人都有这样的自由,问题是每个人必须早早开始存钱和投资。

还有地区性的差异。存款明显少于西部德国人的东部德国人的情况怎么样?还有所有以前赚钱很少的那些人的情况又如何呢?比如那些移民,他们的收入要少于没有移民背景的德国人。他们的情况怎样?还有那些直接在贫困中挣扎的阶层?其中就有许多像萨波莉娜·拜恩森这样的单身养育孩子的人。他们正在克服种种困难,一般来说根本没有能力储蓄存钱。总有16%的德国人是这种境遇。尽管在这方面国家拿出过渡救济金努力减轻后果,但财产的积累,即使其规模极小,他们也是根本不敢想的。

8.6 2014年的房地产热

在2009年到2014年的五年间,德国的房价涨了一半,房租甚至涨得更多,特别是在雷根斯堡、慕尼黑、弗莱堡、埃尔兰根、汉堡、奥格斯堡、纽伦堡和英戈尔施塔特等大城市。德国的房地产形势真的很危险吗?

杰曼一家不得不离开位于汉堡市中心的租住房,而在近郊找到他们的新家。这是幢有着100多年历史的红色水泥熔渣建筑物,屋前的草坪闪烁着翠绿色,四周是山毛榉树。一派犹如童话书中才有的田园生活景象!——同时这也是一种妥协。

眼下，几万个德国家庭正在进行着像杰曼一家那样的搬迁工作。因为整整5年来德国大城市的房地产价格年年创新高。不断上涨的房租也迫使越来越多的城市人从他们居住的小区搬到城市周边地区或者郊区。

德国房地产价格增长较快有两个主要原因：第一，这一波涨价只是对人们在过去10年间严重低估房地产市场的平衡。在2008年金融危机初期，房价下滑得厉害，只达到历史平均水平的70%。德意志银行的一份研究报告认为，过去8年间德国房价的大幅上涨将会继续出现，且其涨幅不会减小。正是该研究报告造成了供需之间的严重误解。第二，最近几年德国很少建造房子。但与此同时，越来越多迁移到德国的人需要一套住房。仔细说来，2012年以来约有180万人（实际更多）迁入德国。此外还有约80万大学生涌入大城市。他们在那里也需要住处。

自2007年以来，许多大学城的房租增长了近20%，房屋售价甚至上涨了50%多。其主要原因是：很多房地产投资商在这些大学城里找到了商机，通过他们的房产买卖推高了房价。尽管如此，有人认为整个德国的房地产还说不上有泡沫。原因何在？在全德国范围内也只有9个城市处于"危急地带"。德意志银行的专家们认为，如果对欧洲房地产市场进行过分析研究，（就会发现）德国的房价还不是太高。这些专家比较了房产均价和平均收入。尽管德国的房价自2009年以来上涨得很快，但当前德国的比较数值仍接近欧洲的平均值。这是因为德国人的收入也有了相应增长。

8.7 德国的文创经济

文创经济尤其是以由自由职业者和小微企业为其特征。它们主要是以业务盈利为导向，即并不是属于公共行业（博物馆、剧院等）或者社会组织（文化协会、艺术协会，基金会等）的主体行业。文创经济致力于文化或创意产品及其服务的创造、生产、分配和/或媒体传播。因此，不仅作者、电影人、音乐人、艺术家，而且还有建筑师、游戏软件的设计师和开发商都属于该产业。

自20世纪80年代末以来，文创经济已发展成为世界经济中最具活力的分支之一。德国约有120万人（核心就业者）在文创经济领域从事全职工作。2018年，他们所生产的商品和服务总额（增加值总额）超过1000亿欧元，明显高于化工业（506亿欧元）以及金融服务业（752亿欧元）。

然而，创意产业目前正经历着一场深刻的转变：数字技术的使用有增无减，前几年的经济危机留下了明显的足迹，还有在国际化和欧洲化进程中，法律服务框架也发生了改变。此外,价值链被重新构建,同时消费者的行为和期望也有所改变。这些变化一方面提供了新的机会,另一方面也带来了挑战。例如在这个不断变化的环境中,如何获取资金便是一大难题。银行业经常不具备必要的技能,用以分析文创经济的经营模式,并且也无法对这些产业的非物质资产进行恰当的估值。在一个迫切需要调整和投资的时期,金融危机使形势变得更加严峻。

在此背景下,联邦政府于2007年发起了"文创经济倡议",以增强行业竞争力和增加创新型中小文化企业以及自由艺术家和创作者的就业机会。同时,为了改善文创经济基本数据的统计基础和整理工作,在州层面也发起了一项倡议。这尤其涉及能够实现与文创经济这一异质性产业相匹配的适当的资金结构和资金手段。

8.8 向德国移民

2008年以来,移居德国的人数较迁出者日益增多。这些移民并非是受德国强大的社会福利的激励,而是希望能获得一份工作。2014年,德国所有的就业人员中有660万,即15.9%的就业人员拥有移民经历。由于实现了工作自由,其中许多移民来自欧盟新成员国。就经济分支中的分布而言,外国雇员主要就业于经营服务业、加工业、酒店、保健卫生以及社会福利等行业。

最近几十年,德国的移民结构发生了巨大的变化。在1990年至2009年期间来到德国、目前处于工作年龄(25到60岁)的移民,其平均文化水平确实有了明显的提升,增量尤其显著的是具备大学毕业文凭的人数。1990年代早期来到德国的移民中仅有13%拥有大学文凭,而2005年至2009年已上升至37%。这与德国经济结构由大规模工业生产向知识型经济转变有关。文化水平高,就易于融入就业市场。德国拥有更多的人力资本,由此资本收益率也得到提高,从而刺激经济增长。

移民对就业市场所产生的负面影响一直是公众所担忧的焦点问题。在经济繁荣时期,移民有助于解决劳动力短缺问题;但在经济不景气时,就不能排除其会增加薪资压力和失业率。在这方面一般还涉及这样一个问题,即移民是否能够在能力和技能上补充或取代本土德国人。此外,移民还会与本土德国人竞争社会福利、公共物品、基础设施(交通、电信和能源网络)和服务。

与所有的担心、偏见以及常在公众中渲染的恐惧相反,移民极少是导致就业市场出现问题的原因,反而经常是克服这些问题的助力。因为事实上,德国人口正在缩减并且正在老龄化。移民虽不能制止这种人口转向,但至少能对其有所抑制。它将填补就业市场上的某些空缺,并共同为社会保障体系筹措资金作出贡献。因此,移民过少可能反而比移民过多更容易成为经济发展所面临的真正挑战。

第 9 章　生活撷趣

9.1　圣诞气氛处处浓

每年的 11 月初,德国几乎到处都已洋溢着圣诞气氛。这不足为怪,因为圣诞节是德国人最盛大、最美好的节日。在这方面,圣诞市场起着特别重要的作用。

圣诞市场的来历可以追溯到中世纪,有的已经有几百年的传统了。比如慕尼黑的尼古拉年集 1310 年就有了。著名的纽伦堡圣婴市场原本只是个极普通的集市,然而在 1639 年,市场里已经有圣诞物品出售。这样的圣诞市场越来越受到人们的欢迎。尤其在现代化城市中,它们带来的是浓浓的浪漫色彩和圣诞氛围。

德国 95%有孩子的家庭过圣诞节是不能没有圣诞树的。点有蜡烛的圣诞树到处闪烁发光:不仅在客厅里和屋前小花园里,而且也在街头巷尾。圣诞树是一种古老的象征。很久以前,每逢隆冬时节,古代日耳曼人便用枞树枝装饰起居室和牲口棚,以驱冬迎春。大约在 1500 年,维腾堡地区的人已用蜡烛点缀枞树。如今,人们按照习俗唱着"枞树啊枞树,你的枝叶多么翠绿"这首圣诞歌曲,向圣诞树表达崇拜之情。不过,有时却很难见到绿色的踪影,因为装饰圣诞树的东西实在太多了:锡纸箔条、饰带、苹果、小木马、麦秆星……见得最多的便是五彩小玻璃球。

圣尼古拉,即圣诞老人,每年 12 月 6 日到每家每户看望孩子。据辞书记载,他原是希腊米拉城的主教。他夜间出门,将礼物带给听话的孩子。在分发礼品前,他要对一些调皮的小孩子进行惩罚。宗教改革家马丁·路德想消除"儿童恐惧心理",所以用耶稣圣婴来取代圣诞老人。因此,孩子们现在都难以断定,送圣诞礼物的究竟是圣诞老人,还是耶稣圣婴。

圣诞节不仅仅指 12 月 24 日的圣诞前夕(平安夜)及紧随其后的两天圣诞假日,而且还包括在此之前的几周时间。12 月 1 日,所有的孩子都会得到一本有着 24 扇小窗户的基督降临节日历。孩子们每天打开一扇小窗户,便能知道离圣诞前夜还有几天。圣诞树要到圣诞前夜的前一天晚上才摆到客厅里。树上的蜡烛则在圣诞前夜赠送礼物时才首次点燃。因此,这成了很隆重的事情。届时,全家人同唱圣诞歌,每个孩子都可以朗诵一首圣诞诗。接着便是互赠礼品。圣诞节第一天,多数家庭的餐桌上有圣诞鹅作为节日佳肴。第二天,人们则喜欢走亲访友。

9.2 "发狂的"狂欢节

在德国,狂欢节同圣诞节一样,也是一个盛大和美好的节日。在巴伐利亚,人们称它为 Fasching;而在德国西南部,它被叫作 Fastnacht。进入"狂欢期"的时间很早:11 月 11 日 11 时 11 分——瞧,它都同 11 有关。目前,各地狂欢节协会的庆祝活动为时长达 4 个月左右,因为欢度狂欢节需要做大量的筹备工作。狂欢节如今已变成了一个给男女老幼带来很多乐趣和欢愉的,令人发狂的民间节日。

在 1794—1814 年法国大革命军队占领德国后不久,狂欢节出现了鼎盛时期。当时的狂欢节,实际上是平民百姓适时的反抗军事压迫的出气机会。他们嘲讽所有穿军装的人,并组织起游行队伍,参加游行的人个个身穿奇特的制服。现在人们见到的"城防兵卫队",就是一种古代军队的模仿形式。身穿红白相间制服的"卫队"士兵,人人手持木枪进行"武装训练"。令人捧腹大笑的是,这些士兵在跳舞时装疯卖傻地扭动屁股。"卫队指挥官"则与小玛丽或随军女贩翩翩共舞。现代狂欢节的某些东西就来源于此。

海德堡人一年四季都在盼望狂欢节。"玫瑰星期一"(指四旬斋前的星期一)前或后一天是各按本地传统进行自娱活动的日子。从中午起,市民们纷纷涌向街头,观看穿越街道的游行队伍。游行的人们展示他们经过一年时间想出来的杰作。如今他们不必像当年那样总是嘲讽民众所关心的问题。他们自娱的形式往往是纯粹的恶作剧而已。当"玫瑰星期一"的盛大游行队伍穿越主街时,狂欢节也进入高潮。无论男女老少,每年这个时刻都在这里庆祝他们的"第五个季节"。小丑和巫婆是海德堡狂欢节的重要角色。此时海德堡的居民和许多"来客"都要乔装打扮。在狂欢节歌曲的伴随之下,只见到处"群魔乱舞"。狂欢节游行常常要持续两个小时。

在德国,各地区庆祝狂欢节的形式不尽相同。在慕尼黑,于狂欢节星期二举行盛大游行,庆祝狂欢节的主要形式是大型化装舞会。在黑森林山区和博登湖畔的阿雷曼狂欢活动中,则是女巫和古老的木制面具特别多。狂欢节之火是用来驱除恶魔的传统手段。从莱茵河畔的杜塞尔多夫到美因茨一带,狂欢节是仅次于圣诞节的最重要的节日。在杜塞尔多夫,人们不是头戴稀奇古怪的帽子,就是身穿奇装异服。一辆辆大型彩车满载着政界要人和社会名流的巨型模拟像，构成那里狂欢节游行的高潮。在美因茨举行的规模很大的狂欢节协会会议，甚至还向欧洲好几个国家作实况转播。在杜塞尔多夫，迄今已从车上向人群撒发了两万多吨糖果。

9.3 海底婚礼

当韦尔讷和莉塔手拉着手向天堂岛旅馆度假沙滩走去的时候，好奇的鲨鱼竟也列队夹道相迎。他们要在那里举行婚礼。喜结连理之路要通过旅馆所属的海洋公园（在这里，贪食的虎鲸、巴拉库塔鱼和别的饥饿的水下动物正嬉闹玩耍）的水族馆的玻璃隧道。在结婚的路上潜伏着许多危险，这也许是他们俩后来才发觉的。

他们不用再去旅行结婚，因为这里就是他们的目的地。加勒比海是许多想在海底举行婚礼的新人的首选之地。在哥伦布发现这块新大陆 500 年之后，那里的岛屿是最受缔结婚约者欢迎的地方之一。那里有许多加勒比海海底婚礼承办商，他们可以将"人生最美好的一天"安排得井井有条，结婚新人只要高高兴兴地享受就是了。假如有人包办一切事务，有谁会不愿意举行这样的婚礼？只要能拿出必要的文书证明，如护照、出生证、家庭状况的资料和文件的翻译公证件，以及其他必要的准许，余下的一切手续都可以在当地搞定。结婚新人只要自己说一声"是的"就行。

每年在加勒比海诸岛上要举行 600 多场海底婚礼，而圣罗西亚安提伦岛无疑是其中的佼佼者。想在海底举行婚礼的人来自世界各地。他们花 2000 欧元左右就能得到全套婚礼服务，其中包括请证婚人、办理户籍手续、送新娘花束和双层结婚蛋糕、用香槟酒欢迎，以及提供音乐、照相、录像、新婚 T 恤、婚宴和房内早餐等。"桑达尔斯婚礼服务社"在牙买加和巴哈马群岛有 8 个旅馆，它是加勒比海最大的婚礼服务机构，共举办了约 5000 次婚礼。这个机构有所创新，增加了用私人大型轿车接送、修剪指甲、按摩、化妆和理发等项目。美国人特别喜欢这些服务，而想要这套服务的德国人也越来越多。来自维尔茨堡的托马斯和萨比娜兴奋地说："这里的一切实在让人轻松自在，没有抽泣的父母和伤感的亲戚。我们邀请在度假期间认识的佩特拉和克劳斯当证婚人，后来和旅馆里的客人一起像朋友一样共同庆祝。"

如果有人认为仅仅在度假圣地的旅馆海滨或婚礼凉亭里举行婚礼过于简单的话，那么还有别的服务。例如巴哈马群岛有一本小册子，上面列有一整套婚礼服务项目：从教堂里的"传统婚礼"到在一个荒岛上伴有香槟早餐和野餐的海滨

"浪漫婚礼",或从在植物园里欧洲夹竹桃和木槿花丛中与鹦鹉同庆的"热带婚礼",再到在凡尔赛花园——一个建于14世纪的修道院的废墟里举行的"经典婚礼"。谁想请具有异国风情的鱼做沉默的证婚人,只要在水底下手拉手结成终生伴侣就能办到:在开曼群岛有一个令人惊讶之极的潜水区,新婚夫妇可以在海底30米处交换结婚戒指。

9.4 最后冒险是宇航

25岁的年轻汉堡女子林达·施奈德通过了宇航员训练。整个欧洲共有46万多名申请者斗胆想一圆宇航之梦,然而他们之中只有14位——而且要经过漫长的考核——才能于9月飞赴莫斯科,参加在俄罗斯举行的"仿真宇航员训练营"。

宇航梦就在眼前。今天已经是第三次出台这样的"宇航大冒险"。诱惑力真大,胜者将赢得无法用金钱买到的东西:14位年轻的欧洲人将获得一次非常难得的飞往莫斯科参加"仿真宇航员训练营"的机会。当《世界报》于5月向感兴趣者发出报名申请的呼吁后,反响非常强烈。5万多名德国人不想错过这一独特的"上天机会"。可是,大部分渴望上天的人都已经在体检中落选了。即使是像近视眼这样的小问题也会把许多人淘汰出局。

在经过一个航空医生仔细的体格检查后,只有5个人获准留下来,参加在比利时和德国举行的国际选拔。上周末,来自14个国家的73位"未来宇航候选人"聚集在比利时的"欧洲宇航基地",其中有两名德国人:林达·施奈德和彼得·文策尔。宇航专家在欢迎词中已经说得很清楚:你们5个人中只有一个人能真正成功到达俄罗斯!

"宇航训练营"给人的第一印象,就是让人预感到,一个未来的宇航员将要经受怎样的考验。"闭上眼睛——转"是第一关转椅的指令。转椅旋转30秒钟后,要在13秒钟之内克服不舒服的头晕感觉(宇航员只要5秒钟时间)。林达·施奈德说:"能经受这样的训练,我感觉棒极了。在这里,我可以知道我的身体承受极限。"

高一档次的测试是与刑具完全一样的多轴转椅。这个转椅或上或下,向各个方向转个不停。"未来宇航候选人"被转得晕头转向,不辨东西。更难的是:这个时候他们必须在一张纸上准确临描线条,稍有差错,便被扣分。

在经历了布鲁塞尔"欧洲宇航基地"紧张的一天考核之后,我们的5位英雄还得接受在科隆附近的"管理训练中心"的其他考验。首先要考核的是小组合作能力和耐力。大家都勇敢地坚持到最后,但只有一个人获准到宇宙中去冒险:柏林企业管理专业大学生、漂亮的汉堡女子林达令人信服地脱颖而出!

9.5　安睡于星空之下

从海洋、湖泊到葡萄酒产区,再到充满艺术气息的宫廷花园和各大公园,德国为游客们提供了丰富多彩的如画风景。如果乘坐房车或携带帐篷旅行,就不必与其他游客争抢自助早餐,也不必挤在狭窄的酒店走廊,因为您自带"客房"。在德国,在露营地度假深受喜爱,因为很多人向往亲近自然。在帐篷里过夜,当然能和土地亲密接触,并与自然环境紧密相连,这体现了人们所渴求的同大城市日常生活的强烈反差。

在露营地度假的需求空前高涨:在破纪录的一年后,德国露营行业希望今年能继续增长,并在露营地设施方面大力投资。营地租赁商不仅得益于全家呼吸新鲜空气和开展自由活动这一简单度假的趋势,也由于现在有很多德国人出于对国外度假地安全性的考虑决定在德国度假。

露营地里只有淋浴、厕所和一个也许会有的小超市,这早已成为历史。在此期间,野营场景已发生了天翻地覆的变化。现在,露营代表着自由、随心所欲和冒险。发生如此变化的一个原因是全新开发的硬件设施:古老的支撑式帐篷早已是过去时了。户外行业繁荣,在市场上推出了带有如自动充气床垫的智能配件的轻型帐篷。在旅行自行车的后座袋里有足够的空间可以放置这些先进装备。

在很多地方,人们能享受到媲美奢华酒店的休闲服务:泳池、健身房、保健养身、饭店、大型儿童游乐场、私人高尔夫球场等等。不是每个人都想要牺牲舒适,将自己的旅行背包缩到最小。睡在帆布帐篷里不一定一直是简朴的,也可以同奢侈的需求结合起来。

每个人都能实现自己的露营梦。而要做到这点,条件是没有天公变脸的风险。然而,现在这已不成问题:室内露营成为最新的流行趋势。在室内露营时,客人们在一个大厅内的房车里或带车顶帐篷的卫星车里过夜。室内露营时,人们头上有坚固的屋顶可以挡风遮雨。因为即使最绚丽的夏天最后也会在某个时刻终结,还有坏天气也会彻底毁了你的露营假期。与此相反,室内露营者既淋不到雨,又能像在露天一样过夜。

无论是室内还是室外,在帐篷里还是房车内,在冬季还是其他季节,露营热潮都还在继续。在这一点上,所有专家达成了共识。

9.6　国内度假受欢迎

德国人的旅游热情一如既往地高涨。德国游客最爱在自己国内度假。2016

年,有大约四分之一的德国人考虑在自己国内度假。最近的一个流行趋势由此得以证实。因为毫无疑问,对德国游客而言,德国本土是其旅游首选之地。受人欢迎的南欧度假胜地,如西班牙、意大利和奥地利位列其后。

  为什么在自己的国家度假如此受欢迎?在德国度假能方便地到达目的地,且成本低,这尤其使家庭受益。然而,即使是年轻的度假者和单身的旅行者也变得越来越能接受这种趣味,他们计划在自己国内游览城市或休养度假。尤其是柏林、汉堡和慕尼黑这类大城市在德国境内度假中,每年都是名列前茅的旅游胜地。即使是像德累斯顿和弗莱堡这类小城市,每年也都能吸引许多游客。除了短途的城市游览,越来越多人预定徒步远足和减压旅游。波罗的海沿岸、黑森林和博登湖周围的清幽之所也是养生之旅的理想目的地,因此也颇受欢迎。如果您正在计划一个特别的假期,在德国您无需寻觅良久。无论是夜宿树屋、在自助式酒店度假,还是在某个豪华酒店享受纯粹的奢华,在德国旅行的选择可谓多种多样。游泳、徒步或骑自行车旅行,德国的自然风景就像是为贴近自然之旅、减压放松之行量身定制的。值得一提的是,德国城市的名胜和精彩景点吸引的不仅是德国游客。尤其是柏林,对外国游客来说,它早就不再是秘而不宣的旅游胜地了。此外,还有多样的美食、各地区及其居民的特色佳肴。难怪越来越多的游客不再远渡重洋,而是选择自己国内的最美度假胜地。

  德国人更愿意选择去海边或山里度假。比如,在选择去海边旅行的人中,很多德国人在北海海岸上寻求休养之所。那里有下萨克森浅滩国家公园,它保护着埃姆斯河与易北河之间,包括上游的东弗里西亚群岛的浅滩。该浅滩终年为游客提供激动人心的自然体验。北海海岸及其岸边浅滩堪称德国最受欢迎的旅游目的地。

  来到这些岛屿旅游的客人各有不同:有带着孩子的家庭,有老年人,也有年轻的和年长的夫妇,还有体育爱好者。能在国家公园体验和享受独特的自然风光,也是绝大多数游客来到此地的原因。对他们中的不少人而言,这甚至是此行的主要目的:在北海岛屿上度假,同时也是在浅滩国家公园里或其周边度假。

9.7 老人的居住模式

  在德国有约 1750 万 65 岁及以上的老人。目标人群老年人在德国总人口中,占 21 个百分点。除意大利外,退休老人占总人口的比例在欧洲没有一个国家像德国这样高。对退休生活的害怕屡屡出现。是自封于家中四壁之间?是与其他老人同住?还是抓住跨代同住的机会?居住方式是有关老年贫穷问题的公众讨论中的热点话题。

如今退休的人群还有 1/4 的生活道路要走。大把的年华、大把的将来,伴随着对死寂、孤独与停滞之感的不安,越来越多的老年人渴望集体生活。他们不满足于仅和老伴携手老去,而想要和其他更多同龄人一起度过余生。因为即使是两人世界,也会让人感到寂寞。他们常说:设想一下两位老人中一位先走一步的情况吧!

年岁大了和志同道合的人一起迁入一幢大房子。很多德国人都有这一想法,因为那些参与共同居住项目的老人比起独居老人,更少、更晚地进入养老院。老人之家是一种可选的居住方式,也是对至今常见的老人居住模式的一种补充。同龄的老人们住在自己的房屋里,并按照自己的需求享受人生。

目前还在流行小型家庭,然而将来会有更多的集体生活。对大多数的年轻父母而言,工作上称职,同时又能兼顾家庭是一个巨大的挑战。由此衍生出一种新的共同居住模式——多代住房。年轻人和老年人,无论是否血亲,自愿在多代住房或多代住宅区内共同生活。

共同生活的优点显而易见。多代同堂可以节省开支,例如房租。甚至多代同堂能简单地解决照料小孩的问题。同样,多代同堂使大多数祖父母辈的人得到更好的照顾。对这种生活形式的评价也是正面的,因为家庭中的人可以更好地互相扶持,同时大家都少有孤独。代际之间的关系会越来越好。这不仅涉及穿衣或欣赏音乐的品位,而且也事关对现今多种生活方式的日趋开放的态度,即赞同一种在德国颇不常见的生活模式。

多数老年人不愿被送入养老院。他们有越来越长的预期寿命,希望有更多的自由。将来会有更多的共同生活和更丰富的居住模式出现。

9.8 共享经营有利弊

许多私人财产不会被持续使用。例如私人轿车,在大多数时间里,它们被闲置着。共享经营旨在为更多人提供闲置的商品。共享经营的先驱是一些外国企业。但即使在德国,共享住宿、文件、音乐、汽车、机器和其他产品以及服务对很多人而言,已成为数字化生活方式中不可或缺的一部分。有些共享经营模式是建立在运营供应商提供商品给客户共享的基础上。另一种模式则是公司利用其平台技术,确保私人提供方与客户间的顺利对接。

共享商品而不是购买和拥有商品。这一基本理念本身并不新鲜,图书馆也是如此运作的。共享经济的首要创新点在于借助互联网实现的服务范围。一方面,使用了基于网络的平台;另一方面,使用应用程序为移动用户提供非常舒适的服务。

共享经营的概念已经在很多完全不同的生活领域得以体验。Airbnb 平台稳固创立了共享公寓领域。在分享衣物领域，例如 Kleiderei 或 Dresscoded.com 等网站提供衣物租赁的可能性，取代了购置衣物。在交通共享领域，使用服务趋势与日俱增。例如共享汽车、共享单车或拼车等概念正日益成为日常生活中的固定组成部分。根据调查，德国人使用共享理念的意愿相对较高，特别是在交通领域：72%的人愿意使用相应的拼车服务，而共享单车和共享汽车分别以 66%以及 62%的比例深受人们欢迎。

然而，无论共享经营有多大魅力——由于提供了充满吸引力的服务，并帮助更好地利用紧缺的资源，这种繁荣也带来了一些不受欢迎的副作用。最著名的例子是美国 Airbnb 集团。自 2008 年以来，该公司已在全球 190 个国家内提供客房和公寓的短期租赁服务。然而多年来，经济实惠地在当地人家里度假的想法越来越趋向于灰色经济。例如，个别房东拥有几百套房产，并将其专业出租。这导致了不同后果。特别是在大城市，短期出租给游客比长期出租给个人、合租者或家庭所带来的利润要高得多。这导致了中心城区住房短缺，房价普遍上涨。房东通常不支付那些酒店和旅馆必须缴纳的税费。

第 10 章　社会万象

10.1　德国人的用餐规矩

快吃饭时在食堂里遇到同事或大学同学，大家多半会说一声"祝好胃口"。这是德国人常用的祝愿，他们普遍认为这是恰当的祝愿。一次像样的用餐当然是离不开"胃口"的。在正式的商务宴请或私人家宴时，情况就不一样了。在商务宴请或隆重的宴会场合，受邀客人相互祝愿"好胃口"从来都是失礼的举止。

所有客人到场后，大家先不入座，而是随便地站着。在被介绍互相认识后，若有此必要，大家就围在一起聊天，聊些无关紧要的和轻松愉快的话题，因为美酒佳肴需要在美好的气氛中享用。在德国已成习惯的是，像样的用餐开始时总要喝点开胃酒。

女主人或男主人（最好是男女主人一起）事先考虑好吃饭时谁与谁坐在一起最合适。一般的筵席，是女主人做一个友好的手势请客人入席；夫妇俩的座位要分开。在女主人和其他女客人就座前，男士是绝对不能先坐下的。在就座时，男士要帮助女士移动座椅。坐姿也有讲究，身子要挺直、放松。双脚踏在地上，不要随便乱动。椅子离桌子的距离要适当，让坐着的人刚好能靠在椅背上。双手放在盘子两旁，手腕靠在桌子边缘。当女主人拿起餐具时，用餐方算正式开始。如果饭菜很好，大家吃得很满意，客人就应该说点表示感谢的真心话。这往往是对女主人很好的赞扬，定会使她感到非常高兴。

用餐时要考虑坐在身旁的邻座，双手肘部要放在吃饭时应该放的地方，即靠近自己的上身部分。吃肉时先要把肉切成小块，咀嚼时不要张开嘴巴。上身要坐直，略略向桌子前倾，但不可弯到盘子上面去。含着满口食物时不要说话。若要回答别人的问题或继续攀谈，则不可咀嚼或吞咽东西。不要只是同右边的女士谈话，而要同两边邻座攀谈。谈论的话题最好是"中性的"，像国际新闻、旅游经历、电视节目等等。世界观方面或政治性的话题是忌讳的。

在德国，像样的用餐一般的上菜顺序是这样的：第一道：冷盆；第二道：汤；第三道：鱼；第四道：肉；第五道：甜点、冰淇淋、饭后点心、奶酪或水果。在用餐时，可以只饮点葡萄酒佐餐。当然，不可忘记的是，饭后喝点饮料，如咖啡或"穆哈"（浓咖啡）。

10.2　送礼也要讲讨巧

在一本德语书中有这么一段有关德国人送礼方式方法的有趣叙述：新婚夫妇到商店或百货公司取一张货物单，然后划出自己需要的东西，甚至也注明色泽和款式，接着把这张货物单送回店里。凡想送礼的亲朋好友，都被介绍到这家店里或百货公司里。这种做法，不仅对中国人，就是对其他欧洲人来说，也会使人觉得太不可思议，太不近人情。但实践证明这种办法是很实惠的：它能让结婚时所用的钱花得合理，既造福于新婚夫妇，又令馈赠者高兴。

首先，送出的礼物要恰当。那么，什么是恰当的礼物呢？它只能是留意看、仔细听的结果。只有这样，才能知晓对方缺少什么，发现对方喜欢什么，了解对方需要什么。只要在与其他人的交往中多加留意，就会有既使送礼人感到赏心悦目，又可使收礼人着实感到意外而又高兴的礼物。这种有时候看起来像是在变魔术一样的事情，恰恰应该感谢送礼人的智慧。原则性地说起来，送礼时应该仔细考虑收礼人的喜好口味。

送东西的前提是得有缘由，如生日、订婚、结婚、坚信礼等诸如此类的缘由。对一般性的邀请，客人只带点小东西，像一束花、一瓶酒，或自己制作的小东西，比如说一块经过点点画画的石头。法国有句谚语说：小小礼物，滋益友谊。而中国人说得更好：礼轻情意重。

但是，这方面也不必过分。如果只是"顺便经过看看"，就不必送什么礼品，除非给小孩子带个小礼品。另一方面,如去熟人或朋友家探望,则不可空着手去了。但带点小礼物已经可以,因为这样的礼物也能够使主人家高兴。

在祝贺乔迁或新婚时,可以事先同收礼人开诚布公谈谈送什么礼物为好。这样做可以使收礼人避免重复收到相同的礼物。对护士可以用信封装好一两张纸币送给她。每年到了年底,也应想到那些成年累月照顾大家的男人和女人。像女送报员,骑着自行车不分昼夜,风里雨里,赚那些钱确实不容易。德国人一般把送的钱塞到她的手里。还有女门房、信差,赠给她们钱也是如法炮制。要注意的是:礼品不管大小,都要好好包装。

10.3 双重国籍

2014年德国引入了双重国籍。根据新的国籍法,我们的联邦共和国也许能够增加最多可达500万的新公民。2016年,德国共有1860万人拥有移民背景。这一群体在德国总人口中的占比超过了22%。所有外国人,只要他在德国生活满8年(儿童为5年,配偶为3年),自己解决生计,没有多次犯罪记录,又有成为德国人的要求,都可以入籍德国。而且,不管他护照上是否还想保留什么别的国籍,比如法国的、土耳其的或阿尔及利亚的国籍。

对双重国籍这一点,曾出现了政治性的大声喧闹。而且从那以后,这喧闹声盖过了入籍这一事情的本身。基民盟认为,通过反对"双派司"的斗争就占领了一个热门话题,就能够在即将到来的州议会选举中抓到选票。他们对举棋不定的选民说:外国人将享有特权,他们能得到的某种东西是你们所没有的。可惜他们打错了算盘。由于有了这样的记仇者的宣传,可能会出现这样的情况:有那么几个百分点的右翼人士短时间地被蒙蔽了。但这不是什么好的政策。他们愚弄了联盟党的大部分人,也表明他们的党落后于时代和与世隔绝。

这一法律草案涉及的不是避难,不是难民,也不是忍受什么,而是有关这样一些外国人的入籍问题:他们在德国生活和工作很多年,并且已经以此证明他们是我们中的一员。入籍的标准是很清楚、很严格的,什么"穆罕默德"是没有机会拿到德国护照的。

对双重国籍的放宽之所以有意义,就在于它消除了外国人入籍德国的一个障碍。这是因为,现在就有许多居住在德国的外国人符合入籍德国的前提条件,但是他们由于必须先放弃原有国籍而止步不前。政府已经作出决定铲除这一感情上的障碍。这是对的。即使有几百万公民在抽屉里还放着一本别国的护照,我们的国家会因此而失去什么呢?

这意味着与西方文明程度的接轨。美国有过一个德国出生的国务卿。它的现任女国务卿是土生土长的捷克人。在英国上院坐着一位社会学家，没有人去问他是否原意放弃德国国籍。在法国，每4个公民中就有一个是移民。要没有伊奥尼斯科、贝克特、阿达莫夫……，就难以想象法国现代文学会是什么样子。还有，爱好体育运动的朋友：如果法国国家队中没有那些"外国人"，也许法国永远也成不了足球世界冠军。可别小看了我们德国人：他们对西班牙护士和伊朗医生已经习以为常，在土耳其人那里买东西，让罗马尼亚人当清洁黑工。我们为什么就不能接受来自土耳其的警察、波兰出生的售票员和生于智利的教师呢？

10.4　德国的单亲家庭

2016年德国大部分家庭（约占全部家庭的80%）是带有未婚孩子的家庭或没有孩子（或曾经有过孩子）的夫妇俩。迄今为止还没有出现"一家一孩"的时尚。如今决定建立小家庭的人中要两个或更多孩子的比以前多了。另一方面，一个孩子都不要的人也在增加。

在没有丈夫的情况下，妻子单独把孩子养大，这在德国历史上曾一再出现过。过去这大多是战争及其后果所造成的。而如今的原因却主要在于高离婚率（德国每年约有10万对夫妇离婚）。目前有230多万名18岁以下的儿童或少年只能同父母中的一方生活在一起。然而在这一事态发展过程中有个新现象，即越来越多的父亲单独抚养孩子。单独养育孩子的父亲约占1/5，并呈逐年增长之势。这是在所有工业国家都能观察到的趋势。其主要原因是离婚家庭有增无减。

如今在许多大城市里，离婚家庭和结婚家庭的比例是1∶2。德国带有未成年子女的"单亲家庭"有160多万个，占德国全部家庭的20%左右。不仅祖父、外公们会骄傲地推着童车散步，父亲们现在也这样做了。留着胡子、穿着牛仔服的父亲们背着微睡的婴儿，大学男教师为了能更好地照顾孩子申请只工作半天。现在年轻的父亲在家里扮演着"业余家庭主夫"的角色。他们抱孩子上床睡觉，给他们讲催眠故事。很多父亲认为在和孩子玩简单的技术性游戏时，父亲就是要比母亲灵巧些。不容忽视的还有父亲和孩子间的良好关系。

如果一个孩子穿着撕破的衣服到处乱跑，那就是说，这个孩子没有母亲。而如果是正常家庭的孩子这副样子，别人就会找到完全不同的原因。一旦孩子身上出现什么特别的情况，就会归咎于家庭状况。这种来自外界的歧视并不少见。若是有关工作上的升迁机会，有关以后的飞黄腾达，那么这些单独抚养孩子的父亲就在"局外"了，因为他们对工作的投入在时间上就无法与其参与竞争的同事相比。目前在德国各地都有联邦的和州一级的单身母亲和单身父亲联合会

（VAMV）。其工作人员的宗旨是帮助单独教育子女的家长，解决他们的各种困难，如找住房、白天照管孩子、孩子上学和就业、业余活动安排等，特别是打笔墨官司。

10.5　小学缺少男教师

根据联邦统计局的数据，德国只有15%的小学教师是男性。很多小学往往连一个男教师都没有。例如，在不来梅的76所小学中，有17所完全没有男教师。文理中学的男女教师性别则分布相对均衡。小学可说是牢牢掌握在女性手中。为什么会缺少小学男教师呢？

原因可能与刻板印象、薪资与职业风险有关。很多人头脑中仍然存在僵化的印象，认为女性应该教育小孩子，男性则教育年纪较大的孩子。另一个刻板认识是，男性是家庭的经济支柱，得为家庭赚钱。然而，小学教师在所有教师系列中收入是最低的。决定不从事小学教师职业的另一个原因是，有些人害怕被指控为猥亵儿童。现在，如果小学教师想通过抚摸或说好听的话等方式与儿童建立良好关系，往往会冒很高的个人风险。当然得保护孩子不受侵犯，但禁止触摸也会带来很多后果。

一项研究表明，所谓的小学"女性化"对于男女学生的成绩没有负面影响。但是，尤其是对于小学生来说，他们既需要男性教师也需要女性教师的照顾。没有男性的小学会对孩子们的世界观产生影响，因为他们少了认同性别的机会，同时也少了区分性别的机会。如果小学是一个以女性为主的环境，在周围没有男性榜样的情况下，男学生尤其难以融入其中。

随着时代变迁，小学生的心理健康以及健康的世界观的形成被赋予重要意义。迫切需要解决小学男教师缺乏的问题。不来梅大学除了开展"男性进小学"项目之外，还发起了"出租男教师"的倡议——给没有男教师的小学介绍男性师范生，他们按小时工作并收取少量报酬。此外，通过资助实习，帮助师范生发现与孩子一起工作的乐趣。对师范生的录取要求也在讨论中——目前，高级中学毕业考试的平均成绩对一些人来说还是太高了，通过志愿社会服务或联邦志愿服务或许可以提升一些人的中学毕业考试成绩，使他们开始就读师范专业。

10.6　超重是德国的普遍问题

2019年，共有53%的德国成年人体重超标，其中约16%为病理性肥胖。约15%的儿童和青少年也已遭受超重之苦。而且自1980年以来，超重儿童和青少年的比例增加了一半。

越来越多的德国人患有肥胖症，这既是高热量饮食的结果，也是越来越缺乏运动的结果。他们摄入的能量比需要的多，也就是说，超重者的能量平衡往往失调。此外还存在易被忽视的原因，比如食用果糖以及睡眠不足。一项研究表明，食用果糖与超重之间存在联系。果糖的摄入会刺激脂肪合成，增加储存从食物中获取的脂肪。熬夜和睡眠不足也会导致肥胖，因为它扰乱了生物钟从而扰乱胰岛素平衡。

众所周知，超重会带来各种身体疾病，比如心血管疾病、非酒精性脂肪肝、关节损伤等。单是超重和病理性肥胖造成的后果，德国的医疗系统每年就要花费约100亿欧元。卫生系统因超重而负担沉重。

超重不仅造成身体问题，还会造成社会心理上的继发性疾病。在不同文化中，超重者往往被赋予某些个性和性格特征，比如缺乏自律和整洁。这些刻板印象不仅歧视相关者，还会导致所谓的"刻板印象威胁"，尤其针对那些超重儿童。例如，体重超标儿童的学习成绩往往会下降。超重还可能导致社会心理上的继发性疾病。肥胖者经常感到被排斥，或者他们自我隔离于社会之外。这是一个恶性循环：比如为了不在别人面前暴露自己穿着泳裤的肥胖模样，他们不常去游泳。

为了鼓励超重者养成更健康的饮食和运动习惯，从而减少肥胖症的长期蔓延态势，德国政府发起了"健康饮食与运动"的活动。法定医疗保险公司为超重的保险者提供资助，包括营养课程、健康运动和压力管理之类的各种健康课程。学校越来越多地提供改变家庭生活方式的方案，例如：定时一起用餐（要有不含脂肪、白面和糖的水果、蔬菜和纤维素）；还鼓励儿童在学校里喝水，以减缓超重的趋势。

10.7　街头涂鸦是文化资产？

滑板、嘻哈和涂鸦从20世纪七八十年代开始并存于世，以至于很难想象三者缺一。如今很多滑板场都是涂鸦自我表达的圣地，从来没有人会抱怨这是破坏行为。但在这个亚文化之外的世界，这个事情可能就不那么清晰了。涂鸦可以被视为集体的耻辱或社会崩溃的证据。在公共建筑物及交通工具上未获批准而进行涂鸦通常被视为一种破坏行为。

但涂鸦也被公认为是一种艺术形式。有人认为，涂鸦是100%的艺术。它是叛逆的象征，代表着一种奇妙的新型创作形式。那些涂鸦者把自己看作在公共画布上表达自我的艺术家。而涂鸦的元素——它的媒介和技法——现在是世界上最有想象力、最美丽、最尖锐的街头艺术的某些基础。

涂鸦可以被视为一种艺术形式，因为它是人类最古老、最持久的表达方式。穴居人早就在悬崖峭壁上作画了。涂鸦在历史上曾作为公告、识别记号，甚至是公共空间的政治标记和徽诫而存在。比如，反抗组织"白玫瑰"的成员于1942年至1943年间在墙壁上绘制被划去的纳粹"卐"字符号，以此来反抗阿道夫·希特勒。今日的社会，涂鸦则可以成为活化公共空间的工具。

过去20年间，人们对待涂鸦的态度发生了很大变化。一些城市另辟蹊径，推广涂鸦项目，将几层楼的街区变成了一块巨大的艺术画布，真正让涂鸦作为艺术被接受。这些巨大的壁画是极其复杂的作品，需要规划、想象力和色彩、构图等艺术元素。这样的涂鸦艺术家现在被称为"壁画家"，因为他们擅长大型项目，获得了艺术评论家的尊重。一些城市如阿姆斯特丹、柏林、布里斯班等都利用了涂鸦艺术的名气和人气，它们认为涂鸦是一种文化资产，由导游带领游客参观这些城市亮点。

但值得注意的是，始终存在着一个不应该被跨越的道德界限。如果是在一面旧墙上随意涂画没有任何意义的内容，就属于破坏的范畴。德国每年大约花费5亿欧元用于去除这些未经许可的涂鸦。因此根据刑法规定，相关责任者也可能被判监禁。

10.8 德国医疗事故现状

鼻子歪了，癌症发现得太晚——患者对医疗效果不满意的事情一再发生。在德国，每年向医保公司提交医疗事故申请的数量在5位数左右，并呈现长期缓慢增长态势。未报告的实际事故数量则更高。专家们认为，实际的治疗失误数每年在60万至200万之间。

根据法律定义，治疗必须按照治疗时普遍接受的专业标准进行。如果医生或诊所违反了医疗标准，即治疗偏离了普遍接受的医学科学规则而无正当理由，则构成医疗事故。

医疗事故可能会涉及医疗活动的各个领域，可能纯属医疗性质错误，也可能与组织程序有关。比如经常出现诊断错误：医生在检查时忽略了一个肿瘤，造成治疗延迟，就是一个例子。此外，所谓的解释错误，甚至是解释不足，也可被视为医疗事故。这是指医生错误或不完整地告知患者可能产生的治疗或手术风险。

也可能由于不作为而造成医疗事故。患者可以起诉医生没有提供帮助。例如在2010年，吉森的一名全科医生被起诉赔偿3000欧元。一名女子因急感不适而联系被指派的急诊医生，然后预约了他的诊所。然而，当患者来到诊所门前按铃时，这位医生却没有开门。家属开车把她送往医院，医生诊断为严重的心肌梗塞。几小时后，该女子死亡。这位医生声称没有听到铃声。不过，他在这一点上仍然违反了自己的职责。

　　如果存在医疗或护理治疗失误，或者由于组织缺陷而导致患者受到伤害，患者可以提出赔偿要求。值得注意的是，患者要对医疗事故提起诉讼，必须满足四个条件：①患者必须遭受了客观上可以确认的损害。②医生或医院一定犯了错误。③损害与错误之间必须有因果关系。④最后，患者遭受损害的时间不能超过3年。

附录7 主要参考书目和德语短文来源

［1］桂乾元.德语学习背景知识［M］.北京：北京大学出版社，2002.
［2］桂乾元.千姿百态看德国丛书［M］.上海：上海译文出版社，2015—2018.
［3］桂乾元.新编德语报刊教程［M］.北京：外语教学与研究出版社，2018.
［4］马宏祥，李文红.德语国家国情［M］.北京：外语教学与研究出版社，1999.
［5］马树德，顾彬.世界文化史故事系列——德国卷［M］.上海：上海外语教育出版社，2003.
［6］姚宝，过文英.当代德国社会和文化［M］.上海：上海外语教育出版社，2002.
［7］Tatsachen über Deutschland（德文版及其中文版《德国实况》）［M］.2018.
［8］LUSCHER，R. Landeskunde Deutschland［M］. 24. Auflage. Verlag für Deutsch，2019.

（本书亦参考谷歌百科、维基百科等网站，以及德国 http：//www.deutschland.de，http：//deutschlernerblog.de，https：//www.yong-germany.de 等网站。）